Kamps
pädagogische
Taschenbücher

Kamps pädagogische Taschenbücher

Blaue Reihe:
Allgemeine Pädagogik

Rote Reihe:
Praktische Pädagogik

Grüne Reihe:
Historische Pädagogik

Band 93: Praktische Pädagogik

Hans Hannappel

Lehren lernen

Ein Handbuch und Übungsbuch für die Lehrerausbildung

4. Auflage

KAMP SCHULBUCHVERLAG BOCHUM

CIP-Kurztitelaufnahme der Deutschen Bibliothek

Hans Hannappel
Lehren lernen

4. Aufl. — Bochum: Kamp 1996

(Kamps pädagogische Taschenbücher: Bd. 93)
ISBN: 3-592-**71930**-0

Herstellung: Verlag Ferdinand Kamp GmbH & Co, KG Bochum

INHALT

Die Einsicht, daß ein Theorieangebot nur dann angenommen wird, wenn es die „subjektiven Theorien“ erreicht, hat das Buch in vielem verändert. Auch Üben und Einprägen (z. B. durch „immanente Wiederholung“) sind mir bei der Bearbeitung wichtig gewesen.

Größere Veränderungen gegenüber der ersten Auflage ergaben sich ferner aus Veränderungen in der Unterrichtswissenschaft. Der Paradigmawechsel in der Psychologie vom Behaviorismus zum Kognitivismus prägt natürlich auch die Pädagogische Psychologie. (Kaum zu verändern brauchte ich allerdings das Kapitel IX „Verhaltensmodifikation“. Dessen Konzeption, heute manchmal als „kognitiver Behaviorismus“ bezeichnet, erwies sich als haltbar.) Folgenreich für die Bearbeitung war außerdem, daß der unterrichtspraktische Nutzen der vielen korrelationsstatistischen Untersuchungen zunehmend in Zweifel gezogen wird (vgl. das Kapitel X „Aspekte des Lehrerverhaltens“).

Neu hinzugekommen ist Kapitel XII „Die Entwicklung des Denkens“.

Ich möchte auf eine Lücke des Buches hinweisen, die, wenn möglich, in der Ausbildung geschlossen werden sollte. In den Klassen aller Schulformen, besonders auch des Gymnasiums, sind die Schüler heute viel heterogener in ihrer Leistungsfähigkeit als noch vor einigen Jahren. Das erfordert m. E. eine häufigere Binnendifferenzierung des Unterrichts, und entsprechend ist Differenzierung ein wichtiges Thema der Lehrerausbildung. Ich sah mich nicht in der Lage, dies Thema ausführlicher zu behandeln, ohne einen Grundsatz dieses Buches aufzugeben: nur darüber zu schreiben, was ich aus eigener Praxis und Anschauung gründlich kenne. Nun wird zwar die Notwendigkeit der Differenzierung von vielen gesehen, aber die Praxis folgt dieser Einsicht sehr zögernd. Und so fehlt mir für dieses Thema die Erfahrungsgrundlage.

Die Gruppe von Hauptseminarleitern, die an der Entstehung des Buches beteiligt war, besteht leider nicht mehr. (Entsprechend bin ich in den neu geschriebenen Teilen vom „wir" zum „ich" übergegangen.) Großen Dank schulde ich auch für die Neuauflage Friedhelm Becker und Hildegard Hannappel.

April 1992 H. Hannappel

Anders als Anfänger in anderen Berufen bewegt sich der junge Lehrer auf scheinbar vertrautem Gelände, zwischen den Schulbänken, auf denen er selbst viele Jahre gesessen hat. Überraschend also und um so deprimierender ist es, wenn er merkt, daß er vielfach nicht zurechtkommt. Verglichen mit den Kommunikationsformen, die er in seiner bisherigen Lebenspraxis eingeübt hat, ist Unterrichten eben doch sehr andersartig. Und wenn er die Gründe von Mißerfolgen analysiert, so gewahrt er die außerordentlich komplexen Bedingungen seines Tuns. Natürlich hat er auch Erfolgserlebnisse, aber auch immer wieder größere und kleinere Niederlagen, und mancher wird davon sehr ernsthaft bedrückt. Jeder Ausbilder wird sich angesichts dieser Situation die Frage stellen, was denn der junge Lehrer vor allem anderen und auf jeden Fall lernen müsse, um Häufigkeit und Intensität der Mißerfolge zu verringern. Diese Frage zielt auf ein *Basisprogramm*, und ein solches wird hier vorgestellt.

Übrigens sind wir in einer terminologischen Verlegenheit. Vom „jungen Lehrer" zu reden klingt doch einigermaßen herablassend, „Lehramtsanwärter" ist ein Wort, bei dessen Artikulation man den Mund gar nicht mehr zubekommt, und gegen „LAA" haben wir eine vielleicht altmodische Abneigung. Wir haben uns für „Referendar" entschieden und bitten alle LAAs, natürlich auch die LAA-innen, sich angesprochen zu fühlen.

Ein Buch wie dieses könnte viel dünner sein, wenn man irgendeinen bestimmten Kenntnisstand der Referendare voraussetzen könnte. Das ist bekanntlich nicht der Fall. Referendare wissen beispielsweise viel über Motivation und nichts über Gedächtnispsychologie oder umgekehrt. Da ist also aufzufüllen und nachzuholen, und dies womöglich schnell und gründlich. Aber wie sollen Referendare das leisten? Es ist nicht strittig, daß Lehrerausbildung empirisch-wissenschaftlich fundiert sein soll, man kann aber auch nicht darüber streiten, wie diese Fundierung zur Zeit beschaffen ist: die vielen Theorien statt des großen Entwurfs, erste Hypothesen statt bewährter Modelle, isolierte Fakten statt erklärter Zusammenhänge, Konkurrenz der Theorien und Widersprüchlichkeit der Resultate. Wir stimmen damit nicht ein in ein pauschales und wissenschaftstheoretisch naives Lamento über die Praxisferne der

Erziehungswissenschaften, sehnen uns auch nicht zurück zu trügerischen Gewißheiten und folgenlosen Spekulationen; gleichwohl müssen die Schwierigkeiten genannt werden. Wer von den Referendaren verlangte, die Forschungslage kritisch zu sichten und Forschungsresultate so zu transformieren, daß sie Orientierung und Verhaltensempfehlungen liefern, gäbe sich Illusionen hin. Dafür reichen weder Zeit und Arbeitskraft noch Motivation, denn die liegt nah bei der Praxis, bei den täglichen Erfolgen und Mißerfolgen in der Klasse.

Der Theorieanspruch dieses Buches darf also bescheiden sein (sofern man Theorie mit wissenschaftlicher Theorie gleichsetzt); er muß es nach dem Dargelegten sein. Die Entwicklung der Theorie konnte nur zum Teil dargestellt werden; oft erscheinen nur die Resultate. Immerhin werden an einigen Stellen wissenschaftliche Modelle und Forschungsmethoden exemplarisch etwas ausführlicher dargestellt. Mehr wäre erwünscht, um die Referendare kritikfähiger zu machen, kritikfähiger in doppelter Richtung: einmal auf die Alltagspraxis und die Alltagstheorien der Lehrer hin, dann aber auch auf die wissenschaftliche Forschung hin, deren methodologische Beschränkung zur Beschränktheit wird, wenn man ihre oft höchst partiellen Ergebnisse naiv als ein Ganzes nimmt, auf dem sich Unterricht fundieren ließe.

Was zum Basisprogramm für Referendare zu rechnen ist, ist pragmatisch entschieden worden, in vieljähriger Erprobung und Erfahrung. Man könnte den begrenzten Umfang des Basisprogramms etwa so beschreiben: die *Interaktionen von Lehrern und Schülern im Klassenzimmer* und die *unmittelbaren Bedingungen* dieser Interaktionen. Ein Beispiel für „unmittelbare" Bedingungen wären die unterrichtsrelevanten Einstellungen der Schüler, „mittelbar" deren weitere Begründung zum Beispiel in der familialen Sozialisation. Natürlich läßt sich da keine exakte Grenze ziehen. Und wir haben auch oft auf „mittelbare" Bedingungen ausgegriffen, schon um das Bewußtsein für solche Zusammenhänge wachzuhalten. Aber wir haben dies nicht durchgehend getan, nicht im Basisprogramm.

Wir sind bei der Erprobung dieses Buches einigen Vorwürfen begegnet. Da ist einmal der Vorwurf der technologischen Verkürzung. Er entsteht, wenn man das Basisprogramm, das tatsächlich stark technischen oder Rezept-Charakter hat, für das Ganze der Lehrerausbildung nimmt. Zweitens der Vorwurf der Lehrerzentriertheit. Ein Trainingsprogramm für Lehrer ist in einem gewissen Sinne notwendig lehrerzentriert (ein Trainingsprogramm für Schüler wäre schülerzentriert); das Lehrerverhalten ist die hier zu verändernde Variable. Liest man das Inhaltsverzeichnis, so scheinen die Schüler zu selten vorzukommen. Wenn man jedoch Lehrerverhalten als Interaktion begreift, wird Schülerverhalten immer mitbedacht. Der dritte Einwand — bei Hochschulabsolventen naheliegend — richtet sich gegen eine gewisse Abstinenz gegenüber dem Neuen und Neuesten. Nun wollen wir hier nicht der Frage nachgehen, warum beispielsweise in einem kurzen Zeitraum sehr viele Bücher zum Thema „Verhaltensmodifikation in der Schule" erscheinen und nach wenigen Jahren das Thema vom Büchermarkt verschwindet. Dergleichen Diskontinuität kann sich Lehrerausbildung nicht leisten. Wir gehen von der Vermutung aus, daß bestimmte Themen — nennen wir als Beispiele Klafkis Didaktische Analyse oder die Diskussion der Lernzieloperationalisierung — deshalb für die Lehrerausbildung wichtig wurden, weil hier Instrumente für bestimmte Probleme der Unterrichtspraxis angeboten wurden. Sofern diese Instrumente der kritischen Diskussion nicht standgehalten haben, versuchen wir sie zu verbessern und weiterzuentwickeln, statt sie zu verwerfen, ehe irgendein Ersatz in Sicht ist.

Hinweise zum Gebrauch dieses Buches:

(1) Die „offenen" Stellen des Buches

Eine Frage, die die Konzeption des Buches ständig begleitet hat, war die, für welche Probleme man Lösungen (Ratschläge, Rezepte, auch Forderungen) anbieten solle und wo man Probleme offen lassen solle. Wir meinten, Lösungen seien zum einen dann angebracht, wenn Unterrichtsforschung und Unterrichtserfahrung bestimmte Entscheidungen einigermaßen sicher begründen, zum anderen in den Fällen, in denen Beurteilungskriterien im Spiel sind; Beratung und Beurteilung sind nun einmal in der Lehrerausbildung eng verbunden. Beurteilungskriterien und ihre Begründung sind offenzulegen, damit man sie kritisieren kann und — reden wir nicht um den heiklen Punkt herum — damit ein Referendar sein Risiko kalkulieren kann, wenn er abweichende Vorstellungen von gutem Unterricht hat.

Es bleiben aber viele „offene" Stellen: Ratschläge, die referiert, aber nicht bewertet werden; Fragen, die nicht beantwortet werden; problematische Fälle, für die keine Lösung angeboten wird usf. Wir haben diese Stellen, sofern es sich nicht um „Aufgaben" handelt, mit * markiert. Dabei ist zu beachten, daß dieses Buch nicht in erster Linie für den lernenden Einzelnen gedacht ist (sonst müßten wir wohl Modell-Lösungen anbieten), sondern für Gruppen, in denen man diskutiert und sich wechselseitig belehrt.

(2) Die Aufgaben

Die Aufgaben haben zum Teil offenen Charakter: sie wollen die Diskussion anregen, fragen nach Erfahrungen, und sie schlagen Erprobungen vor in Übungen, Spielen und natürlich auch, indem sie Vorschläge für die Unterrichtspraxis machen. Gelegentlich dienen sie auch nur der Lernkontrolle oder als Lernhilfe. Es wird damit gerechnet, daß Gruppen aus dem Aufgabenangebot eine Auswahl treffen und Akzente setzen.

(3) Die Reihenfolge

Die Reihenfolge, in der man die Kapitel behandelt, sollte von den aktuellen Bedürfnissen der Referendare bestimmt werden. Man kann nur schwer festlegen, bei welchen Themen die Praxis einen Vorlauf haben sollte, so daß bereits Erfahrungen da sind, die geordnet und reflektiert werden, und bei welchen Themen man besser der Praxis theoretische Vorgaben macht. Wir sind bei jedem Kurs anders vorgegangen, zuletzt in der Reihenfolge, die die Kapitel dieses Buches haben. Wir haben allerdings manche Kapitel auseinandergerissen, grundlegende Teile zu Beginn behandelt und Differenzierungen später nachgetragen. Diese Aufteilung in das Buch zu übernehmen hätte den Überblick aber zu sehr erschwert.

Zur Entstehung dieses Buches

Dieses Buch ist in vieljähriger Arbeit einer Ausbildungsgruppe entstanden: des Bezirksseminars II für das Lehramt am Gymnasium in Düsseldorf. In seinen wichtigsten Teilen gibt es den Konsens des Fachleiterkollegiums wieder, wie er sich in vielen Konferenzen, Tagungen und sonstigen Gesprächen ergeben hat. Es wurde in zahlreichen Hauptseminargruppen erprobt, der Kritik der Referendare ausgesetzt und entsprechend mehrfach umgeschrieben. In der vorliegenden Fassung entspricht es dem Basisprogramm des Seminars, das mit den Leitern der Hauptseminargruppen diskutiert und von ihnen gebilligt wurde. (So erklärt sich der durchgängige Gebrauch des „wir“: es drückt den Konsens der Seminarleitung aus.) Ich habe also vielen für ihre Mitarbeit herzlich zu danken. Besonders danke ich Lore Ketzler, der Leiterin der Ausbildungsgruppe, die die erste Konzeption des Basisprogramms entworfen hat und die mich bei seiner Weiterentwicklung stets ermutigt und beraten hat. Ich danke auch Friedhelm Becker für seine freundschaftliche Kritik aller Entwürfe und Hildegard Hannappel für Geduld und viele Ratschläge.

Literaturhinweise

Den einzelnen Kapiteln sind Literaturhinweise angehängt; teilweise sind sie kurz kommentiert. Bei einigen Büchern wird der Wunsch ausgedrückt, Referendare möchten sie — trotz ihrer Arbeitsbelastung durch den Ausbildungsunterricht — lesen; dabei handelt es sich vor allem um wichtige Ergänzungen zu diesem Buch: um didaktische Positionen, die wir gern referiert hätten, wenn dies nicht die gebotenen Grenzen gesprengt hätte, oder um Zusammenhänge, die wir bis an die Grenzen des Erlaubten „didaktisch vereinfacht“ haben. Im übrigen ist bei den Literaturhinweisen berücksichtigt, daß Referendare für Examensarbeiten Literaturempfehlungen brauchen.

An dieser Stelle sei auf einige Bücher hingewiesen, die nicht einzelnen Kapiteln zuzuordnen sind:

EINSIEDLER, Wolfgang: Faktoren des Unterrichts. Donauwörth 1978
(Auf knappstem Raum — 110 Seiten — informiert dieses Buch über: Struktur des Unterrichts, Ziele, Inhalte, Lernvoraussetzungen, Verfahren, Interaktion, Gruppierung und Medien. Die wichtigsten Forschungsergebnisse werden referiert und nach ihrer Praxisrelevanz beurteilt. Für ein Lehrbuch ist das viel zu komprimiert, aber wegen seiner Kürze und hervorragenden Übersichtlichkeit eignet sich das Buch dazu, Kenntnisse aufzufrischen und zu ordnen.)

ENZYKLOPÄDIE ERZIEHUNGSWISSENSCHAFT. Handbuch u. Lexikon d. Erziehung in 11 Bd. u. e. Reg-Bd., hrsg. von Dieter Lenzen. Stuttgart 1983—1988.
(Jeder Band enthält einige längere Einführungen in Sachgebiete und zahlreiche kürzere Lexikonartikel. Wer sich in ein Sachgebiet einarbeiten will — aus Neugier oder weil er eine Examensarbeit schreiben muß — tut gut daran, hier zu beginnen; er wird umfassend informiert. Allerdings sind die Informationen meist so komprimiert, daß ein Leser, der nicht schon beträchtliche Kenntnisse mitbringt, kein zureichendes Verständnis der Sachgebiete gewinnen wird und gewiß kein selbständiges kritisches Urteil. Aber er hat hier einen zuverlässigen Zugang und eine orientierende Strukturierung. In unserem Zusammenhang interessieren besonders Band 3: Ziele und Inhalte der Erziehung und des Unterrichts, und Band 4: Methoden und Medien der Erziehung und des Unterrichts. Man sollte aber immer auch den Registerband benutzen, weil sich die Lexikonartikel ein bißchen willkürlich auf die Bände verteilen.)

GAGE, Nathanael L. / BERLINER, David C.: Pädagogische Psychologie. 4. völlig neu bearb. Aufl. München 1986
(Ich halte dies für das zur Zeit beste Lehrbuch. Es informiert gründlich über Forschungsergebnisse und bietet viele Hilfen für die Unterrichtspraxis. Es ist klar und leserfreundlich geschrieben. Zu vielen Kapiteln von „Lehren lernen" bieten Gage/Berliner eine sehr empfehlenswerte Ergänzung und empirisch-wissenschaftliche Fundierung. Ich möchte allerdings meine Zweifel nicht verhehlen, ob die empirische Basis stark genug ist, die Ratschläge zu tragen, die Gage/Berliner dem Lehrer geben. Bedenkenswert sind die Ratschläge gleichwohl. — Die Autoren sind stark behavioristisch orientiert, was sich zum Beispiel darin zeigt, daß Motivation und Verstärkung weitgehend zusammenfallen. Dies hindert sie aber nicht, andere Positionen sehr differenziert darzustellen.)

MEYER, Hilbert: UnterrichtsMethoden. I: Theorieband, II: Praxisband. Frankfurt/M. 1987
(Das Buch bietet Begriffsklärung und praktische Anleitung, und beides umfassend, differenziert und nie langweilig. Die Fülle des Gebotenen, der Begriffe, Definitionen und Thesen, der Faustregeln, Vorschläge, Beispiele und Materialien, machen das Buch ebenso nützlich wie schwer überschaubar. Man wird immer wieder zu einzelnen Fragen der Unterrichtsgestaltung nachlesen und sich anregen lassen. — Meyer plädiert für einen handlungsorientierten Unterricht, ein Lernen „mit Kopf, Herz und Hand".)

KAPITEL I:

VERBALES UND NONVERBALES LEHRERVERHALTEN

Übersicht

1. Eingrenzung und Begründung des Themas
2. Ratschläge, wie man sie gelegentlich hört
3. Klarstellungen
4. Einige Kategorien des verbalen Lehrerverhaltens
5. Einige Aspekte des nonverbalen Lehrerverhaltens
6. Einige Überlegungen zu emotionalen Problemen
7. Aufgaben

1. Eingrenzung und Begründung des Themas

Lehrerverhalten kann man punktuell betrachten, man nimmt dann einzelne Aktivitäten — z. B. eine Frage, einen Impuls — unter die Lupe. Man kann auch globaler vorgehen, etwa nach Strategien und Stilformen des Lehrerverhaltens fragen. In diesem Kapitel tun wir ersteres. Wir befassen uns sozusagen mit den Atomen des Lehrerverhaltens; weniger bildlich formuliert: wir befassen uns mit den kleinsten Verhaltensausschnitten, den *Mikrostrukturen* des Unterrichts.

Dabei müssen wir zunächst einige Hindernisse wegräumen. Es gibt nämlich kaum ein anderes Gebiet der Schulpädagogik, auf dem ähnlich verworrene Vorstellungen vorkommen. Die Ratschläge, die jungen Lehrern gegeben werden, mischen Falsches und Richtiges, Belangloses und Wichtiges in verwirrender Weise. Im nächsten Abschnitt präsentieren wir eine Auswahl solcher Ratschläge und wenden uns dann dem notwendigen Geschäft der *Klarstellung* einiger Grundbegriffe zu. Dann zeigen wir eine Palette derjenigen Verhaltensweisen, die wir für die wichtigsten halten. Wir erörtern ihre Funktionen und regen an, sie zu diskutieren. Ziel ist eine gewisse *Sensibilisierung* für die Wirkungen des eigenen Tuns, ein Nachdenken über seine positiven und negativen, beabsichtigten und unbeabsichtigten Folgen. Wo es uns dringlich und vertretbar erschien, geben wir auch Ratschläge. Unser Hauptziel aber ist es, das *Verhaltensrepertoire zu erweitern.* Denn viele Lehrer haben ein unnötig begrenztes Verhaltensrepertoire. (Bei erfahrenen Lehrern kann das daran liegen, daß sie kaum einmal auf Einseitigkeiten hingewiesen werden — „Einzelkämpfer"-Schicksal.) Solche Einseitigkeiten sind manchmal bewußt erworben, manchmal hat man sie sich auch nur zufällig angewöhnt. Es versteht sich, daß die Ausweitung des Verhaltensrepertoires eine langwierige Aufgabe ist. Wir bieten hier nur eine Checkliste, anhand derer man sich selbst kontrollieren oder kontrollieren lassen kann. Auch die Übungsaufgaben, die wir anschließen, können nur ein Anfang sein, das eigene Verhalten variabler zu machen. Vor diese Aufgaben ist ein Abschnitt zu den emotionalen Aspekten des Lehrerverhaltens eingefügt; denn dieses Thema ließ sich nicht so knapp behandeln wie die übrigen Themen, und so haben wir es ausgegliedert, um den Hauptteil des Kapitels übersichtlicher zu halten.

2. Ratschläge, wie man sie gelegentlich hört

Beurteilen Sie die folgenden Ratschläge mit „richtig" (= immer oder ganz überwiegend richtig), „falsch" (= immer oder ganz überwiegend falsch) und „wechselnd" (d. h. je nach Situation richtig oder falsch). Eine Kennzeichnung „weiß ich nicht" ist nicht vorgesehen; ringen Sie sich bitte zu einer Entscheidung durch.

Urteil

(1) Vermeiden Sie „Lehrer-Echo" (= Wiederholung dessen, was Schüler gesagt haben)!

(2) Vermeiden Sie Entscheidungsfragen (= Fragen, die mit ja oder nein beantwortet werden können)!

(3) Formulieren Sie Fragen grammatisch korrekt! (Also nicht: „Die Hauptstadt von Ecuador heißt wie?")

(4) Geben Sie keine Informationen, die Schüler geben könnten!

(5) Vermeiden Sie suggestive Äußerungen (z. B. „Ist das wirklich wichtig?")!

(6) „Impulse", d. h. Anregungen in Form von Aussagesätzen, sind besser als Fragen oder Aufforderungen.

(7) Vermeiden Sie „enge" Fragen!

Urteil

(8) Vermeiden Sie „Kettenfragen“! (Beispiel: Am Beginn einer Deutschstunde stellt der Lehrer die Doppelfrage: „Hat Ihnen die Novelle gefallen? Ist Ihnen irgend etwas Besonderes aufgefallen?“)

(9) Reduzieren Sie Ihren Sprechanteil auf ein Minimum!

(10) Rufen Sie keinen Schüler auf, *bevor* Sie die entsprechende Frage gestellt haben!

(11) Lassen Sie die Schüler nicht im unklaren darüber, ob sie etwas Richtiges oder Falsches gesagt haben!

(12) Bleiben Sie — bei Frontalunterricht — stets der Klasse zugewandt! Wenden Sie sich nicht ausschließlich dem jeweils sprechenden Schüler zu!

(13) Bleiben Sie nicht stets an derselben Stelle (z. B. am Lehrerpult) und in derselben Haltung!

(14) Seien Sie immer freundlich! Ärger sollte man Ihnen nicht anmerken.

(15) Heucheln Sie keine Gefühle! Seien Sie „echt“!

Sicherlich können Sie diese Liste — aus leidvoller oder nutzbringender Erfahrung — ergänzen. Wenn Sie diese Ratschläge diskutieren, lohnt es sich, in einigen Fällen zu unterscheiden zwischen Absicht und unbeabsichtigten Nebenwirkungen.

Ein Beispiel: Ein Lehrer neigt dazu, Schüleräußerungen umzuformulieren. Die *Absicht* ist, kleine Unklarheiten ohne Aufwand zu beheben und so den Schülern das Verstehen und Behalten zu erleichtern. *Nebenwirkungen* sind, daß die Schüler ständig mit ihrer Unzulänglichkeit konfrontiert werden und daß sie sich keine Mühe mehr geben, exakt zu formulieren — der Lehrer wird's schon bringen!

3. Klarstellungen[1]

Lehreräußerungen müssen nach ihren *Wirkungen* klassifiziert werden (wobei beabsichtigte Wirkung und tatsächliche Wirkung verschieden sein können), nicht aber nach ihrer grammatischen Form. Ob ein Lehrer beispielsweise sagt: „Wie heißt die Hauptstadt von Ecuador?“ (eine Ergänzungsfrage) oder: „Kannst du mir die Hauptstadt von Ecuador nennen?“ (eine Entscheidungsfrage), ist eher belanglos, solange immer die gleiche Reaktion erwartet wird. Umgekehrt kann dieselbe Äußerung verschiedene Wirkungen haben bzw. beabsichtigen. Die Frage „Wie heißt die Hauptstadt von Ecuador?" könnte z. B. folgende Wirkungen intendieren: einen Lernerfolg zu kontrollieren, einen unaufmerksamen Schüler zu beschämen, die Schüler zu veranlassen, im Atlas nachzusehen usf.

Die Wirkung einer Äußerung hängt von den „Umständen" ab. Dabei lassen sich folgende Aspekte unterscheiden:

(1) *Nonverbales Verhalten*

Ein Lehrer kann „sehr interessant" mit allen Zeichen des Desinteresses sagen oder „gut" mit dem Ausdruck der Ablehnung. Die Wirkung einer verbalen Äußerung hängt offensichtlich von der nonverbalen Begleitmusik ab (dazu unten Genaueres).

(2) *Kontext*

Unter Kontext versteht man sowohl die vorangegangenen und nachfolgenden Äußerungen (Kon-„Text") wie auch die übrigen Umstände (oft auch unter „Situation" zusammengefaßt). Wenn man sagt, daß man Äußerungen nicht aus ihrem Zusammenhang reißen dürfe, so meint man eben diesen Zusammenhang mit dem Kontext. Die Kontextabhängigkeit von Äußerungen und ihren Wirkungen festzustellen ist ebenso trivial wie grundlegend.

Die Kontextabhängigkeit von Äußerungen macht es mir oft schwierig, Übungsaufgaben zu formulieren, z. B. wenn Lehreräußerungen klassifiziert oder bewertet werden sollen. Treffen wir für solche Aufgaben generell die Abmachung: Denken Sie sich soviel Kontext hinzu, wie Sie für die Lösung der Aufgabe brauchen! Aber seien Sie dabei realistisch: Auch in der Klasse überschauen Sie die Situation nie vollständig.

(3) *Beziehung*

Aktuelle Äußerungen werden auf dem Hintergrund langfristiger Beziehungen interpretiert. Eine harmlos gemeinte Aufforderung, aufmerksam zu sein, kann so zu einem aggressiven Akt werden („Immer hackt er auf mir herum!") oder ein Lob von Lehrer X in der Klasse Y kann ehrenrührig wirken („Ist mir das peinlich!"). Die Beispiele deuten an, daß sowohl die Zweierbeziehung dieses Schülers zu diesem Lehrer eine Rolle spielt wie auch das gesamte Beziehungsgeflecht, das „Klima" einer Klasse.

(4) *Konventionen*

Solche Konventionen spiegeln oftmals die Auffassung unserer Gesellschaft von der Lehrer-Schüler-Beziehung (Rollenbeziehung), oft stellen sie aber auch Gewohnheiten dar, die sich spezifisch in der jeweiligen Klasse herausgebildet haben.

Ein Beispiel: Auf die Lehrerfrage „Hat euch das Lesestück gefallen?“ könnte ein Schüler mit einem einzigen Wort antworten, mit ja oder nein. Tatsächlich kommt das aber kaum vor. Der Schüler weiß: Lehrer erwarten ausführlichere Antworten; der Lehrer braucht gar nicht hinzuzufügen, daß er eine Begründung hören möchte. Vielleicht weiß der Schüler *dieser* Klasse mehr, nämlich daß eine Ablehnung des Lesestücks vom Lehrer mißbilligt würde. Die entsprechende Konvention ließe sich etwa so formulieren: Lehrer bieten Schülern nur wertvolle Literatur, und ein Urteil über Wert und Unwert steht Schülern nicht zu. Solche Konventionen sind zugleich entlastend und bedrückend. Wo sie fehlen, muß der Lehrer ständig erläutern, begründen und rechtfertigen. („Warum müssen wir das schriftlich machen? Genügen nicht Stichwörter?“) Andererseits kommt der Lehrer, auch wo er es möchte, nur schwer aus seiner Rolle heraus; das wird uns noch beschäftigen.

4. Einige Kategorien des verbalen Lehrerverhaltens

Die folgende Liste ist unsystematisch, d. h. die Kategorien überschneiden sich und decken den Bereich nicht vollständig ab. Die Auswahl gründet sich auf Beobachtung und Reflexion von Unterrichtspraxis (auch wenn natürlich die Literatur zu Rate gezogen wurde).

4.1. Weite Anweisungen — enge Anweisungen

Ein Lehrer, der den Schülern einen Text präsentiert, kann sie fragen: „Was sagt ihr dazu?“ oder sie einfach „fragend“ anblicken; das sind *weite* Aufforderungen. Oder er fragt etwa: „Ist das eine Ich-Erzählung oder eine Er-Erzählung?“, eine *enge* Frage. Zwischen ganz weit und ganz eng läge etwa die Aufforderung: „Beschreibt die Erzählperspektive des Textes!“ Weit ist eine Lehreräußerung, zu der es zahlreiche passende Schülerreaktionen gibt; eng ist eine Äußerung, zu der es nur eine oder wenige passende Reaktionen gibt.

Wenn man eine weite Anweisung in die Form einer Aussage kleidet (z. B. „Manche von euch sind sicher anderer Meinung.“) oder sie nonverbal ausdrückt (Lehrer blickt mit zweifelndem Gesichtsausdruck in die Runde), spricht man auch von *Impulsen*. Diese Unterscheidung ist aber äußerlich und belanglos; entscheidend ist die Kennzeichnung „eng — weit“.[2]

Man stößt gelegentlich auf die Auffassung, weite Anweisungen seien gut, enge Anweisungen schlecht. Richtig daran ist, daß ein Unterricht, der über lange Strecken eng geführt wird, die Schüler gängelt und insofern „schlecht“ ist. Es trifft auch zu, daß Unterricht zu oft zu eng geführt wird. Im übrigen haben natürlich enge Anweisungen vielerlei sinnvolle Funktionen.

Schlecht sind weite Anweisungen, die eng gemeint sind; schlecht deshalb, weil sie die Schüler verwirren, frustrieren und von der Sache weg auf den Lehrer lenken. („Was will er eigentlich hören?“) Wir geben den entschiedenen Rat, alle zu einer Anweisung passenden Reaktionen auch zu akzeptieren. Wenn also der Lehrer gefragt hat „Was fällt euch an dem Text auf?“, so sind alle Schülerantworten richtig, die etwas konstatieren, das in irgendeinem Sinn als „auffallend“ bezeichnet werden kann. — Leider ist folgender Dialog erfunden:

Lehrer: Was fällt euch an dem Text auf?
Schüler: Die vielen Fremdwörter.
Lehrer: Ja. Aber das habe ich nicht gemeint.
Schüler: Warum sagen Sie uns denn nicht, was Sie meinen?

Aufgabe:

Angenommen, ein Lehrer will jüngere Schüler herausfinden lassen, daß Verkehrszeichen redundant sind, daß also ihre „Botschaft“ an *mehreren* Merkmalen erkennbar ist. (Beispiel: Ein Stopschild ist erstens achteckig, zweitens rot und hat drittens die Aufschrift „Stop“.) Zu diesem Zweck könnte er etwa folgende Aufträge (Fragen bzw. Aufforderungen) formulieren:

(a) Wieso dürfen Farbenblinde den Führerschein machen?

(b) Was fällt euch an Verkehrszeichen auf?

(c) Verkehrszeichen (Schilder, Ampelanlagen) sind nach bestimmten *Regeln* entworfen. Versucht, solche Regeln zu entdecken!

(d) Verkehrszeichen (Schilder, Signale der Ampelanlagen) sollen auch bei schlechter Sicht, z. B. bei Nebel, noch gut zu *unterscheiden* sein. Was tut man, um das zu erreichen?

(e) Der Lehrer erzählt: „Ich habe einen Freund, der ist rot-grünblind. (Hier wird er unterbrochen und muß erst einmal erläutern, was Rot-Grün-Blindheit ist.) Als ich mit ihm neulich über eine Kreuzung ging, habe ich ihn gefragt: „Vertust du dich eigentlich nie, wo du doch Rot und Grün gar nicht unterscheiden kannst?" „Nein", hat er gesagt, „ich weiß ja, Grün ist immer unten, und außerdem geht das grüne Männchen, während das rote steht." Da habe ich mir überlegt, ob das nicht bei den übrigen Verkehrszeichen genauso ist, daß man sie immer an *mehreren* Merkmalen unterscheiden kann.

(f) Ergänze folgende Tabelle:

Verkehrszeichen	erkennbar an		
	①	②	③
Stopschild	rot	achteckig	„Stop"
Schild „Vorfahrt beachten"			
Signal „Gehen" an Ampeln			

usw.

— Ordnen Sie die 6 Aufträge vom „weitesten" bis zum „engsten".

— Welche Aufträge halten Sie für geeignet? (Und was verstehen Sie unter „geeignet"?)

— Wählen Sie einen zentralen Auftrag aus Ihrem laufenden Unterricht und formulieren Sie engere und weitere Varianten dazu.

4.2. Gesprächsstrukturierende und sachstrukturierende Lehreräußerungen

Gesprächsstrukturierende Äußerungen ordnen ein Unterrichtsgespräch und helfen den Schülern, den Ablauf oder die Ergebnisse des Gesprächs zu überblicken. Sie dienen der Transparenz des

Unterrichts. *Sachstrukturierende* Äußerungen sind Hilfen, die den Schülern gegeben werden, einen Gegenstand besser zu erfassen oder ein Problem zu lösen. Oft kann man diese Äußerungsformen nur der Tendenz nach unterscheiden. Wenn der Lehrer z. B. eine Schülerfrage als wichtig bezeichnet, so kann das Folgen für den Gesprächsablauf haben (= „Über diese Frage müssen wir ausführlich sprechen.") wie für die Gegenstandserfassung (= „Dies ist ein wichtiger Sachaspekt.").

Wenn wir trotzdem die beiden Aspekte hier unterscheiden, so geschieht das aus Gründen der Gesprächserziehung. Es darf im folgenden nicht der Eindruck entstehen, Gesprächsstrukturierung sei ein eifersüchtig zu verteidigendes Lehrerprivileg. Zur Gesprächserziehung gehört vielmehr, daß die Schüler lernen, diese Funktionen zu übernehmen; der Lehrer wird sie also oft an Schüler delegieren. Der Lehrer sollte sich aber auch erinnern, wie schwer es ihm selbst gefallen ist oder noch fällt, ein Unterrichtsgespräch zu ordnen. Schüler sind da schnell überfordert. Die Schwierigkeit liegt darin, daß eine zweigleisige Anstrengung gefordert wird: einmal sich mit einem Problem auseinanderzusetzen und dann noch diese Auseinandersetzung zu reflektieren. Zwischen Gesprächserziehung der Schüler und Überforderung der Schüler ist also vorsichtig zu balancieren. Einen klaren Ratschlag kann man allerdings geben: Wenn die Schüler sich spontan gesprächsstrukturierend äußern, sollte der Lehrer sich freuen und dieser Freude auch Ausdruck geben. Wir nennen ein paar Beispiele: „Den Einwand von X haben wir überhaupt nicht berücksichtigt." — „Ich meine, wir sind vom Thema abgekommen." — „Jetzt ist doch nur noch folgendes unklar . . ."

Im folgenden skizzieren wir einige Formen des verbalen Lehrerverhaltens.

Akzentuieren

Nicht alle Fragen und Ergebnisse sind gleich wichtig. Nicht alles soll und kann (!) von den Schülern aufgenommen und behalten werden. Zu den wichtigsten Aufgaben des Lehrers gehört also, dafür zu sorgen, daß Wichtiges vom Unwichtigen geschieden wird.

Ordnen

Oft ist es nützlich, wenn im Unterricht zunächst einmal gesammelt wird: Vorkenntnisse der Schüler, Einfälle, Beobachtungen, Meinungen. Am Ende einer solchen „Sammelphase“ (manchmal spricht man auch von „Spontanphase“) steht man vor einem ungeordneten Haufen von Material, das an der Tafel oder sonstwie fixiert ist. Wie dies Material nun zu ordnen ist, läßt sich nur am konkreten Fall sagen. Möglichkeiten sind: das Konkrete nach abstrakten Gesichtspunkten ordnen, Themenrelevantes vom Irrelevanten trennen, zwischen Vermutungen und Tatsachen unterscheiden usw. Meist ordnen die Schüler das Material, und meist muß der Lehrer ihnen helfen, die Ordnungsgesichtspunkte zu finden; oder er muß sie ihnen vorgeben.

„Ordnen“ kann in allen Phasen des Unterrichts nötig sein. Es gehört zu den schwierigen Aufgaben des Lehrers, zumal es oft improvisiert werden muß; es bedarf im besonderen Maße der Übung.

Themen verdeutlichen

Dazu gehört nicht nur, daß die Schüler wissen, welche Themen (Gegenstände, Probleme, Fragen . . .) die gesamte Stunde hat. Sondern es muß ihnen auch verdeutlicht werden, welches Unterthema gerade ansteht. Das geschieht z. B. durch Äußerungen folgenden Typs: „Wir müssen erst A zu Ende diskutieren, ehe wir auf B eingehen.“ — „Sammelt erst noch weitere Hypothesen, ehe wir mit der Überprüfung beginnen!“ — „Worauf bezieht sich deine Frage?“

Zusammenfassen — Rückblicken

Das Zusammenfassen stellt Ergebnisse sicher. Es dient also dazu, diejenigen Zwischenergebnisse allen Schülern bewußt zu machen, auf denen der folgende Unterricht aufbauen soll, und die Endergebnisse zu sichern. Das Rückblicken gilt dem Weg zum Ergebnis; es fragt nicht: *Was* ist herausgekommen?, sondern: *Wie* ist es herausgekommen? Es dient der Methodenreflexion und dem Methodenerwerb.

Die Notwendigkeit des Zusammenfassens und Rückblickens könnte man auch so begründen: Nicht jeder Lehrer vermag seine Schüler volle 45 Minuten pro Unterrichtsstunde zu faszinieren. Auch ein Schüler mit übermenschlicher Selbstdisziplin ist gelegentlich unkonzentriert. Ergo: Zu einem guten Unterricht gehört auch, daß die Schüler nicht ständig aufzupassen brauchen.

Gliedern

Soll nicht der Überblick über die Stunde (die „Transparenz") verlorengehen, so muß man Unterrichtsgespräche gliedern, und zwar in um so kürzere Abschnitte, je jünger und ungeübter, je unkonzentrierter und müder (6. Stunde!) die Schüler sind. Die wichtigsten Maßnahmen, die eine Stunde gliedern, wurden schon genannt: die Verdeutlichung von Unterthemen, das Zusammenfassen und Rückblicken, wodurch Gesprächseinschnitte geschaffen werden. Nützlich ist oft auch, die Stundengliederung vorweg bekanntzugeben oder mit den Schülern zu planen; aus dem „Ordnen", wie wir es oben erläutert haben, ergibt sich oft eine solche Vorstrukturierung des Gesprächs.

Lehrern, denen an einem ordentlichen Stundenverlauf sehr gelegen ist, möchten wir zu bedenken geben: Ordnung ist das halbe Leben; die andere Hälfte ist das oft produktivere Chaos. Wenn Schüler angeregt diskutieren, ist es oft ein leichtes, das Gespräch zu blockieren, indem man es in geordnete Bahnen lenkt. Darüber ist noch mehr zu sagen (vgl. das Kapitel „Strukturierung des Unterrichts"). Hier möchten wir nur darauf hinweisen, daß man Gespräche immer noch nachträglich strukturieren kann. „Zusammenfassen" und „Rückblicken" sind demnach die wichtigsten Maßnahmen, um Ordnung und Transparenz zu schaffen.

Gegensätze aufdecken

Widersprüche befruchten das Gespräch. Oft werden sie von den Schülern nicht wahrgenommen, weil sie z. B. undeutlich formuliert sind oder weil die gegensätzlichen Positionen in einem längeren zeitlichen Abstand geäußert werden. Der Lehrer muß dann für eine klare Gegenüberstellung sorgen. Oft muß er auch verhindern, daß sich nicht Minderheiten trotz guter Argumente widerspruchslos der Mehrheitsmeinung anschließen (und zwar meist ohne daß dies der „Minderheit" überhaupt bewußt wird).

Informationen geben

Natürlich muß man Schülern diejenigen Informationen geben, ohne die ein Problem gar nicht bearbeitet werden kann. Das ist offensichtlich das Minimum. Wenn man den Kenntnisstand der Schüler ermittelt hat, kann man diese Information vollständig planen. Über andere Informationen muß der Lehrer in der Stunde entscheiden. Man nennt diese Zusatzinformationen oft *Hilfen*. Der Lehrer fragt sich: Haben sich die Schüler verrannt, ist das Gespräch in eine Sackgasse geraten? Können die Schüler noch selbständig zum Ziel kommen, oder ist das aussichtslos, zu langwierig, zu frustrierend? Der Lehrer muß also die Schwierigkeit des Problems der Leistungsfähigkeit und Belastbarkeit der Schüler gegenüberstellen.

Ein weiteres entscheidendes Kriterium ist das der *Unterrichtsökonomie*. Der Lehrer fragt sich: Lohnt es sich, die Schüler in aller Breite diskutieren zu lassen, lernen sie etwas dabei, oder ist es besser, die Diskussion zu verkürzen? Irrwege zu gehen kann ungemein lehrreich sein, muß es aber nicht.

Manche Lehrer verhalten sich geradezu reflexhaft nach dem Motto: Informieren ist schlecht, ein guter Lehrer fragt nur. Das geht dann etwa so: Schüler interpretieren eine historische Quelle. Einer stolpert über irgendein Wort, er fragt z. B.: „Was bedeutet hier ‚Magistrat'?" Darauf der Lehrer: „Wer weiß das?" Dann geben drei Schüler drei falsche Antworten, dann gibt der Lehrer die richtige. Aus ihrer Arbeit, der Quelleninterpretation, sind die Schüler erst einmal herausgerissen; die Konzentration muß erst wieder aufgebaut werden. (Und ganz nebenbei haben die Schüler auch noch etwas gelernt, nämlich: Wozu sich informieren, wenn man auch raten kann!)

Weiterführende Fragen stellen

Auch dies ist eine „Hilfe": Der Lehrer hilft den Schülern, ihre Denkansätze weiterzuentwickeln. Es gibt viele Formen des Weiterführens. Auch die Aufforderung, eine Sache präziser und detaillierter darzustellen, gehört dazu, also Fragen wie: „Was verstehst du unter diesem Begriff?" — „Kannst du das ausführlicher darstellen?" — „Diesen Satz habe ich nicht ganz verstanden." Denn meistens ist es ja nicht so, als ob der Schüler etwas klar Gedachtes nur unklar und zu knapp formuliert hätte, sondern er wird aufgefordert, eine noch vorläufige Konzeption zu präzisieren und zu entfalten.

Wir wollen keine Klassifizierungen des Weiterführens vornehmen, sondern nennen nur verschiedenartige Beispiele für weiterführende Fragen: „Kannst du den Gedankengang fortführen?" — „Kannst du ein Beispiel nennen?" — „Könntest du dir einen Einwand dagegen denken?" — „Könntest du die Sache von einem anderen Standpunkt sehen?" — „Ist das eine Meinung oder eine Tatsachenbehauptung?" — „Gilt diese Aussage für alle Fälle von ...?"

Schüleräußerungen bewerten

Bewertungskriterien sind vor allem *Richtigkeit* und *Relevanz*. Eine Schüleräußerung kann zwar richtig sein, aber irrelevant, d. h. nicht zur Sache gehörig, banal, eine Wiederholung von bereits Gesagtem (letzteres ein Problem der Gesprächserziehung vor allem bei jüngeren Schülern). Auch das Umgekehrte findet statt; man denke an Vermutungen, die zwar „falsch" (= falsifizierbar), aber auch höchst aufschlußreich sind. — Die Entscheidung, bewerten oder nicht, ist oft schwierig; im Übungsteil schlagen wir vor, sie zu diskutieren. — Ein drittes Kriterium könnte man als *soziale Nützlichkeit* bezeichnen. Nützlich sind z. B. alle gesprächsstrukturierenden Schüleräußerungen (vgl. o.). Nützlich sind alle Äußerungen, die Zuhören, Mitdenken und Kooperationsbereitschaft zeigen. (Aber indem wir das Sozialverhalten ansprechen, sind wir eigentlich schon beim nächsten Punkt.)

Eine Form der Bewertung wird von Lehrern oft unabsichtlich und unkontrolliert praktiziert: Schüleräußerungen unter den Tisch fallen lassen. Wenn mit einem Schülerbeitrag nichts weiter passiert, wenn er weder akzeptiert noch eingeordnet noch diskutiert wird, so wird dem Schüler damit bedeutet: Dein Beitrag ist nicht beachtenswert.

Schülerverhalten bewerten

Schülerverhalten kann unter den verschiedensten Aspekten bewertet werden: Leistung, Disziplin, Sozialverhalten ... Damit sind wir bei ganz zentralen Problemen der Unterrichtsführung, z. B. bei der Problematik von Lob und Tadel, Ermutigung und Entmutigung, autoritärem und nicht-autoritärem Verhalten. Es ist nicht möglich, dies auch nur in Kürze hier abzuhandeln. Bewerten von Schülerverhalten ist vielmehr Bestandteil mehrerer anderer Kapitel.

Gefühle akzeptieren / Gefühle äußern

Wie angekündigt, wollen wir das Thema „Gefühle" unten eingehender diskutieren. Deshalb seien diese beiden Verhaltensweisen hier nur genannt.

5. Einige Aspekte des nonverbalen Lehrerverhaltens

5.1. Spontaneität oder kontrolliertes Verhalten?

Soll der Lehrer schauspielern, vor dem Spiegel seine Mimik kontrollieren und wirkungsvolle Gesten einüben? Eine unbehagliche Vorstellung. Soll er per Tonband seine Sprechweise kontrollieren? Das schon eher. Soll er darauf achten, welchen Schülern er wie oft den Rücken zukehrt? Das doch wohl sicher. Wir müssen also ein paar Unterscheidungen treffen.

Zunächst wollen wir unterscheiden zwischen *kompensieren* und *verändern*. Es gibt Verhaltensweisen, die zu ändern kaum in der Macht des Lehrers steht. Jemand, der eine leise Stimme hat, kann die Lautstärke seines Sprechens nicht variieren. Wo also ein Kollege etwas Wichtiges durch lauteres Sprechen hervorhebt, muß er sich anderer Mittel bedienen. Ein Lehrer, dessen Sprechweise oder Mimik wenig variabel ist, muß mehr als andere darauf achten, daß sein Unterricht nicht auch sonst noch monoton ist. Spricht er z. B. gleichmäßig langsam, muß er überlegen, mit welchen anderen Mitteln er das Tempo des Unterrichts variieren kann. Es ist also wichtig, Rückmeldungen über das nonverbale Verhalten zu bekommen, auch wo man es nicht verändern, sondern nur kompensieren kann.

Bewußt zu kontrollieren sind wohl folgende Verhaltensweisen:

— Näherungsverhalten. Beispiel: während ein Schüler zum Lehrer spricht, bewegt sich dieser auf einen anderen Schüler zu, der stört.

— Stellung im Raum. Sie muß vor allem bei größeren Klassen kontrolliert werden, weil man von jedem Punkt aus manche Schüler im Blickfeld hat und andere leicht übersieht. Außerdem hat es Wirkungen, ob ein Lehrer sitzt, steht oder herumgeht, ob er sich vor der Klasse aufhält oder z. B. dahinter, etwa mit den Schülern auf die Tafel schauend.

— Artikulation. Soweit möglich, sollten Tempo und Nachdrücklichkeit des Sprechens variiert werden. Auf jeden Fall soll man Gesprächs*pausen* kontrollieren, sie als Signale einsetzen, z. B. nach wichtigen Fragen. Manche Lehrer haben eine merkwürdige Angst vor Pausen und reden deshalb zu viel (der Lehrer als Conferencier . . .).

Junge Lehrer stehen vor folgender Schwierigkeit. Sie übertragen das Verhalten, das sie seit Kinderzeiten imitativ gelernt und eingeübt haben, auf Unterricht, d. h. sie übertragen Verhaltensweisen aus informellen Gesprächen in Kleingruppen auf ein ganz anders organisiertes Gespräch in einer Großgruppe. Dies gilt speziell für nonverbales Verhalten, weil es weniger kontrolliert wird (was übrigens nicht heißt, daß es nicht Regeln unterläge, im Gegenteil, nur sind diese Regeln wenig bewußt). Lehrer wenden sich z. B. dem jeweils sprechenden Schüler einseitig zu, gehen womöglich auf ihn zu. Die Folge ist nicht nur, daß sie die Klasse aus dem Blick verlieren, sondern daß den Schülern bedeutet wird: Hier läuft ein Zwiegespräch; Gesprächspause für die anderen; Mitteilung des sprechenden Schülers nur an den Lehrer adressiert.

5.2. Widersprüche zwischen verbalem und nonverbalem Verhalten

Solche Widersprüche ereignen sich oft. Der Lehrer bestätigt eine Schülerantwort mit „ja" und macht dazu ein zweifelndes Gesicht. Er akzeptiert Gefühle des Schülers mit Symptomen der Ungeduld. Er verhält sich großzügig gegenüber einem ansteigenden Geräuschpegel, aber ein leidender Gesichtsausdruck zeigt, wie gestört er sich fühlt. Er sagt: „Leider muß ich dich bestrafen", wobei man ihm ansieht, wie wütend er ist. Die Schüler erhalten in solchen Fällen eine „doppelte Botschaft".

Ein bißchen Einfühlung in diese Beispiele zeigt, daß der Schüler nicht der verbalen, sondern der nonverbalen Botschaft glaubt. (Weil das nonverbale Verhalten weniger kontrolliert wird? Weil man nonverbal schlechter lügen kann?)

Ein zweites läßt sich ablesen: Die nonverbalen Mitteilungen sind oft sehr vieldeutig, also Mißverständnissen besonders ausgesetzt. Übersetzen wir den nonverbalen Ausdruck ins Verbale. Was bedeutet das „Ja" mit zweifelndem Gesichtsausdruck? Es könnte z. B.

bedeuten: (1) Die Antwort ist falsch, aber ich bin schon froh, daß du überhaupt etwas sagst. (2) Ich weiß selbst nicht, ob die Antwort richtig ist. (3) Die Antwort ist richtig, aber ich glaube, man hat sie dir vorgesagt. Oder was können die Symptome der Ungeduld im zweiten Fall ausdrücken? Desinteresse? Angst, sich mit Gefühlen des Schülers zu belasten? Zeitmangel (eine dringende Verabredung)? Abneigung gegen eben diesen Schüler?

Was folgt aus diesen Feststellungen? Was kann man tun, um „doppelte" oder vieldeutige Botschaften zu vermeiden? Heißt die Folgerung: Mach aus deinem Herzen keine Mördergrube? Zeige deine Gefühle offen, denn nonverbal verrätst du sie ja doch? Sprich deine Gefühle (verbal) aus, denn nonverbal geäußert werden sie zu leicht falsch gedeutet?

Aufgaben:

(1) Klassifizieren Sie folgende Lehreräußerungen nach den Kategorien des 4. Abschnitts. (Einige Äußerungen fallen unter mehrere Kategorien.)
   (a) Richtig.
   (b) Darüber müssen wir ausführlich diskutieren.
   (c) Ich sehe im Moment nicht, wie Ihr Beitrag mit dem Thema zusammenhängt.
   (d) Ein sehr scharfsinniger Einwand.
   (e) Ich bin nicht sicher, Sie richtig verstanden zu haben.
   (f) Ich sehe das genauso.
   (g) Wollten Sie damit Peter widersprechen?
   (h) Haben Sie bei ihrer Textinterpretation die Zeilen . . . berücksichtigt?

(2) Oft fordert man vom Lehrer, er müsse Diskussionsbeiträge von Schülern „integrieren", d. h. aus oft isolierten Äußerungen ein zusammenhängendes Gespräch machen. Sollte man „Integrieren" als zusätzliche Kategorie der Gesprächsstrukturierung einführen oder ist „Integrieren" in den von uns angeführten Kategorien bereits enthalten?

(3) Der Lehrer steht oft vor der Entscheidung, ob er dem Schüler die Rückmeldung „richtig/falsch" geben soll oder ob er die Bewertung besser zurückhält. Für die Diskussion nennen wir — zugegebenermaßen stark vergröbert — *die möglichen* Folgen des Lehrerverhaltens (Tabelle 1).

Lehrer bestätigt als „richtig“	Lehrer weist als „falsch“ zurück	Lehrer gibt keine Rückmeldung „richtig/falsch“
Schüler sind orientiert — Gefühle der Sicherheit (besonders bei ängstlichen Schülern)		Schüler im ungewisssen — Verunsicherung
Schüler ermutigt	Schüler entmutigt	?
Fixierung auf den Lehrer: sein Urteil entscheidet		Orientierung an der Sache: Argumente entscheiden
Diskussion beendet		Diskussion offen
Schüler prägen sich Richtiges ein	Schüler prägen sich nichts Falsches ein	Schüler prägen sich möglicherweise Falsches ein

Tabelle 1

Vorschläge für Übungen:

(1) Verabreden Sie mit Ihrem Seminarleiter, daß in den Diskussionen der nächsten Zeit Pausen eingelegt werden, in denen die *Gesprächsstrukturierung* reflektiert wird:

Welche Maßnahmen wurden praktiziert?

Waren sie ausreichend, um Transparenz zu gewährleisten? Welche (unbeabsichtigten) Wirkungen hatten die Maßnahmen?

(Dazu ein Beispiel: Der Gesprächsleiter *faßt zusammen*. Hat er bestimmte Beiträge nicht berücksichtigt? War jemand darüber gekränkt? Fühlte sich jemand mißverstanden? Hat die Zusammenfassung störend unterbrochen? Hat sie eine Basis für die weitere Diskussion gelegt? usw.)

(2) Üben Sie das Sammeln und *Ordnen* von Spontanäußerungen:

- Wählen Sie ein nicht zu „weites“ Thema, beispielsweise: „Sollen Lehrer im Unterricht ein ‚korrektes‘ Deutsch sprechen?“
- Alle Äußerungen zum Thema werden möglichst knapp und zugleich möglichst adäquat (d. h. ohne Korrekturen, Ergänzungen, Umformulierungen) notiert (Tafel oder Folie).
- Ordnungskriterien werden gesucht und das Material danach geordnet.

(3) Übung zum *nonverbalen Verhalten:* Analysieren Sie einen Unterrichtsfilm nur unter diesem Aspekt.

6. Einige Überlegungen zu emotionalen Problemen

6.1. Lehrerprobleme mit Gefühlen der Schüler

Wenn von problematischen Gefühlen der Schüler die Rede ist, so fallen einem vielleicht zuerst Fälle ein, wo man einem Schüler helfen möchte: Zustände von Verlegenheit, Angst, Niedergeschlagenheit, Selbstzweifel u. ä. Man möchte einem Schüler aus der mißlichen Situation heraushelfen oder ihm doch wenigstens Gelegenheit geben, sich auszusprechen. Wir setzen im folgenden eine solch freundliche Einstellung voraus und diskutieren nicht, ob, sondern wie man als Lehrer helfen sollte.

Aber selbst der Lehrer, der sich auf das Geschäft des Unterrichtens zurückziehen möchte, wird mit der Gefühlsproblematik konfrontiert. Es gibt zahlreiche Gefühle, die den Unterricht ernsthaft blockieren können. Insbesondere Angst und Kummer machen es schwer oder unmöglich, aufmerksam zu sein, sich zu konzentrieren oder gar neugierig und kreativ zu sein. Und diese Gefühle sind einfach vorhanden; da hilft kein Appell an den guten Willen und kein „Druck" des Lehrers.

Die möglichen Komplikationen sind so vielfältig, daß es unmöglich ist, sie in Kürze zu diskutieren. Den Umfang der Thematik möchten wir wenigstens andeuten, indem wir einige exemplarische Fälle nennen:

(1) Ein Schüler hat Angst, wenn er vor die Klasse, z. B. an die Tafel treten muß. *

(2) Ein Schüler haßt Mannschaftsspiele, weil er beim Wählen der Mannschaften immer als letzter gewählt wird.

(3) Ein Schüler sitzt lethargisch herum, weil ihm schon drei Fünfen auf dem Zeugnis sicher sind.

(4) Ein Schüler schwänzt, weil er von einer Gruppe von Mitschülern regelmäßig auf dem Heimweg mißhandelt wird. (Ein leider nicht seltener Fall.)

(5) In einer Klasse befehden sich zwei Cliquen, indem bei Diskussionen jeder Beitrag eines Schülers der „feindlichen Clique" kritisiert wird, ohne Rücksicht auf den Inhalt des Beitrags.

(6) Schüler empören sich über die Taten der Kreuzritter bei der Eroberung von Jerusalem („bestialisch", „Heuchler", „wie die SS" . . .).

(7) Ein Schüler leidet darunter, daß seine Eltern sich getrennt haben und daß jeder Elternteil ihn zum Verbündeten gegen den anderen machen will. Er macht keine Aufgaben mehr und kann sich nicht konzentrieren.

(8) Eine Schülerin weint, weil ihre bisher beste Freundin nicht mehr neben ihr sitzen will.

(9) Ein Schüler reagiert schon auf die leiseste Korrektur seines Verhaltens mit Gekränktheit und oft mit Wut.

Man sieht, diese problematischen Gefühle sind teils punktuell, teils dauerhaft und wiederkehrend, teils schulisch bedingt, teils privat; manche Ursachen kann man verändern, andere nicht. Wir können dem, wie gesagt, hier nicht im einzelnen nachgehen. Zu gruppenpsychologischen Problemen (5. Fall) und zu emotionalen Reaktionen auf Unterrichtsgegenstände (Fall 6) nehmen wir hier nicht Stellung. (Es handelt sich aber um häufig auftretende und manchmal schwierige Probleme — unbedingt diskussionswürdig.)

6.2. Gefühle akzeptieren

Ehe man als Lehrer sonst etwas tun kann, muß man fast immer mit dem Schüler über seine Probleme sprechen. Das kann beiläufig im Unterricht geschehen; öfter wird man ein Gespräch unter vier Augen führen, weil doch die Gefahr, den Schüler zu beschämen, sehr groß ist.

Wir referieren hier Empfehlungen zur Technik solcher Gespräche. Zunächst muß aber davor gewarnt werden, solche Techniken als bloße Techniken handhaben zu wollen. Wenn Sie nicht wirklich den Wunsch haben, einem bestimmten Schüler bei seinem Problem zu helfen, dann sollten Sie es lassen. Dasselbe gilt natürlich, wenn ein Schüler keine Hilfe will oder speziell von Ihnen keine Hilfe will. Es handelt sich um Techniken der sogenannten „nichtdirektiven“ Gesprächsführung. Sie stammen letzten Endes aus C. R. Rogers' „klientenzentrierter Therapie“, sind aber von einigen Autoren auf die Lehrer-Schüler-Beziehung angewendet worden. Zu nennen ist vor allem T. Gordons „Die Lehrer-Schüler-Konferenz“, ein Buch, auf das wir uns in der Hauptsache stützen. Man kann bezweifeln, ob die Anpassung therapeutischer Regeln an schulische Verhältnisse gründlich genug ist; schließlich ist die therapeutische Situation, z. B. die Motive der Partner und die Dauer der Gespräche, unvergleichlich anders. Wir referieren, wie gesagt, um dem Leser ein eigenes Urteil zu ermöglichen. *

Mit Gordon unterscheiden wir *„passives"* und *„aktives" Zuhören*. Beim passiven Zuhören tut man nicht mehr, als man immer beim aufmerksamen Zuhören tut: Man wendet dem Schüler seine volle Aufmerksamkeit zu, so daß diese Zuwendung nonverbal zum Ausdruck kommt. Beim aktiven Zuhören geht man nur einen kleinen Schritt weiter: man teilt dem Schüler mit, daß und wie man seine Gefühle wahrgenommen hat. Beispielsweise: „Sie sind ärgerlich, daß Ihr Referat nur negativ kritisiert wird." „Du hast Angst steckenzubleiben, wenn du an der Tafel vorrechnen sollst." „Du bist enttäuscht, daß du nur eine Vier in der Arbeit hast." „Du findest es gemein von Monika, daß sie nicht mehr neben dir sitzen will." „Sie können für die Schule kein Interesse mehr aufbringen, weil Ihr Freund mit Ihnen Schluß gemacht hat."

Wichtig ist, was man beim aktiven Zuhören *nicht* tut:

(1) Man versucht nicht, dem Schüler Gefühle auszureden. („Du weißt doch, daß du keine Angst zu haben brauchst." „Eine Vier ist doch keine schlechte Note — was willst du eigentlich?") Es mag ja sein, daß kein „objektiv" hinreichender Grund für die Gefühle vorliegt; nichtsdestoweniger sind sie vorhanden. Will man sie jemandem ausreden, zeigt man möglicherweise vor allem, daß man sie nicht ernst nimmt, daß man sie als unberechtigt ansieht. Das ist aber das Gegenteil von Akzeptieren.

(2) Man vermeidet Schuldzuschreibungen. („Sie fühlen sich angegriffen, aber Sie selbst haben ja auch nicht nur sachlich argumentiert." „Für die nächste Arbeit lernst du eben ein bißchen mehr.") Schuldzuschreibungen sind eine Methode, Gefühle anderer von sich abzuschieben, sich von diesen Gefühlen zu entlasten.

(3) Man vermeidet Ratschläge. („Laß deine Freundin doch einfach links liegen, wenn sie so gemein zu dir ist.") Diese Zurückhaltung wird damit begründet, daß die Lösung eines Problems letztlich nur der finden kann, der das Problem hat (dazu unten mehr).

(4) Vor allem vermeidet man, Gefühle zu erklären, d. h. auf Seelenzustände, Eigenschaften und Charakterzüge zurückzuführen. („Meinst du nicht auch, daß du sehr schnell gekränkt bist?" „Du bist ziemlich ehrgeizig." „Das sind doch Trotzreaktionen!") Bestenfalls nützen solche Erklärungen nichts. Meist aber werden sie

empfunden als eine Entwertung der Gefühle, eine Kritik oder ein Angriff.

Zieht man von den möglichen Reaktionen all dieses ab, so bleibt für das aktive Zuhören eigentlich nur eins: Man sagt dem Schüler, wie man — im gegebenen Moment — seine Gefühle wahrnimmt. Rogers spricht vom *Widerspiegeln* der Gefühle. Die Metapher sagt anschaulich, daß das gegenwärtige Gefühl ohne Zutaten des „Spiegels" wiederzugeben ist. Die Beschaffenheit des „Spiegels" wirkt sich auch bei solcher Vermeidung noch deutlich aus.

Was springt eigentlich bei der Technik des aktiven Zuhörens heraus? Zum Teil ist diese Frage schon beantwortet: Der Schüler erfährt, daß seine Gefühle vom Lehrer nicht abgewehrt oder in irgend einer Form verurteilt werden. In seinen Gefühlen akzeptiert zu werden ist sicherlich schon eine Hilfe. Außerdem erfährt der Lehrer so oft überhaupt erst von den Problemen des Schülers; denn diese Probleme äußern sich zunächst unklar und vieldeutig: Schüler sitzen lethargisch herum, demonstrieren Lustlosigkeit, werden „grundlos" aggressiv usw. Mit dem Mittel des aktiven Zuhörens kommt der Lehrer am ehesten dahinter, was eigentlich im Schüler vorgeht. Nehmen wir ein simples Beispiel: Ein Schüler sagt: „Müssen wir das Drama denn so endlos durchkauen?" Der Lehrer könnte nun verschieden reagieren: „Motz nicht so herum!" (Er reagiert aggressiv auf eine vermeintliche Aggression.) „Was wir zur Zeit machen, ist wichtig, weil . . ." (Er beurteilt die Gefühle des Schülers als unberechtigt.) „Du mußt lernen, dich einmal längere Zeit auf eine Sache zu konzentrieren!" (Das Gefühl wird mit einem Defizit des Schülers erklärt.) Mit solchen Reaktionen bringt sich der Lehrer um die Chance, zu erfahren, was den Schüler wirklich bedrückt: Er hat Angst vor der nächsten Klausur, weil der Lernstoff immer umfänglicher und differenzierter wird. Diese Ängste wird der Schüler am ehesten aussprechen, wenn der Lehrer neutral und nicht interpretierend reagiert; etwa: „Du wärst erleichtert, wenn wir mit dem Drama bald zu Ende kämen." Damit unterstellt er dem Schüler weder Aggressivität noch Desinteresse noch mangelndes Durchhaltevermögen. Aktives Zuhören bedeutet vor allem: Äußerungsmöglichkeiten des Schülers nicht zu verbauen.

Aktives Zuhören dient aber nicht nur dazu, dem Lehrer Einsicht zu verschaffen. Es hilft auch dem Schüler. Einmal schlicht dadurch, daß der Schüler Gelegenheit hat, sich auszusprechen, Anteilnahme zu finden. Zweitens klärt sich für ihn das Problem, und er gelangt vielleicht zu einer (vorläufigen) Lösung. Rogers und auch Gordon vertreten sogar die Ansicht, daß ein Mensch Probleme, die nur ihn und nicht den Zuhörer betreffen, nur selbst lösen könne; alle Ratschläge seien falsch oder wirkungslos. Dieser extremen Ansicht möchten wir uns nicht anschließen. Aber Voraussetzung für Ratschläge ist natürlich, daß das Problem geklärt ist. Und sie sollten immer nur Angebote sein. Im übrigen kann der Lehrer oft etwas tun, und manchmal muß er es sogar. Er kann dem Schüler, der sich vor der Fülle des Lernstoffs ängstigt, anbieten, den Stoff übersichtlich zu wiederholen oder den Umfang möglicher Klausurthemen zu reduzieren oder ... Und daß man z. B. nicht tatenlos zusehen wird, wie ein Schüler drangsaliert wird (Fall 4), versteht sich von selbst.

6.3. Probleme des Lehrers mit seinen eigenen Gefühlen

An den Lehrer werden zwei widersprüchliche Anforderungen gerichtet; nennen wir sie *Glaubwürdigkeit* und *Selbstbeherrschung*. Glaubwürdigkeit resultiert aus der Übereinstimmung von Gefühl und Verhalten. (Rogers und andere sprechen von „Echtheit"; doch scheint uns dieser Ausdruck zu emphatisch.) Erinnern wir uns, daß ein Lehrer sich oft nonverbal verrät, wenn er eine innere Einstellung vortäuschen will oder wenn er sich zu einer solchen Einstellung zwingen will. Ein Beispiel: Ein Lehrer versichert, daß er Zeit habe, mit einem Schüler über dessen Probleme zu sprechen; gleichzeitig gibt er nonverbal Ungeduld zu erkennen, weil er nämlich erschöpft ist, weil er eine Verabredung hat oder aus sonstigen Gründen unter Zeitdruck steht. Der Fall ist nicht besonders schwierig, weil man dem Schüler offen eingestehen kann, wie einem zumute ist. Aber es gibt auch Gefühle, die man nicht ohne weiteres zeigen kann. In unserem Kulturkreis werden wir dazu erzogen, bestimmte Gefühle nicht zu zeigen, sondern Selbstbeherrschung zu üben; und das ist sicherlich eine wichtige kulturelle Errungenschaft. Wenn wir im folgenden eine Liste von irgendwie problematischen Gefühlen anführen, so bitten wir unsere Leser, sich an ihre eigene Schulzeit zu erinnern: welche Lehrer empfand man als unglaubwürdig, kalt, unpersönlich, undurchschaubar, welche andererseits als unbeherrscht, launisch („Was für ein Gesicht macht er denn heute?"), leicht zu provozieren?

(1) Ein Lehrer empfindet Ungeduld gegenüber einem zu weitschweifig redenden Schüler. *
(2) Er empfindet Wut gegenüber einer Schülergruppe, die durch laute unsachliche Zwischenbemerkungen den (sorgsam vorbereiteten) Unterricht stört.
(3) Er empfindet Angst, wenn er nach vier anstrengenden Stunden eine 5. Klasse betritt, die regelmäßig seine Nerven zerrüttet.
(4) Er fühlt sich nervös und reizbar, weil er am Frühstückstisch eine familiäre Auseinandersetzung hatte.
(5) Er mag den Schüler X nicht leiden, weil der so schmuddelig ist.
(6) Er findet den Schüler (die Schülerin) Y sexuell sehr attraktiv.

Alles in allem können wir nicht viel mehr tun, als das Problem zu stellen. Es ist auch nur individuell von Fall zu Fall zu lösen. Die folgenden Unterscheidungen mögen für die Lösung hilfreich sein.

Gefühle zu äußern und Gefühle zu haben ist zweierlei. Es hat keinen Sinn, sich Gefühle auszureden oder „unerlaubte" Gefühle vor sich zu verbergen. Es wäre z. B. sicher gut, man könnte allen Schülern die gleiche Zuneigung entgegenbringen; aber dem ist nicht so.

Man muß unterscheiden zwischen aktuellen Gefühlen und langfristigen Einstellungen, also z. B. dem augenblicklichen Ärger über eine Störung und der Abneigung gegenüber einem Schüler, der immer stört. Man kann das als Ratschlag formulieren: Seien Sie *aktuell*! D. h. beschränken Sie die Äußerungen von Gefühlen auf den gegenwärtigen Augenblick. Also z. B.: „Ich ärgere mich, daß ich das jetzt zum zweitenmal erklären muß, weil du so laut dazwischen geredet hast!" und nicht: „Mußt du immer stören!" oder: „Ich bin heute enttäuscht von euch!" oder gar: „Ich möchte die Klasse am liebsten abgeben, weil ihr mir so oft meinen Unterricht kaputtmacht!" (Vgl. dazu auch Kapitel X.)

Aggressive Gefühle, also Wut, Zorn, Rachegelüste, können nicht ungefiltert geäußert werden, schon gar nicht aus der überlegenen Position des Lehrers heraus. T. Gordon gibt dazu einen bemerkenswerten Ratschlag (a. a. O., S. 122 ff.): Aggressiven Gefühlen geht ein anderes, auslösendes Gefühl voraus; Wut etwa wird ausgelöst durch das Gefühl, gekränkt, beleidigt oder mißachtet zu sein — das sind die primären Gefühle. Er gibt den Ratschlag: Äußern Sie *primäre* Gefühle!

Bei all dem darf nicht vergessen werden, daß Äußerungen von Lehrern immer Lehreräußerungen sind. Der Lehrer kommt, auch wenn er es möchte, nicht leicht aus der *Lehrerrolle* heraus. Betrachten wir das einmal an der Äußerung eines positiven Gefühls: Ein Lehrer freut sich über den guten Einfall eines Schülers und sagt: „Darauf wäre ich nicht gekommen; ich finde den Einfall hervorragend." Das ist gemeint als spontane Gefühlsäußerung. Aber es ist eben nicht die Äußerung einer Privatperson, sondern die eines Lehrers; also ist es zugleich eine Leistungsbewertung, ein Lob.

Wir möchten nun wirklich nicht dazu auffordern, sich hinter der Rolle zu verstecken, sich unpersönlich und als emotionsfreier Unterrichtsroboter aufzuführen. Wir möchten aber auch vor der Illusion warnen, die Schüler entließen den Lehrer jemals ganz aus seiner Rolle.

Aufgaben:

(1) Übung: *Wahrnehmen von Gefühlen der Schüler*

Bei den folgenden Situationen müßte man viel mehr über den Kontext wissen. Erfinden Sie sich einfach so viel Kontext hinzu, daß Sie die Aufgabe lösen können. Formulieren Sie die Lösung bitte schriftlich.

(a) S.: Ich verstehe die Aufgabe einfach nicht.

L.: Ich erkläre sie dir noch einmal, dann wirst du sie verstehen. Du bist doch intelligent!

Der Schüler empfindet: . . .

(b) Nach einer Stillarbeit in der 9. Klasse.

L.: Peter, lies du deine Ergebnisse vor.

(Peter hat, wie der Lehrer gesehen hat, brauchbare Ergebnisse. Aber er kann sich, wie schon öfter, eine flapsige Antwort nicht verkneifen.)

Peter: Ach Gott, muß das denn sein!

L.: Nein, es muß nicht sein. Paul, lies du vor!

Peter empfindet: . . .

(c) 9. Klasse.

S.: Einige in der Klasse stoßen mich immer in der Pause oder räumen mir die Mappe aus. Sie ärgern mich, wie sie nur können.

L.: Und du bist ganz unschuldig daran?

Der Schüler empfindet: ...

(d) L.: Wer kann zusammenfassen, was zum Thema „Ironie" gesagt worden ist?

Nur Paul meldet sich. — Längere Pause. — Paul wird aufgerufen und gibt eine brauchbare Zusammenfassung.

L.: Sehr gut, Paul. Auf dich ist doch immer Verlaß!

Paul empfindet: ...

(2) Übung: *Äußern von Gefühlen durch den Lehrer*

Wir skizzieren eine Unterrichtssituation und unterschiedliche Lehrerreaktionen. Beurteilen Sie diese Reaktionen!

12. Klasse, erste Stunde, etwa fünf Minuten nach dem Schellen: Der Lehrer erläutert gerade das Thema der Stunde. Die Klasse ist relativ aufmerksam. Ein verspäteter Schüler erscheint, sagt „Guten Morgen", begibt sich festen Schrittes zu seinem Platz, begrüßt leise, aber fröhlich seine Nachbarn und beginnt Kleidungsstücke (Sturzhelm, Schal, Jacke) abzulegen.

Lehreräußerungen:

Variante 1: Ich empfinde Ihr Verhalten als äußerst provokativ.

Variante 2: Sie haben mich aus dem Konzept gebracht, und ich muß nochmal von vorn anfangen. Ich bin stinksauer.

Variante 3: Sie haben den Unterricht erheblich gestört. Ich kann solche Störungen nicht zulassen. Wenn sich das wiederholt, dürfen Sie am Unterricht nicht teilnehmen.

Variante 4: Machen Sie doch schneller und leiser, damit der Unterricht weniger gestört wird.

Variante 5: Nehmen Sie sich nur Zeit, wir warten gern, bis Sie es sich bequem gemacht haben.

(3) *Variabilitätstraining*

Bei den folgenden Aufgaben kommt es nicht darauf an, die optimale Lehrerreaktion zu finden, sondern möglichst viele. Bemühen Sie sich, zu jeder Aufgabe drei bis fünf Varianten zu finden.

J. Grell, von dem wir diese Übungsform übernehmen, bringt ein Beispiel, das wir etwas modifizieren (1978, 234):

In einem Unterrichtsprotokoll heißt es:

S.: Die Gastarbeiter haben schlechte Wohnungen und müssen viel zuviel dafür bezahlen.

L.: Was bezahlen sie denn für eine Wohnung?

Das ist eine *enge* Frage. Der Lehrer könnte auch *weit* fragen: „Warum ist das denn so?" Er könnte eine *Information geben* („Viele Gastarbeiter müssen auch auf sehr engem Raum mit anderen zusammenleben."), eine *weiterführende Frage* stellen („Warum ist das denn so?" — „Kannst du genauer erklären, was du mit ‚schlechten Wohnungen' meinst?" — „Was wißt ihr über die Wohnverhältnisse der Gastarbeiter?"), die *Schüleräußerungen bewerten* („Du hast recht." — „Das ist ein ganz wichtiges Problem." — „Schreib das mal an die Tafel."), das *Schülerverhalten bewerten* („Ich freue mich, daß du dich gemeldet hast."), die *Gefühle des Schülers akzeptieren* („Du bist empört darüber und findest es ungerecht.").

Verfahren Sie analog bei folgenden Beispielen:

(a) Schüler der 8. Klasse: Daß immer mehr Ausländer nach Deutschland kommen, finde ich nicht gut.

(b) Schüler der 9. Klasse: Eltern sollten Kinder nicht schlagen. Bei kleinen Kindern ist das allerdings anders; mit denen kann man ja nicht reden.

(c) Lehrer in der 6. Klasse: 10 Leitungsmasten stehen in einer Reihe. Sie sind gleich weit voneinander entfernt. Die Entfernung vom ersten zum zehnten ist 1 000 m. Wie weit ist es vom ersten bis zum zweiten? Schüler: 100 m?

(d) Lehrer in der 8. Klasse, kurz vor der Bundestagswahl: Wer oder was wird denn am nächsten Sonntag gewählt? Schüler: Die Regierung.

(e) Schüler der 13. Klasse: Die Angeklagten haben in den Nürnberger Prozessen ja wohl bekommen, was sie verdient haben. Trotzdem war das kein demokratisches Verfahren.

(f) In der 11. Klasse sind die Termini „Oberbegriff"/„Unterbegriff" an der Begriffsreihe „Dackel — Hund — Haustier — Tier — Lebewesen" eingeführt worden. Im Gespräch wirft ein Schüler die Frage auf: Ist Schafherde ein Oberbegriff zu Schaf?

(g) Deutschunterricht in der 5. Klasse.
Thema: H. C. Andersen. Der standhafte Zinnsoldat.
Der Lehrer bekommt Zweifel, ob die Schüler das Wort „standhaft“ überhaupt kennen. Er fragt: „Was bedeutet ‚standhaft‘?“
Schüler: „Daß einer von einem Stoß nicht gleich umfällt.“

(h) Schüler der 10. Klasse: „Warum haben Sie mir diesen Ausdruck als Fehler angestrichen: *Durch* den Regen fand das Fußballspiel nicht statt?“

Noch eine Anmerkung zu dieser Übung. Es ist schwierig, „lebensnahe“ Beispiele zu finden, die ohne Fachkenntnis und ohne lange Erläuterung des Kontextes verständlich sind. Variabilitätstraining betreibt man am besten im Anschluß an Unterrichtsbeobachtungen, wo dann Sache und Kontext gegeben sind.

(4) Gehen Sie die Beispiele der vorigen Aufgabe noch einmal durch und formulieren Sie (soweit nicht schon geschehen):
- für alle falschen Antworten eine *Zurückweisung,* die den Schüler möglichst wenig entmutigt,
- eine *minimale Hilfe,* d. h. eine Hilfe, die dem Schüler nicht mehr abnimmt als nötig,
- für zwei der Beispiele einen *Kurzvortrag,* der das Problem klärt; er sollte knapp, klar und zugleich anschaulich sein. (Bitte schriftlich!)

Anmerkungen

[1] Grundlage dieses Kapitels ist ein Kommunikationsmodell, das versucht, psychologische, soziologische und linguistische Überlegungen zu integrieren. (Für detaillierte Literaturverweise vgl. H. Hannappel / H. Melenk, Alltagssprache, S. 12—97.) Bezüglich der Kategorien des verbalen Lehrerverhaltens wurden die umfänglichen Listen in G. E. Becker u. a., Unterrichtssituationen, konsultiert, dazu interaktionsanalytische Kategoriensysteme (referiert z. B. in H. Ziefuß, Methoden). Die Unterscheidung in gesprächsstrukturierende und sachstrukturierende Äußerungen stammt aus A. C. Wagner, Schülerzentrierter Unterricht. Die Diskussion der emotionalen Aspekte wurde außer von den im Text genannten Autoren (T. Gordon, C. R. Rogers, Tausch/Tausch) beeinflußt von Grundsätzen und Trainingsformen der Gruppendynamik (R. C. Cohn, Themenzentrierte Interaktion; L. Schwäbisch / M. Siems, Anleitung).

[2] H. Aebli kritisierte schon 1961 die Unterscheidung in Frage einerseits, Aufforderung und Impuls andererseits, indem er zeigte, daß man jeweils Fragen in Impulse und Impulse in Fragen umformen kann, ohne daß sich die Funktion ändert (Grundformen,

S. 144 f.). Inzwischen hat die linguistische Sprechakttheorie klargestellt, daß die grammatische Form von Äußerungen für die Funktion dieser Äußerungen nicht entscheidend ist (vgl. etwa U. Maas und D. Wunderlich, Pragmatik). Trotzdem scheinen grammatische Klassifizierungen von Lehreräußerungen nicht ausrottbar zu sein.

Literaturhinweise I

BIERMANN, Rudolf: Interaktion im Unterricht. Darmstadt 1978
(Ein knapper Forschungsbericht — 117 S. —, zur Einführung in Interaktionstheorien geeignet.)

COHN, Ruth C.: Von der Psychoanalyse zur themenzentrierten Interaktion. Stuttgart 1975
(Unsere Überlegungen und Empfehlungen zum Thema „emotionale Probleme" beruhen nicht zuletzt auf einer Auseinandersetzung mit R. Cohn und C. R. Rogers. Eine ausführlichere Kenntnisnahme vor allem auch der anthropologischen Annahmen beider Autoren ist zu empfehlen.)

GORDON, Thomas: Lehrer-Schüler-Konferenz. Wie man Konflikte in der Schule löst. Hamburg 1977 (Auch: Rowohlt-Tb. 7399)
(Im Text ausführlich referiert.)

GRELL, Jochen: Techniken des Lehrerverhaltens. 8. Aufl. 1978
(Das Buch enthält knappe Informationen über „die Suche nach dem effektiven Lehrer", Kategoriensysteme zur Unterrichtsbeobachtung, schülerzentrierten Unterricht, Verhaltensmodifikation u. a. Vor allem aber enthält es Vorschläge, wie Lehrer sich Rückmeldungen über ihr Verhalten verschaffen und wie sie erwünschte Verhaltensweisen trainieren können. Das Buch ist wenig systematisch, aber sehr praxisnah, anregend und hilfreich. Wir teilen allerdings nicht Grells Wertschätzung interaktionsanalytischer Kategoriensysteme.)

ROGERS, Carl R.: Die nicht-direktive Beratung. München 1972

ROGERS, Carl R.: Entwicklung der Persönlichkeit. Stuttgart 1973
(Vgl. die Anmerkung zu Cohn, Ruth C.)

ROTH, Jürgen: Lehrer und Schüler. Interaktion und Kommunikation in der Schule. München 1980
(Zur Einführung in das Thema geeignet. Roth informiert knapp zu den Stichwörtern: Lehrerrolle, Schülerrolle, Methoden der Interaktionsanalyse, themenzentrierte Interaktion, Übertragungsphänomene u. a.)

RUMPF, Horst: Sachneutrale Unterrichtsbeobachtung? In: Scheinklarheiten. Braunschweig 1971, S. 238—254
(Ein dringend notwendiges Gegengewicht zu einigen anderen Buchempfehlungen: Kritik an Unterrichtsbeobachtung, die einzelne Aspekte oder Elemente isoliert.)

SCHWÄBISCH, Lutz / SIEMS, Martin: Anleitung zum sozialen Lernen für Paare, Gruppen und Erzieher. Kommunikations- und Verhaltenstraining. Reinbek 1974 (Rowohlt-Tb. 6846)
(Das Buch enthält neben anderem ca. 150 Seiten zum „Einzeltraining" für verschiedene Ziele sozialen Lernens, z. B.: Verringerung sozialer Angst, direkter Ausdruck von Gefühlen, Feed-back, partnerschaftliche Konfliktlösung.)

TAUSCH, Reinhard / TAUSCH, Anne-Marie: Erziehungspsychologie. 7. Aufl. Göttingen 1973
(Vgl. Kapitel X)

Literaturhinweise II

AEBLI, Hans: Grundformen des Lehrens. 9. erweiterte und umgearbeitete Aufl. Stuttgart 1977

ARGYLE, Michael: Soziale Interaktion. 3. Aufl. Köln 1975

BARTMANN, Theodor: Schulsituation und Lernerfolg. Bochum 1982 (Kamps pädagogische Taschenbücher 91)

BECKER, G. E. / BILEK, R. / CLEMENS-LODDE, B. / KOHL, R.: Unterrichtssituationen. 3 Bde.: I Gespräch und Diskussion, II Motivieren und Präsentieren, III Üben und Experimentieren. München 1976

HANNAPPEL, Hans / MELENK, Hartmut: Alltagssprache. München 1979

WATZLAWICK, Paul / BEAVIN, Janet H. / JACKSON, Don D.: Menschliche Kommunikation. Formen, Störungen, Paradoxien. Bern 1969

ZIEFUSS, Horst: Methoden der Unterrichtsbeobachtung. Braunschweig 1978

Sonstige zitierte Literatur

MAAS, Utz / WUNDERLICH, Dieter: Pragmatik und sprachliches Handeln. Frankfurt a. M. 1972

KAPITEL II:

STRUKTURIERUNG DES UNTERRICHTS

Übersicht[1]

1. Zwei Unterrichtsschemata

Daß eine Unterrichtsstunde gegliedert sein soll, gilt als selbstverständlich. Lernen im Unterricht — so die allgemeine Praxis — hat sich in Lernschritten zu vollziehen. Nun ist diese Forderung, solange man sie so allgemein formuliert, ebenso plausibel wie wenig hilfreich. Wenn wir sie im folgenden präzisieren, wird sie hoffentlich hilfreicher sein, aber auch Anlässe zur Kritik bieten.

Die Überschrift verspricht zwei Unterrichtsschemata. In beiden Fällen handelt es sich nicht um Schemata für Unterrichts*stunden*, sondern es werden Unterrichtseinheiten gegliedert, die länger oder kürzer als eine Unterrichtsstunde sind. Schließlich dauert ein Lernvorgang nur selten genau 45 Minuten! Der Lehrer, eingefügt in eine Schulorganisation, muß aber einzelne Stunden strukturieren. (Was eine „Unterrichtseinheit“ ist, erklärt sich unten: Es ist der Durchgang durch die Stationen des Lernens, wie sie die Unterrichtsschemata darstellen.)

Wir werden die beiden Vorschläge weder integrieren noch einem der beiden den Vorrang geben. Nach unserer Erfahrung beurteilen Lehrer (Referendare und Ausbilder) bald den einen, bald den anderen als hilfreicher. Die meisten entwickeln, unter Benutzung beider Vorschläge, ihr eigenes Schema. Das halten wir auch für die beste Lösung. (Damit haben wir zugleich eingestanden, daß es nach unserer Meinung *das* Schema, die optimale Unterrichtsstruktur nicht gibt.)

1.1. Die Lernstufen nach Roth

Das erste Schema stammt von H. Roth (Pädagogische Psychologie des Lehrens und Lernens, S. 179—294). Roth versucht ein Schema für *alle* Lernvorgänge — beabsichtigte und unbeabsichtigte, schulische und außerschulische — zu entwickeln; dies Schema spezifiziert er dann für Unterricht, und nur dies referieren wir. Das Schema umfaßt sechs „Stufen":

1. Stufe der Motivation
2. Stufe der Schwierigkeiten
3. Stufe der Lösung
4. Stufe des Tuns und Ausführens
5. Stufe des Behaltens und Einübens
6. Stufe des Bereitstellens, der Übertragung und der Integration des Gelernten

Wir wollen das kurz kommentieren und dabei Roth so korrekt wie möglich wiedergeben. (Roths Darstellung erscheint uns z. T. widersprüchlich; wir stützen uns vor allem auf die Kurzfassung, die wir unten zitieren.)

Auf der *ersten Stufe* will der Schüler etwas tun; oder er soll etwas tun, d. h. er wird vom Lehrer dazu aufgefordert. Dabei kann es sich um ganz verschiedenes handeln: einen englischen Satz korrekt lesen, beim Weitsprung weder übertreten noch etwas verschenken, ausrechnen, wieviel 1 kg Marmelade kostet, wenn das 450-g-Glas 2,50 DM kostet. Wenn er das kann, braucht er es nicht zu lernen. Lernen kommt zustande, wenn er dabei auf Schwierigkeiten stößt. Das ist dann die *zweite Stufe*. Manchmal bemerkt der Schüler selbst die Schwierigkeiten nicht; der Lehrer muß ihm dann zeigen, daß er etwas falsch oder nicht optimal gemacht hat. Die *dritte Stufe* bringt eine Einsicht, wie er die Schwierigkeiten überwinden kann. Der Schüler entwickelt einen Einfall (oder mehrere), mit mehr oder weniger starker Hilfe des Lehrers; oder der Lehrer zeigt ihm einen Lösungsweg. Auf der *vierten Stufe* probiert der Schüler die Lösung aus, und wenn sie sich bewährt, arbeitet er sie aus. Unter „Ausarbeiten" kann man verschiedenes verstehen, je nachdem, ob es sich z. B. um eine Sportübung, die Überprüfung einer Hypothese oder das Verständnis eines schwierigen Textabschnitts handelt. Die vierte Stufe ist abgeschlossen, wenn die „Schwierigkeit" der zweiten Stufe als überwunden angesehen wird. Die *fünfte Stufe* dient dem Einprägen und Üben, bis das neu

Gelernte dauerhaft gespeichert und womöglich automatisiert ist. Die *sechste Stufe* könnte man als die Transferstufe bezeichnen. Das Gelernte wird auf andersartige Probleme übertragen. Es wird so in die sonstigen Fähigkeiten und Kenntnisse integriert, daß es für unterschiedliche Verwendungen bereitsteht.

Um das ganze noch einmal mit Roths Worten zu sagen: „Zu jedem Lernen gehören ein Antrieb (Stufe der Motivation), ein widerstehendes Objekt als Aufgabe in einer Lernsituation (Stufe der Schwierigkeiten), eine Einsicht in einen geeigneten Arbeits- und Lösungsweg (Stufe der Lösung), ein Tun, das diesen Weg als richtigen bestätigt findet (Stufe des Tuns und Ausführens), ein Verfestigen des Gelernten (Stufe des Behaltens und Einübens) und ein Bereitstellen des Gelernten für künftige ähnliche Aufgaben und Situationen durch neue Bestätigungen und Bewährungen (Stufe des Bereitstellens, der Übertragung und der Integration des Gelernten)." (S. 226)

Man kann viele Einwände gegen dieses Schema erheben; die meisten hat Roth selbst schon formuliert. „Oft wird der Lernprozeß ein weit unregelmäßigeres Bild zeigen. Vor allem sind in dem Schema die Vorgriffe und Rückgriffe nicht enthalten, die sich in jedem Lernprozeß ereignen." (S. 226) Roth nennt als Beispiele, daß sich auf der Stufe der „Lösung" oft erneute „Schwierigkeiten" ergeben oder daß Einsicht und Tun (3. und 4. Stufe) mehrfach aufeinander folgen. Kurz: „Die obige Abfolge der Lernschritte ist wie eine ideale Kurve aufzufassen, um die sich die wirklichen Lernakte in nach allen Seiten unruhigen Abweichungen legen." (S. 226)

Ein bißchen irritierend ist Roths Sprachgebrauch bezüglich der „Motivation". Natürlich meint Roth nicht, daß Motivation sich nur einmal, am Anfang des Lernprozesses, zu ereignen brauche und daß das dann ausreiche bis hin zu den oft mühseligen Einprägungs- und Transferübungen. Wir haben also zwei Termini: einmal „Motivation" als Bezeichnung einer Stufe, zweitens „Motivation" als Bedingung des gesamten Lernprozesses. Im übrigen würde man als „Motivation" heute eher die zweite Stufe bezeichnen oder die ersten beiden Stufen zusammen.

Aufgaben:

(1) Die Terminologie Roths führt nach unserer Erfahrung immer wieder zu Mißverständnissen. Halten Sie sich deshalb nicht an

die Namen der einzelnen Stufen, sondern an die Erläuterungen. Wir hätten gern die Namen geändert, doch wäre das für die Verständigung (z. B. in Prüfungsgesprächen) ungünstig. Aber für Ihren privaten Gebrauch sollten Sie sich für einige Stufen eigene Namen ausdenken (Tab. 1).

Roths Bezeichnung	Ihre Bezeichnung
1. Motivation 2. Schwierigkeiten 3. Lösung 4. Tun und Ausführen 5. Behalten und Einüben 6. Bereitstellen, Übertragung und Integration	

Tab. 1

(2) Das Rothsche Schema kann auf seine Nützlichkeit nur dann überprüft werden, wenn man es fachspezifisch füllt. Für die Arbeit in fächerübergreifenden Gruppen deshalb die Aufgabe: Wählen Sie einen möglichst allgemeinverständlichen Lernvorgang Ihres Fachs, ordnen Sie ihn nach Roths Stufen an, und tragen Sie Ihr Ergebnis der Gruppe vor. (Benutzen Sie Folie und Projektor.)

(3) Erörtern Sie an Beispielen die Dauer von Lernprozessen. Kann es z. B. sein, daß eine „Stufe“ eine ganze Stunde oder auch nur wenige Minuten dauert?

1.2. „Didaktische Schritte“ nach Klingberg

Klingberg hat selbst ein Schema der Unterrichtsstruktur erstellt, das aber vielfältiger Erläuterungen bedürfte. Wir haben versucht, seine Vorstellungen in einem eigenen Schema möglichst unverändert darzustellen (Tab. 2). Neben Klingbergs Schema lassen wir Platz für den Versuch, die Stufen nach Roth einzutragen. Dabei kann deutlich werden, inwiefern beide Autoren den gleichen Prozeß bloß unterschiedlich gliedern und inwiefern sie den Prozeß unterschiedlich sehen. Vielleicht entwickelt der Leser aus der Kritik beider Schemata ein eigenes, das er für seine Unterrichtsplanung benutzen möchte.

Klingberg	Roth	Schema für die eigene Praxis
1. „Vorbereitung, Hinführung" 1.1. Wiederholen und Üben früher vermittelten Wissens 1.2. Bereitstellen von notwendigen Vorkenntnissen, vertrauten Vorstellungen und Begriffen, mit denen das Neue verknüpft werden kann („Stützpunkte" für die Aneignung des Neuen) 1.3. Wecken des Interesses für den Gegenstand, mindestens aber der Aufmerksamkeit auf den Gegenstand		
2. „Didaktische Zielstellung und -orientierung"		
3. „Arbeit am neuen Stoff" 3.1. Übermittlung oder Aneignung von Kenntnissen, Fähigkeiten und Einstellungen 3.2. Festigen (Wiederholen und Üben); Systematisieren 3.3. Anwenden (Transfer auf neue Situationen und Zusammenhänge)		
4. „Kontrolle und Bewertung von Schülerleistungen"		

Tab. 2

Den Kommentar können wir diesmal kürzer halten. Der *zweite Schritt*, „Zielstellung", kann sehr unterschiedliche Formen annehmen. Man kann eine Frage stellen, die durch den Unterricht beantwortet wird, ein Problem aufwerfen, das anschließend gelöst wird, oder einen Leitgedanken (einen „roten Faden") nennen, an dem sich der Unterricht orientiert. Klingberg betont, daß eine „Zielentwicklung" in gemeinsamer Arbeit besser ist als eine Festsetzung des Ziels durch den Lehrer. (Der Terminus „Zielstellung" könnte da zu Mißverständnissen führen.) Entscheidend aber ist, daß die Schüler den Unterricht als zielorientierten Prozeß erleben. Beim *dritten Schritt* bedarf wohl der Begriff „Systematisieren" einer Erläuterung. Gemeint ist eine Einordnung des neu Gelernten in übergreifende Zusammenhänge (z. B. Längs- oder Querschnitte). Zum *vierten Schritt* ist anzumerken, daß „Kontrolle und Bewertung" nicht nur eine selbständige Phase einer Unterrichtseinheit ist, sondern daß eine indirekte Leistungskontrolle den gesamten Unterricht begleitet. Sie ist zugleich eine ständige Selbstüberprüfung des Lehrers.

Aufgaben:

(1) Wir haben oben schon Platz gelassen für einen Vergleich der Schemata von Roth und Klingberg. An welchen Punkten ist eines der Schemata überlegen (differenzierter, realistischer, hilfreicher . . .)?

(2) Gehen Sie beide Schemata unter folgender Fragestellung durch: Welche der genannten Tätigkeiten von Schülern und Lehrern sollten in *jeder*, welche in *fast jeder* Unterrichtseinheit vorkommen?

(3) Probleme macht Klingbergs Forderung der Zielorientierung. Man kann ihm kaum widersprechen, wenn er „Zielgerichtetheit ein allgemeines und grundlegendes Merkmal der Tätigkeit des Menschen" nennt (S. 359). Gleichwohl werden dem Lehrer Unterrichtseinheiten einfallen, in denen eine „Zielorientierung" unmöglich oder ungünstig, z. B. entmotivierend, erscheint. (Oder scheint das nur so? Liegt ein falscher Begriff von „Zielorientierung" vor?) — Wir nennen, um die Diskussion anzuregen, ein paar Beispiele, wie Lehrer die „Arbeit am neuen Stoff" beginnen.

(a) „Ihr lernt heute eine neue Satzkonstruktion kennen, die man ‚AcI' nennt."

(b) „Wir machen heute ein paar Würfelspiele." (Das Ziel, über Probleme der Wahrscheinlichkeitsrechnung die Bruchrechnung einzuführen, behält der Lehrer für sich.)

(c) „Ich habe Waldboden mitgebracht — für je zwei Schüler ein Stück. Ihr sollt untersuchen, wie die aufgebaut sind." (Thema ist: Funktion der Bodenorganismen bei der Laubzersetzung.)

(d) Ein Lehrer präsentiert, ohne weitere Aufforderung, zwei Zeichnungen desselben Gegenstands, eine perspektivische mit Tiefenillusion und eine flächenhafte.

(e) Ein Lehrer legt den Schülern eine Kurzgeschichte vor. Er sagt: „Lest bitte aufmerksam den Text und gliedert ihn in Sinnabschnitte!"

2. Verschiedene Konzeptionen des Unterrichtsaufbaus

Ein einziges Schema kann immer nur eine sehr globale Orientierung bieten. Für die unterschiedlichen Lernprozesse, die es in der Schule und auch in jedem einzelnen Fach gibt, muß ein solches Schema abgewandelt, verfeinert und konkretisiert werden.

Abwandlungen eines allgemeinen Unterrichtsschemas ergeben sich vor allem aus fachspezifischen wissenschaftlichen Methoden und aus fachdidaktischen Methoden. Es gibt z. B. folgende wissenschaftliche Vorgehensweise: Theorie — Ableitung einer experimentell überprüfbaren Voraussage — Experiment — Bestätigung oder Widerlegung der Theorie. Offensichtlich kann man diese wissenschaftliche Prozedur in Lernschritte umsetzen. Ein Beispiel für eine fachdidaktische Methode wäre etwa das „Hörverstehen" in den neuen Sprachen: Abspielen eines Textes (von einem „native speaker" relativ schnell gesprochen) — Überprüfung des ersten globalen Verständnisses — abschnittweises Abspielen des Textes usf.

Es gibt aber auch fachübergreifende Orientierungsmöglichkeiten für den Aufbau des Unterrichts. Drei, die allgemein als besonders wichtig angesehen werden, wollen wir im folgenden diskutieren:

— analytische vs. synthetische Verfahren,
— darstellende vs. entdecken-lassende Verfahren,
— problemorientierte vs. systemorientierte Verfahren.

Einen vierten Gegensatz, den zwischen „exemplarischen" und „orientierenden" Verfahren, diskutieren wir an anderer Stelle. (Vgl. Kapitel V.)

2.1. Analytische vs. synthetische Verfahren

Die Unterscheidung übernehmen wir von W. Schulz (1965, 31). Er spricht umständlicher, aber auch genauer, von „ganzheitlich-analytisch" vs. „elementenhaft-synthetisch". Wie die Namen andeuten, geht man bei dem einen Verfahren vom „Ganzen" zu seinen „Elementen", beim anderen umgekehrt. Wir müssen also zunächst einmal klären, was man unter „Ganzem" und „Elementen" versteht. Dabei trifft es sich gut, daß ohnehin bei jeder Unterrichtsvorbereitung der Lehrer das Ganze seines Gegenstandes in Elemente zerlegen muß; es lohnt sich also, etwas ins Detail zu gehen.

Wir wählen als Beispiel einen relativ einfachen Gegenstand aus dem Deutschunterricht der 6. Klasse, die Regel: „Haupt- und Nebensätze werden stets durch Komma getrennt." Das soll das „Ganze" sein, das wir zerlegen. Offensichtlich muß man, um die Regel anzuwenden, Haupt- und Nebensätze bestimmen können. Das kann man mit folgenden Regeln: In Hauptsätzen steht die Personalform des Prädikats an zweiter Stelle; in Nebensätzen steht sie an letzter Stelle. Um dies wiederum zu verstehen, muß man zunächst einmal überhaupt Sätze identifizieren können, in den Sätzen die Prädikate, in den Prädikaten die Personalform, und man muß die „zweite Stelle" bestimmen können (d. i. nicht dasselbe, wie das zweite Wort des Satzes). „Prädikat" setzt „Verb" voraus, „Personalform" enthält „Person" usw. In einem Schema wird das etwas übersichtlicher (Abb. 1):

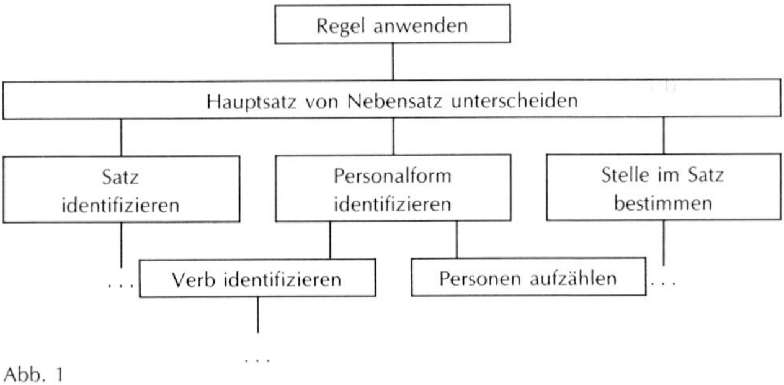

Abb. 1

In dem Schema haben wir ausgedrückt, was wir unter *Elementen* verstehen: Es sind schlicht die *notwendigen Vorkenntnisse*. Und daraus ergibt sich auch eine Grenze des Zerlegens: Der Lehrer kann da aufhören, wo er zur Vermittlung der Vorkenntnisse keine weiteren Vorkenntnisse mehr benötigt. Das ist einmal da der Fall, wo die Schüler schon Kenntnisse haben. So können sie z. B. „Wörter" identifizieren; das kann man voraussetzen, wenn man Wortarten, z. B. „Verb", einführt. Die zweite Grenze liegt da, wo man Vorkenntnisse anschaulich vermitteln kann. So lernen die Schüler in der Grundschule, wie ein Komma aussieht, so können sie aber auch „grammatische Person" lernen (grammatische Personen sind: „ich, du, er, sie, es, wir, ihr, sie").

Nun läßt sich erläutern, was synthetische und analytische Verfahren sind. Beim synthetischen Verfahren fängt der Lehrer an der Basis des Schemas an. Die Richtung geht vom Einfachen zum Komplexen. Beim analytischen Verfahren fängt der Lehrer „oben" (oder wenigstens „in der Mitte") an; er beginnt gleich bei komplexen Sachverhalten. Der Erwerb der elementaren Voraussetzungen muß dann irgendwie eingebaut, sozusagen nachgeholt werden.

Wir wollen auch das analytische Verfahren an unserem Beispiel wenigstens skizzieren und dabei voraussetzen, daß es sich um ältere Schüler handelt. Die Schüler sind darauf gestoßen, daß sie Haupt- und Nebensätze nicht bestimmen können. Der Lehrer gibt ihnen eine (wohldurchdachte) Liste mit Sätzen und läßt sie intuitiv (nach Sprachgefühl) die Haupt- und Nebensätze bestimmen. Dann versuchen sie, Gründe für ihre Entscheidungen zu finden. Sie werden vielleicht falsche Vermutungen aufstellen („In Hauptsätzen steht die Hauptsache." — „Hauptsätze können für sich allein stehen."), Vermutungen, die sich leicht falsifizieren lassen. Irgendwann, mit oder ohne Hilfe des Lehrers, werden sie formale Kriterien heranziehen, auch hier vielleicht falsche („Nebensätze werden durch Konjunktionen eingeleitet."). Vielleicht muß ihnen der Lehrer eine entscheidende Hilfe geben, etwa dazu auffordern, die Wortstellung in den Sätzen zu ändern. Dann werden sie darauf stoßen, daß bestimmte Teile des Prädikats (bestimmte Verbformen) sich nicht umstellen lassen, sondern feste Positionen haben, und zwar in Haupt- und Nebensätzen unterschiedliche Positionen. — Wir brechen hier ab.

Sicherlich ist deutlich geworden, daß sowohl die Struktur einzelner Stunden wie auch der Aufbau ganzer Unterrichtsreihen synthetisch oder analytisch angelegt werden kann. Unser Beispiel ergäbe für die Klasse 6 eine Reihe mit vielen Stunden, aber für Klasse 10 z. B. eine Doppelstunde (zuzüglich einiger Wiederholungen).

Aufgaben:

(1) Unser Beispiel und Ihre Unterrichtserfahrungen sollten es möglich machen, Vor- und Nachteile beider Verfahren zusammenzustellen. Komplettieren Sie bitte folgende Liste:

Vorteile/Nachteile des synthetischen Verfahrens	Vorteile/Nachteile des analytischen Verfahrens
ziemlich vollständig planbar	nur teilweise voraussehbar

Tab. 3

(2) G. Dahms (1979) kritisiert Unterrichtsstunden, die in sich synthetisch („vom Einfachen zum Komplexen") aufgebaut sind. Überprüfen Sie, ob die Kritik das Verfahren als solches oder nur bestimmte Fehlformen des Verfahrens trifft.

„Es fällt schwer, [. . .] nicht an die Erfindung des laufenden Montagebandes zu denken, an dessen einzelnen Stationen simple Verrichtungen gefordert werden, damit am Ende als Ensembleeffekt aller Stationen ein kompliziertes und stattliches Enderzeugnis die Halle verlassen kann." (S. 13)

„Eine Unterrichtsmethode, die faßliche Stoffquanten fragend-addierend vermittelt, muß dazu tendieren, den Anfang dieser Vermittlung erregungslos zu organisieren. Der Grundsatz ‚vom Einfachen zum Schweren', der nur in Grenzen richtig ist, führt in seiner Anwendung auf die Anlage von Unterrichtsgesprächen zu Unterforderungen an deren Anfang und damit schon zu verringertem Interesse. Gesprächsanfänge, in denen durch unerwartete Schüleraktivität die Sukzessivität der Vermittlungsarbeit ins Schwanken kommt, sind daher auch nicht beliebt. Es herrscht die Besorgnis, daß einzelne Schüler entweder alles oder das Wichtigste vorausnehmen könnten." (S. 44)

(3) Was soll ein Lehrer tun, wenn ein Schüler (ein besonders begabter Schüler, ein Wiederholer, ein „Spezialist") Ergebnisse vorwegnimmt?

Die Zerlegung in Elemente wurde oben demonstriert an einer Regel zur Zeichensetzung. Nun ist das ein klar strukturierter und begrenzter Gegenstand, und folglich lassen sich die Elemente vollständig angeben. Der Fall ist nicht selten. Zum Beispiel läßt sich vollständig angeben, über welche Kenntnisse die Schüler verfügen müssen, um beweisen zu können, daß die Winkelsumme im Dreieck 180 Grad beträgt. Wie steht es aber, wenn beispielsweise die Aufgabe darin besteht, einen Text zu interpretieren? Auch hier lassen sich Elemente ermitteln, wenn auch nicht vollständig. Was hier zu tun ist, dafür hat die Fremdsprachendidaktik einen hilfreichen Terminus: der Lehrer muß überlegen, ob und wie er einen Text *vorentlastet*. Der Lehrer sieht, daß der Text Wörter und Formen enthält, die den Schülern unbekannt sind. Deren Bedeutung läßt sich teils aus dem Text erschließen, teils nicht. Der Lehrer steht nun vor der Entscheidung, den Text gleichwohl mit all seinen

Schwierigkeiten den Schülern vorzulegen (wofür es gute Gründe geben kann) oder aber die unbekannten Elemente ganz oder teilweise vorher einzuführen. Vorentlastung ist also eine Mixtur aus analytischer und synthetischer Vorgehensweise. Und vor der Frage, welche Mixtur lernpsychologisch günstig ist, steht der planende Lehrer sehr oft, in allen Fächern und bei vielen Unterrichtsgegenständen.

2.2. Darstellende vs. entdecken-lassende Verfahren

Dieser Gegensatz ist verknüpft mit den Namen Ausubel (er tritt für darstellende Lehren ein) und Bruner (er propagiert das Entdecken-Lassen). Die Unterscheidung ist von großer Bedeutung; allerdings ist sie auch etwas unklar, wie Abb. 2 zeigt.[2]

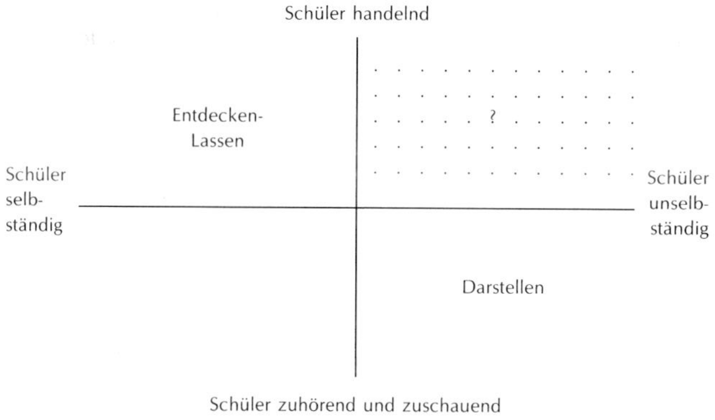

Abb. 2

„Darstellend" sind alle Verfahren, bei denen sich die Schüler rezeptiv verhalten, während der Lehrer vorträgt, erzählt, vormacht usw. „Entdecken-lassend" verfährt ein Lehrer, der die Schüler möglichst selbständig arbeiten läßt. Aber wie steht es mit den Lernvorgängen, bei denen die Schüler zwar aktiv, aber unselbständig *
arbeiten (der punktierte Quadrant der Skizze)? Diese Arbeitsweise kommt oft vor: Schüler führen ein Experiment nach genauer Anweisung durch, sie füllen einen Lückentext aus, rechnen Übungsaufgaben usw.

Aufgaben:

(1) Tragen Sie in die Skizze verschiedene Gesprächsformen ein. Wohin gehört z. B. ein Unterrichtsgespräch, das aus einer Abfolge enger Fragen und entsprechender Antworten besteht?

(2) Sind Arbeitsweisen denkbar, die in dem frei gelassenen Quadranten liegen?

Jeder hat — in Schule, Studium und anderswo — sowohl gelernt, indem er die „Darstellungen" anderer (Lehrbücher z. B.) nachvollzog, als auch, indem er wissenschaftliche Probleme „entdeckend" löste. Es kann sich bei der Frage „Darstellen oder Entdeckenlassen" nicht um ein Entweder-Oder handeln, sondern allenfalls darum, wo der Schwerpunkt liegen soll. Und wir meinen, ebenso wichtig wie die unten referierten Argumente, die doch meist nicht mehr als Hypothesen sind, ist die Reflexion der eigenen Lernerfahrung.

Aufgabe:

— Welche Anteile hatten Nachvollzug und Entdecken in Ihrem Lernen? Können Sie feststellen, daß eine Lernart befriedigender war oder bessere (klarere, dauerhaftere) Ergebnisse hatte?

— Vergleichen Sie Ihre Erfahrungen mit anderen: Bevorzugen verschiedene Individuen verschiedene Arten des Lernens?

Die didaktische Diskussion über dieses Thema ist, wie erwähnt, vor allem durch die Kontroverse zwischen Ausubel und Bruner angeregt worden. Wir referieren ihre kontroversen Ansichten in einer tabellarischen Übersicht (Tab. 4).

	Ausubel	Bruner
Schwerpunkt des Verfahrens	Information durch den Lehrer Nachvollzug durch den Schüler	Problemlösung durch den Schüler Hilfe, und zwar möglichst wenig, durch den Lehrer
Vorrangiges Ziel	Wissensbestand: umfangreich klar geordnet und zusammenhängend (kognitive Struktur)	Einübung von Strategien des Problemlösens Wissensbestand selbsterworben

Tab. 4

Diese Darstellung ist natürlich stark verkürzt. Dadurch tun wir besonders Ausubel Unrecht; er hat eine spezielle Theorie über den optimalen Aufbau einer „kognitiven Struktur" (die wir nicht darstellen), und er gibt manche nützlichen Ratschläge für Lehrer (die wir in anderen Kapiteln beherzigt haben). Wir referieren aber nicht weiter, sondern setzen im folgenden Argumente für die beiden Verfahren gegeneinander. Es handelt sich um eine Auswahl aus Bruners und Ausubels Argumenten, hier und da etwas erweitert.

Für darstellende Verfahren:

(1) Nach Meinung mancher Autoren (z. B. Gagné, Bloom) ist Problemlösen ganz oder überwiegend eine Neukombination von früher Erlerntem. Eine Situation wird dadurch zum „Problem", daß man zu ihrer Bewältigung zahlreiche oder entlegene Gedächtnisinhalte (Begriffe, Regeln . . .) benötigt. Demnach beruht die Fähigkeit, Probleme zu lösen, darauf, daß man vielerlei Kenntnisse hat und vor allem über diese Kenntnisse verfügt, d. h. sie leicht abrufen kann. Problemlösen wird also zu einer Frage der Gedächtnisstruktur. Man verfügt nur über Kenntnisse, die in einen geordneten Zusammenhang, in eine „kognitive Struktur", eingebettet sind; isolierte Gedächtnisinhalte sind nur schwer abzurufen.

(2) Was Strategien des Problemlösens sind, weiß eigentlich so recht niemand. Man kennt nur spezielle Methoden für spezielle (fachspezifische) Probleme. Diese Methoden aber sind sehr wohl „darstellend" lehrbar, d. h. durch Erklären und Vormachen.

Neuere wissenschaftsgeschichtliche Untersuchungen (Kuhn 1967) zeigen, daß — von seltenen wissenschaftlichen Durchbrüchen abgesehen — Forschungsstrategien sich an „Paradigmen" orientieren, an Mustern, an exemplarischen Problemlösungen, d. h. sie werden abgeschaut.

(3) Entdecken erfordert bestimmte Fähigkeiten (Flexibilität, Improvisation, Originalität, Problembewußtsein u. ä.), die selten sind und die nicht effektiv gelehrt werden können. Indem das entdecken-lassende Verfahren nur Schüler anspricht, die diese Fähigkeiten mitbringen, ist es ein elitäres Verfahren.

(4) Entdeckendes Lernen braucht zuviel Zeit. Deshalb führt es nur zu isolierten Wissensbeständen, denen der zeitliche, räumliche und systematische Zusammenhang fehlt. Es führt dazu, daß die

Schüler über die einfachen und konkreten Anfangsgründe eines Wissensgebietes nicht hinauskommen.

(5) Die Schüler „entdecken" auch Falsches: sie ziehen falsche Schlüsse, verallgemeinern in unzulässiger Weise usw. Und was dann?

Für entdecken-lassende Verfahren:

(1) Alles Erlernte ist in eine „kognitive Struktur" einzufügen. Diese kognitive Struktur aber ist individuell. Deshalb kann sie nicht vom Lehrer vorgegeben werden, sondern muß vom Schüler erarbeitet werden — selbständig. Es nützt dem Schüler nicht, wenn ihm gezeigt wird, wie Elemente eines wissenschaftlichen Systems miteinander zusammenhängen; er muß diese Elemente in den Zusammenhang seiner eigenen Gedächtnisinhalte integrieren.

(2) Wissen muß systematisiert werden. Das bedeutet aber nicht, daß es von vornherein systematisch geordnet erworben werden muß. Etwas erkennen und diese Erkenntnis einordnen sind zwei Vorgänge. Deshalb darf das Entdecken sprunghaft sein, Irrwege einschlagen; die Ordnung kommt später. Vgl. Klingberg, der „Aneignung von Kenntnissen" und „Systematisieren" trennt.

(3) Problemlösen erfordert bestimmte Einstellungen, die man nur erwirbt, wenn man tatsächlich Probleme löst. Solche Einstellungen sind etwa: von Schwierigkeiten nicht entmutigt werden, nicht den ersten Einfall für den besten halten (sondern weiter suchen), Vermutungen nicht für Gewißheiten nehmen u. a. Selbständigkeit des Denkens und Verhaltens ist sicherlich nicht nur einzuüben durch Nach-Denken von Vorgedachtem.

(4) Entdecken ist motivierend.

(5) Was man entdeckend gelernt hat, wird dauerhafter behalten. Denn wichtige Bedingungen für das Behalten sind hier eher gegeben als beim darstellenden Verfahren: Verknüpfung mit anderen Gedächtnisinhalten, Aktivierung des Lernenden, Motivation.

Aufgaben:

(1) Vorläufiges Ende des „Darstellens"; für den Leser beginnt das „Entdecken":

— Diskutieren Sie die Argumente und überprüfen Sie sie an Ihren Lernerfahrungen. (Da sie sich z. T. widersprechen, können sie nicht alle richtig sein.)
— Ziehen Sie Schlußfolgerungen für Ihre Unterrichtspraxis.

(2) Kritisieren Sie folgende Darstellung:

Wenn die Schüler lernen *sollen*, aus welchen Teilen der Blüte der Apfel entstanden ist, dann *haben* sie am Ende gelernt ...	bei einem dozierenden Unterricht: →	still dasitzen, aufmerksam zuhören, Gehörtes abfragbar speichern, einer Autorität vertrauen, wie die Teile von Blüte und Frucht heißen und zusammengehören,
	bei entdeckenlassendem Lernen in Partnerarbeit →	wie die Teile von Blüte und Frucht heißen und zusammengehören, Schnitte durch ein biologisches Objekt legen, Schnitte zeichnen, Hypothesen formulieren, mit einem Partner arbeiten.

(Aus: Memmert 1977, 68)

Abschließend möchten wir eine Vermutung zur gegenwärtigen Praxis äußern. Wir denken, daß man zu oft eine unglückselige Mischung darstellender und entdeckender Verfahren praktiziert. Die Gründe könnten folgende sein: „Darstellen" hält man für verpönt und antiquiert („Paukschule"). Also läßt man es, und man kann es auch schließlich nicht mehr; insbesondere die Kunst des Lehrervortrags kommt „auf den Hund" (während sich der experimentelle Unterricht als resistenter erweist). Mit dem „Entdecken" allein kommt man aber auch nicht zurecht. Man steht unter Zeitdruck („Nächste Woche haben wir unseren Klausurtermin"), während Entdecken nun einmal Zeit braucht. Man merkt, daß man gewisse Informationen, die man nicht „darstellend" einbringen möchte, doch irgendwie einbringen muß. Ein Ausweg: Man flüchtet sich in eine Gesprächsform, die ein verkappter Lehrervortrag ist, in eine gängelnde-drängelnde Gesprächsform, die meist „fragend-entwickelnd" genannt wird. Die Vorteile beider Verfahrensweisen gehen verloren: die klare und zusammenhängende Information wie die Freiheit und Muße des Entdeckens. Wir möchten nicht für den Vorrang einer Verfahrensweise plädieren, wohl aber für die saubere Trennung. — Zur gegenwärtigen Praxis lassen wir noch einen Schüler (14 Jahre) zu Wort kommen:

Schule ist würg

Es ist eine alte Wahrheit, daß man es — worum es sich auch immer handle — nicht immer allen recht machen kann. Was die Schule betrifft, liegt es noch verzwickter: man kann es nämlich keinem recht machen. Mit dieser Überzeugung gebe ich jetzt meinen Senf als Schüler zu einer Diskussion, in der man — jeder, der sich für kompetent hält — sich bemüht, die Schule zu verbessern; über das Rezept ist man sich noch nicht vollständig einig.

Dieser Beitrag soll keine theoretischen Luftschlösser erbauen, ich will lediglich einige kleine Aspekte des Schülerfrustes aufzeigen, deren Existenz meiner Meinung nach wenig von einer der Schulformen abhängt, die zur Zeit mit religiösem Eifer von wahren Kreuzrittern verfochten werden.

Die ersten Minuspunkte widme ich in treuer Dankbarkeit den — hauptsächlich jüngeren — Lehrern, die überzeugte Anhänger progressiver Lehrmethoden sind und deren Zahl ständig steigt:

1. Früher soll es mal Zeiten gegeben haben, da stand der Lehrer vorne am Pult und überschüttete die Schüler mit Daten und Fakten, die anschließend abgefragt wurden. Rums. Manchmal sehne ich mich nach solchen Zeiten, wenn auch nicht in allerletzter Konsequenz. Heute werden nämlich „Zusammenhänge erarbeitet" und „Hintergründe erfragt", vor allem im Geschichtsunterricht. Das sieht in der Praxis so aus: der Lehrer kommt in die Klasse, wartet zehn Minuten lang, bis Ruhe einkehrt (Brüllen und Notendruck sind pädagogisch unklug), teilt dann Zettel mit einem Quellentext aus, läßt sie vorlesen und fragt dann: „Nun stellt euch mal vor, wie könnte das gewesen sein?"

Abgesehen davon, daß jemand, der vorarbeitet und daher schon Bescheid weiß, lauter richtige „Vermutungen" äußert und eine gute Note kassiert, während andere Schüler in den Mond gucken, hat diese Lehrmethode noch einen gravierenden Nachteil: Weil jeder Schüler seine Vermutungen äußern darf, auch wenn sie noch so absurd sind (denn ein Gespräch „abzuwürgen" ist pädagogisch unklug), verstreicht sehr viel Zeit, bis der Unterricht wieder auf dem festen Boden der Realität landet.

Daher kommt solch ein Lehrer leicht mit der Zeit in Verzug, und weil das Einpauken von Zahlen pädagogisch unklug ist, springt man eben von Caesar zu Alarich, wobei allenfalls Diokletian noch angetippt wird. Dabei wird eben der Zusammenhang nicht nur nicht erarbeitet, sondern der Zeit geopfert. Aber dieses kleine Manko wird durch den pädagogischen Wert des Unterrichts natürlich mehrfach aufgewogen!(?)

2. Wenn ich vorhin sagte, der Lehrer teilt *einen* Zettel mit Quellentext aus, so muß ich der Vollständigkeit halber ergänzen, daß es sich bei ihm um einen im höchsten Grade faulen Lehrer handelt, der die Arbeit des Fotokopierens scheut und nur das absolute Minimum für seinen Unterricht tut. Seine pflichtbewußten Kollegen dagegen schaffen schon Höchstleistungen bis zu drei oder vier Zetteln pro Stunde. Solcher Unterricht hat natürlich den Vorteil, daß der Lehrer in der Stunde dann nur noch auszuteilen und wieder einzusammeln braucht. Dazwischen muß er nur den „Meinungs- und Erfahrungsaustausch" zwischen den Schülern unterbinden. Denn ein Text ist fotokopiert, Fragen sind fotokopiert, ein Antwortzettel ist beigelegt — was will der Schüler mehr?

Ich halte es sogar für möglich, daß in Zukunft kein Lehrer mehr zu studieren braucht, weil diese Aufgaben jeder Arbeitslose übernehmen kann. (Vielleicht sollte die Kenntnis der deutschen Sprache wenigstens für Deutschlehrer noch Grundvoraussetzung sein.) Für den Schüler stellt sich nun aber doch die Frage, was er mit all diesen Zetteln, bei mir sind es in diesem Schuljahr schon 95 Stück, machen soll; denn bis man zum Einkleben, Abheften o. ä. kommt, ist der fragliche Zettel schon zerfleddert, zerknickt, zerrissen, verlorengegangen oder vom Nachbarn in einem Moment kreativen Schaffens zu einer Schwalbe verarbeitet worden.

Für den Phongehalt der Stunde ist noch von Interesse, ob die Schüler den Zettel mit Antworten versehen am Ende der Stunde abgeben müssen oder ihn noch zu Hause zu Ende bearbeiten dürfen. Falls nämlich letzteres der Fall ist, kann man den ganzen Kram ja gleich in einem Rutsch zu Hause und dafür in der Stunde Chaos machen. Dann wird schon die Ankündigung von Stunden gewisser Lehrer mit dem Ausruf: „Juchu, Freistunde!" quittiert. (. . .)
Waldemar Rudolf (In: Die Zeit, Nr. 26, 20. 6. 1980)

2.3 Problemorientierte vs. systemorientierte Verfahren

Wir illustrieren den Unterschied an zwei Beispielen aus H. Rumpf, „Scheinklarheiten". Es geht um die Lichtbrechung im Wasser.

(1) Systemorientiertes Verfahren

Schritt 1:

Mit Hilfe einer Demonstration, die von mündlichen Erläuterungen ergänzt wird, lehrt man die Definition bestimmter Begriffe (Einfallswinkel, Ausfallswinkel, Brechungswinkel, Abbildung, virtuelle Abbildung usw.).

Schritt 2:

Man gibt ein Kapitel in programmierter Unterweisung auf, mit Hilfe dessen die einschlägigen Regeln gelernt werden (Gesetze der Reflexion und Brechung, Abbildungen in einem ebenen Spiegel, Streuung und Beugung des Lichts usw.). In das Programm eingestreut sind Übungen, die die Generalisierbarkeit der Regeln herstellen sollen.
Usw. (S. 258)

(2) Problemorientiertes Verfahren

Der Lehrer läßt im verdunkelten Raum mit einer bis auf einen Schlitz zugeklebten Taschenlampe Licht auf einen Glasquader fallen — danach auch auf die Wasseroberfläche eines kleinen, wassergefüllten Aquariums.

S 3: Das Licht ist nachher nicht mehr ganz grade.

S 4: Ist auch krumm geworden, der Knick liegt genau an der Übergangsstelle.

S 5: Passierschwierigkeiten beim Grenzübertritt sozusagen.

L: Wieso Schwierigkeiten, das Licht kommt doch durch.

S 5: Ja, aber nicht so ohne weiteres!

S 7: Das Licht knickt also genauso wie der Bleistift.

S 4: Das kann man doch nicht vergleichen, der Bleistift ist geradegeblieben, man kann es ja prüfen, wenn man ihn herausholt. Das scheint also nur so — aber das Licht, das ist doch wohl tatsächlich geknickt, wenn es im Wasser ist, man kann es ja nicht so herausholen wie den Bleistift — oder?

S 3: Es ist noch was anders beim Licht, das knickt nach unten — der Bleistift knickt nach oben.

S 2: Warum knicken die denn in andere Richtung?

S 6: Warum knicken die beiden Sachen überhaupt?

L: Eine Zusatzinformation: Licht kommt im Wasser langsamer voran als im Leeren — es schafft in derselben Zeit nur zwei Drittel des Weges, den es im Leeren zurücklegen kann.

S 5: Was ich sage — Passierschwierigkeiten beim Grenzübergang, es kommt langsamer voran, es wird beim Eintritt sozusagen gebremst, kommt langsamer voran — und dabei ändert es ein bißchen den Kurs.

S 1: Bremsen ja — Kursänderung, das leuchtet mir nicht ein, kann doch langsamer in dieselbe Richtung weitergehen . . .
Usw. (S. 270)

Beim systemorientierten Verfahren lernen die Schüler von vornherein das fertige Ganze, die komplette Liste von Begriffen und Regeln in ihrem systematischen Zusammenhang. Auch beim problemorientierten Verfahren muß am Ende das System stehen; aber eben erst am Ende, wenn die erarbeiteten Begriffe präzisiert, aufeinander bezogen und eingeordnet werden. Am Anfang steht hier ein Problem: Die Schüler möchten etwas verstehen und stoßen dabei auf eine „Schwierigkeit" (im Roth'schen Sinne). Die Schüler erwerben nacheinander die Begriffe des Systems, so wie sie sie für die Überwindung der „Schwierigkeit" brauchen. Sie lernen nicht Begriffe, weil diese als wissenschaftlich relevant vom Lehrer dargeboten werden, sondern weil diese Begriffe etwas erklären, was die Schüler wissen möchten.

Es könnte nun scheinen, als ob das systemorientierte Verfahren mit dem „Darstellen" und das problemorientierte Verfahren mit dem „Entdeckenlassen" zusammenfielen. Aber dem ist nicht so. Es gibt auch den *problemorientierten Lehrervortrag*. Man stößt auf das Verfahren allenthalben bei Sachbuchautoren, die es verstehen, ihre Leser zu motivieren. Beispielsweise bei Horst Stern. In seinem Buch „Stern für Leser" (1973) wirft er z. B. folgende Fragen auf: Wie kommt es, daß Vögel vorwärtsfliegen, obwohl ihre Flügel doch auf und ab schlagen? (Er fragt nicht: Wie ist der Vogelflügel aufgebaut? Oder: Was ist Auftrieb? Das wären zwar Fragen, aber keine Problemfragen.) Oder er fragt (zum Thema Ameisen): Wie kommen ernsthafte Leute dazu, zu behaupten, daß die Insekten eines Tages die Welt beherrschen werden?

An diesen Beispielen kann man den wohl wichtigsten Typ des „Problems“ erkennen: Er besteht in der Erschütterung einer Vorstellungs- und Denkweise, eines „Schemas“. Ein Vogelkörper dürfte doch „eigentlich“ sich nur auf und ab bewegen, wenn die Flügel ab und auf schlagen — das ist doch „klar“. Und Insekten sind doch im Vergleich zum Menschen und seiner Technik so winzig und unterlegen. Solche Denkschemata geraten nun in einen Konflikt mit widersprechenden Informationen oder Meinungen; und dabei werden sie verändert. Das aber ist eine wesentliche Art des Lernens.

Es ist zugleich eine wesentliche Art wissenschaftlichen Fortschritts. Das möchten wir an einem weiteren Beispiel erläutern. Leser, denen S. Freud eher fremd ist, bitten wir um Nachsicht; sie werden sich vielleicht mit den Schlußfolgerungen aus dem Beispiel begnügen müssen. In „Das Ich und das Es“ geht Freud zunächst vom Phänomen der „Verdrängung“ aus: Bestimmte seelische Strebungen werden verdrängt, d. h. dauerhaft vom Bewußtsein ausgeschlossen. Sie sind gleichwohl noch vorhanden und wirksam, nur eben unbewußt. Um das zu erklären, entwickelt Freud ein Modell — nennen wir es Modell 1 —, in dem zwei seelische Instanzen einander gegenüberstehen: das „Ich“ und das „Unbewußte“. Es gibt das Ich, das verdrängt hat, und das Unbewußte, das das Verdrängte enthält. Dann berichtet Freud von einem anderen Phänomen, dem des „Widerstandes“. Dieser Widerstand zeigt sich, wenn Patienten in der Analyse an bestimmte unbewußte Vorstellungen herangeführt werden sollen. Er geht vom Ich aus, aber er ist dem Ich nicht bewußt. Also hat auch das Ich unbewußte Anteile. Folglich ist Modell 1 nicht mehr zu halten; man kann nicht mehr das (teils unbewußte) „Ich“ dem „Unbewußten“ gegenüberstellen. Freud entwickelt dann ein zweites Modell. Hierin ist der Begriff des Unbewußten durch den des „Es“ ersetzt: „Ich“ und „Es“ stehen sich als seelische Instanzen gegenüber, und inwieweit diese Instanzen bewußt oder unbewußt sind, kann zunächst offenbleiben. — Wir brechen hier ab und ziehen aus dem Beispiel einige Konsequenzen für das problemorientierte Verfahren: (1) Man lernt hier, daß wissenschaftliche Modelle als Antworten auf „problematische“, erklärungsbedürftige Phänomene entstanden sind. Man erfährt, wozu solche Modelle eigentlich gut sind, wozu man sie braucht. (2) Man lernt, daß solche Modelle nur bis auf weiteres gelten, solange sie sich „bewähren“, d. h. solange sie nicht am

„widerstehenden Objekt" (Roth) scheitern. Das problemorientierte Verfahren kann also eine falsche Wissenschaftsgläubigkeit korrigieren, das von der Wissenschaft endgültige Antworten erwartet. (Viele halten Freuds Modelle gar nicht für Modelle, sondern für empirische Tatsachen.) (3) Der Lehrer, der fertiges Wissen in Probleme auflösen will, tut gut daran, sich mit Wissenschaftsgeschichte zu befassen. Er sollte den historischen Punkt aufsuchen, an dem wissenschaftliche Ergebnisse als Antworten auf bestimmte Fragen entstanden sind. Nach Wagenschein nennt man dieses Verfahren *genetisch*. Freud bedient sich in unserem Beispiel einer genetischen Darstellung.

Aufgaben:

(1) Wir haben recht einseitig für problemorientiertes Lehren Stellung genommen. Unter welchen Bedingungen und mit welchen Begründungen ist systemorientiertes Lehren vorzuziehen?

(2) Ein „kognitiver Konflikt" ist vielleicht die wichtigste, aber sicher nicht die einzige Möglichkeit, Schüler für einen Lehrervortrag zu motivieren und sie zum Mitdenken zu veranlassen. Nennen Sie wenigstens eine weitere Möglichkeit.

Anmerkungen

[1] Zur Terminologie: Die „Strukturierung" des Unterrichts wird oft mit einem Herbartschen Terminus als „Artikulation" bezeichnet. — Es mag auffallen, daß wir auf den Terminus „Methode" verzichten. Das liegt weniger an dem sehr uneinheitlichen Gebrauch dieses Wortes in der Didaktik. Bewogen hat uns vor allem die häufige Verwechslung zweier „Methoden"-Begriffe, nämlich der Unterrichtsmethode (Lernorganisation) einerseits und der methodischen Fertigkeiten, die die Schüler erwerben sollen, andererseits.

[2] Für Ausubel ist entdeckendes Lernen identisch mit einem induktiven Vorgehen. Die Dimension induktiv vs. deduktiv haben wir aus der Darstellung herausgehalten.

Literaturhinweise I

AUSUBEL, David P.: Psychologie des Unterrichts. Weinheim 1974
(Ausubels Eintreten für einen vorwiegend „darstellenden" Unterricht beruht auf einer differenzierten Theorie des Lernens, insbesondere des Erwerbs und der Speicherung von Begriffen. — Von besonderem methodischen Interesse ist Ausubels Rat, der eigentlichen Lernaufgabe „advance organizers" vorzuschalten; das sind allgemeine Begriffe, mit denen die neu zu lernenden spezielleren Begriffe verbunden werden. Vgl. S. 223 f.)

BRUNER, Jerome S.: Der Akt der Entdeckung. In: Neber 1981, 198 ff.
(Eine knappe Einführung in Bruners Konzeption.)

EIGLER, Gunther / JUDITH, Heiko / KÜNZEL, Marianne / SCHÖNWÄLDER, Anke: Grundkurs Lehren und Lernen. 2. Aufl. Weinheim 1975
(Der Titel verspricht mehr, als das Buch hält. Empfohlen wegen der ausführlichen und praxisbezogenen Informationen über darstellende und entdecken-lassende Lehrverfahren (S. 61—91).

EINSIEDLER, Wolfgang: Lehrstrategien und Lernerfolg. Eine Untersuchung zur lehrziel- und schülerorientierten Unterrichtsforschung. Weinheim 1976
(„Lehrstrategie" bedeutet das, was wir als „Konzeption" bezeichnet haben. Einsiedler überprüft empirisch Lernerfolge unterschiedlicher Schüler bei unterschiedlichen Lehrstrategien. Besonders wegen dieses empirischen Gehalts wird das Buch empfohlen, aber auch, weil es andere als die von uns dargestellten Strategien diskutiert.)

KLINGBERG, Lothar: Einführung in die allgemeine Didaktik. Frankfurt/M. o. J. (1975)
(Die Teile des Buches, die sich mit dem „Wesen des Unterrichts in der sozialistischen Schule" und dem DDR-Lehrplanwerk befassen, sind inzwischen historische Dokumente. In unserem Zusammenhang interessiert das 5. Kapitel „Allgemeine Methodenlehre des Unterrichts", S. 271—442. Es sei wegen seiner Klarheit, Differenziertheit und vor allem seiner Praxisnähe nachdrücklich empfohlen. — Ärgerlich ist, daß Klingberg „westliche" Autoren — die er natürlich gelesen hat — nicht nennt.)

MENCK, Peter / THOMA, Gösta (Hrsg.): Unterrichtsmethode. Institution, Reflexion, Organisation. München 1972
(Der Lehrer braucht „Rezepte", er sollte sich aber bewußt bleiben, wie wenig solche Rezepte wissenschaftlich-empirisch abgesichert sind. Das gilt notabene auch für die Ratschläge, die wir in diesem Buch geben. Die Beiträge in „Unterrichtsmethode" können zu einer solch kritischen Einstellung verhelfen, insbesondere die, die Unergiebigkeit und Praxisferne bisheriger Forschung kritisieren. Empfohlen seien namentlich die Aufsätze von Dubin/Taveggia, S. 14—42, und Rumpf, S. 65—85.)

NEBER, Heinz (Hrsg.): Entdeckendes Lernen. 3. völlig überarbeitete Aufl., Weinheim 1981
(Die ausgewählten Beiträge und die orientierenden „Überblicke" des Herausgebers vermitteln dem Leser ein differenziertes Bild des Diskussions- und Forschungsstandes. Das wohl beste Lehrbuch zum Thema.)

ROTH, Heinrich: Pädagogische Psychologie des Lehrens und Lernens. 11. Aufl. Hannover 1969
(Das Kapitel XII „Pädagogische Auswertung der Psychologie des Lernens", S. 179—297, enthält die „Lernschritte", die wir kurz gefaßt referiert haben.)

SCHULZ, Wolfgang: Unterricht — Analyse und Planung. In: HEIMANN, P. / OTTO, G. / SCHULZ, W. (Hrsg.): Unterricht — Analyse und Planung. Hannover 1965

(Der Aufsatz hatte und hat so großen Einfluß auf die Lehrerausbildung, daß es sich schon zu Verständigungszwecken empfiehlt, ihn zur Kenntnis zu nehmen.)

WAGENSCHEIN, Martin: Verstehen lehren. Exemplarisch — sokratisch — genetisch. 6. Aufl. Weinheim 1977
(Wagenschein stellt so anschaulich und anregend dar, was entdeckender, problemorientierter und „genetischer" Unterricht sein kann, daß auch Lehrer, die keine Naturwissenschaft lehren, das eine oder andere seiner Bücher lesen sollten.)

Literaturhinweise II

BRUNER, Jerome S.: Entwurf einer Unterrichtstheorie. München 1974

DAHMS, Günter: Nachdenken im Unterricht. Königstein (Ts.) 1979

VOGEL, Alfred: Artikulation des Unterrichts. Verlaufsstrukturen und didaktische Funktionen. Ravensburg o. J.

Sonstige zitierte Literatur

BLOOM, Benjamin S. u. a.: Taxonomie von Lernzielen im kognitiven Bereich. Weinheim 1972

FREUD, Sigmund: Das Ich und das Es. In: FREUD, A. / GRUBRICH-SIMITIS, J. (Hrsg.): Sigmund Freud. Werkausgabe in zwei Bden. Frankfurt/M. 1978, S. 369—401

GAGNÉ, Robert M.: Die Bedingungen menschlichen Lernens. 5., neu bearb. Aufl. Hannover 1980

KUHN, Thomas S.: Die Struktur wissenschaftlicher Revolutionen. Frankfurt/M. 1967

MEMMERT, Wolfgang: Didaktik in Grafiken und Tabellen. Bad Heilbrunn 1977

KAPITEL III:

SOZIALFORMEN UND GESPRÄCHSFORMEN DES UNTERRICHTS

Übersicht

1. Vorbemerkungen

Dieses Kapitel ist anders aufgebaut als die anderen. Was man nämlich zu diesem Thema lernen kann, läßt sich viel besser durch Ausprobieren lernen als durch Lesen. Wenn Seminarsitzungen überhaupt ein *Modell* für Unterricht sein können, dann dadurch, daß Sozialformen und Gesprächsformen planmäßig praktiziert und reflektiert werden. Statt z. B. über Gruppenarbeiten nur zu diskutieren, kann man in Gruppen arbeiten und diese Arbeit reflektieren. Natürlich müssen die Ergebnisse mit einiger Vorsicht auf Schule übertragen werden, denn Schüler sind anders motiviert, haben weniger Gesprächstechnik (und was der Unterschiede mehr sind). Etwas anderes kommt hinzu: Zum Thema „Sozial- und Gesprächsformen“ gibt es kaum Resultate empirischer Forschung, die einigen Aufschluß gäben. Die Argumentation stützt sich also auf die berufliche Erfahrung von Lehrern und auf das, was man mit vernünftiger Überlegung zu Themen wie „Förderung der Kooperation“ oder „Arbeitszufriedenheit“ herausbringen kann. Wer die Möglichkeit hat, darüber zu diskutieren, braucht eigentlich kaum Hilfe durch irgendein Buch.

Dieses Kapitel ist folglich sozusagen um Lücken herum aufgebaut, deren Füllung wir der Selbsterfahrung der Gruppen und der Diskussion überlassen. Wir geben Beobachtungsaspekte für den Ablauf von Seminarsitzungen, schlagen Diskussionsthemen vor, bieten Übungsmaterial an, und zu einigen Themen gibt es auch Empfehlungen (Rezepte). Das ist ziemlich heterogen und, wie gesagt, von beabsichtigter Unvollständigkeit.

Einen Überblick über das Thema gibt Abb. 1.

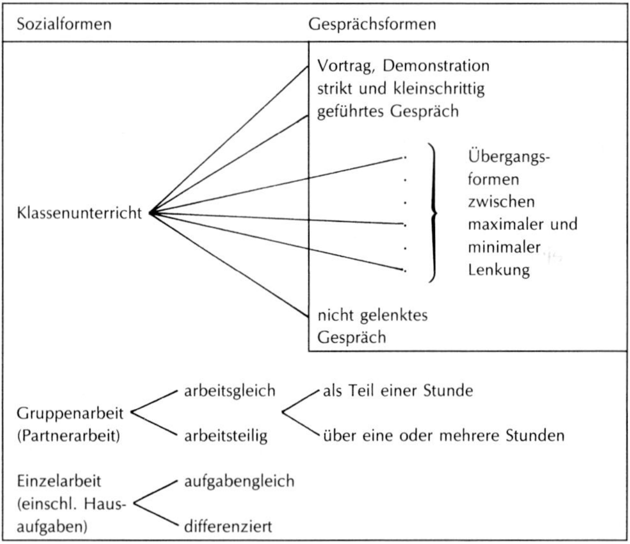

Abb.1

Bei der Kennzeichnung der Gesprächsformen sind wir in einer gewissen Verlegenheit. Es haben sich Bezeichnungen eingebürgert wie „fragend-entwickelndes Gespräch", „freies Unterrichtsgespräch" u. a.; aber diese Bezeichnungen werden so inkonsistent gebraucht, daß wir darauf verzichtet haben.

2. Klassenunterricht

Alle anderen Sozialformen gehen aus dem Klassenunterricht hervor und münden wieder in ihn. Ob das so sein müßte, steht dahin; so wie Schule organisiert ist, muß es wohl so sein. Klassenunterricht ist die Standardform schulischen Lernens. Daß er für nicht wenige Lehrer auch die einzig praktizierte Form ist, ist bedauerlich, weil dadurch wichtige Lernchancen verschenkt werden.

Man kann Klassenunterricht nach verschiedenen Gesichtspunkten klassifizieren; das ist auch in anderen Kapiteln geschehen (vgl. etwa die Unterscheidung nach Konzeptionen des Aufbaus in dem Kapitel „Strukturierung des Unterrichts"). Hier klassifizieren wir nach dem Grad, in dem der Lehrer den Gesprächsverlauf bestimmt; vom Vortrag, wo er allein spricht, bis zum nicht gelenkten Gespräch, wo er schweigt oder doch auf seine Lehrerrolle verzichtet.

2.1. Lehrervortrag

Lehrer-Demonstration ist fachspezifisch so verschieden, daß wir sie den Fachseminaren überlassen. Zum Lehrervortrag lassen sich allgemeinere Hinweise geben.

2.1.1. Einige Ratschläge zum Lehrervortrag

— Sprechen Sie frei! Blicken Sie die Schüler an und nicht in Ihr Redemanuskript!

— Informieren Sie zu Anfang über Thema und Dauer des Vortrags! Schicken Sie längeren Vorträgen eine Gliederung voraus!

— Zeigen Sie den Schülern, welche Funktion das Vorgetragene für die weitere Arbeit hat!

— Machen Sie die logische Funktion einzelner Rede-Teile klar. Setzen Sie z. B. deutlich voneinander ab: These und Argumente, Einwand und Widerlegung, Beispiel und Abstraktion!

— Akzentuieren Sie das Wichtigste! Sagen Sie das Wichtigste mehr als einmal!

— Geben Sie Beispiele!

— Benutzen Sie — vor allem bei längeren Vorträgen — unterstützende Medien (z. B. projizieren Sie die Gliederung oder eine Strukturskizze, verteilen Sie ein Thesenpapier)!

— Versuchen Sie die Schüler zu interessieren! Bevorzugen Sie Problemorientierung vor Systemorientierung (vgl. Kap. II)!

— Sagen Sie den Schülern, was sie während des Vortrags tun sollen: Lehreräußerungen notieren oder eigene Fragen? Möglichst vollständig mitschreiben oder nur das Wichtigste? Fragen sofort vorbringen, nach einzelnen Teilen des Vortrags oder erst am Ende?

2.1.2. Dimensionen des Lehrervortrags und ein Trainingsvorschlag

J. Langer, F. Schulz von Thun und R. Tausch nennen in ihrem Buch „Sich verständlich ausdrücken" vier Dimensionen des Informierens, von denen die Verständlichkeit der Information abhängt: „Einfachheit", „Gliederung — Ordnung", „Kürze — Prägnanz" und „Zusätzliche Stimulanz". (Zum Begriff der „Dimension" und wie man eine Dimension ermittelt vgl. Kap. X.) Worauf innerhalb der einzelnen Dimensionen zu achten ist, zeigt folgende Übersicht:

1. Dimension: EINFACHHEIT

Einfachheit	*Kompliziertheit*
einfache Darstellung	komplizierte Darstellung
kurze, einfache Sätze	lange, verschachtelte Sätze
geläufige Wörter	ungeläufige Wörter
Fachwörter erklärt	Fachwörter nicht erklärt
konkret	abstrakt
anschaulich	unanschaulich

2. Dimension: GLIEDERUNG — ORDNUNG

Gliederung — Ordnung	*Ungegliedertheit — Zusammenhanglosigkeit*
gegliedert	ungegliedert
folgerichtig	zusammenhanglos, wirr
übersichtlich	unübersichtlich
gute Unterscheidung von Wesentlichem und Unwesentlichem	schlechte Unterscheidung von Wesentlichem und Unwesentlichem
der rote Faden bleibt sichtbar	man verliert oft den roten Faden
alles kommt schön der Reihe nach	alles geht durcheinander

3. Dimension: KÜRZE — PRÄGNANZ

Kürze — Prägnanz	*Weitschweifigkeit*
zu kurz	zu lang
aufs Wesentliche beschränkt	viel Unwesentliches
gedrängt	breit
aufs Lehrziel konzentriert	abschweifend
knapp	ausführlich
jedes Wort ist notwendig	vieles hätte man weglassen können

4. Dimension: ZUSÄTZLICHE STIMULANZ

Zusätzliche Stimulanz	*Keine zusätzliche Stimulanz*
anregend	nüchtern
interessant	farblos
abwechslungsreich	gleichbleibend neutral
persönlich	unpersönlich

Die vier Dimensionen haben also einen positiven Pol (z. B. „Einfachheit“) und einen negativen (z. B. „Kompliziertheit“). Einzelne Texte lassen sich mit Hilfe einer 5stufigen Skala einordnen, z. B.:

++	+	o	—	——
sehr einfach				sehr kompliziert

Die Autoren haben nun empirisch ermittelt, bei welchen Skalen-Werten Texte am besten verständlich sind. Die optimalen Werte sind:

für „Einfachheit“: ++
für „Gliederung — Ordnung“: ++
für „Kürze — Prägnanz“: + oder o
für „zusätzliche Stimulanz“: a) bei optimalen Werten in den anderen Dimensionen: + oder o
b) sonst: — oder ——

Zu kritisieren ist an dieser Untersuchung, daß die Dimension „zusätzliche Stimulanz" zu global ist. Die wichtigste Art von Stimulanz ist nicht separat erforscht worden: die Anregung des Erkundungsmotivs (vgl. Kap. VI). Es macht aber einen großen Unterschied, ob ein Lehrtext erst Neugier weckt und sie dann befriedigt, erst Fragen aufwirft und sie dann beantwortet, erst Probleme stellt und sie dann löst oder ob der Text ohne solche Motivation nur informiert, und sei es noch so klar. (Vgl. Groeben 1972)[1]

Es ist also zu empfehlen: Sprechen Sie möglichst einfach und anschaulich; gliedern Sie möglichst deutlich; fassen Sie sich kurz, aber nicht zu kurz; versuchen Sie nicht, Mängel Ihres Vortrags durch Gags zu kompensieren; gehen Sie „problemorientiert" vor.

Aber diese Ratschläge bleiben doch einigermaßen nichtssagend, solange man sie nicht konkret erprobt. Wir empfehlen also dringlich das „Selbsttrainingsprogramm" des genannten Buches; hier finden sich Übungen zum Einschätzen fremder Texte und Anleitungen zum Verfassen eigener Texte.

Aufgaben:

Zur Kunst des Lehrervortrags kann man sicherlich viel von erfolgreichen Sachbuchautoren lernen. Als Beispiel bieten wir Auszüge aus S. Haffners „Anmerkungen zu Hitler" (München 1978). Und zwar zitieren wir aus dem Kapitel „Erfolge" das, was man die Gelenkstellen des Textes nennen könnte:

— Für welche der „Ratschläge zum Lehrervortrag" bietet Haffner Beispiele? Welche Werte in den „vier Dimensionen" ordnen Sie dem Text zu?

— Historiker und historisch Interessierte sollten sich folgendem Problem zuwenden (und den Kollegen darüber berichten): Geht bei Haffner die didaktische Aufbereitung, also etwa das Bemühen um Motivation, Verständlichkeit und Einprägsamkeit zu sehr auf Kosten der Sache?

„Hitlers Erfolgskurve gibt ein ähnliches Rätsel auf wie seine Lebenskurve. Dort, man wird sich erinnern, war es der auffallende Knick zwischen gänzlicher Untätigkeit und Unbekanntheit in den ersten dreißig Jahren und öffentlicher Aktivität größten Maßstabs in den folgenden sechsundzwanzig, was nach Erklärung verlangte. Hier gibt es einen solchen Knick sogar zweimal. Alle Erfolge Hitlers fallen in einen Zeitraum von zwölf Jahren, 1930—1941." (S. 62)

Haffner gibt einen knappen Überblick über die drei Phasen 1919—1930, 1930—1941, 1941—1945. Dann zählt er knapp die „innenpolitischen", „außenpolitischen" und „militärischen" Erfolge auf (S. 62 f.). Er fährt fort:

„Alles in allem: Zehn Jahre Mißerfolg; dann zwölf Jahre eine ununterbrochene Erfolgsserie; dann wieder vier Jahre Mißerfolg, mit der Katastrophe als Schlußpunkt. Und jedesmal dazwischen ein scharfer Knick. Man kann suchen, solange man will, man findet in der Geschichte nichts Vergleichbares. (. . .) Niemals erweist sich derselbe Mann erst lange Zeit als hoffnungsloser Stümper, dann ebenso lange Zeit als scheinbar genialer Könner, und dann wieder, diesmal nicht nur scheinbar, als hoffnungsloser Stümper. Das will erklärt sein." (S. 63)

Haffner versucht nun verschiedene Erklärungen und verwirft sie als unzureichend. Er zeigt, daß Hitler sich „auf eine geradezu unheimliche Art immer gleich" blieb an „Energie und Willenskraft", „Starrsinn" und „Größenwahn" (S. 64—66). „Seine Politik war mindestens von 1925 bis 1945 ganz und gar aus einem Stück. Was sich in diesen Jahren zweimal änderte, war die Stärke des Widerstands, auf den sie stieß." (S. 66)

„Und damit haben wir plötzlich den Schlüssel in der Hand, der uns das Geheimnis der Hitlerschen Erfolgskurve erschließt. Dieser Schlüssel liegt nicht in irgendwelchen Wandlungen Hitlers. Er liegt in dem Wandel und Wechsel der Gegner, mit denen es Hitler zu tun hat." (S. 66)

Haffner führt aus, daß es sich bei diesem Gedanken um eine „Binsenwahrheit" handelt: Bei Erfolgen sind immer zwei beteiligt, und der Erfolg des einen ist der Mißerfolg des anderen. (S. 66)

Im Hauptteil stellt Haffner nun die Erfolge Hitlers dar, gegliedert nach innenpolitischen, außenpolitischen und militärischen. (S. 67—93) Er schließt: „Hitler war nicht das Wunder, als das er der Welt erschien. Ob Hitler der Weimarer Republik, ob er dem Pariser Friedenssystem den Todesstoß versetzte, ob er die deutschen Konservativen oder ob er Frankreich überrannte: Immer stürzte er nur das Fallende, tötete er nur das schon Sterbende." (S. 93)

2.2. Unterrichtsgespräch

2.2.1. „Frontalunterricht"?

Unterricht findet überwiegend als Unterrichtsgespräch statt: es füllt 58 % der Unterrichtszeit (Hage et al. 1985, 46). In der wissenschaftlichen Pädagogik heißt Unterrichtsgespräch meist „Frontalunterricht", und dieser ist wenig untersucht, aber oft beschimpft worden, so daß sich selbst der Ausdruck nicht mehr wertfrei benutzen läßt.

Aufgabe:

„Frontalunterricht erzieht zu obrigkeitstaatlichem Denken und Fühlen."
„Frontalunterricht ist besser als andere Sozialformen geeignet, einen Sach-, Sinn- oder Problemzusammenhang aus der Sicht und mit den Mitteln des Lehrers darzustellen. Er ist kaum geeignet, die Selbständigkeit des Denkens, Fühlens und Handelns der Schüler zu entfalten." (Meyer 1987, II, 184)

— Hat Frontalunterricht, so wie Sie ihn kennen, nach Ihrem Urteil diese Wirkungen?

— Falls ja: Muß Frontalunterricht so sein oder könnte man ihn so gestalten, daß er diese Wirkungen nicht hat?

Zu dieser Aufgabe möchte ich mich nicht ganz neutral verhalten, sondern ein Argument zugunsten des Unterrichtsgesprächs anfügen, das m. E. großes Gewicht hat: Wenn die Schüler komplexe Probleme möglichst *selbständig* lösen sollen, so ist fast immer das Unterrichtsgespräch die optimale Sozialform. Wie das? Für die Lösung solcher Probleme brauchen die Schüler zahlreiche Hilfen. Im Unterrichtsgespräch kann der Lehrer mit Hilfen relativ sparsam sein, ohne die Schüler zu überfordern. Denn er kann ja jederzeit Zusatzinformationen geben, auf übersehene Aspekte hinweisen, die Arbeit etwas anders organisieren, kurz: den Schülern immer nur gerade soviel helfen, wie sie es brauchen, um nicht zu scheitern. Bei Einzelarbeit und Gruppenarbeit ist das viel schwieriger, und nachträgliche Hilfen sind meist störend. Beispiele erfolgreicher Gruppenarbeiten etwa zeigen überwiegend relativ einfache und umgrenzte Aufgaben mit allerlei Lösungshilfen und Arbeitsvorschlägen. (Beispiele etwa in Meyer 1983.)

2.2.2. *Die Lenkung des Unterrichtsgesprächs*

Mit welchen einzelnen Maßnahmen man ein Gespräch lenkt, wurde in dem Kapitel „Verbales und nonverbales Lehrerverhalten" dargestellt; wie man Unterricht gliedert (auch ein Lenkungsvorgang), in dem Kapitel „Strukturierung des Unterrichts". Hier wollen wir erörtern, was eigentlich unter einer „starken" bzw. „schwachen" Lenkung zu verstehen ist. Denn Lehrer, die weniger (oder mehr) lenken möchten, wissen oft nicht so recht, was sie weniger (oder mehr) tun sollen.

Um das erörtern zu können, müssen wir zwei terminologische Vereinbarungen treffen. Ein Unterrichtsgespräch ist normalerweise in mehrere Abschnitte gegliedert. Wir nennen sie „Lernschritte". Jeder Lernschritt steht unter einem besonderen Thema, sonst würde er sich gar nicht als Abschnitt abheben: In einem Lernschritt wird eine Frage beantwortet, eine Aufgabe gelöst, ein Auftrag erfüllt, zu einer These wird Stellung genommen, zu einem Thema werden Einfälle gesammelt oder ähnlich. Die Unterrichtssteuerung also, die den Lernschritt zusammenhält, kann sehr verschiedenartig sein. Wir wollen sie hier *Arbeitsanweisung* nennen. Dann läßt sich zwischen starker und geringer Lenkung folgendermaßen unterscheiden:

	geringe Lenkung	starke Lenkung
(a)	Lenkung weitgehend auf die Arbeitsweisungen beschränkt	zusätzlich zu Arbeitsanweisungen viele weitere Steuerungsmaßnahmen
(b)	wenige Arbeitsanweisungen; wenige Lernschritte	viele Arbeitsanweisungen; viele kleine Lernschritte
(c)	Arbeitsanweisungen „weit"	Arbeitsanweisungen „eng"
(d)	Arbeitsanweisungen auch von den Schülern vorgeschlagen	Arbeitsanweisungen nur vom Lehrer und in der vom Lehrer festgelegten Abfolge

Empirische Untersuchungen deuten darauf hin, daß ein mittleres Maß an Lenkung optimal ist. Das ist auch ohne weiteres plausibel, denn man wird weder eine permanente Gängelung der Schüler noch ein diffuses und sprunghaft-beliebiges Gespräch für zuträglich halten. Doch ist diese Feststellung wenig hilfreich, weil zu pauschal. Nur „vor Ort", nach einer Analyse der Gesprächsführung und ihrer Folgen, läßt sich Genaueres sagen. Die tabellarische Übersicht zum Thema „Lenkung" ist denn auch als Hilfe für diejenigen gedacht, die nach einer Analyse ihres Unterrichts zu dem Ergebnis gekommen sind, sie sollten ihre Unterrichtslenkung verändern.

Gleichwohl lassen sich einige Hinweise geben. Der erste richtet sich vor allem an „ängstliche" Lehrer, die befürchten, bei zu wenig Lenkung entglitte ihnen der Unterricht. Eine zu geringe Lenkung läßt sich jederzeit korrigieren, eine zu starke nicht. Wenn man z. B. bemerkt, daß eine weite Arbeitsanweisung die Schüler überfordert, so kann man sie einengen: einen Impuls durch eine präzise Frage ersetzen, eine globale Frage durch mehrere Detailfragen usw. Hat man dagegen die Schüler erst einmal durch zu enge Anweisungen unterfordert, so ist daran nichts mehr zu ändern. Es empfiehlt sich also, eine geringe Lenkung zu planen und stärkere Lenkungsmaßnahmen als Alternativplanung bereitzuhalten. (Doch bedenke man, bevor man eine weite Arbeitsanweisung verengt, ob man den Schülern Zeit genug gelassen hat, sich damit auseinanderzusetzen. Zuviel Lenkung resultiert manchmal aus einer nervösen Angst des Lehrers vor Denkpausen.)

Zweitens möchten wir Offenheit für alle Lenkungsmaßnahmen fordern. Manche Lehrer treiben vor den Schülern (und vor sich selbst?) ein Versteckspiel, als sei Unterrichtslenkung unerlaubt und ein Relikt aus der pädagogischen Steinzeit. Paradoxerweise ereignet es sich oft, daß solche Lehrer zuviel lenken, weil sie zuwenig lenken möchten: Den Schülern wird zunächst viel Freiraum gewährt durch wenige und weite Arbeitsanweisungen. Irgendwann kippt dann der Unterricht um, der Lehrer — anfangs zurückhaltend — redet immer mehr und wirkt immer kleinlicher auf die Schüler ein. Die Freiheit, die den Schülern gegeben wurde, war — so zeigt sich dann — nicht ernst gemeint, und die Schüler werden entsprechend verwirrt und frustriert. Wenn also ein Lehrer beispielsweise meint, ein Unterrichtsgegenstand müsse in einer bestimmten Abfolge behandelt werden, dann sollte er so viele und so präzise Arbeitsanweisungen stellen, daß sich diese Abfolge ergibt. Wenn er das tut, kann er sich wahrscheinlich im übrigen zurückhalten, und die Schüler können in dem gesetzten Rahmen selbständig arbeiten.

3. Gruppenarbeit

3.1. Beobachtungsaspekte zur Gruppenarbeit

Unsere Empfehlung ging dahin, Gruppenarbeit selbst zu praktizieren und zu reflektieren. Ein Verfahren zweiter Wahl wäre, im Unterricht zu experimentieren. In beiden Fällen wird man wohl nach folgenden *Kriterien* die Gruppenarbeit beurteilen:

- „Ergebnisse", d. h. irgendein Produkt der Gruppenarbeit;
- der kognitive Lernertrag für den Einzelnen;
- der soziale Lernertrag für den Einzelnen;
- Arbeitszufriedenheit.

Es kommt nun darauf an, die *Arbeitsbedingungen* planmäßig zu variieren; denn man muß sich ja fragen, woran es liegt, ob eine Gruppe erfolgreich arbeitet oder nicht. Wir schlagen vor, vor allem auf folgende Unterschiede zu achten:

- enge oder weite Arbeitsaufträge (d. h. einerseits fest umrissene Arbeitsaufträge, bei denen sich eindeutig feststellen läßt, ob sie erfüllt sind; andererseits Themen, die der Gruppe einen großen Spielraum lassen);
- kurzfristige oder länger dauernde Gruppenarbeit (Gruppenarbeit als Teil einer Seminarsitzung oder Gruppenarbeit, die sich über einige Wochen erstreckt).

3.2. Ratschläge und Beispiele zur Gruppenarbeit

Lehrern ist manchmal das Erlebnis schmerzlich, daß Schüler Gruppenarbeit von vornherein oder nach einiger Erfahrung ablehnen. Dafür gibt es natürlich mancherlei Gründe: Verunsicherung durch eine ungewohnte Arbeitsform und durch den Zwang zu mehr Selbständigkeit; Abbau extrinsischer Motivation, weil der Lehrer die Leistungen nicht mehr sieht und benotet. Solche Probleme gibt es immer, wenn man Gewohnheiten ändert und wenn man von lehrerzentrierten auf mehr schülerorientierte Arbeitsweisen umschaltet. Man kann darauf mit Vorwürfen gegen das autoritäre „System" und gegen die unbeweglichen Schüler reagieren; aber so resignativ braucht man nicht gleich zu werden. Denn der Hauptgrund der Schwierigkeiten ist wohl der, daß Gruppenarbeit oft falsch organisiert ist und deshalb die Schüler frustriert. Deshalb folgen hier einige Ratschläge. Es ist zwar wünschenswert, daß Lehrer durch „Versuch und Irrtum" lernen, aber am Ende der Irrtümer ist womöglich Gruppenarbeit in den Augen der Schüler hoffnungslos diskreditiert.

3.2.1. Ratschläge für kurzfristige Gruppenarbeit

(1) Gruppenarbeit scheitert am häufigsten, wenn sie schon beendet ist, nämlich bei der *Übermittlung der Ergebnisse an das Plenum*. Das übliche Bild ist dies: Ein Schüler einer Gruppe hält ein Referat, die anderen Schüler der Klasse hören nicht zu, weil das Referat schlecht organisiert ist und holprig vorgetragen wird und weil sie in Gedanken noch bei der Arbeit der eigenen Gruppe sind. Lehrer und Schüler leiden unter dem Bewußtsein, daß das noch längere Zeit so geht, weil schließlich alle Gruppen drankommen müssen. Und wenn die Gruppen gar „arbeitsgleich" organisiert waren, so ist ein Gipfel von Langeweile bald erreicht. Das Referat als Ziel einer Gruppenarbeit ist problematisch. Wenn der Lehrervortrag eine schwierige Kunst ist, sollte dann der Schülervortrag einfacher sein? Wenn Lehrer Motivationsschwierigkeiten bei Vorträgen haben, wieso Schüler nicht? Und nun gar bei einer Abfolge mehrerer oder womöglich themengleicher Referate!

Der Lehrer muß also Phantasie auf die Frage verwenden, wie Arbeitsergebnisse dem Plenum zu übermitteln sind. Die Schüler sollten irgendein *Produkt* erstellen; worin dies besteht, hängt natürlich vom Fach und vom Alter der Schüler ab: eine Hörspielszene schreiben und auf Band sprechen; eine Struktur in großem Format sauber und mit verschiedenen Farben zeichnen und ans Schwarze Brett heften u. a. Und wenn es denn ein Referat sein muß, so sollte irgendetwas Vorzeigbares hinzukommen: ein Thesenpapier, ein Fragebogen (in dem z. B. Meinungen erhoben werden), ein kleiner Test — möglichst etwas, was *die Zuhörer aktiviert*.

Wie schon angedeutet, bringt „arbeitsgleiche" Gruppenarbeit oft besondere Probleme. Relativ unproblematisch ist der Fall, wenn nur ein richtiges Ergebnis möglich ist. Beispiel: Schüler lösen in Partnerarbeit eine mathematische Aufgabe — ein Schüler gibt die Lösung bekannt — die anderen vergleichen mit dem eigenen Ergebnis. Unproblematisch sind meist auch die Fälle, in denen sich trotz „Arbeitsgleichheit" divergierende Resultate ergeben. Beispiel: Schülergruppen entwerfen zu bestimmten Vorgaben (topics, communication practises ...) englische Dialoge — sie spielen diese Dialoge vor. (Hier bringt schon die unterschiedliche Art des Spielens eine gewisse Abwechslung.) Die Probleme treten auf, wo die Arbeitsergebnisse nur geringe Verschiedenheit aufweisen; beim Vergleich dieser Ergebnisse kommt es dann zu monotonen Wiederholungen. Befriedigende Lösungen dieses Problems, die wir erlebt haben, hatten die Form der *Debatte*, in der jede Gruppe ihr Ergebnis gegen andere Gruppen verteidigt. Beispiel: Referendargruppen wird ein Lehrer-Schüler-Konflikt vorgelegt mit dem Auftrag, die optimale Lösung zu suchen — sie tragen divergierende Lösungen vor und begründen sie.

(2) Gruppenarbeit sollte so *geübt* werden, daß die Schwierigkeiten stufenweise anwachsen. Das heißt:

— Mit kleinen Gruppen beginnen, zunächst mit Zweiergruppen (= „Partnerarbeit").

— Mit engen Aufgaben beginnen. Es ist wichtig, daß die Schüler zunächst genau feststellen können, wann sie mit ihrer Arbeit fertig sind, d. h. wann der Auftrag erfüllt ist.

— Den Methodentransfer zunächst klein halten, d. h. daß die Schüler in Gruppen etwas tun, was sie so ähnlich unter Anleitung des Lehrers schon getan haben. (Schüler sollten z. B. nicht in der Gruppenarbeit „entdecken", wie man Texte exzerpiert und zusammenfaßt; solche Arbeitstechniken sollten sie in die Gruppenarbeit mitbringen.)

— Die Arbeitsorganisation zunächst vorgeben, d. h. im Arbeitsauftrag einzelne Schritte vorschreiben und Hinweise für die gruppeninterne Arbeitsteilung geben.

Man unterfordert die Schüler so leicht nicht, wenn man ihre Arbeitsgewohnheiten schrittchenweise ändert. Die Schüler stehen beispielsweise vor gruppenpsychologischen Problemen, die sie zu lösen haben, nicht nur vor dem Problem der gestellten Aufgabe (etwa: geringe Kooperationsbereitschaft einzelner, Machtkämpfe). Außerdem wird von ihnen erwartet, daß sie ihren eigenen Lernprozeß organisieren. Für diese Organisationsaufgabe werden Lehrer jahrelang vorgebildet — wie sollten Schüler das unvorbereitet können?

3.2.2. *Beispiele für längerfristige Gruppenarbeit und für Gruppenarbeit in einem Projekt*

Wenn Gruppenarbeit länger dauert, sich über Wochen erstreckt, steigen die Lernchancen und die Schwierigkeiten: Man lernt langfristige Arbeitsprozesse organisieren, man lernt gruppenpsychologische Probleme lösen (z. B. mit einem Mitschüler, der sich ausklinkt), oder man scheitert daran. Es will also hier besonders gut bedacht sein, wie weit man die Gruppenarbeit anleitet. Doch ist auch hier die Überlegung nützlich, daß der Lehrer eine zu geringe Lenkung immer noch korrigieren kann, indem er Hilfen nachliefert.

Arbeit an Projekten ist immer längerfristige Gruppenarbeit; insofern gehört das Thema hierher. Was ein Projekt sein soll und was es sein kann, wird zur Zeit vielfältig diskutiert und erprobt. In dieser Lage empfiehlt es sich, mit Festlegungen vorsichtig zu sein. Über folgende Merkmale von „Projekt" ist man sich wohl einig:

— Projektarbeit zielt auf ein *Produkt*: eine Ausstellung, eine Aufführung, eine Veröffentlichung u. ä. Meist wendet man sich mit diesem Produkt an Adressaten außerhalb der eigenen Klasse.

— Stärker als in „normalem" Unterricht können die Schüler in Projekten ihre *Interessen* geltend machen und *Verantwortung* übernehmen; sie bestimmen, wie das Produkt aussehen soll und wie sie es erarbeiten wollen. (Wie weit diese Selbstbestimmung der Schüler gehen soll, ist abstrakt kaum zu sagen. Immerhin fällt auf, daß projekterfahrene Lehrer vorsichtiger sind, als in programmatischen Veröffentlichungen manchmal gefordert wird.)

Wie generell in diesem Kapitel wird auch hier vorgeschlagen, zu erproben (seminarinterne Projekte), zu beobachten und am konkreten Fall zu diskutieren. Als Diskussionsmaterial wird zweierlei angeboten: erstens ein Organisationsschema für eine längerfristige Gruppenarbeit, die ganz in den Gang des Fachunterrichts (einschließlich der Benotung) integriert ist; zweitens ein auf Grundzüge reduzierter Bericht über ein Projekt.

Organisationsschema einer etwa 20stündigen Gruppenarbeit im Deutschunterricht der Sek. II:

(1) Vorlaufphase: Hier werden die notwendigen Arbeitstechniken und -methoden bereitgestellt. Gruppenarbeit wird —

mehrfach und über geringere Zeitdauer — geübt. Probleme der Arbeitsorganisation und Spannungen in den Gruppen werden besprochen.

(2) Festlegung der Themen und Konstitution der Gruppen.

(3) Bereitstellung des Arbeitsmaterials.

(4) Gruppeninterne Arbeitsteilung.

(5) Einzelarbeit: Die Schüler lesen und schreiben.

(6) Diskussion der Einzelarbeit: Die Schüler referieren in der Gruppe ihre Ergebnisse; die Gruppe kritisiert und macht Verbesserungsvorschläge.

(7) Lehrerkontrolle: Die entsprechend der Gruppenkritik überarbeiteten Einzelergebnisse werden dem Lehrer abgeliefert. Der Lehrer benotet sie. Er gibt Ratschläge für die weitere Arbeit.

(8) Integration der Einzelergebnisse zu einem Produkt der Gruppe.

(9) Vorbereitung der Präsentation: Folien, Thesenpapiere, Auszüge aus der Literatur werden erstellt.

(10) Präsentation vor der Klasse und Plenumsdiskussion.

(11) Klausur: Jede Gruppe erhält eine andere Aufgabe. Diese bezieht sich vor allem auf die Arbeit der Gruppe, verlangt aber zu ihrer Bearbeitung auch Kenntnisse der Ergebnisse der anderen Gruppen.

Bericht über ein Projekt im Politikunterricht einer Klasse 7:

(1) Auf Vorschlag der Lehrerin beschließt die Klasse 7, sich am Wettbewerb des Bundespräsidenten „Ausländer in unserer Gemeinde“ zu beteiligen.[2] Thema, Zeitrahmen und — in großen Zügen — das Produkt liegen damit fest.

(2) Die Klasse einigt sich auf Aufgaben für die einzelnen Gruppen: z. B. Wohnheime von Ausländern aufsuchen, mit den Bewohnern sprechen und — nach Möglichkeit — die Lebensbedingungen fotografisch festzuhalten; den Bürgermeister zu befragen; Straßeninterviews zu machen; im Stadtarchiv Material zu beschaffen usw. — Arbeitsgruppen bilden sich; ihre Zusammensetzung ist teils durch Sachinteressen bedingt, teils durch den Wunsch, mit bestimmten Mitschülern zusammenzuarbeiten.

(3) Die Gruppen planen und arbeiten. — Die Lehrerin kümmert sich um die zeitliche Koordination; vor allem achtet sie darauf, daß Zeit bleibt für die Gestaltung eines schönen Produkts. Sie arrangiert die notwendigen Absprachen zwischen den Gruppen, z. B. über Umfang und Format der Arbeiten. Sie hilft Pannen zu vermeiden (z. B. Bedienung der technischen Geräte; Techniken des Zitierens; Vermeidung von Rechtschreibfehlern in den liebevoll gestalteten Arbeiten).

(4) Das entstandene Buch wird, bevor es eingeschickt wird, für alle Schüler fotokopiert und haltbar geheftet.

Aufgabe:

Gudjons (in: Bastian/Gudjons 1988) hat eine Liste von Kriterien aufgestellt, denen Projektarbeit entsprechen müsse. Drei davon sind oben schon genannt: „Produktorientierung", „Orientierung an den Interessen der Beteiligten", „Selbstorganisation und Selbstverantwortung". Dazu kommen: „Situationsbezug" (Bezug zur außerschulischen Lebenswirklichkeit), „gesellschaftliche Praxisrelevanz" (im Gegensatz etwa zu hobbyartigen Beschäftigungen), „Einbeziehung vieler Sinne", „Soziales Lernen", „Interdisziplinarität" (Überschreiten der Fächergrenzen), „Bezug zum Lehrgang" (d. h. zum „normalen" systematischen Unterricht).

— Versuchen Sie am oben dargestellten Beispiel und an anderen Beispielen diese Begriffe zu klären und zu füllen.

— Welche der Kriterien sind nach Ihrer Meinung zwingend, welche wünschenswert, welche irrelevant?

---

4. Einzelarbeit

4.1. Einzelarbeit gegen vorzeitige Konvergenz

Gruppen sind klüger als ihre Mitglieder. Eine Klasse kann z. B. beim Problemlösen besseres leisten als ihre klügsten Schüler. Denn die Problemlösungen ergeben sich aus der Kombination aller Kenntnisse und Einfälle. Eine Voraussetzung für die Klassen-„Klugheit" ist, daß man tatsächlich viele und verschiedenartige Einfälle zusammenträgt. Dem steht aber das sog. Konvergenzphänomen entgegen. Angenommen, viele Schüler haben zu Beginn der Diskussion viele Ansichten zur Sache. Oft werden sie, wenn die ersten Diskussionsäußerungen einen Trend zeigen, ihre ursprünglichen Ansichten dem Trend anpassen. Das geschieht ganz automatisch und bleibt den Betroffenen fast unbemerkt. Möglicherweise geht der Trend aber in eine falsche Richtung; und selbst wenn er richtig ist, führt die Konvergenz doch zu einer intellektuellen Verengung — Konvergenz macht die Klasse dümmer. (Zum Konvergenzphänomen und seinem experimentellen Nachweis vgl. Hofstätter 1986, 53 ff.)

In der von uns beobachteten Unterrichtswirklichkeit wurde Einzelarbeit meist gegen Ende einer Unterrichtseinheit eingesetzt, zum Üben und Einschleifen. Es empfiehlt sich jedoch, sie stärker zu Beginn einzusetzen, wenn ein Problem definiert wird und Lösungsvorschläge gemacht werden, oder noch vorher, wenn Vorkenntnisse und Meinungen der Schüler zusammengetragen werden.

4.2. Differenzierung durch Einzelarbeit

Auf die Notwendigkeit der Differenzierung wird der Lehrer meist beim „Festigen" und „Üben" des Gelernten hinweisen. Die leistungsfähigen Schüler haben das Neue längst verstanden und gespeichert, haben die Übungsaufgaben schnell gelöst, und nun sitzen sie herum und langweilen sich. Natürlich „stören" sie. Denn es ist eins der grundlegenden Motive des Menschen, langweilige Situationen durch Aktivitäten zu verändern. Man nennt das auch „Erkundungstrieb", und die Schüler erkunden beispielsweise, wieviel die Nerven des Lehrers aushalten. So fällt diesem auf, daß man unterschiedliche Schüler unterschiedlich beschäftigen muß.

Nicht ganz so auffällig ist das Problem zu Beginn des Lernprozesses, beispielsweise beim Problemlösen. Der Lehrer, der seine Schüler kennt, vermutet, daß Schüler A erste Lösungsansätze sieht, während Schüler B schon einen ausgereiften Lösungsvorschlag hat. Was tun? Läßt er B warten, damit A die Chance hat, auch einmal Problemlösen zu üben? Ruft er B auf und kappt damit den Denkprozeß von A? Wir möchten hier einmal betonen, daß die mögliche Entmutigung von A ein ernsthaftes Problem ist, die Frustration von B aber auch. Die Langeweile, der wir oft die intelligenteren Schüler unterwerfen, dieses dauernde Wartenmüssen, bis die anderen nachgekommen sind, macht diesen Schülern die

Schulzeit zu einer Strafe, die abgesessen werden muß, und zu einer Lehrzeit im Herumgammeln.

Wiederum also bietet sich an, Einzelarbeit zu Beginn des Lernprozesses einzusetzen, und zwar nach Leistungsfähigkeit differenziert: Während A einen Lösungsweg entwirft, arbeitet B ihn schon detailliert aus; während A nur eine Hypothese entwickelt, entwickelt B deren mehrere; während A einen Text unter nur einer Fragestellung interpretiert, interpretiert B unter verschiedenen Aspekten; während A zusätzliche Hilfen erhält, arbeitet B selbständig usw. Es käme darauf an, daß jeder Schüler auf seinem Leistungsniveau gefordert wird und daß er entsprechend seiner Lerngeschwindigkeit — weder gehetzt noch ständig zurückgedrängt — arbeiten kann.

4.3. Auch ein Fall von Einzelarbeit: die Hausaufgaben

Wir sind des trockenen Tons nun satt, wie Mephisto in vergleichbarer Situation sagt (und der Leser ist es vielleicht auch). So erklären sich die folgenden Ratschläge zum Thema Hausaufgaben.

(1) Hausaufgaben braucht man nicht zu planen, weil der Lehrer ohnehin mit irgend etwas nicht fertig wird: „Den Rest macht ihr zu Hause!“ (Variante für progressive Lehrer: „Denkt bis zur nächsten Stunde nochmal darüber nach!“)

(2) Motivation ereignet sich nur in leiblicher Gegenwart einer Lehrerpersönlichkeit, vorzugsweise beim „Einstieg“. Zu vermeiden sind also alle Aufgaben, die Neugier wecken oder Initiative ermöglichen. Vorsicht: Schon wenn man den Schülern nur den Sinn einer Hausaufgabe erklärt, könnte das als Motivationsversuch ausgelegt werden!

(3) Die Planungskompetenz des Lehrers beruht wesentlich darauf, daß keine vorbereitenden Hausaufgaben gestellt werden. Das „erwartete Schülerverhalten“ könnte sonst unerwartet ausfallen.

(4) Pflichtbewußtsein will gelernt sein, und Pflicht ist, was man ungern tut. Was wäre zur Schärfung des Pflichtbewußtseins geeigneter, als wenn man das Pauken (lies: Festigung, Vertiefung und Anwendung) möglichst vollständig nach Hause verlegt, wo schon die Isolation optimale Bedingungen für Monotonie schafft. Auf die Eltern ist einzuwirken, daß sich die Schüler ihre Lage nicht durch Musikhören und Haustierkontakt erleichtern.

(5) Wenn der Lehrer das Pauken in den Unterricht verlegte, stünde er vor einer unangenehmen Alternative: Entweder er strapazierte seine Phantasie und ließe sich interessante Anwendungsmöglichkeiten und Abwechslung aller Art einfallen, damit die Schüler nicht rebellieren; das wäre anstrengend. Oder er übte Druck aus; dann litte sein liberales Selbstwertgefühl. Der Ausweg ist nicht schwer zu finden: Der Druck wird an die hausaufgabenbeaufsichtigende Mutter delegiert.

(6) Einen intellektuellen Anreiz (lies: „fragwürdige Hindernisse") schafft man, indem man die Aufgaben nach dem Pausengong stellt, wenn die Schüler nicht mehr zuhören, nicht mehr zuhören können oder wenigstens nicht mehr fragen können. — Da 50 % der Eltern ihren Kindern ohnehin die Aufgaben erklären, kann der Lehrer weitgehend darauf verzichten.

(7) „Das Lernen zu lernen" ist inzwischen als Forderung von „Feiertagsdidaktiken" entlarvt. Folglich erübrigt es sich, Arbeitstechniken zu lehren. Merke: Selbständigkeit bedarf ständiger Kontrolle durch den Lehrer.

(8) Ein nicht unbeträchtlicher Teil der Lehrer (über 10 %) geht regelmäßig auf den Inhalt der Hausaufgaben ein. Wie sollen da die Schüler lernen, daß Fleiß ein Selbstwert ist? Wer den erzieherischen Wert der Hausaufgaben nicht verschenken will, kontrolliert nur Vollständigkeit und Sauberkeit. — Achtung: Kontrolle heißt immer Kontrolle durch den Lehrer.

(9) Differenzierung der Aufgaben nach Umfang, Schwierigkeit oder Interesse (Wahlmöglichkeiten) verstößt gegen den Gleichheitsgrundsatz. Der Lehrer, der meint, variieren zu müssen, stellt im Wechsel Aufgaben, die die leistungsstarken Schüler langweilen und die schwächeren überfordern. So leiden gerechterweise alle

(10) Weniger als 10 % der Eltern helfen ihren Kindern nicht bei den Hausaufgaben. Diese Eltern, soweit Akademiker, sollte der Lehrer in seine Sprechstunde bestellen und gütlich ermahnen.

(11) Fast 100 % der Lehrer, der Eltern und die große Mehrzahl der Schüler hält Hausaufgaben, und zwar so, wie sie sind, für notwendig und nützlich. Das hat seine Gründe.

Aufgabe:

Ein Lehrer stellt seinen Schülern folgende Hausaufgabe: „Fast 100 % der Lehrer, der Eltern und die große Mehrzahl der Schüler hält Hausaufgaben, und zwar so, wie sie sind, für notwendig und nützlich. Erörtern Sie die Gründe (schriftlich)!" — Dies sei ein Beispiel für eine in jeder Hinsicht schlechte Aufgabenstellung. Wie könnte man die Aufgabe richtiger, präziser oder motivierender formulieren? (Im Anmerkungsteil finden Sie Hinweise auf Fehler der Aufgabenstellung.)[3]

Anmerkungen

[1] Groeben formuliert andere Ratschläge; er empfiehlt eine „mittlere Verständlichkeit". Das ist bedingt durch seine Vorgehensweise. Seine „verständlichen" Texte sind strikt systemorientiert (und zwar nach Prinzipien Ausubels); zugespitzt: sie sind klar, aber langweilig. In diese Texte baut er dann Problemorientierung ein (nach Prinzipien Berlynes), und zwar so, daß die Texte tatsächlich unübersichtlicher und in diesem Sinn weniger verständlich werden. Diese Mischtexte, so ergibt die Untersuchung, werden besser verstanden und behalten als die rein systemorientierten. — Aber es stimmt nicht, daß Problemorientierung nur auf diese Art, auf Kosten der Übersichtlichkeit, eingebracht werden könnte (vgl. o. die Textauszüge aus Haffner als Gegenbeispiel). Und selbst wenn das der Fall wäre, wäre seine Empfehlung übergeneralisiert, denn nicht *jede* mittlere Beeinträchtigung der Verständlichkeit macht Lehrtexte geeigneter. (Zu Ausubel und Berlyne vgl. Kap. II und VI.)

[2] Das war 1989. Bei der inzwischen angewachsenen Ausländerfeindlichkeit wäre eine Klasse 7 mit diesem Projekt überfordert.

[3] Was ist mit „Gründe" gemeint, Ursachen (z. B. Gewöhnung) oder Argumente? — Werden nicht die Schüler angeleitet, Vermutungen für Tatsachen zu halten?

Literaturhinweise I

BASTIAN, Johannes, u. a.: Frontalunterricht. Pädagogik 1990, H. 11.
(Sowohl Grundsatzdiskussion als auch Rezepte, auch zum Lehrervortrag.)

BASTIAN, Johannes / GUDJONS, Herbert (Hrsg.): Das Projektbuch. 2. Aufl. Hamburg 1988
(Theorie, 13 Beispiele und Literaturhinweise zum Thema)

BÜRGER, Wolfgang: Teamfähigkeit im Gruppenunterricht. Zur Konkretisierung, Realisierung und Begründung eines Erziehungsziels. Weinheim 1978
(Schüler können durch Gruppenunterricht auch unerwünschtes Sozialverhalten erlernen. Bürger diskutiert die Bedingungen, unter denen ein positives Verhalten erlernt wird. Umfängliche sozialpsychologische Fundierung. Von besonderem Interesse sind die „Anleitungen zur Gruppenarbeit". Sie sind gedacht für die Hand der Schüler, aber dafür sind sie wohl zu umfangreich: 40 Seiten. Aber Referendare haben darin ein handliches Kompendium, Gruppenarbeit im Seminar wie in der Schule zu gestalten, zu analysieren und zu bewerten.)

GEISSLER, Erich E. / SCHNEIDER, Heinz: Hausaufgaben. Darmstadt 1982
(Kritische Diskussion der Forschungslage; bemerkenswerte Vorschläge für eine verbesserte Hausaufgabenpraxis.)

GUTTE, Rolf: Gruppenarbeit. Theorie und Praxis des sozialen Lernens. Frankfurt/M. 1976
(Gutte erörtert u. a. Probleme der Planung, der Gruppenzusammensetzung und der Auswertung von Gruppenarbeit.)

KLAFKI, Wolfgang / STÖCKER, Hermann: Innere Differenzierung des Unterrichts. In: Zeitschrift für Pädagogik 4/1976. S. 497—523
(Der Aufsatz diskutiert folgende Fragen: Was sind die Ziele einer inneren Differenzierung? Nach welchen Kriterien sollte man differenzieren? Wie kann man in verschiedenen Unterrichtsphasen Differenzierung organisieren? Er enthält unterrichtspraktische Beispiele und Ratschläge.)

LANGER, Inghard / SCHULZ VON THUN, Friedemann / TAUSCH, Reinhard: Sich verständlich ausdrücken. 2. Aufl. München 1981 (1. Aufl. u. d. T.: Verständlichkeit in Schule, Verwaltung, Politik und Wissenschaft). Mit einem Selbsttrainingsprogramm zur verständlichen Gestaltung von Lehr- und Informationstexten. München 1977
(Vgl. die Empfehlung innerhalb des Kapitels.)

MEYER, Ernst: Gruppenunterricht. Grundlegung und Beispiel. 8. Aufl. Oberursel 1983
(Das Buch ist zuerst 1954 erschienen. Es ist immer noch sehr lesenswert, denn die Fülle handfester Beispiele lehrt wahrscheinlich besser, Gruppenarbeit zu arrangieren, als viele theoretisch fortgeschrittenere Abhandlungen.)

Ders.: Methoden der dreipoligen Interaktion. In: GUDJONS, H. / TESKE, R. / WINKEL, R. (Hrsg.): Unterrichtsmethoden: Grundlegung und Beispiele. Braunschweig 1982
(Ersatzweise statt des vorhergehenden Buches empfohlen. — Winkels Versuch, Kommunikationsformen nach der Zahl der beteiligten „Pole" zu klassifizieren, hat keinen Anklang gefunden.)

MEYER, Hilbert: UnterrichtsMethoden. I: Theorieband, II: Praxisband. Frankfurt/M. 1987
(Vgl. die Empfehlung in den Literaturhinweisen der Einleitung.)

Literaturhinweise II

FUHR, Bernhard et al.: Soziales Lernen — Innere Differenzierung — Kleingruppenunterricht. Braunschweig 1977

GROEBEN, Norbert: Die Verständlichkeit von Unterrichtstexten. Dimensionen und Kriterien rezeptiver Lernstadien. Münster 1972

HAGE, K. / BISCHOFF, H. / DICHANZ, H. / EUBEL, K. / OEHLSCHLÄGER H. / SCHWITTMANN, D.: Das Methodenrepertoire von Lehrern. Eine Untersuchung zum Unterrichtsalltag in der Sekundarstufe I. Opladen 1985

HOFSTÄTTER, Peter R.: Gruppendynamik. Die Kritik der Massenpsychologie. Vollst. überarb. u. erw. Neuausg. Hamburg 1986

KÖSEL, Edmund: Sozialformen des Unterrichts. Ravensburg 1973

PREUSS, Eckhardt (Hrsg.): Zum Problem der inneren Differenzierung. Bad Heilbrunn 1976

KAPITEL IV:

LERNZIELBESTIMMUNG

Übersicht

1. Vorbemerkungen

Wenn Lehrer ihren Unterricht vorbereiten, denken sie über Inhalte und Methoden nach, aber kaum über Ziele (vgl. Hofer 1986, 64). Wie kommt das? — Jedenfalls ist das ein Befund, der die Lehrerausbildung stark beunruhigen muß.

Dieses Buch ist so etwas wie ein Lehrer und der Leser so etwas wie ein Schüler. Also können Sie die Schülerperspektive einnehmen: Erwarten Sie, daß der Verfasser dieses Kapitels Lernziele hat, präzise Vorstellungen davon, was der Leser lernen soll? Oder wäre Ihnen das unbehaglich (ernsthaft gefragt), hätten Sie das Gefühl, gegängelt zu werden? Möchten Sie sich lieber auf eigene Faust mit ausgewählten Materialien befassen? (Aber wie kann der Verfasser Materialien auswählen, ohne Lernziele zu haben?) *

Wir können auch von der Situation des Referendars ausgehen, weil da nämlich — wie in der Schule — der Beurteilungs- und Benotungsaspekt hinzukommt. Soll sich die Referendarausbildung an klar definierten Zielen ausrichten? Vielleicht ist die Antwort auf diese Frage individuell verschieden. Wo ein Referendar einen gut markierten Wanderweg braucht, benötigt der andere nur eine Landkarte; die Freiheit des einen ist das Alleingelassen-Werden des anderen. Und was beim einen Ausbilder Offenheit und Diskussionsbereitschaft ist, ist beim anderen vielleicht Nebulosität und Sich-Verstecken.

Wir haben bisher so getan, als wäre klar, was ein klar definiertes Lernziel ist. Gesetzt den Fall, wir wollten Lernziele für dieses Kapitel formulieren, wie könnte oder sollte das aussehen?

Vielleicht so:

— Sich mit der Lernzieldiskussion auseinandersetzen.
— Die Lernzieldiskussion im wesentlichen wiedergeben. (Was als „wesentlich" gelten soll, könnte genau angegeben sein oder auch dem Leser überlassen bleiben.)
— Sich einen eigenen Standpunkt zur Lernzieldiskussion erarbeiten.
— Einen eigenen Standpunkt formulieren und argumentativ vertreten.
— Konkrete Lernziele so konzipieren, daß sie gegebenen Kriterien entsprechen.
— Konkrete Lernziele nach gegebenen Kriterien beurteilen. (Die Kriterien könnte man genau angeben.)
— Konkrete Lernzielentscheidungen plausibel begründen. (Und was heißt plausibel?)

Bei einigen dieser „Lernziele" kann man sich fragen: Soll das einer nur können oder auch wollen und tun?

Jedenfalls zeigt es sich, daß es verschiedenartige Lernziele gibt, verschieden z. B. nach Anspruchsniveau und Präzision. Das soll also im folgenden geklärt werden. Dabei fragen wir nicht, was ein Lernziel „ist", sondern *wie man ein Lernziel formulieren soll*; das erspart ein paar Komplikationen und ist auch praxisnäher.

2. Zum Begriff des Lernziels[1]

Ein Lernziel formuliert einen *veränderten Zustand* des Schülers, der durch den Unterricht bewirkt werden *soll*.

Die Veränderung betrifft Kenntnisse, Fähigkeiten und Einstellungen. Dabei ist der Begriff Veränderung in seiner weitesten Bedeutung zu verstehen; er umfaßt auch die Verfestigung bestehender Kenntnisse und Einstellungen und die weitere Ausprägung vorhandener Fähigkeiten.

Man muß Lernziele unterscheiden von:

— *Unterrichtsergebnissen.* In jeder Stunde lernt jeder Schüler einiges, was der Lehrer nicht intendiert hat (und oft nicht wahrnimmt). Beispiel: Ein Schüler entnimmt einem literarischen Text Vorstellungen, die eine private Problematik interpretieren; ein Schüler prägt sich die falsche Aussprache einer Vokabel (trotz Lehrerkorrektur) dauerhaft ein; ein Schüler wird in seiner Abneigung gegen das Fach bestärkt.

— *Inhalten.* Ohne Inhalte kann nicht gelernt werden. Lernziel ist, *was* an den Inhalten gelernt werden soll. Beispiel: Der Inhalt sei ein mathematischer Satz und sein Beweis. Lernziele könnten sein: Einsicht, daß mathematische Sätze bewiesen werden müssen; Fähigkeit, den Beweisgang zu reproduzieren, das Vorgehen zu erläutern, einen ähnlichen Beweis selbständig zu entwickeln, einen ähnlichen Beweis auf seine Gültigkeit zu untersuchen, den bewiesenen Satz zu reproduzieren, den Satz anzuwenden usw.

— *Lernvorgängen.* Lernziele formulieren intendierte Ergebnisse, nicht die Prozesse, die dahin führen; man muß unterscheiden zwischen dem intendierten veränderten Zustand und dem Vorgang der Veränderung. Oft beschreiben Lehrer, was die Schüler tun sollen, ohne daß klar würde, was sie bei diesem Tun lernen sollen bzw., um es ganz exakt zu formulieren, was sie am Ende gelernt *haben* sollen. Auch wir haben uns im vorigen Abschnitt dieses Fehlers schuldig gemacht, als wir mögliche Lernziele dieses Kapitels aufzählten. Wenn Sie das nachprüfen, werden Sie einige Sätze finden, die zweifellos Lernprozesse statt Lernziele formulieren. Bei anderen werden Sie im Zweifel sein, und das hat einen einfachen Grund: Das, was man beim Lernen tut, und der Lerneffekt dieses Tuns sind vielfach sprachlich nur schwer zu unterscheiden. Es käme oft zu seltsamen Formulierungen, wenn man ausnahmslos auf einer solchen sprachlichen Unterscheidung bestünde. Aber auch wenn der Unterschied in der Formulierung undeutlich ist, sollte man Wert darauf legen, Lernvorgänge und Lernziele bewußt zu unterscheiden. Warum man das sollte, zeigen hoffentlich die folgenden Aufgaben.

Aufgaben:

Diskutieren Sie folgende Lernziele:

(1) Thema: „Die solonische Verfassung"; 6. Klasse

— Die Schüler sollen die solonische Verfassung kennenlernen.

— Die Schüler sollen erarbeiten, welche Vor- und Nachteile sich für die einzelnen Klassen aus der Verfassung ergeben.

— Die Schüler sollen erklären, warum die solonische Verfassung einen Kompromiß darstellt.

(2) Thema: „Die Pflanzenzelle am Beispiel von Elodea densa"; 11. Klasse

A. Kognitive und psychomotorische Lernziele

1. Die Schüler sollen nach kurzer Arbeitsanweisung durch den Lehrer Zellen eines Blättchens von Elodea densa selbständig mikroskopieren.

1.1. Der Schüler soll ein Blättchen von Elodea abzupfen, es auf einen mit einem Tropfen Wasser versehenen Objektträger geben, mit einem Deckgläschen abdecken und auf die ringförmige Aussparung im Objekttisch legen können.

1.2. Der Schüler soll das Objekt in den Strahlengang legen, wozu der Beleuchtungsspiegel so eingestellt werden soll, daß im Okular ein möglichst helles Bild erscheint.

1.3. Mittels einer schwachen Vergrößerung soll im Objekt eine für die weitere Arbeit günstige (wenige Zellschichten) Stelle gesucht werden.

1.4. Diese Stelle soll — nach Einschwenkung eines stark vergrößernden Objektivs (30 x bzw. 45 x) — genau beobachtet werden.

1.5. Der Schüler soll die ihm schon bekannten Zellbestandteile (Zellwand, Zellkern und je nach Objektiv und Objekt auch Mittellamelle und Nukleolus) identifizieren.

1.6. Er soll die Chloroplasten sehen und — aus seinem Vorwissen schöpfend — als solche ansprechen können.

1.7. Er soll möglichst selbständig feststellen, daß die Chloroplasten bewegt werden.

(Es folgen 6 weitere LZe.)
(aus: H. Brabeck u. a. 1977, 40)

3. Die Notwendigkeit von Lernzielschwerpunkten

Man kann sehr vielen Lernvorgängen Lernziele zuordnen. Etwa so: Die Schüler lauschen einem Lehrervortrag, also üben sie diese Form der Informationsaufnahme; sie diskutieren, also üben sie die Diskussion; sie schlagen den Atlas auf, also üben sie Kartenlesen. Es ist leicht zu sehen, daß man so zu einer Inflation der Lernziele kommt; jede einzelne Tätigkeit der Schüler gebiert ein Lernziel. Wenn der einzige Nachteil dieses Verfahrens im Anschwellen der Unterrichtspläne läge, so ginge das noch an. Aber wer 10 Ziele in einer Stunde verfolgt, handelt im Effekt ziellos; und wer zuviel zugleich erreichen will, erreicht letztlich sehr wenig.

Deshalb bedarf es einer (begründeten) *Entscheidung für Lernzielschwerpunkte*. Man muß sich entscheiden: Ist z. B. die Diskussion nur ein Weg der Erkenntnisgewinnung, oder steht eine Diskussionsübung an? Wird der Atlas nur eingesetzt, um bestimmte Fakten (Lage, Bodenbeschaffenheit . . .) zu ermitteln, oder sollen die Schüler das Kartenlesen üben? Sollen die Schüler einen englischen Text laut lesen, um sich neue Wörter und Wortverbindungen einzuprägen, oder geht es um eine Verbesserung der Intonation? In jeder Stunde bieten sich zahlreiche Lernziele an; da man sie nicht alle zugleich verfolgen kann, bedarf es einer bewußten Auswahl, einer Entscheidung, was Schwerpunkt sein soll und was an Übung nur nebenbei mitläuft.

4. Abstraktionsniveaus von Lernzielen; Ausprägungsgrade

Das Wort „abstrakt" hat mehrere Bedeutungen; hier bedeutet es soviel wie „weit, umfassend". Folgende Begriffe sind nach zunehmender Abstraktheit geordnet: Dackel — Hund — Säugetier — Tier — Lebewesen. Man kann daran ablesen: Ein Begriff ist um so abstrakter, je mehr Fälle er umfaßt (die Menge der Hunde ist größer als die der Dackel). Anders formuliert: Ein Begriff ist um so abstrakter, je weniger Fälle er ausschließt. Ferner kann man ablesen: Es gibt keine schlechthin abstrakten Begriffe, sondern nur vergleichsweise abstrakte („Säugetier" ist abstrakt im Vergleich zu „Hund", aber konkret im Vergleich zu „Tier").

Die Anwendung auf Lernziele: Ein Lernziel ist um so abstrakter, je größer die Zahl seiner möglichen Konkretisierungen ist; oder: je weniger Konkretisierungen es ausschließt.

Beispiel: „Fähigkeit und Bereitschaft, historische Phänomene in ihrer Andersartigkeit zu respektieren" (Curriculum Geschichte Sek. II, NRW). Verglichen mit den Zielen einer Unterrichtsreihe oder gar -stunde ist dieses Ziel hoch abstrakt. Die Zahl der „historischen Phänomene" ist schließlich fast unbegrenzt, und mindestens so groß ist die Zahl der Konkretisierungen dieses Ziels.

Die abstraktesten Lernziele heißen auch *allgemeine Lernziele*; sie sind fachübergreifend. Es handelt sich um Zielvorstellungen wie „Mündigkeit", „Kritikfähigkeit", „Wissenschaftsorientiertheit".

Zu einigen *Funktionen abstrakter Lernziele* und zu einigen Mißverständnissen über diese Funktionen:

— *Ausschluß* einiger konkreter Lernziele: So umfassend abstrakte Lernziele auch sein mögen, einige Zielsetzungen schließen sie doch aus. Erkennt man das obige Lernziel aus dem Curriculum Geschichte an, so ist ausgeschlossen, historische Phänomene wie aktuelle zu behandeln (wozu Schüler oft neigen und was Lehrer manchmal fördern).

— Ansatzpunkt zum *„Kleinarbeiten"*: Man kann nicht konkrete Lernziele rechtfertigen, indem man sich schlicht auf (allgemein anerkannte) abstrakte Lernziele beruft. Denn man muß begründen, warum man aus den vielen möglichen Konkretisierungen gerade diese und keine andere gewählt hat. In der didaktischen Diskussion heißt es meist: Man kann konkrete Lernziele *nicht* aus abstrakten *deduzieren*. Man braucht vielmehr zusätzliche Entscheidungsgründe. Am Beispiel: Ich entschließe mich, das oben genannte Lernziel an einem bestimmten Inhalt zu realisieren, weil man an ihm die „Andersartigkeit" besonders deutlich sieht oder weil man sie besonders leicht verkennt, weil sich andere wichtige Lernziele am gleichen Inhalt ansteuern lassen, weil die Quellenlage besonders günstig ist usw. Den Entscheidungsprozeß, der von der allgemeinen Zielsetzung zu konkreten Vorhaben führt, nennt man Kleinarbeiten eines Lernziels.

— Ansatzpunkt für (kontroverse) Diskussionen: Lernziele werden gewöhnlich erst beim Kleinarbeiten strittig. Abstrakten Zielsetzungen stimmen oft alle zu, weil sich jeder etwas anderes dabei denkt. Erst die Konkretisierung deckt unterschiedliche Auffassungen auf. (Beispiel: Darf man die Moral der antiken Sklavenhaltergesellschaft nach modernen Humanitätsgesichtspunkten beurteilen, oder muß man die „Andersartigkeit" dieser Moral „respektieren"?) Gleichwohl ist es nicht richtig, abstrakte Lernziele als „Leerformeln" zu denunzieren. Sie sind der notwendige Ausgangs- und Orientierungspunkt für kontroverse Diskussionen.

Abstraktionsklassen: Man hat versucht, Lernziele nach ihrem Abstraktheitsgrad zu klassifizieren. Bekannt geworden ist die Einteilung von Christine Möller; sie unterscheidet Richtziele, Grobziele, Feinziele. Aus der Tatsache, daß Lernziele immer nur relativ abstrakt oder konkret sind, folgt, daß die Zuordnung einzelner Lernziele immer beliebig ist. Sinn hat eine Anordnung nach Abstraktheitsstufen nur im Zusammenhang vieler Lernziele (in einem Curriculum, im Entwurf einer Unterrichtsreihe).

Ausprägungsgrad: Als einen Teil des Kleinarbeitens kann man die Formulierung des Ausprägungsgrades betrachten. Viele Kenntnisse und Fähigkeiten muß man in mehreren Durchgängen lernen. (Man denke etwa an Techniken im Sport oder an Vokabellernen.) Ausprägungsgrad kann, je nach Gegenstand, als Grad der Genauigkeit, Verfügbarkeit, Schnelligkeit u. a. betrachtet werden. Wenn ein Lernziel über viele Stunden hin angestrebt wird, so sollte möglichst angegeben werden, welcher kleine Fortschritt in dieser Stunde anvisiert wird; dies ist mit „Ausprägungsgrad" gemeint.

Aufgaben:

(1) Legen Sie eine Liste von „Rezepten zum Schreiben von Unterrichtsplänen" an. Berücksichtigen Sie dabei auch die Erkenntnisse, die Ihnen (hoffentlich) beim Lösen der Aufgaben gekommen sind. (Diese Liste sollten Sie bei der Lektüre der folgenden Abschnitte fortsetzen.)

(2) Wählen Sie ein allgemeines Lernziel, z. B. „Kritikfähigkeit", und formulieren Sie einige Konsequenzen, die dieses Ziel für Unterrichtsplanung und Lehrerverhalten hat.

Im übrigen: Lernziele richtig formulieren und begründen lernt man nur, indem man es tut. Das aber kann nur fachspezifisch (in Fachseminaren) geleistet werden.

5. Lernziele und Indikatoren

5.1. Rückblick auf die Lernzieloperationalisierung und ein Vorschlag: das Indikatoren-Modell

Die Forderung, Lernziele sollten operationalisiert werden, war stets heftig umstritten, prägte aber lange Jahre die Praxis der Lehrerausbildung. Das scheint nun ausgestanden.

Unter Operationalisierung verstand man: Lernziele sollten nicht als innere Zustände, sondern als beobachtbare Handlungen formuliert werden. Man kann es an den verwendeten Verben festmachen. Erlaubt war: die Schüler sagen, schreiben, zählen auf, zeichnen . . .; verboten war: die Schüler erkennen, sehen ein, wissen . . .

Daß sich das Operationalisierungskonzept zunächst durchgesetzt hat und dann wieder aufgegeben wurde, hat viele Gründe. Einer liegt in einem grundlegenden Paradigmawechsel der Psychologie. Das kann hier nicht nachgezeichnet werden. Aber die Lehrerausbildung ist nicht einfach nur blindlings wissenschaftlichen Trends gefolgt. Sondern die Operationalisierung behob einerseits ein empfindliches Planungsdefizit und schuf andererseits neue Probleme. Das soll an einem Beispiel gezeigt werden: Tabelle 1. Wir verfolgen nämlich das Ziel, die Vorteile des Operationalisierungsverfahrens zu erhalten, ohne seine Nachteile in Kauf zu nehmen.

Man stelle sich vor, man läse in einer Unterrichtsplanung nur Ziele, wie sie in der rechten Spalte der Tabelle 1 stehen. Dann wäre man in der Lage eines Mannes, der vor lauter Bäumen den Wald nicht sieht. D. h. es fehlt an zusammenfassenden Begriffen. Und die Bäume ließen sich leicht vermehren. D. h. eine solche Lernzielliste wird schnell sehr umfangreich, ohne daß man irgendwann sagen könnte, sie wäre nun vollständig (vgl. o. die Lernziele zu „Elodea densa"). Betrachtet man anderseits nur die linke Spalte, so fällt hoffentlich ein Defizit ins Auge: Wie vage sind doch die nichtoperationalisierten Ziele! Weiß ein Lehrer bei so vagen Vorsätzen, was er will? Kann er Lernschwierigkeiten vorwegnehmen, wenn er gar nicht recht weiß, was gelernt werden soll? Weiß er, welche Leistungen er bei Überprüfungen (Klausuren) von den Schülern erwartet? Kann er die Schüler effektiv darauf vorbereiten? Kann er den Schülern seine Erwartungen mitteilen, so daß sie sich vorbe-

nicht operationalisierte LZe	operationalisierte LZe
— Die Schüler *kennen* die Textsorte „Fabel".	— Die Schüler *nennen* folgende Kennzeichen der Textsorte „Fabel": . . .
	— Die Schüler *finden* aus gegebenen Texten (Märchen, Tiergeschichten, Fabeln) die Fabeln *heraus*.
	— Dabei begründen sie ihre Entscheidung, indem sie mindestens eins der folgenden Kriterien *nennen:* . . .
	— Die Schüler *erfinden* zu einer gegebenen „Moral" eine Fabel, die den Kriterien entspricht.
— Die Schüler können Fabeln *interpretieren.*	— Die Schüler *formulieren* zu einer gegebenen Fabel die richtige „Moral".
	— Aus einer Liste von „Moralen" *ordnen* die Schüler verschiedenen Fabeln die richtige „Moral" *zu*.
	— Aufgefordert, eine Fabel zu interpretieren, *schlagen* die Schüler *vor,* die „Moral" herauszufinden.
	— Die Schüler *widerlegen* den Lehrer, der eine (halbwegs plausible) falsche „Moral" zu einer Fabel nennt.
	Die Schüler *erzählen* Geschichten, in denen sie eine Fabel-„Moral" in ihren Erlebnisbereich übersetzen, statt diese Moral abstrakt zu formulieren. (Beispiel: eine Geschichte von einem, der „die Trauben zu sauer findet").
	— usw.

Tab. 1

reiten können? Oder müssen die Schüler erraten, was von ihnen verlangt wird, und wird ihnen das nicht als Willkür erscheinen und sie ängstlich machen?

So wird hier ein Verfahren vorgeschlagen, das die Vorteile der Lernzieloperationalisierung beibehält; es hat sich in vielen Jahren bewährt: Ein *Lernziel* wird als veränderter innerer Zustand formuliert, der durch Unterricht erreicht werden soll. Diesem Zustand werden beobachtbare Verhaltensweisen als *Indikatoren* zugeordnet. Die linke Spalte von Tabelle 1 zeigt also Lernziele, die rechte Spalte Indikatoren, aus denen der Lehrer eine Auswahl treffen muß.

Nehmen wir als weiteres Beispiel das „Interesse“ der Schüler an einem Fach, sagen wir Chemie. (Das ist ein Lernziel, und zwar ein wichtiges.) Man wüßte als Lehrer doch gern, ob dieses Lernziel — ein Stück weit — erreicht worden ist. Was im Verhalten der Schüler „zeigt mir an“ (= „indicare“), ob das der Fall ist? Die Schüler machen regelmäßiger Hausaufgaben, einige beschaffen sich zusätzliche Informationen, andere lassen sich einen Chemiebaukasten schenken, viele äußern sich gegenüber ihren Eltern wohlwollend über den Chemielehrer, sie stellen nach Experimenten zahlreichere und qualifiziertere Hypothesen auf, sie beobachten und protokollieren sorgfältiger usw. Was von all dem kann man als Indikator wählen? Dazu unten mehr. Halten wir zunächst einmal fest:

— Lernziel ist ein veränderter innerer Zustand, eine Veränderung des Wissens, des Könnens, des Empfindens, des Wollens.

— Mit dieser inneren Veränderung ergibt sich eine neue Verhaltensmöglichkeit oder Verhaltenstendenz. Die innere Veränderung zeigt sich in verändertem Verhalten (allerdings nicht immer, wenn nämlich kein Anlaß gegeben ist).

— Einige veränderte Verhaltensweisen werden als Lernzielindikatoren ausgewählt (Abb. 1).

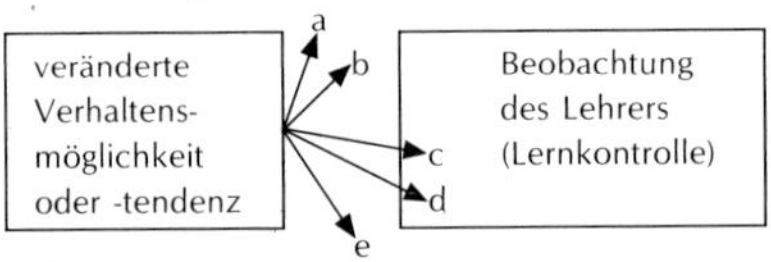

a, b, c, d, e = verändertes Verhalten

c, d = beobachtbares Verhalten = Indikatoren

Abb. 1

5.2. Ratschläge

Wenn wir nun zu einigen Ratschlägen kommen, müssen wir zwei Situationen unterscheiden. Mit Klingberg unterscheiden wir zwei Arten der Kontrolle (vgl. Kap. II). Die eine ist als eigene Phase vom Unterricht abgetrennt; wir denken dabei vor allem an Tests und Klausuren, aber auch an Hausaufgabenkontrollen, mündliche Leistungsüberprüfungen u. ä. Wir wollen dies die *Kontrolle des Endverhaltens* nennen. Die andere Form der Kontrolle begleitet ständig den Unterricht; sie besteht darin, daß der Lehrer sich ständig über den Lernerfolg der Schüler informiert. Dies nennen wir *Kontrolle während des Lernprozesses.*

5.2.1. Die Kontrolle während des Lernprozesses

„Kontrolle" als Wort der Alltagssprache hat unangenehme Bedeutungsanteile, die aber hier nicht gemeint sind. Es geht hier nicht darum, Schüler unter Druck zu setzen. Sondern es geht um die *Rückmeldungen*, die dem Lehrer anzeigen, daß er einen Lernprozeß als (vorläufig) beendet ansehen kann. Diese Rückmeldungen nennen wir, wie gesagt, Indikatoren. Ein Indikator zeigt dem Lehrer an, daß ein Lernschritt abgeschlossen ist und daß der Unterricht sich dem nächsten Schritt zuwenden kann. Unterläßt man es, sich darüber zu vergewissern, oder benutzt man ungeeignete Indikatoren, so baut man didaktische Luftschlösser. Wir geben einige Beispiele für geeignete und ungeeignete (!) Indikatoren: *

(1) Lernziel: Die Schüler bauen ethnische Vorurteile ab. Indikator: In einem freien Unterrichtsgespräch über eine Erzählung kritisieren einige Schüler das Verhalten des Helden und benennen die Vorurteile, die das Verhalten bedingen.

(2) Lernziel: Die Schüler verstehen einen Lehrbuchtext. Indikator: Alle Schüler stellen in Stillarbeit eine Liste der wichtigsten Begriffe zusammen. In dieser Liste müssen folgende Begriffe enthalten sein: . . .

(3) Lernziel: Die Schüler verstehen einen mathematischen Beweis. Indikator: Auf die Lehrerfrage „Ist noch etwas unklar?" meldet sich kein Schüler.

(4) Lernziel: Die Schüler erkennen die Solonische Verfassung als Kompromiß: Indikator: Im Gespräch über die Verfassung benutzt ein Schüler den Ausdruck „Kompromiß".

An diesen und anderen Beispielen ist ersichtlich, daß die Beweiskraft der verfügbaren Indikatoren nicht selten zweifelhaft ist. Zwar kann man sehr exakt feststellen, ob Schüler Vokabeln gelernt haben. Aber es ist kaum möglich festzustellen, ob sich Einstellungen geändert haben. Z. B. lernen Schüler oft, recht intelligent über Minderheitenprobleme zu reden, ohne ihr Sozialverhalten in irgendeiner Weise zu ändern. Mit anderen Worten: Es kann sein, daß ein sehr unzulänglicher Indikator der beste ist, den man halt hat.

Zur Formulierung von Zielen und Indikatoren in Unterrichtsplänen (zu einzelnen Stunden):

- Formulieren Sie Lernziele als innere Zustände, also mit Ausdrücken wie „lernen", „üben", „wissen", „verstehen", „haben die Einstellung", „bewerten" usw. (Man soll das nicht dogmatisieren; manchmal ist es klarer, ein Lernziel als äußere Tätigkeit zu formulieren, z. B.: „Die Schüler lösen die Aufgabe . . .)
- Formulieren Sie wenige Lernziele (s. o. Lernzielschwerpunkte).
- Ordnen Sie in der Verlaufsplanung den Lernzielen Indikatoren zu. Die Zuordnung sollte deutlich und plausibel sein. (Meist genügt ein einfacher Hinweis: Man formuliert ein erwartetes Schülerverhalten und notiert dazu „Indikator zu Lernziel 1".)

5.2.2. Kontrolle des Endverhaltens

Wenn Kontrollen nur der Rückmeldung dienten, wenn sie nur dem Lehrer anzeigten, wie erfolgreich er unterrichtet hat, wäre es überflüssig, Lernkontrollen hier gesondert zu behandeln. Aber bekanntlich geht es um Bewertung und Benotung von Schülerleistungen. Daraus ergeben sich spezielle Anforderungen an Lernziele und ihre Indikatoren, von denen hier nur eine erörtert wird: Die Indikatoren sollten vorab *so präzise wie möglich* festgelegt werden. Denn Indikatoren werden hier zu Beurteilungskriterien.

Das schwierigste Problem liegt in dem „wie möglich". Das sei an einem Beispiel erläutert. Eine Lernzielformulierung könnte lauten: „Die Schüler können einen gegebenen theoretischen Text gliedern". Kritik: *Irgendwie* gliedern kann jeder Schüler jeden Text; das braucht er nicht erst zu lernen. Der Lehrer erwartet sicherlich eine ganz bestimmte Vorgehensweise, aber vielleicht ist ihm diese Erwartung nur ganz diffus bewußt. — Probieren wir es mit einer etwas präziseren Lernzielfassung: „Die Schüler können einen gegebenen Text sinnvoll gliedern". Kritik: Was „sinnvoll" ist, bestimmt der Lehrer bei der Bewertung. Statt den Text zu interpretieren, muß der Schüler seinen Lehrer interpretieren: was mag er wohl wollen? — Weitere Präzisierung des Lernziels: „ Die Schüler gliedern einen gegebenen theoretischen Text in Abschnitte und begründen ihre Gliederung, indem sie für jeden Abschnitt den neuen wesentlichen Gedanken nennen". — Kritik: Die Indikatoren sind nicht konkret genug. In welcher Form soll der „neue wesentliche Gedanke" aufgezeigt werden: Unterstreichen? Paraphrasieren? Überschriften formulieren? Soll der Schüler darlegen, worin die Neuartigkeit des Gedankens liegt, und begründen, warum er wesentlich ist?

Was zeigt das Beispiel? (1) Es gibt Grenzen der Lernzielkonkretisierung, die in der Sache liegen. (2) Die Konkretisierung soll bis an diese Grenzen vorangetrieben werden, damit der Schüler weiß, was von ihm erwartet wird: Transparenz der Leistungsforderungen. (3) Jenseits dieser Grenze hat der Schüler einen Ermessensspielraum; der sollte dem Lehrer klar sein und dem Schüler auch. (4) Durch all das hindert sich der Lehrer selbst, willkürlich zu verfahren.

Zwei Empfehlungen wurden in diesem Abschnitt ausgesprochen. Die erste bezog sich auf den Unterrichtsprozeß. Man könnte sie so zusammenfassen: Der Lehrer sollte seinen Unterricht so planen, daß er über den Unterrichtserfolg soviel Gewißheit wie möglich erhält. Die zweite Empfehlung bezog sich auf Leistungskontrolle und Benotung. Man könnte sie so formulieren: Die Schüler haben ein Recht darauf, möglichst früh und möglichst exakt zu erfahren, was von ihnen erwartet wird.

Aufgabe:

Nennen Sie Indikatoren zu folgendem Lernziel: Die Schüler überlassen Gesprächsleiterfunktionen nicht ausschließlich dem Lehrer, sondern nehmen sie selbst wahr.

---

6. Lernzieldimensionen

Im Anschluß an B. Blooms „Taxonomy of Educational Objectives" (1956) unterscheidet man

- kognitive Lernziele, die sich auf Wissen und Denkfähigkeiten beziehen,
- affektive Lernziele, die sich auf Einstellungen und Wertungen beziehen,
- psychomotorische Lernziele, die sich auf motorische Fertigkeiten beziehen (manchmal auch als „pragmatische Lernziele" bezeichnet).

In einzelnen Fachdidaktiken hat man weitere Differenzierungen vorgenommen, die sich aber nicht über die Fachgrenzen hinaus durchgesetzt haben.

Es wäre ein Mißverständnis, zu meinen, daß es rein kognitive, rein affektive oder rein psychomotorische Lernziele gäbe. Gewöhnlich handelt es sich um Aspekte ein und desselben Lernvorgangs; allenfalls überwiegt eine der Dimensionen. In den „Richtlinien für den politischen Unterricht NRW" wird die Verbindung kognitiver und affektiver Prozesse durch die Formel „Fähigkeit und Bereitschaft" ausgedrückt, z. B.: „Fähigkeit und Bereitschaft, gesellschaftliche und politische Ordnungen einschließlich ihrer Zwänge und Herrschaftsverhältnisse nicht ungeprüft hinzunehmen, sondern auf ihren Sinn, ihre Zwecke und Notwendigkeiten hin zu befragen und die ihnen zugrunde liegenden Interessen, Normen und Wertvorstellungen kritisch zu überprüfen."

Der Wert der Lernzieldimensionierung für den Lehrer liegt darin, daß er auf Einseitigkeit, vor allem auf eine mögliche Vernachlässigung der affektiven Komponente, aufmerksam gemacht wird. Bei der Vermittlung kognitiver Fähigkeiten geht es immer auch um Einstellungen, z. B. um die Bereitschaft, auch abstrakte Sachverhalte in einer Fremdsprache zu formulieren (statt immer wieder in die Muttersprache auszuweichen), um Vergnügen am Problemlösen, um die Bereitschaft, nicht den ersten Lösungsvorschlag für den einzigen zu halten, um Toleranz im Gesprächsverhalten usw. Affektive Lernziele werden fast nie in einer Unterrichtsstunde, sondern in Unterrichtsreihen oder noch längeren Einheiten angesteuert. In Plänen für eine Einzelstunde haben affektive Lernziele oft den Charakter von Leerformeln und Pflichtübungen und sollten folglich wegbleiben, wenn sie nicht zum „Lernzielschwerpunkt" gehören. Um so wichtiger sind sie bei der Zielbestimmung von Unterrichtsreihen, und dort sollten sie immer ausgewiesen werden.

Aufgabe:

Immer wenn Wörter der Alltagssprache zu wissenschaftlichen Termini umfunktioniert werden, ergeben sich Irritationen (ausführlich behandelt in Kap. VII). Ein Beispiel war oben „Kontrolle". Hier ist es „affektiv". Wahrscheinlich wird Ihr Verständnis von „affektives Lernziel" beeinträchtigt durch die Alltagsbedeutung von „Affekt". Was können Sie dagegen tun?

---

7. Lernzielhierarchien (Lernzieltaxonomien)

Lernzielhierarchien dienen dazu, den Schwierigkeitsgrad einer Aufgabe zu bestimmen. Man braucht nur an das Abitur zu denken, um einzusehen, daß ein solches Instrument nützlich sein könnte.

Halten wir fest: Lernzielhierarchien sind Instrumente der *Analyse* und Kontrolle von *Lernzielüberprüfungen*, nicht des Findens und Begründens von Lernzielen.

Ein Beispiel: Schüler sollen (in einem Test oder einer Hausaufgabe) eine historische Quelle interpretieren. Der Schwierigkeitsgrad bestimmt sich zunächst von der Sache her: Ist der Text lang oder kurz, reich oder arm an Informationen, braucht man zu seinem Verständnis viele oder wenige Vorkenntnisse, einen großen methodischen Aufwand oder wenige einfache Methoden usw. Die Schwierigkeiten, die sich aus der Sache ergeben, nennen wir die *Komplexität* des Gegenstandes; sie wird bestimmt durch eine *Sachanalyse*.

Nun ist offensichtlich, daß die Schwierigkeit der Aufgabe nicht nur von der Sache abhängt. Ganz wesentlich ist die *Neuartigkeit* der Aufgabe: Ist die betreffende Quelle schon im Unterricht interpretiert worden, so daß der Schüler die Interpretation nur noch reproduzieren muß? Sind ähnliche Quellen interpretiert worden? Wie lange liegen diese Vorübungen zurück? Sind die notwendigen Sachkenntnisse neu erworben oder muß der Schüler sich an längst Zurückliegendes erinnern? Auch die Aufgabenstellung spielt eine Rolle: Wird dem Schüler mitgeteilt, welche Vorkenntnisse (Faktenwissen, Methoden) er benutzen soll, oder muß er selbst darauf kommen? Man kann diese Unterschiede im Schwierigkeitsgrad zusammenfassen in der Frage: Wieviel *Selbständigkeit* wird vom Schüler verlangt? Und eben dieses Maß an Selbständigkeit ist das wichtigste Kriterium, nach dem Lernziele hierarchisiert werden.

Im „Strukturplan für das Bildungswesen" des Deutschen Bildungsrats (S. 78 ff.) wird folgende Lernzielhierarchie vorgeschlagen:

(1) *Wissen*, unterschieden nach:

a) bloßer Reproduktion von etwas Gelerntem,

b) Verständnis.

(2) *Reorganisation*, „d. h. eine eigene Verarbeitung und Anordnung des Stoffs. Das ist beispielsweise der Fall, wenn die Ereignisse

der Französischen Revolution nicht lehrbuchgetreu abgefragt werden, sondern eine Bearbeitung unter einer besonderen Fragestellung gefordert wird."

(3) *Transfer.* Eine Transferleistung „wird verlangt, wenn Grundprinzipien des Gelernten auf neue ähnliche Aufgaben übertragen werden sollen [. . .], wenn beispielsweise in der Biologie Schüler, die an exemplarischen Fällen das Forschungs- und Erkenntnisprinzip ‚Zusammenhang von Funktion und Struktur' erkannt und begriffen haben, die Gültigkeit des Prinzips auch bei anderen Lebewesen und Lebensbedingungen entdecken und nachweisen sollen."

(4) *Problemlösendes Denken und entdeckende Denkverfahren.* „Die Lösung solcher Aufgaben stellt vom Entwicklungsstand des Lernenden aus gesehen Neuleistungen dar [. . .]: Zu einem abgehandelten Sachverhalt zusätzliche und neue Fragen zu stellen, neue Aspekte zu seiner Beurteilung zu finden, konstruktive Kritik zu üben, begründete Verbesserungsvorschläge zu machen, Alternativen zu entdecken, Hypothesen zu finden und aufzustellen, selbst ein Experiment zu entwerfen und durchzuführen, Texte nach selbstgewählten Gesichtspunkten zu interpretieren."

Wie viele Stufen man ansetzt, ist im Grunde beliebig. In einzelnen Fachdidaktiken werden weniger Unterscheidungen getroffen (zwei oder drei). Wesentlich ist die Unterscheidung nach steigender Selbständigkeit. Die einzelnen Stufen sind ohnehin nicht trennscharf.

Mit Hilfe einer Lernzielhierarchie kann der einzelne Lehrer seine Lernziele auf Einseitigkeit überprüfen. Hält er sich zu oft auf den untersten Stufen auf, oder tendiert er zu einer Überforderung der Schüler? Ferner können damit Leistungsanforderungen verschiedener Lehrer verglichen und angeglichen werden; z. B. kann man für Reifeprüfungsarbeiten festlegen, mit welchem Anteil welche Lernzielstufen repräsentiert sein müssen. (Wir bezweifeln allerdings die Eignung der verwendeten Taxonomien für Zwecke der Vereinheitlichung; sie erlauben nur Schätzungen von geringer Exaktheit und geringer Reliabilität; eine Ausnahme bildet vielleicht die unten genannte Bloomsche Taxonomie. Ein einheitliches Niveau von Prüfungsanforderungen ist allerdings auch wenig wünschenswert, wenn kein einheitliches Niveau des Unterrichts besteht.)

Vielfach werden bei solchen Vereinheitlichungsbemühungen die Schwierigkeiten übersehen, die aus der Sache resultieren. Es ist schließlich ein Unterschied, ob einzelne Sätze oder ganze Theorien reproduziert werden (obwohl beides der untersten Lernzielstufe „Wissen“ zuzuordnen ist).

Wir stellen also im Gegenzug die These auf: Die Schwierigkeit einer Aufgabe ist das Produkt aus Komplexität der Sache und Einstufung in der Lernzielhierarchie.

Vor einer Verwechslung muß gewarnt werden: Die Schwierigkeit des *Lernvorgangs* ist oft höher als die Schwierigkeit des *Lernziels*. Es ist z. B. denkbar, daß ein Mathematiklehrer ein Beweisverfahren von den Schülern entdecken läßt und dabei nur minimale Hilfen gibt, also beim Lernvorgang viel Selbständigkeit fordert, daß er aber bei der Überprüfung des Erreichten nur reproduzieren läßt. Der Lernvorgang darf fast immer den höheren Schwierigkeitsgrad haben, weil er nicht vom einzelnen Schüler, sondern von der Lerngruppe geleistet wird und weil (meistens) der Lehrer helfend eingreifen kann.

Zum Schluß seien noch einmal die wichtigsten Informationen dieses Abschnitts in einem Schema dargestellt (Abb. 2).

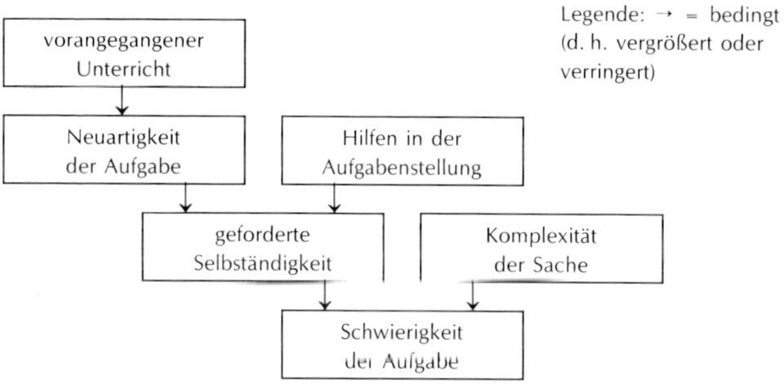

Abb. 2

Aufgaben:

Mit den folgenden Aufgaben sollen Sie dreierlei tun. Erstens: Lösen Sie sie bitte, und zwar ohne im Text nachzuschlagen. Zweitens: Notieren Sie dabei, ob für Sie die Aufgabe leicht oder schwer war.

Drittens: Kreuzen Sie in Tabelle 2 an, auf welcher Lernzielstufe die Aufgaben liegen.

a) Schraffieren Sie in Abb. 2 diejenigen Kästchen, deren Inhalte bei der Lernzielhierarchisierung erfaßt werden.

b) Mit welcher Berechtigung sprechen wir von *Lernziel*hierarchie, wo wir doch die Schwierigkeiten von *Aufgaben* einstufen?

c) Halten Sie folgenden Satz für richtig: „Die höher eingestuften Lernziele sind die wertvolleren Lernziele"? Begründen Sie Ihre Meinung!

d) Nennen Sie drei Indikatoren zu dem Lernziel „Die Schüler üben, sachlich zu diskutieren".

e) Man kann Lernziele nach Abstraktionsniveaus klassifizieren und nach Lernzielstufen einer Hierarchie. Beide Klassifizierungsarten werden oft verwechselt. Bestimmen Sie, worin die Klassifizierungsarten übereinstimmen und worin sie sich unterscheiden.

f) Nehmen Sie zu folgender Aussage Stellung: „Präzise Lernziele machen den Lehrer unflexibel; sie hindern ihn, die Lernbedürfnisse der Schüler wahrzunehmen und zu berücksichtigen."

Aufgabe	Lernzielstufe				
	1 a	1 b	2	3	4
a					
b					
c					
d					
e					
f					

Tab. 2

8. Offener Unterricht

„Offener Unterricht“ ist ein eher unklarer Begriff. Er bezeichnet nicht eigentlich eine neue Konzeption von Unterricht, sondern mehr die Suche nach einer solchen Konzeption. „Offen“ heißt ein Unterricht, in dem die Schüler sich — stärker als bisher — selbst einbringen können: ihre Bedürfnisse, Vorlieben, Erfahrungen, Einfälle, Umwege, Fehler, Phantasien, Gefühle, Kritik.

„Geöffnet“ werden kann Unterricht an vielen Stellen der Planung wie der Durchführung; das Prinzip der Offenheit ist also auch in anderen Zusammenhängen zu diskutieren (z. B. unter den Stichworten „Akzeptieren von Gefühlen“, „entdeckendes Lernen“ u. a.). Hier geht es um Lernziele. Es geht also hier nicht darum, wie man bei festliegenden Lernzielen den Unterrichtsprozeß offener gestalten könnte, sondern es geht um Offenheit der Ziele.

(1) Variabilität der Lernziele

Immer wenn das „erwartete Schülerverhalten“ unerwartet ausfällt, hat der Lehrer sich zu fragen, ob er seine Zielvorstellungen ändern soll oder muß. Unerwartete Spontanreaktionen der Schüler (z. B. unerwartete Reaktion auf den Unterrichtsgegenstand, Vorerfahrungen mit dem Gegenstand) sollten nicht nur als unerwartete Hindernisse begriffen werden, sondern als Chance, bestimmte Lernziele zu erreichen. Der Lehrer sollte sich fragen: Ereignen sich hier Motivationen, die ich in anderen Stunden (wenn die zugehörigen Lernziele auf dem Programm stehen) mühselig inszenieren müßte? Das ist zugegebenermaßen schwierig, vor allem, solange man noch wenig Routine hat, sollte aber auch vom „Anfänger“ wenigstens gelegentlich geübt werden. Alternativplanungen, in denen man durchspielt, wie die Schülerreaktionen sein könnten, erleichtern ein flexibles Verhalten.

(2) Planungsbeteiligung der Schüler

Planungsbeteiligung sieht gewöhnlich so aus: Der Lehrer gibt für eine Unterrichtsreihe abstrakte Ziele vor, die von Lehrer und Schülern gemeinsam konkretisiert werden. Auch wenn die Schüler scheinbar nur Unterrichtsinhalte oder Sozialformen mitbestimmen, bestimmen sie auch Lernziele; das läßt sich nicht voneinander trennen (man kann nicht über verschiedene Inhalte zu identischen konkreten (!) Lernzielen kommen). „Planungsbeteiligung“ wird zuweilen gleichgesetzt mit gemeinsamer Planung zu Beginn einer Reihe. Gerade da fehlt aber den Schülern oft noch die Planungskompetenz; diese wächst mit der zunehmenden Sach- und Methodenkenntnis. Planungsbeteiligung ist also ein Prozeß über die ganze Unterrichtsreihe hin.

(3) Prinzipielle Offenheit von Lernzielbereichen

Es gibt — wie oben dargelegt — Lernziele, die man nicht präzisieren *kann*, weil es keine geeigneten Indikatoren gibt. Darüber hinaus gibt es Lernziele, die man nicht präzisieren *darf*, weil sie Selbständigkeit des Schülerverhaltens implizieren. Das gilt für folgende Fälle:

— Wenn Schüler schöpferisch tätig sind. Beispiel: Wenn man Schüler der 5. Klasse Phantasieaufsätze schreiben läßt, so geht es gerade darum, sie zu individuellen, unvorhersehbaren Leistungen anzuregen.
— Wenn Schüler Kunstwerke interpretieren. Es gibt z. B. nicht die eine richtige Deutung eines Gedichts, auf die der Lehrer die Schüler festlegen könnte.
— Wenn Schüler weltanschauliche oder politische Positionen erarbeiten, wenn es um Wertungen geht. Beispiel: Kritisches Lesen besteht sicher nicht darin, daß man die kritische Position eines anderen unkritisch nachvollzieht.

In all diesen Fällen gibt es neben dem subjektiven Leistungsanteil, der nicht vorab festgelegt werden darf, einen intersubjektiven, der sich exakt als Lernziel formulieren läßt. Wie das Verhältnis im einzelnen ist, muß der Fachdidaktik vorbehalten bleiben.

Bei Unterricht mit offener Zielsetzung besteht die Gefahr, daß die Schüler nur reproduzieren, was sie schon mitbringen: Ihre Urteile werden nicht richtiger, klarer, differenzierter oder fundierter. In manchen „offenen" Stunden lernen die Schüler nichts, es sei denn eine gewisse Geläufigkeit des Schwätzens. Es bedarf großer Sorgfalt des Unterrichtsarrangements (Materialien, Impulse usw.), um dieser Gefahr zu entgehen.[2]

9. Grenzen dieses Kapitels

Die Überschrift dieses Kapitels „Lernzielbestimmung" greift etwas zu weit. Es ist zu fragen, welche Hilfen geboten wurden und welche nicht.

Dieses Kapitel hilft nur wenig beim Finden und Begründen von Lernzielen. Zwei Fragen sind hier insbesondere zu stellen:

- Wie findet und begründet man die abstrakten Ziele, d. h. die fachspezifischen und fächerübergreifenden allgemeinen Lernziele? Das sind Probleme der Curriculumtheorie und der Curricula. Da Lehrer Curricula (Richtlinien, Lehrpläne) ja vorfinden, stellt sich ihnen die Frage so: Wie überprüft und kritisiert man Curricula? Wie gesagt bieten wir dazu nur einige Hinweise, z. B. Überlegungen zur Funktion allgemeiner Lernziele.
- Wie werden die allgemeinen Ziele der Curricula „kleingearbeitet"? Das ist vor allem Aufgabe des Lehrers „vor Ort". Bei diesem Kleinarbeiten sind sämtliche Unterrichtsbedingungen heranzuziehen; es gibt kein Teilgebiet der Didaktik, das dazu nicht beitrüge.

Dieses Kapitel hilft, bei der Konzeption von Lernzielen Fehler zu vermeiden und Lücken zu entdecken. Es hilft auch, bei vorgegebenen Lernzielen — und die werden ja von Verlagen und Curriculumkommissionen in Menge geliefert — solche Fehler und Lücken festzustellen. Man stellt sie fest, indem man unter anderem folgende Fragen stellt:

- Werden Lernziele mit Inhalten oder Lernvorgängen verwechselt? (2)
- Wird ein Lernzielschwerpunkt formuliert? (3)
- Stehen konkrete Lernziele im Widerspruch zu allgemeinen Lernzielen? (4)
- Ist, bei langfristigen Zielen, der Ausprägungsgrad formuliert? (4)
- Sind den Lernzielen Indikatoren zugeordnet? Welchen Aufschluß geben sie dem Lehrer darüber, wieweit die Schüler die Lernziele erreicht haben? (5)
- Sind für Überprüfung und Benotung geeignete Indikatoren ausgewählt? Sind sie so präzisiert und offengelegt, daß Lehrer wie Schüler wissen, welche Leistungen erwartet werden? (5)
- Werden alle Lernzieldimensionen berücksichtigt? (6)
- Werden bei Überprüfung und Benotung alle Hierarchiestufen berücksichtigt? (7)
- Erfordert der Gegenstand eine offene Zielsetzung, und ist diese Offenheit gewahrt? (8)

Anmerkungen

1 Viele Autoren bevorzugen den Terminus „Lehrziele“. Das hat seinen Sinn, wenn man die vom Lehrer gesetzten „Lehrziele“ von den Zielen der Schüler abrücken will. Man braucht dann aber immer noch einen Terminus für den wünschenswerten Fall, daß Lehrer und Schüler sich über die Ziele des Lernens verständigen. Uns scheint, daß „Lernziel“ brauchbar ist als Ausdruck, der offenläßt, wer die Ziele des Lernens gesetzt hat. — Verfehlt scheinen uns sprachkritische Begründungen für „Lehrziel“, so die Klauers: „es gibt keine Lernprozesse, denen irgendwelche Ziele — Lernziele — innewohnen.“ (1978, 8) Die Kritik verkennt die Logik der Wortbildung des Deutschen. So sprechen wir von „Kochbuch“, obwohl es kein Kochen gibt, dem ein Buch innewohnt.

2 Die Forderung nach einer Öffnung des Unterrichts, wie sie von Heipcke, Messner, Rumpf oder anderen erhoben wird, wird damit nicht bestritten. Insbesondere die Kritik daran, daß ein Unterricht mit strikter Zielvorgabe die „Lebenswelt“ der Schüler ausschließt und entwertet, scheint uns richtig. Aber es liegen inzwischen Erfahrungen vor, wohin die „Öffnung“ des Unterrichts führen kann. (Forderungen nach „schülerzentriertem“ Unterricht — vgl. A. C. Wagner —, nach emanzipatorischer Erziehung — vgl. etwa Schäfer/Schaller — wirken in die gleiche Richtung.) Es sollte zu denken geben, daß gerade die Fächer, die die „Lebenswelt“ leichter thematisieren können, von den Schülern oft als „Laberfächer“ bezeichnet werden. Damit kritisieren die Schüler, wenn wir recht sehen, einen Unterricht, den sie als beliebig und zu wenig fördernd ansehen. Sicherlich ist solcher Unterricht nicht das, was die Kritiker geschlossener Curricula fordern. Aber die falsche Praxis ist doch auch die Folge konzeptioneller Schwächen. So lädt z. B. die Unterscheidung von „Lehrzielen“ und „Handlungszielen“ (Heipcke, Messner), auf die wir uns nicht eingelassen haben, zu Mißverständnissen geradezu ein. Handlungsmotive der Schüler müssen zu Lernzielen werden und von den Schülern selbst auch als Lernziele interpretiert werden, wenn Unterricht nicht zum Gerede degenerieren soll. Ferner überfordert wohl, wie von Heipcke/Messner befürchtet (1973, 370 f.), offener Unterricht viele Lehrer. Es gibt da Grenzen der Flexibilität, Kompetenz und Belastbarkeit, die sich auch durch Ausbildung und Fortbildung nur wenig verschieben lassen.

Literaturhinweise

BLOOM, Benjamin S. et al.: Taxonomie von Lernzielen im kognitiven Bereich.
(Blooms „Taxonomy of Educational Objectives“ (= TEO) wird allenthalben in der didaktischen Literatur zitiert; man beruft sich darauf bei eigenen Hierarchisierungsvorschlägen. Die TEO ist sechsstufig mit zahlreichen weiteren Unterteilungen. Als Kriterium der Stufung wird die „Komplexität der geforderten Lernleistung“ genannt. Darunter ist zu verstehen: Die jeweils höhere Lernleistung setzt sich zusammen aus Lernleistungen der darunterliegenden Stufen. Zum Teil ist das plausibel; im übrigen kann das Kriterium bezweifelt werden. Bei genauerer Betrachtung zeigt sich, daß auch hier wachsende Selbständigkeit das Hauptkriterium ist, allerdings nicht das einzige. — Vor einer nur oberflächlichen Beschäftigung mit der TEO muß gewarnt werden; deshalb habe ich sie auch nicht dargestellt. Die Bezeichnungen für die Stufen sind außerordentlich mißverständlich. Die Erläuterung der Stufen bringt kaum mehr Klarheit. Erst wenn man die Beispielaufgaben durcharbeitet, kann man die TEO verstehen. M. a. W. man kann sich die TEO nur aneignen, wenn man sie trainiert. Dann allerdings ist sie ein sehr brauchbares Instrument.)

DEUTSCHER BILDUNGSRAT: Empfehlungen. Strukturplan für das Bildungswesen. 1970
(Vgl. o.)

EINSIEDLER, Wolfgang / HÄRLE, Helmut (Hrsg.): Schulerorientierter Unterricht. Donauwörth 1976
(Empfohlen sei der Beitrag Einsiedlers: Didaktik eines schülerorientierten Unterrichts, S. 172—226. Der Autor gibt einen knappen und kritischen Überblick über die unterschiedlichen Ansätze. Er entwickelt ein Modell schülerorientierten Unterrichts, das sich durch Klarheit, Konkretheit und Ausgewogenheit auszeichnet und sich hütet, den Lehrer zu überfordern.)

ENZYKLOPÄDIE ERZIEHUNGSWISSENSCHAFT Band 3: Ziele und Inhalte der Erziehung und des Unterrichts. Stuttgart 1986. Lexikonstichworte „Lernziel" und „Unterricht, lernzielorientierter" (Autor: LEMKE, Dietrich)
(Knappe, aber völlig ausreichende Übersicht über die Lernzieldiskussion.)

MEYER, Hilbert L.: Trainingsprogramm zur Lernzielanalyse. 11. Aufl. Königstein/Ts. 1984
(Das Lernziel-Kapitel verdankt diesem Buch mehr, als im einzelnen ausgewiesen werden konnte. Das Trainingsprogramm verbindet präzise Information mit Aufgaben, die den Leser „trainieren" und ihn zugleich zu einem kritischen Urteil führen. Es verlangt freilich auch einen großen Arbeitsaufwand und wird deshalb nur dem empfohlen, der sich speziell in dieses Thema einarbeiten möchte. Vgl. auch: MEYER, H. L.: Der Unfug mit der Lernzielorientierung. In: Leitfaden zur Unterrichtsvorbereitung. Königstein/Ts. 1980, S. 133—164.)

Sonstige zitierte Literatur

BRABECK, Heribert / HOSTER, Hartmut / PESCH, Winfried: Lehrerverhalten. Beobachtung — Analyse — Training. Heidelberg 1977

GARLICHS, Ariane / HEIPCKE, Klaus / MESSNER, Rudolph / RUMPF, Horst: Didaktik offener Curricula. Weinheim 1974

HEIPCKE, Klaus / MESSNER, Rudolph: Curriculumentwicklung unter dem Anspruch praktischer Theorie. Zeitschrift für Pädagogik 1973, H. 3, S. 351—374

HOFER, Manfred: Sozialpsychologie erzieherischen Handelns. Göttingen 1986

KLAUER, Karl Josef (Hrsg.): Handbuch der Pädagogischen Diagnostik. Düsseldorf 1978

MAGER, Robert F.: Lernziele und programmierter Unterricht. Weinheim 1965

MÖLLER, Christine: Technik der Lernplanung. 5. Aufl. Weinheim 1976

SCHÄFER, Karl-Hermann / SCHALLER, Klaus: Kritische Erziehungswissenschaft und kommunikative Didaktik. 3. durchges. Aufl. Heidelberg 1976

WAGNER, Angelika C.: Schülerzentrierter Unterricht. 2. neubearb. Aufl. München 1982

KAPITEL V:

DIDAKTISCHE ANALYSE

Übersicht

1. Vorbemerkungen

Die „didaktische Analyse" systematisiert ein Planungsverfahren, das dem erfahrenen Lehrer vertraut ist. Der Lehrer, der sich für einen Unterrichtsgegenstand entschieden hat oder der vielleicht auch noch unentschieden ist, richtet Fragen an den Gegenstand: Was kann ich damit erreichen? Kommt er bei meinen Schülern an? Werden sie ihn verstehen? Was tue ich, damit sie ihn verstehen? Usf. Solche Planungsroutine soll in diesem Kapitel auf möglichst präzise Begriffe gebracht und möglichst vervollständigt werden.

Eine der genannten Fragen an den Gegenstand könnte gewissermaßen unerlaubt scheinen: „Was kann ich damit erreichen?" Die Curriculumtheorie hat uns gelehrt, daß man zunächst Ziele haben und diesen Zielen dann Unterrichtsgegenstände (Inhalte) zuordnen müsse. Ein Planungsverfahren, das beim Gegenstand ansetzt, ist folglich suspekt. Deshalb wird hier zunächst der Zusammenhang Gegenstand — Lernziel erörtert. Das sollte aber nicht den Eindruck erwecken, als ob das Finden und Begründen von Lernzielen die wichtigste oder gar einzige Funktion der didaktischen Analyse sei.

2. Lernzielbestimmung durch Gegenstandsanalyse

2.1. Der Gegenstand als Ausgangspunkt der Unterrichtsplanung

Es gibt einfach eine Fülle von Sachzwängen und von sonstigen Gründen dafür, bei der Planung von Gegenständen auszugehen. Gegenstände sind vor allem durch Lehrbücher vorgegeben. Mögen auch die Lehrbuchautoren von Zielen ausgegangen sein, so ist doch der Lehrer, der mit dem Buch arbeitet, in einer anderen Situation, zumal er womöglich die Ziele der Autoren nicht teilt. Gegenstände werden auch auferlegt oder nahegelegt, z. B. durch Fachkonferenzen. Schüler interessieren sich für bestimmte Gegenstände (z. B. für ein aktuelles politisches Ereignis, für die Funktionsweise eines technischen Apparats, etwa der verschiedenen Objektive eines Fotoapparats . . .). Für manche Sachgebiete gibt es in einer Schule Medien, für andere nicht. Schließlich sind noch die Sachzwänge mancher Fächer zu nennen, wo in den unteren Klassen Vorkenntnisse für späteres Lernen vermittelt werden müssen.

Der Lehrer braucht also ein Instrumentarium, Gegenstände auf Ziele hin zu analysieren: Welche Ziele liegen fest, wenn ich einen bestimmten Gegenstand in einer bestimmten Klasse durchnehmen will! Welche Ziele sind darüber hinaus möglich? Die Beantwortung solcher Fragen, das ist — unter anderem — didaktische Analyse.

2.2. Die Rückkoppelung Gegenstand — Lernziel

Was damit gemeint ist, sei zunächst an Beispielen erläutert. Ein Lateinlehrer bringt seinen Schülern das lateinische Tempussystem bei. Dabei muß er den Schülern vermitteln, daß das lateinische Perfekt Funktionen des deutschen Perfekts und des deutschen Präteritums vereinigt, während es für das lateinische Imperfekt kein deutsches Äquivalent gibt (etwas vereinfacht). Der Lehrer steht vor der Frage: Soll er seinen Schülern nur so viel davon beibringen, daß sie korrekt übersetzen können, oder soll er die Gelegenheit nutzen, ihnen Einsichten in den Aufbau der Muttersprache zu vermitteln (Einsichten, die der Deutschlehrer — ohne den Kontrast der Sprachstrukturen — nur schwer vermitteln könnte)? — Ein Deutschlehrer will seinen Schülern den Typ des Klassischen Dramas am Beispiel der „Maria Stuart" vermitteln. In der ersten Stunde sagt eine Schülerin: „Wenn ich die unweibliche Elisabeth mit der weiblichen Maria vergleiche — dieser Schiller hat merkwürdige Vorstellungen von Weiblichkeit." Und schon hat der Lehrer ein neues (Teil-)Thema mit neuen Lernzielen, wenn er nicht womöglich die Schüler in dem Glauben lassen will, Schiller sei ein „male chauvinist".

Wenn ich also zu bestimmten Lernzielen einen bestimmten Gegenstand gefunden habe, stehe ich erneut vor der Lernzielfrage. Denn es gibt selten einen Gegenstand, der genau die vorgesehenen Lernziele hergibt und sonst keine. Der Gegenstand stellt seine eigenen Bedingungen, er macht zusätzliche Lernziele möglich oder notwendig. Genauer gesagt, das Zusammentreffen eines Gegenstandes mit den Schülern (ihren Kenntnissen und Interessen) stellt Bedingungen. Und von diesen Bedingungen aus kann oder muß die ursprüngliche Zielsetzung modifiziert werden (vgl. Abb. 1).

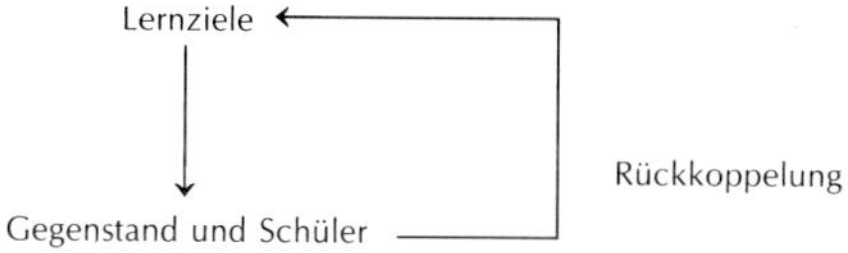

Abb. 1

Aufgabe:

Verändern Sie die Skizze!

Paßt die Skizze auch auf folgende Fälle? (1) Ein Physiklehrer verzichtet auf einen Versuch und seine Auswertung, weil seine Schüler die dafür notwendige Differentialrechnung nicht beherrschen. (2) Ein Geschichtslehrer behandelt die Entstehung des deutschen Nationalgefühls zu einem Zeitpunkt (1991/92), wo die Medien fast täglich über Kämpfe nationalistischer Gruppen und über die Opfer dieser Kämpfe berichten. Er erwartet, daß die Schüler die verschiedenen Arten von „Nationalgefühl" in Beziehung setzen.

— Hat der Abwärtspfeil in der Skizze eigentlich dieselbe Bedeutung wie der Aufwärtspfeil? Beschriften Sie die Pfeile!

---

3. Klafkis Konzeption der didaktischen Analyse

W. Klafkis Aufsatz „Didaktische Analyse als Kern der Unterrichtsvorbereitung" ist 1958 erschienen. Natürlich kann man ihn in dieser Form nicht einfach in eine Unterrichtskonzeption der 90er Jahre integrieren. Schon die damalige Terminologie macht heute Schwierigkeiten. Aber mit einigen Veränderungen und Modernisierungen erweisen sich die Grundgedanken der didaktischen Analyse als immer noch nützlich. Wir sehen auch kein anderes, neueres Instrumentarium, das gleiches leisten könnte.

Klafki selbst hat sein Konzept von 1958 inzwischen weiterentwickelt. Aber für die Zwecke, die wir hier verfolgen, nämlich dem Lehrer zu helfen, der vom Gegenstand ausgehend plant, ist die spätere Fassung weniger brauchbar. Wir halten uns also an die ursprüngliche Konzeption. Vor allem übernehmen wir die Gliederung nach fünf zentralen Fragen (allerdings in veränderter Reihenfolge). Im übrigen können wir die Veränderungen, die wir an Klafkis Konzeption vornehmen, nicht ausweisen; der daran interessierte Leser muß den Originaltext heranziehen.

4. Die fünf Fragen der didaktischen Analyse

4.1. Frage nach der Struktur des Gegenstandes

a) In welchen fachwissenschaftlichen Zusammenhängen steht der Gegenstand?

Diese Frage hat in unterschiedlichen Fächern so unterschiedliche Bedeutungen, daß sie vor allem fachdidaktisch aufgearbeitet werden muß. Zwei Teilbedeutungen der Frage seien hervorgehoben: Welche konkurrierenden wissenschaftlichen Auffassungen des Gegenstands gibt es (Wissenschaftspluralismus)? Welchen Ort im systematischen Aufbau der Wissenschaft hat der Gegenstand? Letztere Frage gibt auch Hinweise darauf, welche Funktion der Gegenstand für das spätere Lernen (das Lernen in späteren Klassen) hat.

b) In welche Elemente läßt er sich zerlegen? Wie hängen diese Elemente zusammen?

Solche Elemente sind: empirische Tatsachen, Begriffe, Definitionen, Sätze, Regeln, methodische Operationen usw. — Wir haben — am Beispiel der Komma-Regeln — eine Zerlegung in Elemente vorgeführt (Kapitel II). „El[illegible]nte" — so haben wir gezeigt — sind die Kenntnisse, die von [illegible]efordert werden. Daran wird deutlich, daß es sic[illegible]analyse des Gegenstands nicht um eine vordidak[illegible]se handelt, sondern daß die Lehrbarkeit des Ge[illegible] Vermittlung an die Schüler reflektiert wird.

c) Legt es der Gegen[illegible] macht er es unumgänglich, ihn in bestimmten a[illegible]den Abschnitten zu erarbeiten?

Das ergibt Unterri[illegible] — wie man sagt — „sachlogisch" strukturiert [illegible] sachlogischer Unterrichtsaufbau oft ohne viel [illegible]tet, ist er eine Versuchung für den Lehrer, sich [illegible]e als an den Schülern zu orientieren, mehr fac[illegible] als lernpsychologisch vorzugehen. — Eine For[illegible]trukturierung, nämlich die „synthetische" Meth[illegible]nen zum Komplexen) haben wir ausführlich dargestellt (vgl. Ka[illegible]tel II).

d) Hat der Gegenstand verschiedene Sinn- und Bedeutungsschichten?

Wir können dieser Frage Klafkis nur für Gegenstände der Geistes- und Sozialwissenschaften einen Sinn abgewinnen. Dort gibt es Stufen des Verständnisses; so bleibt etwa die Behandlung eines Goethe-Gedichts in Klasse 5 vordergründig-erlebnishaft, während dasselbe Gedicht in Klasse 13 auch seinen symbolischen Gehalt erschließt. Der Gegenstand läßt also eine unterschiedliche „Tiefe" des Verständnisses zu, ohne daß ein weniger „tiefes" Verständnis sachunangemessen oder falsch wäre.

4.2. Frage nach dem Exemplarischen des Gegenstands

a) Welches Allgemeine läßt sich am jeweils speziellen Gegenstand lernen?

Das „Allgemeine" ist ein schwer zu fassender Begriff, weil es sich je nach Fach und Gegenstand und Lernzieldimension anders darstellt. Es kann sich dabei um folgendes handeln: ein Begriff von einer Gegenstandsklasse, eine Gesetzmäßigkeit, eine Struktur, ein Prinzip, ein Typ, eine Methode, eine Einstellung, ein Interesse usw.

b) Ist ein positiver Transfer für späteres Lernen zu erwarten?

Wir setzen Lerntransfer praktisch gleich mit dem Lernen von etwas „Allgemeinem". Das Allgemeine ist eben etwas, was für viele Einzelfälle gilt und deshalb in vielen Lernsituationen wiederkehrt. (Dazu unten mehr.)

4.3. Frage nach der Gegenwartsbedeutung des Gegenstandes

a) Zu den affektiven Voraussetzungen der Schüler: *Welches Maß an Interesse, Gleichgültigkeit oder Abneigung bringen die Schüler voraussichtlich dem Gegenstand entgegen?*

Diese Frage wäre völlig mißverstanden, wenn man die affektiven Voraussetzungen nur als Bedingungen ansähe für das, was der Lehrer will; es geht auch um das, was die Schüler wollen; sie sind nicht einfach das Material, das den Intentionen des Lehrers mal entgegenkommt und mal sich sperrt. „Gegenwartsbedeutung" meint: Die Gegenwart der Schüler darf nicht entwertet werden zugunsten einer Zukunft, die Lehrer (und Behörden und Verlage) für die Schüler planen.

b) Zu den kognitiven Voraussetzungen der Schüler: *Welche Vorkenntnisse haben die Schüler aus früherem Unterricht? Welche aus ihrer alltäglichen Erfahrung?*

Auch die Berücksichtigung der Alltagserfahrung ist nicht nur als methodischer Trick gemeint, der die Motivation und das Einprägen erleichtern soll. Der Lehrer ist aufgefordert, die Alltagserfahrung der Schüler ernstzunehmen. Das bedeutet aber auch, daß daran gearbeitet wird: Alltagswissen muß nicht selten korrigiert und immer in Zusammenhänge gebracht, präzisiert und erweitert werden.

c) Zu den objektiven Interessen der Schüler: *Welche Kenntnisse, Fähigkeiten und Einstellungen könnten den Schülern gegenwärtig nützen?*

Zuweilen wird von Lehrern und Didaktikern auf eine recht zweifelhafte Weise mit den „Schülerinteressen" argumentiert. Danach sind die Interessen, die die Schüler in die Schule mitbringen, selbstbestimmt und entsprechen den eigentlichen Bedürfnissen der Schüler. (Woher weiß man die?) Die Interessen, die der Lehrer weckt, sind dagegen fremdbestimmt und durch Motivationstricks manipuliert. Das halten wir für unsinnig. Ist etwa das Interesse vieler Schüler an Comics weniger fremdbestimmt als ein Interesse an Jugendbüchern, das der Deutschlehrer geweckt hat? Motivieren etwa andere „Sozialisationsagenten" verantwortungsvoller und uneigennütziger als der Lehrer? Und noch eine kritische Frage: Folgt aus dem Sachinteresse von Schülern (z. B. an Comics), daß die Schüler diese Sache auch als Unterrichtsgegenstand wünschen?

Die Frage nach der Gegenwartsbedeutung zielt also nicht nur auf bereits bestehende Sachinteressen, sondern darauf, ob solche Interessen geweckt werden können. Sie zielt nicht nur auf Bedürfnisse, die die Schüler bereits empfinden, sondern auch auf solche, die sie mit Hilfe des Lehrers erkennen.

4.4. Frage nach der Zukunftsbedeutung des Gegenstandes

a) Welche Qualifikationen erwerben die Schüler für ihr späteres berufliches und privates Leben?

b) Welche gesellschaftliche Relevanz haben diese Qualifikationen?

c) Kann man den Schülern diese Zukunftsbedeutung deutlich machen?

Diese Fragen stellen den Lehrer wohl vor die größten Probleme; wir greifen sie unten noch einmal auf.

4.5. Frage nach der Zugänglichkeit des Gegenstands

a) Wie muß man den Gegenstand verändern oder vereinfachen, damit er den Schülern zugänglich wird? Sind diese Vereinfachungen (die sog. didaktische Reduktion) sachlich zulässig?

Für Lehrer (auch Lehrbuchautoren), die nicht von Lernzielen, sondern von Gegenständen ausgehen, gewinnt diese Frage oft einen Rang, der ihr nicht zukommt. Sicherlich ist die didaktische Reduktion eine wichtige und schwierige Aufgabe des Lehrers. Aber er darf sich nicht einfach als den Vermittler verstehen, der Gegenstände aus der Wissenschaft (manchmal auch nur aus modischen wissenschaftlichen Trends) übernimmt und seine Aufgabe nur noch darin sieht, sie dem begrenzten Fassungsvermögen seiner Schüler anzupassen. Erst indem er *alle* Fragen der didaktischen Analyse durchgeht und den Gegenstand entsprechend modifiziert, macht der Lehrer aus einem Gegenstand der Fachwissenschaft einen Unterrichtsgegenstand.

b) Welche Darbietung macht den Schülern den Gegenstand anschaulich und begreiflich? Welche Anwendungs- und Kontrollmöglichkeiten gibt es für das Gelernte?

Diese Fragen führen aus der Analyse des Gegenstands in den Bereich der Lehrverfahren. So wie zwischen Gegenstand und Zielen gibt es auch hier eine Rückkoppelung (Abb. 2). Wenn ein Lehrer z. B. Probleme hat, eine geeignete Darbietung zu finden (z. B. weil geeignete Medien fehlen), wird er den Gegenstand verändern oder ersetzen. Wenn er die Wahl zwischen Gegenständen hat, wird er den wählen, der am „zugänglichsten" ist.

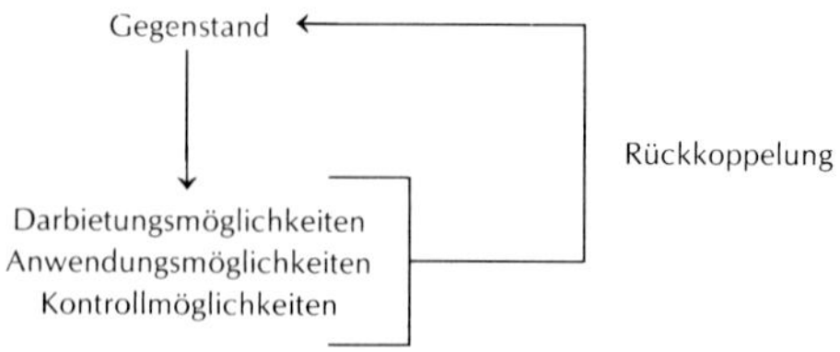

Abb. 2

5. Zusammenfassung

Fünf Fragen werden an den Gegenstand gerichtet, unterteilt in 14 Einzelfragen (Abb. 3).

Gegenstand

STRUKTUR

a) fachwissenschaftlicher Zusammenhang
b) Elemente
c) Sachlogik
d) Sinnschichten

EXEMPLARITÄT

a) das Allgemeine
b) Transfer

ZUGÄNGLICHKEIT

a) Veränderung und Vereinfachung
b) Darbietungs-, Anwendungs- und Kontrollmöglichkeiten

GEGENWARTS-BEDEUTUNG

a) affektive Voraussetzungen
b) kognitive Voraussetzungen
c) objektive Interessen

ZUKUNFTS-BEDEUTUNG

a) private und berufliche Qualifikationen
b) gesellschaftliche Relevanz
c) Einsehbarkeit der Zukunftsbedeutung

Abb. 3

Die fünf Fragen haben folgende drei Funktionen:

— Sie führen zu Lernzielen und zur Begründung (Legitimation) von Lernzielen.
— Sie führen dazu, daß aus einem Gegenstand der Fachwissenschaften ein Unterrichtsgegenstand wird.
— Sie geben Hinweise für die Unterrichtsgestaltung.

Aufgaben:

(1) Markieren Sie (z. B. mit drei verschiedenen Farben), welche der 14 Detailfragen zu welcher Funktion beitragen.

(2) Die dritte Funktion ist mit „Unterrichtsgestaltung" nur global umschrieben. Für welche Aspekte der Unterrichtsgestaltung erhält man Hinweise?

---

6. Zu einigen Problemen der didaktischen Analyse

Als ein Problem könnte manchem erscheinen, daß nicht so recht klar ist, was ein „Gegenstand" ist. Ist beispielsweise Gegenstand der didaktischen Analyse eine bestimmte grammatische Struktur oder die wissenschaftlichen Darstellungen dieser Struktur (innerhalb verschiedener Grammatiktheorien) oder die Lektion im Lehrbuch, worin diese Struktur dargestellt wird?

Die Ausdrücke „Gegenstand", „Inhalt", „Stoff", „Thema" scheinen mehr oder weniger austauschbar zu sein. Auch die Grenzen zwischen „Gegenstand" und „Medium" verschwimmen: Ist zum Beispiel ein Text (eine historische Quelle, ein Gedicht, ein fachwissenschaftlicher Text . . .) ein Gegenstand oder vielmehr das Medium, mittels dessen der Gegenstand vermittelt wird? Es hat sich gezeigt, daß diese Breite des Begriffs „Gegenstand" die Überlegungen nicht behindert hat. Es sieht so aus, als sei ein breiter, an den Rändern verschwimmender Begriff gerade passend für den Sachverhalt. Eine terminologische Klärung wäre aufwendig, und sie wäre — so wie der Sprachgebrauch der Didaktiker und Lehrer nun einmal ist — nicht durchzusetzen. Man könnte begriffliche Abgrenzungen nur ad hoc vorschlagen. Wenn also unsere Leser feststellen, daß mangelnde Abgrenzungen, etwa zwischen „Gegenstand" und „Thema", zu Verständigungsproblemen führen, so müssen sie einen exakteren Begriffsgebrauch vereinbaren. Wir haben nur auf eine Unterscheidung Wert gelegt, auf die Unterscheidung zwischen Gegenstand der Fachwissenschaft und Unterrichtsgegenstand.

Ein sehr ernsthaftes Problem liegt in dem Anspruch, den die didaktische Analyse stellt. Sie überfordert den Lehrer. Wer hat schon soviel Zeit und soviel didaktische und fachliche Kompetenz? Klafki weist darauf hin, daß die didaktische Analyse zur Planung von Unterrichtsreihen und nicht von einzelnen Stunden dient; und zur Reihenplanung nimmt sich auch der geplagteste Lehrer gewöhnlich Zeit. Die Kompetenz kann man durch Kooperation mit Kollegen vergrößern. Zu einem guten Teil aber ist die Überforderung nur ein Schein, der durch die Auflistung sämlicher Tätigkeiten erzeugt wird. Vieles von dem, was in den 14 Fragen gefordert wird, tut der routinierte Lehrer ganz selbstverständlich: Er orientiert sich fachwissenschaftlich; er fragt sich, was die Schüler eigentlich auf Dauer behalten sollen (das führt gewöhnlich zu einer Unterscheidung zwischen dem exemplarisch „Allgemeinen" und den Details, die man vergessen darf); die Schüler machen ohnehin ihre Interessen geltend, z. B. durch Lethargie, wenn diese Interessen unberücksichtigt bleiben usf. Eine schwer zu bewältigende Arbeit aber bleibt die didaktische Analyse für den Anfänger ohne Routine des Planens.

Eine kaum zu lösende Aufgabe stellt allerdings die 5. Frage, die nach der Zukunftsbedeutung. Angesichts einer unabsehbar komplexen und sich verändernden Wirklichkeit kann diese Frage umfassend von niemandem beantwortet werden. Weder die wissenschaftliche Pädagogik noch andere Institutionen haben die Qualifikationen ermittelt, die die Schüler in künftigen Lebenssituationen benötigen werden. Das ist wohl auch nicht zu leisten, und schon gar nicht vom Lehrer als einer Ein-Mann-Curriculumkommission. Wohl aber kann man für einzelne Lerninhalte die Zukunftsbedeutung wahrscheinlich machen. Nennen wir als Beispiel die Techniken der Informationsbeschaffung und -verarbeitung, das, was man in einem etwas anspruchsvolleren Sinn „Lesen-Können" nennen könnte. Fachspezifisch ließen sich viele Inhalte nennen, an denen Qualifikationen erarbeitet werden; wir deuten nur einige mit einigen Stichworten an: „Freizeitsport", „Umweltschutz", „der mündige Leser". Das bleibt freilich alles unbefriedigend, weil die Frage nach der Zukunftsbedeutung immer nur punktuell, für einzelne Inhalte, mit einiger Gewißheit beantwortet werden kann.

Zum Schluß sei noch ein Problem angesprochen, das wenig mit Unterricht zu tun hat, aber für viele Referendare drückend ist. Schriftliche Unterrichtsplanungen werden oft mit einem Abschnitt eingeleitet, der sich „Didaktische Analyse" oder „Didaktische Überlegungen" o. ä nennt. Wir spitzen das Problem zu einer These zu: Für didaktische Überlegungen gibt es keine natürliche Begrenzung. Auch in der umfangreichsten Erörterung dieser Art lassen sich „Lücken" entdecken. Man muß sich immer auf das beschränken, was man für das Wichtigste hält, und das bedeutet in Prüfungssituationen, zu riskieren, daß der Prüfer etwas anderes für wichtiger hält. Wir meinen, es sei schon viel gewonnen, wenn über diese notwendige Unvollständigkeit zwischen Ausbildern und Referendaren Übereinstimmung herrscht. Ausbilder, die anderer Meinung sind, sollten sich verpflichtet fühlen, einmal eine lückenlose didaktische Musteranalyse vorzulegen.

7. Zum Prinzip des exemplarischen Lernens

Das Prinzip des exemplarischen Lernens ist nicht umstritten. Die Alternative wäre ja auch, jeden vernünftigen Unterricht durch eine Überfüllung mit Lernstoff zu ruinieren. Vor dem Hintergrund dieser positiven Bewertung sind die folgenden Probleme zu sehen.

7.1. Das exemplarische Lernen — eine unzulässige Verallgemeinerung?

Es ist oft sehr problematisch, wenn an *einem* „Exemplum" (oder an sehr wenigen „Exempla") etwas Allgemeines gelernt werden soll.

Betrachten wir das an einem Beispiel. Ein Lehrer stellt Schülern die Aufgabe, Merkmale des Klassischen Dramas herauszufinden; zu diesem Zweck läßt er Schillers „Maria Stuart" mit anderen — nicht klassischen — Dramen vergleichen. Die Aufgabe ist so nicht lösbar. Denn bei jedem einzelnen Kontrast, den die Schüler herausfinden, wissen sie nicht, ob sie nun ein Merkmal des Klassischen Dramas oder bloß der „Maria Stuart" herausgefunden haben. Daß die Schüler vor eine unlösbare Aufgabe gestellt werden, ist schlecht. Schlechter aber ist, daß solche Aufgaben in der Schule ständig gelöst werden — scheinbar. Durch beiläufige Steuerungen sorgt der Lehrer in solchem Falle dafür, daß das „Richtige" herauskommt. Schlecht daran ist, daß die Schüler einen falschen Begriff von wissenschaftlichen Verfahren bekommen. Sie schreiben dem exemplarischen Verfahren eine Beweiskraft zu, die es nicht hat; sie lernen, unzulässige Verallgemeinerungen für zulässig zu halten.

Es gibt verschiedene Wege, einen solchen Mißbrauch des exemplarischen Verfahrens zu vermeiden: (1) Die Basis der Verallgemeinerung wird verbreitert: durch orientierende Lehrverfahren (vgl. Abschnitt 7.3.), durch arbeitsteilige Einzel- oder Gruppenarbeit. — (2) Die Schüler werden systematisch angeleitet, zwischen Vermutungen und gesicherten Erkenntnissen zu unterscheiden. Der Lehrer hat sich zu fragen, ob denn die Faktenkenntnisse der Schüler wenigstens sinnvolle Vermutungen zulassen. (Ist das in unserem Beispiel der Fall?) — (3) Der Lehrer legt offen, aufgrund welcher Faktenkenntnisse *er* verallgemeinert (beziehungsweise die Autoren verallgemeinern, deren wissenschaftliche Lehre er referiert).

Nicht immer ist eine Verallgemeinerung aufgrund *eines* „Exemplums" unzulässig. Wir geben zum Problem der Verallgemeinerung einige Beispiele. (Indem wir den Leser bitten, diese Beispiele zu verallgemeinern, bedienen wir uns selbst der exemplarischen Methode.)

(1) Schüler analysieren Einhards Bericht über die Sachsenkriege Karls des Großen. Sie erhalten Informationen über den Autor (Freund und Lehrer Karls . . .), über Fakten, die er verschweigt (Blutbad an der Aller i. J. 782) u. a. Sie werden angeleitet, Wertmaßstäbe, Parteinahme und Beschönigungen der Quelle zu erkennen. Sie erhalten Anweisung, die Perspektive des Textes zu ändern („Beurteile die Maßnahmen der Franken aus der Sicht der Sachsen"). Damit sollen unter anderem folgende Lernziele erreicht werden: „Die Glaubwürdigkeit eines Verfassers durch Beachtung seiner sozialen Stellung, seiner Interessen und seiner Einstellung zum Gegenstand beurteilen." „Den Perspektivenwechsel als Hilfe kritischer Lektüre anwenden." (H. D. Schmid, Fragen an die Geschichte, Frankfurt 1974, Bd. 1, S. 192—194; Lehrerbegleitband, S. 161—163)

(2) Schüler analysieren eine Filmsequenz und erkennen, daß der Zuschauer das Nacheinander verschiedener „Einstellungen" in einen Handlungszusammenhang übersetzt.

(3) Schüler erkennen an dem Beispiel „drei" / „3" / „III" den Unterschied zwischen „Zahlzeichen" und „Zahl".

7.2. Transfer

Wenn man am „Exemplum" etwas Allgemeines gelernt hat, kann man dies auf andere ähnliche Fälle übertragen. Eben dies nennt man, wie gesagt, Transfer. Es wäre ein Irrtum zu meinen, daß Transfer sich quasi automatisch einstellt. Das läßt sich an Inhalten dieses Buches zeigen:

Ich habe mich bemüht, unterschiedliche Aufgabenstellungen, wie sie im Unterricht vorkommen, an den Aufgaben dieses Buches zu demonstrieren (soweit das der Unterschied zwischen Unterricht und einer Publikation zuläßt). Erfahrung zeigt, daß ich mir entweder die Mühe hätte sparen können oder aber den exemplarischen

Charakter einzelner Aufgaben hätte erläutern sollen. Ein Beispiel: Es ist oft sehr schwierig für Lehrer, eine Aufgabe unmißverständlich zu formulieren. Ein oft praktikabler Ausweg ist es, daß der Lehrer mit der Lösung der Aufgabe beginnt und dazu auffordert, die Lösung zu vervollständigen. Das kann etwa so aussehen, daß man ein Tabellenschema vorgibt, die erste Zeile ausfüllt und die Schüler bittet, analog weitere Zeilen auszufüllen. (Dergleichen kommt in diesem Buch öfter vor.) Das kann aber auch ganz anders aussehen, denn aufs Prinzip kommt es an: Lehrer fängt an, Schüler fahren fort.

Aus dem Beispiel folgt: Transfer muß thematisiert werden. Das Allgemeine, das transferierbar ist, zeigt sich nicht von selbst. Es muß aus dem Beispiel abstrahiert und formuliert werden. Die Möglichkeiten seiner Anwendung zeigen sich nicht von selbst. Sie müssen benannt werden. Und in aller Regel genügt nicht das Benennen, sondern man muß Transfer üben.

Man kann diese Forderungen als Forderungen nach bestimmten Unterrichtsphasen formulieren. Exemplarischer Unterricht sollte eine Phase der Abstraktion enthalten bzw., wenn das zu erlernende Allgemeine eine Fertigkeit ist, eine Phase der Methodenreflexion. Darauf folgt eine Phase der Anwendung des abstrakt Formulierten auf weitere konkrete Beispiele.

7.3. Die Notwendigkeit des „orientierenden" Lehrens

Der Begriff des Exemplarischen, so wie wir ihn oben erläutert haben, sagt nichts aus über ein Lehrverfahren: Man könnte die Schüler das Allgemeine am individuellen Gegenstand selbständig entdecken lassen, man könnte es aber auch durch einen Lehrervortrag vermitteln. Meist aber verknüpft man den Begriff des exemplarischen Lernens mit den Verfahren des entdeckenden und problemorientierten Lernens (vgl. dazu Kapitel II). Das erklärt sich so: Die Auswahl exemplarischer Gegenstände erlaubt es, die Stoffülle der Fächer zu reduzieren. Statt viele Gegenstände oberflächlich zu behandeln, behandelt man wenige Gegenstände „vertiefend", das heißt aber problemorientiert und entdeckend. Diesen Begriff nun legen wir zugrunde, wenn wir von exemplarischen Lehrverfahren sprechen.

H. Roth hat 1957 dargelegt, daß neben das exemplarische Lehren das orientierende Lehren treten, daß neben der „Tiefe" auch die

„Breite“ des Lernens zu ihrem Recht kommen müsse. Daran hat sich bis heute nichts geändert.

Die beiden Verfahren seien durch einige Stichworte charakterisiert:

exemplarisch	orientierend
der einzelne Fall oder wenige Fälle	viele Fälle, Überblick
gründlich, langsam	zügig
detailliert	global
Schüler erarbeiten, entdecken	Schüler werden informiert

Von den zahlreichen Argumenten für ein orientierendes Verfahren scheinen uns zwei besonders gewichtig: (1) Bei einem ausschließlich exemplarischen Unterricht bleibt das Wissen der Schüler ohne Zusammenhang. Auffällig ist das oft bei räumlichen und zeitlichen Zusammenhängen, wenn Schüler etwa abenteuerliche Vermutungen über die Entfernung Berlin—Moskau äußern oder das Römische Reich mit Augustus enden lassen. In manchen Fächern bekommen die Schüler gar keine Vorstellung mehr, wie eigentlich ein Buch aufgebaut ist und wie man es liest, weil sie nur noch (fotokopierte) Textproben „erarbeiten“. Letzteres ist ein Beispiel dafür, wie gedankliche Zusammenhänge vernachlässigt werden: Argumentationszusammenhänge, die Verankerung von Begriffen in einem Begriffssystem. — (2) Lehrer, die sich einseitig auf exemplarisches Lernen festlegen, werden durch Sachzwänge, wirkliche und vermeintliche, unter Zeitdruck gesetzt. Die Folge ist oft, daß das exemplarische Verfahren, das nun einmal Zeit braucht, nur noch scheinbar praktiziert wird. Man praktiziert in Wirklichkeit eine Mischform, bei der die Schüler weder gründlich und in Ruhe arbeiten noch einen großen Überblick gewinnen. Man verliert also die Vorteile beider Verfahren und kombiniert ihre Nachteile. Deshalb plädieren wir für eine bewußte Trennung beider Verfahrenweisen.

Die Unterscheidung „exemplarisch vs. orientierend“ überschneidet sich mit den Unterscheidungen „entdeckenlassend vs. darstellend“ und „problemorientiert vs. systemorientiert“. Während jene Unterscheidungen von lernpsychologischen und methodischen Überlegungen ausgehen, sind wir in diesem Kapitel von der Wahl der Gegenstände und der Lernziele ausgegangen.

Aufgaben:

(1) Die beiden folgenden Beispiele haben mit den Stichworten „Rückkoppelung Gegenstand — Lernziel" und „Gegenwartsbedeutung" zu tun:

a) In einem Englischbuch für das 7. Schuljahr findet sich ein Dialog „That's no good for a girl". Er beginnt mit der Ankündigung des Mädchens Carol, in eine Disco zu gehen, worauf die Mutter meint, die Tochter solle mehr Zeit fürs Familienleben haben, und der Vater, sie solle mehr Zeit für Hausaufgaben verwenden als für „that damned discotheque". Der Lehrer sieht voraus, daß dieser Textbeginn bei seinen Schülern (vor allem Schülerinnen) eine Menge Erinnerungen an ähnliche Familienereignisse hervorrufen wird. Was bedeutet diese Voraussicht für seine Unterrichtsplanung?

b) L.: Da sind zwei Ausdrücke genannt worden — Ballungszentrum und Ballungsraum. Johannes!

J.: Ich bin schon öfter im Ruhrgebiet gewesen. Also, leben möchte ich da nicht. Da muß ich mir dann eine Gasmaske anschaffen, sonst kann ich die Luft nicht mehr riechen.

L.: Stopp — wir sind beim Ballungsraum — bei Ballungszentrum.

J.: . . . Da wird man auch so zusammengepfercht — und dann dauert es oft Stunden, daß man zum Kaufhof kommt — und immer gehen die Ampeln — und immer ist Verkehr — und . . .

L.: Stopp, stopp, Johannes!

J.: Wenn ich jetzt im . . .

L.: Stopp, Johannes. Nicht soviel über das Ruhrgebiet erzählen — ich will nur wissen — exakt — den Ballungsraum. Georg!

G.: Das ist genau wie beim Strohballen. Das sind ganz viele kleine Halme zusammen — und im Ruhrgebiet wohnen ganz viele Menschen zusammen.

L.: Das war eben ein schönes Beispiel. Sehr schön! . . .

(Die Sequenz entstammt dem Archivmaterial der Unterrichtsmitschau der PH Münster)

(Quelle: Thiemann 1979, 15 f.)

(2) Zum Stichwort „Struktur des Gegenstandes":

Da sich das Thema nur fachspezifisch behandeln läßt, hier eine mehr spielerische Aufgabe, an der sich aber die Problematik gut verdeutlichen läß: Nehmen Sie an, Sie sollten in Klasse 5 das Thema „Vorfahrtsregeln im Straßenverkehr" durchnehmen.

— Welche Struktur hat der Gegenstand?
— Bestimmt diese Struktur die Abfolge der Lernschritte (= „sachlogische" Unterrichtsstruktur)?

(3) Zum Stichwort „Exemplarität":

Probleme, die bei der Verallgemeinerung des Einzelfalls auftreten, lassen sich mit folgendem Experiment verdeutlichen: Ein Begriff wird an einem Beispiel vorgestellt oder besser an mehreren Beispielen, etwa der Begriff „Modell" an konkreten wissenschaftlichen Modellen. Das kann durch eine Gruppe vorbereitet werden, die sozusagen den „Lehrer" spielt. Die übrigen spielen die „Schüler": Sie versuchen in Einzelarbeit (!) das Beispiel zu verallgemeinern und den Begriff abstrakt zu erläutern. (Es muß nicht gleich eine Definition sein!) Die Ergebnisse werden verglichen.

(4) Zum Stichwort „Zukunftsbedeutung":

Welche Qualifikationen, die vernünftigerweise in der Schule vermittelt werden sollten, haben Sie in Ihrem Studium vermißt?

(5) Aus einem schriftlichen Unterrichtsentwurf für eine 9. Klasse:

Thema der Unterrichtsreihe: Der Wald. Thema der Stunde: Bodenorganismen und ihre Funktionen bei der Laubzersetzung.

„Didaktische und methodische Vorbemerkungen:

Mit dem Thema Boden soll innerhalb der Reihe „Wald" der Schwerpunkt verstärkt auf ökologische Fragestellungen gelegt werden.

Zum einen ist der Boden ein wichtiger abiotischer Faktor, zum anderen sind die in ihm lebenden Organismen aber auch ein bedeutender biotischer Faktor im Ökosystem Wald.

Unter ersteren Aspekt fallen Themen wie chemische und physikalische Eigenschaften und ihre Auswirkungen auf die Biozönose Wald (Nährstofflieferant, Stellung im Wasserhaushalt, Zeigerpflanzen und Boden). Unter den zweiten Aspekt fallen Themen wie Boden als Biotop für speziell angepaßte Bodenorganismen, Bodenorganismen und ihre Stellung im Nahrungs- und Stoffkreislauf des Waldes.

Eine zwingende Reihenfolge der Behandlung von Einzelaspekten ergibt sich nicht. So kann sowohl mit den abiotischen wie mit den biotischen Faktoren des Bodens begonnen werden. Da die Klasse bislang keinen Chemieunterricht hatte, wähle ich den Einstieg über die biotischen Faktoren, die für die Schüler leichter zugänglich sind, da sie sich ohne die Verwendung chemischer Symbole und chemischer Reaktionen behandeln lassen. (Es genügt, wenn die Schüler eine konkret-anschauliche Vorstellung biologisch wichtiger in der Bodenluft enthaltener Stoffe – z. B. Sauerstoff, Kohlendioxid – haben.) Die in dieser Stunde erarbeitete Analyse der Funktion der einzelnen Bodenorganismen-Gruppen für die Laubzersetzung soll als Grundlage für die in der nächsten Stunde zu erstellende Nahrungskette der Bodenorganismen dienen. Eine Weiterentwicklung zur Nahrungskette Wald kann exemplarisch für Nahrungsketten innerhalb von Ökosystemen überhaupt stehen.

Da Wald für die Schüler durchaus in ihrem Erlebnishorizont liegt, erwarte ich ein gewisses Interesse an dem Unterrichtsgegenstand.

Das Wissen um die Bodenorganismen und ihre Bedeutung für ein Ökosystem erhöht die Beurteilungs- und Entscheidungskompetenz für umweltfördernde und umweltzerstörende Maßnahmen. Z. B. Abbrennen von Vegetation, Verwendung von Streusalz, Kompostierung.

Als Einstieg wähle ich eine Bodenuntersuchung. Die Schichtung des Waldbodens könnte wahrscheinlich schneller anhand eines Dias erarbeitet werden. Die selbständige Bodenuntersuchung und die direkte Konfrontation mit dem Waldboden erscheint mir jedoch wesentlich motivierender und den Möglichkeiten zur exakten Beobachtung und Beschreibung wesentlich geeigneter. Der relativ hohe Zeitaufwand läßt sich auch dadurch rechtfertigen, daß in den folgenden Stunden weitere Funktionen des Bodens im Ökosystem Wald behandelt werden sollen. Der Schüler kann sich dabei immer wieder auf seine anfangs gemachten Beobachtungen beziehen. Die Beobachtungen sind der Impuls für die Problemstellung, die den Schüler zu einem selbständigen Entwickeln von Hypothesen und entsprechenden Beweisen führt. [. . .]"

— Welche der 14 Fragen der didaktischen Analyse werden hier angesprochen?

Literaturhinweise I

GERNER, Berthold (Hrsg.): Das exemplarische Prinzip. 5. Aufl. Darmstadt 1972 (Wichtige Beiträge zum Thema, meist aus den 50er Jahren.)

KLAFKI, Wolfgang: Didaktische Analyse als Kern der Unterrichtsvorbereitung. In: KLAFKI, W. u. a.: Didaktische Analyse. 10. Aufl. Hannover 1965. S. 5—34

KLAFKI, Wolfgang: Zur Unterrichtsplanung im Sinne kritisch-konstruktiver Didaktik. In: KÖNIG, E. / SCHIER, N. / VOHLAND, U. (Hrsg.): Diskussion Unterrichtsvorbereitung — Verfahren und Modelle. München 1980. S. 13—44

ROTH, Heinrich: Pädagogische Psychologie des Lehrens und Lernens. 11. Aufl. Hannover 1969. Kap XI: Orientierendes und exemplarisches Lehren. S. 169—178 (auch in: GERNER, B. s. o.)

Sonstige zitierte Literatur

THIEMANN, Friedrich: Kritische Unterrichtsbeurteilung. München 1979

KAPITEL VI:

MOTIVATION

Übersicht

1. Eine Aufgabe und ein Versuch, den Leser zu motivieren

Was Lehrer tun, um Schüler zu motivieren, ist sehr vielfältig. Einiges davon läßt sich mit Hilfe der Motivationspsychologie verbessern. Anderes kommt in der Motivationspsychologie kaum oder gar nicht vor; das hängt oft von wissenschaftsgeschichtlichen Zufällen ab. Das bringt die Gefahr mit sich, daß das Nachdenken über Motivation verarmt, wenn es sich nämlich auf das beschränkt, was erforscht ist. Deshalb ist die folgende Aufgabe wichtig:

Aufgabe:

— Berichten Sie der Gruppe, was Sie in Ihrem Unterricht tun, um die Mitarbeit der Schüler zu gewinnen (bitte nicht nur geniale Einfälle, sondern auch Alltägliches).

— Halten Sie die Ergebnisse der Gruppe in Stichworten fest. Suchen Sie zu den Stichworten abstrakte Oberbegriffe.
— Wenn es die Zeit erlaubt: Dies ist ein Beispiel, wie man mit Hilfe von Tafel, Folie oder Pinnwand aus einem „offenen Einstieg" Resultate gewinnt, die für die weitere Arbeit zur Verfügung stehen. Anlaß also für eine Methodenreflexion.

Möglicherweise haben Sie einiges von dem, was Sie zur Motivation Ihrer Schüler tun, übersehen. Ziehen Sie zur Ergänzung die folgenden Versuche des Autors heran, den Leser zu motivieren.

(1) Motivationen bringen die Schüler in den Unterricht mit und tragen sie — verändert — auch wieder davon. Motivationen gehören m. a. W. zu den Unterrichtsvoraussetzungen, zu den Unterrichtsergebnissen und sollten deshalb auch zu den Unterrichtszielen gehören — vielleicht den wichtigsten, die die Schule kennt.

(2) Was bietet das Kapitel? Informationen aus der Motivationsforschung, die immer schon auf Unterricht bezogen sind, Ratschläge für den Unterricht, Beispiele für typische Fehler, die man vermeiden kann, wenn man sie kennt.

(3) Sie wissen doch sicher, daß „Motivation" ein beliebtes Thema im Examen ist (im Ernst!).

(4) Hängen in Ihren Stunden die Schüler herum wie die müden Fliegen? Ist in der letzten Stunde sogar der Ausbildungslehrer eingeschlafen? Sehnen die Schüler den Tag herbei, wo Sie die Klasse wechseln? Dann sollten Sie dieses Kapitel aber gründlich lesen!

(5) Trödeln Sie nicht herum! Je energischer Sie dieses Kapitel angehen, desto eher haben Sie es hinter sich! Nehmen Sie sich für anschließend etwas Nettes vor (Kino, Kneipe oder was Sie gerade motiviert)!

(6) Enttäuschen Sie Ihren Seminarleiter nicht! Sie verlangen von Ihren Schülern doch auch, daß sie ihre Hausaufgaben machen und sind enttäuscht, wenn keiner vorbereitet ist. Also . . .

(7) Sie legen Wert darauf, Ihre Schüler zu motivieren? Zwang versuchen Sie zu vermeiden? Aber führt das nicht zu ganz unerwünschten Effekten? Motivation ist doch für das Lernen, was der Zuckerguß für die bittere Pille ist. Lernen wird versüßt durch bunte Bilder, bunte Filme, verblüffende Experimente, Spiele, viel Abwechslung, auch durch heftiges Loben. Was lernen die Schüler

dabei? Vor allem, daß Lernen im Grunde als langweilig und unzumutbar gilt. „Nun motivieren Sie mich mal schön." — Ganz im Gegenteil, Sie halten nichts von Motivation? Bravo! Sie haben den Sinn von Schule erfaßt. Lehrer wie Sie meinte der von Dewey zitierte Humorist, der sagte: „Es ist gänzlich gleichgültig, was in der Schule gelernt wird, solange es den Schülern nur zuwider ist." (Dewey 1964, 180)

2. Motive

2.1. Begriffserklärung

Zweckmäßigerweise unterscheidet man zwischen Motiv und Motivation. Motive gehören zu den überdauernden Persönlichkeitsstrukturen (z. B. Ängstlichkeit), während Motivation ein aktueller Zustand ist (z. B. Angst). (Der Sprachgebrauch ist aber uneinheitlich; oft bezeichnet „Motivation" beides, oder die beiden Begriffe werden anders unterschieden.)

Der Begriff des Motivs ist jedem aus der Alltagspsychologie bekannt. Ständig erklären wir Verhaltensweisen aus Charakterzügen: Tapferkeit — Feigheit, Freigebigkeit — Geiz usw. Wir tun das vor allem, wenn wir individuell besondere und konstante Verhaltensmuster zu erkennen glauben (A zieht sich immer zurück, wenn Situationen bedrohlich werden, während B sich angriffslustig zeigt).

In der wissenschaftlichen Psychologie hat der Begriff viel von seiner alltäglichen Unschärfe behalten. Ein Versuch, ihn exakt zu definieren, wäre ebenso aufwendig wie unergiebig. Statt dessen gehen wir aus von Begriffen, die man von Fall zu Fall für „Motiv" einsetzen kann (Unterbegriffen): „Trieb", „Bedürfnis", „Interesse", „Wertorientierung". Die größte Ähnlichkeit mit „Motiv" hat wohl das Wort „Bedürfnis". Heckhausen (Funkkolleg) übersetzt „Motiv" mit „wiederkehrendes Anliegen".

Durch folgende vier Aussagen sei der Begriff etwas exakter gefaßt:

(1) Motive bezeichnen eine *Handlungsrichtung und* eine psychische *Energie*.

(2) Motive sind *hypothetische Konstrukte*. Aus Verhaltensweisen, die jemand häufiger zeigt, *schließt* man auf innere Strukturen.

(3) Motive sind *abstrakt*. Wenn jemand z. B. gern Kreuzworträtsel löst, ist es wenig sinnvoll, ihm einen „Kreuzworträtsellösetrieb" zu unterstellen. Motive müssen eine größere Zahl von Verhaltensweisen erklären.

(4) Motive sollten *empirisch ermittelt werden*. Ein Motiv der Alltagspsychologie ist z. B. „Ehrlichkeit". Das Konzept besagt u. a., daß jemand dazu tendiert, die Wahrheit zu sagen. Die empirische Überprüfung dieses Konzepts ergab aber, daß die Verhaltenskonstanz in verschiedenen Situationen, die mit „Ehrlichkeit" erklärt wird, gar nicht existiert: Menschen, die in einer Situation „unehrlich" sind (z. B. bei Tests mogeln), sind in anderen Situationen durchaus ehrlich. — Leider ist die Psychologie bei der empirischen Fundierung der Motiv-Arten nicht sehr weit gekommen. Die vorliegenden Motiv-Listen sind nach Zahl und Art sehr unterschiedlich und stellen kaum mehr dar als Arbeitshypothesen.

2.2. Einige Warnungen, speziell für Lehrer

In der Alltagspsychologie — und nicht nur dort — richten Motivzuschreibungen einiges Unheil an. Wovor gewarnt werden muß, ergibt sich zum Teil aus dem vorigen:

- Man übersieht den hypothetischen Charakter der Motive und meint, sie seien in der Wahrnehmung gegeben: Fleiß — Faulheit, Interesse — Desinteresse von Schülern usw. Das ist bei Motiven nicht anders als bei anderen hypothetischen Konstrukten wie „Intelligenz", „Begabung".
- Man arbeitet mit ungeeigneten Konstrukten (s. o. „Ehrlichkeit").
- Man übersieht die Wirkungen der Situation. Es gibt eine generelle Tendenz, eigenes Handeln aus der Situation zu erklären, fremdes Handeln aber aus Motiven. Ross nennt das den fundamentalen Attributionsfehler (= Erklärungsfehler) (vgl. Nisbett/Ross 1980, 122 ff.). Wenn Sie zum Beispiel einem Bettler zehn Mark geben, so werden Sie das vor sich selbst damit begründen, daß der Mensch so erbärmlich aussah und daß bald Weihnachten ist, oder ähnlich. Die gute Gabe eines anderen werden Sie eher damit begründen, daß der Geber ein mitleidiger Mensch ist. Warum das so ist, darüber sollten Sie vielleicht eher an einem schulnäheren Beispiel nachdenken:

Aufgabe:

Der Schüler Paul, so haben Sie bemerkt, erscheint zum Unterricht öfter unvorbereitet. Sie selbst (Hand aufs Herz!) sind für Ihren Unterricht öfter nicht optimal und manchmal ausgesprochen schlecht vorbereitet.

— Begehen Sie bei der Erklärung dieser Sachverhalte den fundamentalen Attributionsfehler?

— Worin könnten die Gründe für die unterschiedliche Attribution liegen?

2.3. Hierarchie der Motive

Ein Mensch, der starken Hunger hat, wird in der Regel von diesem Bedürfnis so beherrscht, daß andere Bedürfnisse, etwa nach Anerkennung und Liebe, zurücktreten. Ein Schüler, der um Anerkennung bei seinen Mitschülern kämpft, hat den Kopf nicht frei für die Bildungsangebote der Schule. Diese Beispiele exemplifizieren einen einfachen Sachverhalt: Es gibt grundlegende Bedürfnisse, die erst einmal gestillt sein müssen, ehe „höhere" Motive wirksam werden können; in diesem Sinn gibt es eine Hierarchie der Motive. Eine sehr einfache Hierarchie ist die folgende (in Anlehnung an Maslow, zitiert bei Klausmeier/Ripple, Bd. 3, S. 16):

(1) Biologische Antriebe: Hunger, Durst, Schmerzvermeidung, Sexualität.

(2) Soziale Motive: Sie lassen sich noch einmal staffeln nach:

a) Bedürfnis nach Sicherheit,

b) Bedürfnis nach Liebe und Zugehörigkeit,

c) Bedürfnis nach Wertschätzung (d. h. geschätzt zu werden).

(3) Sensorisch-kognitive Bedürfnisse: Bedürfnis nach Abwechslung, Erkundungsmotiv (Neugier), Leistungsmotiv.

Die Klassifizierung und ihre Kriterien (z. B. „biologisch") werden unten noch erläutert. — Die Übersicht über Motivarten ist sehr grob und unvollständig. Sie soll auch nur zu folgender Frage anregen: Welche Bedingungen müssen erfüllt sein, damit in der Schule * „höhere" Motive in Funktion treten können, d. h. damit die Schüler Neugierde, Sachinteresse, Arbeitsfreude zeigen können?

3. Intrinsische und extrinsische Motive

Intrinsische (oder primäre) Motive sind sachimmanente Motive, extrinsische (oder sekundäre) Motive sind sachfremd. Ein einfaches Beispiel: Jemand kann laufen, um einer Gefahr zu entgehen, um seine Gesundheit und Arbeitskraft zu erhalten, aber auch — wie manche Jogger —, weil ihm das Laufen Spaß macht. Im letzteren Fall ist er intrinsisch motiviert; die Tätigkeit dient keinem anderen Zweck, sondern ist Selbstzweck. Ebenso kann sich ein Schüler um die Lösung eines Problems bemühen — dem Lehrer zuliebe, der Note wegen, aber auch weil ihn das Problem reizt.

Die Unterscheidung ist deshalb so wichtig, weil es in der Schule darum geht, intrinsische Motive zu erhalten und aufzubauen. Das Ideal ist der Schüler, der intellektuellen, musischen, sportlichen Beschäftigungen nachgeht, der sich politisch und sozial engagiert, weil er diese Tätigkeiten als sinnvoll und befriedigend empfindet, weil er sie als Wege zur Selbstverwirklichung erfahren hat. Intrinsische Motive sind Lernziele, vielleicht die wichtigsten, die der Lehrer erreichen kann.

Wie man intrinsische Motive aufbaut, dazu gibt es kaum irgendwelche Untersuchungen. Wohl aber gibt es Untersuchungen dazu, wie man intrinsische Motive unwirksam macht (vgl. Lepper/Greene 1978). Stellen wir uns den Schüler Paul vor, wie er Hausaufgaben macht. Er haßt Hausaufgaben, aber er macht sie, weil ihn seine Mutter durch gutes Zureden dazu gebracht hat. Das wiederholt sich. Diesen inneren Zwiespalt (zu tun, was er haßt, und zu hassen, was er tut) hält Paul nicht aus. Ihm selbst unmerklich wird sich seine Einschätzung der Hausaufgaben verschieben; er wird sie nicht mehr so schlimm finden. Ganz anders, wenn er fürs Hausaufgabenmachen belohnt wird. Jetzt weiß er, warum er tut, was er haßt: für Geld. Und so wird er seine Einstellung beibehalten. — Nun zu Peter, der samstags seinem Vater den Wagen wäscht. Er hält das eigentlich für selbstverständlich, denn schließlich hilft man sich gegenseitig, wenn man sich mag. Eines Tages beginnt Peters Vater, ihn fürs Wagenwaschen zu bezahlen. Nun ändert sich Peters Einstellung. Es ist, als ob er sich sagte: Wenn ich dafür Geld bekomme, würde ich es ohne Bezahlung nicht tun; ohne Belohnung wäre das unzumutbar. Fassen wir beide Fälle zusammen: Belohnungen verhindern, daß andere Motive wirksam werden. Strafandrohung dürfte dieselbe Wirkung haben. Und eine Folgerung daraus: Unter den Bedingungen von Lohn und Strafe werden intrinsische Motive nicht wirksam. Und es ist zu befürchten, daß nicht nur die (augenblickliche) Motivation, sondern die (dauerhaften) Motive als solche — Neugier, Sachinteresse, Hilfsbereitschaft — beeinträchtigt werden.

Nun soll man bei Folgerungen aus Laborergebnissen den gesunden Menschenverstand ins Spiel bringen. Jeder weiß, daß zusätzliche Prämien wie Anerkennung oder z. B. ein gutes Gehalt das Interesse an der Arbeit eher steigern als ruinieren. (Falls das anders wäre, sollte man Lehrer schlechter bezahlen.) Und was die Prämien angeht, die der Lehrer verteilen kann, nämlich Lob und Anerkennung, so wird das in Kapitel IX ausführlich diskutiert. Halten wir aber fest: Wenn ein Schüler den Eindruck gewinnt, er tue das, was er tut, im Grunde nur für Belohnung oder um Strafe zu vermeiden, so werden ihm andere mögliche Gründe unwichtig werden. Es gibt z. B. Eltern, die Klausur- und Zeugnisnoten nach einem festen Schema in Prämien (Geldbeträge) und Strafen (Dauer des Fernsehentzugs) umrechnen. Das wirkt sicherlich entmotivierend. Aber ein ordentliches Zeugnis nicht zu loben, wäre ja wohl sehr unfreundlich, und gegen eine Zugabe zum Taschengeld ist auch nichts einzuwenden.

Aufgaben:

(1) Wir haben die Unterscheidung intrinsisch — extrinsisch am Beispiel eines Läufers eingeführt. Wie verhält es sich bei einem Läufer, der trainiert, um Wettkämpfe zu gewinnen; ist er intrinsisch oder extrinsisch motiviert?

(2) Ist folgender Satz richtig? Für die Lernmotivation gilt: die sozialen Motive (Sicherheit, Liebe und Zugehörigkeit, Wertschätzung) sind extrinsisch, die sensorisch-kognitiven sind intrinsisch.

---

4. Das Erkundungsmotiv (Neugierde)

4.1. Erläuterung

Die unterste Stufe der Motivationshierarchie haben wir oben als „biologisch“ bezeichnet. Daraus könnte man schließen, diese Motive, also z. B. Hunger und Sexualität, seien angeboren, die höheren Motive, also z. B. Neugierde, seien kulturbedingt und erlernt. Man braucht aber nur oberflächlich die Nahrungsaufnahme und das Paarungsverhalten des Homo sapiens zu betrachten, um zu erkennen, daß hier Biologisches und Kulturelles, Angeborenes und Erlerntes eine Einheit bilden. Umgekehrt sind auch die höheren Motive nicht nur erlernt, sondern haben eine biologische Grundlage. Dies wurde vor allem von D. E. Berlyne herausgearbeitet. Er hat eine umfassende Theorie der kognitiven Motive entworfen. Diese können wir hier freilich nicht einmal in ihren Grundzügen darstellen; wir müssen uns auf einige unterrichtsrelevante Aspekte beschränken.[1]

Ein Bedürfnis (z. B. Durst) — so stellt man es sich vielfach vor — ist unangenehm, seine Befriedigung (z. B. Trinken) angenehm. Motivationen wären also darauf gerichtet, einem Mangel abzuhelfen, eine Bedürfnisspannung zu reduzieren. Dieses Motivationsmodell reicht aber nicht einmal für die biologischen Motive aus. (Das weiß z. B. die Bierreklame, die vom „schönen" Durst redet.) Für die kognitiven Motive ist es ganz unzureichend. Der angenehmste Zustand ist nicht die Sättigung aller Bedürfnisse — das wird bald langweilig —, aber natürlich auch nicht der Zustand des Leidens (heftiger Hunger oder Durst, sexuelle Deprivation), sondern ein Zustand irgendwo dazwischen. Berlyne nennt ihn den Zustand *mittlerer Aktivation*.

Menschen und höhere Tiere zeigen ein Bedürfnis nach *aktiver Erkundung* ihrer Umwelt; sie zeigen Neugierde. Berlyne erklärt dieses Verhalten mit dem angeborenen Streben nach mittlerer Aktivation. *Sensorische Neugierde* (Berlyne spricht von „perzeptiver" Neugierde) ist das Streben, sich durch wechselnde und neuartige Sinnesreize anregen zu lassen. *Kognitive Neugierde* (Berlyne nennt sie „epistemisch") strebt nach Umweltbedingungen, die unsere kognitiven Fähigkeiten herausfordern. Wir haben oben beide Tendenzen als „sensorisch-kognitiv" zusammengefaßt, weil sie sich in der Praxis kaum trennen lassen.

Inwiefern eine Situation kognitiv anregend sein kann, ist noch zu erläutern. Die folgende Übersicht nennt Situationen, die als anregend erlebt werden, und die Art und Weise, in der wir darauf reagieren (Tab. 1).

anregende Situation	Reaktionen
Neuartigkeit, Überraschung	sich vertraut machen
Komplexität	vereinfachen, Überblick gewinnen
Unschärfe, Vieldeutigkeit	klären, eindeutig machen
Unsicherheit, Zweifel	sich entscheiden
Widersprüchlichkeit	abwägen, vereinheitlichen

Tab. 1

Negativ formuliert: Eine Situation, die bekannt, einfach, überschaubar und sicher beherrscht ist, fordert nicht heraus; sie ist langweilig. Kommt hinzu, daß sie nur wenige, bekannte und gleichbleibende Sinnesreize bietet, ist die Langeweile vollständig.

Erkundungsverhalten, so können wir zusammenfassen, hat zwei Komponenten und zwei Belohnungen. (1) Wenn die Umwelt langweilig ist, so suchen wir sie so zu verändern, daß sie hinreichend anregend wird. Diesen Zustand des Angeregtseins erleben wir als angenehm. — (2) Wir reagieren auf anregende Situationen, indem wir sie so verarbeiten, daß sie ihr Anregungspotential verlieren. Auch das wird als angenehm empfunden. Man kann sich das leicht an verschiedenen „Herausforderungen" illustrieren: Rätsellösen, Skifahren, Achterbahnfahren usw. Beides ist belohnend: herausgefordert zu werden und die Herausforderung zu meistern, Neues zu erleben und sich das Neue vertraut zu machen.

Als positiv erlebt wird aber, wie gesagt, nur ein mittleres Maß an Anregung. „Kinder und Erwachsene scheinen, wenn die biologischen Bedürfnisse versorgt sind, einen Großteil ihrer Zeit und Kraft in einem schmalen psychologischen Raum zu verausgaben, der auf der einen Seite von der Langeweile des Gewohnten, auf der anderen Seite von der Angst vor dem Ungewohnten begrenzt wird" (Kagan 1987, 109).

Aufgabe:

Die Tabelle 1 kann man sich nur schwer einprägen. Suchen Sie deshalb für die erste Spalte eine zusammenfassende Formulierung. (Es genügt, wenn die Formulierung Ihnen persönlich etwas sagt.)

4.2. Folgerungen für den Unterricht

Unterricht sollte *Abwechslung* bieten (sensorische Anregung) und *Problemorientierung* (kognitive Anregung), und beides in einem *mittleren* Maß. Was ein mittleres Maß ist, läßt sich immer nur aktuell, mit Blick auf eine bestimmte Lerngruppe und eine bestimmte Unterrichtssituation sagen, d. h. man muß es an Fallbeispielen diskutieren.

Abwechslung schafft man durch einen Wechsel der Sozialformen, Gesprächsformen und Medien. Zum Beispiel im Seminar empfinden die Lernenden (nicht immer der Lehrer) sehr deutlich, wann eine bestimmte Arbeitsform (offene Diskussion oder Vortrag) zu lange dauert. Kinder leiden an Monotonie früher und weniger stillschweigend als Referendare.

Zuviel Abwechslung ist Hektik. Die verursacht manchmal der Lehrer. Ein Beispiel ist das, was man oft „Medienzirkus" nennt. (Dazu eine — nicht ganz ernstgemeinte — Faustregel: Verwenden Sie nicht mehr Medien, als ein kräftiger Lehrer allein zum Klassenraum tragen kann.) Aber auch manche Lerngruppen drängen den Lehrer zur Hektik, weil die Aufmerksamkeit der Kinder in kurzen Zeitabständen zusammenbricht und der Lehrer sich bemüht, die Aufmerksamkeit durch „etwas Neues" wiederzubekommen. Da liegt ein sehr ernsthaftes Problem, das hier nur angedeutet wird: Wie sollen solche Kinder die Arbeitsformen üben, die nicht zu stückeln sind, z. B. irgendetwas, ein Bild oder ein Naturphänomen, geduldig zu betrachten? Jedenfalls kann es nicht richtig sein, dem Bedürfnis nach kurzen Arbeitsrhythmen immer nachzugeben.

Abwechslung sollte *funktional* sein. Das heißt, jedes Medium und jede Arbeitsform sollte einen Zweck haben, der auch den Schülern erkennbar ist. Anderenfalls wirkt der Unterricht unzusammenhängend und desorientierend.

Wenn man Abwechslung beabsichtigt, sollte man über den Tellerrand der einzelnen Unterrichtsstunde hinaussehen. Haben Ihre Stunden ein starres Schema? Können die Schüler vorhersagen, wie Sie anfangen werden, fortsetzen werden und schließen werden? Es gibt Schemata, die sich durch ganze Schulvormittage ziehen: Nach dem Deutsch-, Religions- und Philosophielehrer sagt schließlich noch der Geschichtslehrer, nachdem er eine „Leitfrage" entwickelt hat: „Ich habe euch dazu einen Text mitgebracht."

(Fotokopiertes heißt fast immer „Text" oder „Arbeitsblatt" — nicht sehr anregend.) Jenseits des Tellerrands kann auch das außerschulische Leben der Schüler sichtbar werden. Und da zeigt sich zum Beispiel, daß Filme ein sehr verbrauchtes Medium sind. Ein Mensch, der etwas spannend erzählt, ist dagegen ein neues Medium für eine Generation, der schon in früher Kindheit Märchen elektronisch verabreicht wurden.

Auf die Forderung nach einem problemorientierten und entdeckenden Lernen braucht hier nicht näher eingegangen zu werden; das wurde im Kapitel „Strukturierung des Unterrichts" thematisiert. Informationen über das Erkundungsmotiv liefern dazu zusätzliche Begründungen.

Neu ist der Hinweis, daß Problematisierung Angst erregen kann. Das ist offensichtlich dann der Fall, wenn das Wissen, das in Frage gestellt wird, für die Schüler in irgendeiner Weise wichtig ist. Gegenwärtig (1991/92) wird in vielen Schulklassen, aus aktuellem Anlaß, das Thema „Ausländer und Ausländerfeindlichkeit" diskutiert. Vergegenwärtigen wir uns, wie es dabei jüngeren Schülern geht. Sie haben dazu Meinungen, und zwar die Meinungen ihrer Eltern. Werden diese Meinungen in Frage gestellt, so wird zugleich das Vertrauen zu den Eltern problematisch, die Gewißheit, daß die eigenen Eltern in wichtigen Fragen die richtige Orientierung geben. Nun ist das ein Fall, bei dem die Emotionen und die Gründe für die Emotionen unübersehbar sind. Es gibt aber häufig Fälle, die schwerer durchschaubar sind, bei denen man nur merkt, daß ein Schüler sich sperrt, bestimmte Meinungen zu diskutieren.

Ein Blick auf Tabelle 1 zeigt, daß Erkundungsmotivierung darauf gerichtet ist, zu Klarheit und Eindeutigkeit zurückzufinden. Dem muß sich der Lehrer manchmal widersetzen. Poetische Texte sind meist vieldeutig, und wenn die Schüler die „richtige Interpretation" verlangen, muß sie der Lehrer enttäuschen. Ähnliches gilt für moralische Urteile im Politik- und Geschichtsunterricht, wo eine pluralistische Gesellschaft, repräsentiert durch den Lehrer, dem Schüler die Mühe der eigenen Urteilsbildung nicht abnimmt. Und ähnliches gilt auch in den empirischen Wissenschaften, wo die Schüler lernen müssen, daß wissenschaftliche Erklärungen nur „bis auf weiteres" gültig sind, solange die erklärenden Theorien „sich bewähren". Das fällt vor allem dann schwer, wenn — wie etwa im Fall der Psychologie — von der Wissenschaft Orientierungshilfe für den Alltag erwartet wird. Zu lernen ist der Verzicht auf Eindeutigkeit und endgültige Gewißheit, und dieser Verzicht ist einem grundlegenden Bedürfnis ganz entgegengesetzt. Die entwicklungspsychologische Frage, ab wann dieser Verzicht zumutbar ist, klammern wir noch aus. Im übrigen wird hier nicht behauptet, daß Schüler Gewißheit stets dem Lehrer abfordern; der Lehrer, der versucht, Schüler von der Richtigkeit seiner Interpretation oder seines moralischen Urteils zu überzeugen, stößt oft genug auf lebhaften Widerstand, wie andere Erzieher auch.

5. Das Leistungsmotiv

5.1. Erläuterung

Es gibt ganz unterschiedliche Motive, die zu Leistungen führen. Man strengt sich an aus Sachinteresse, Neugier, Pflichtbewußtsein, sozialem Engagement, um Geld zu verdienen usw. Es gibt aber auch ein Leistungsstreben, das von anderen Motiven unabhängig ist, orientiert an Leistung „pur" sozusagen: Leistungsstreben aufgrund des Leistungsmotivs. Im alltäglichen Zusammenspiel von Motivationen übersieht man es leicht. Nur manchmal fällt es auf, bei Personen, die alles und jedes unter Leistungsaspekten sehen und z. B. aus dem harmlosesten Urlaubsvergnügen noch eine Herausforderung an ihre Fähigkeiten machen.

Das Leistungsmotiv wird hier ausführlicher dargestellt wegen seiner Bedeutung für Unterricht und Lernen, vor allem aber weil es das Motiv ist, das am besten erforscht ist. Deshalb kann man an ihm einige grundsätzliche Einsichten gewinnen. (Andere Motive, die für Lehrer ebenso wichtig wären, sind leider wenig oder gar nicht erforscht.)[2]

Das Leistungsmotiv ist „das Bestreben [. . .], die persönliche Tüchtigkeit in all jenen Tätigkeiten zu steigern oder möglichst hoch zu halten, in denen man einen Gütemaßstab für verbindlich hält [. . .]" (Heckhausen 1978, 162). — Die Begriffe „Gütemaßstab" und „für verbindlich halten" sind zu erläutern.

Gütemaßstab: Das Leistungsmotiv wird nur angeregt, wenn man eine Aufgabe besser oder schlechter, d. h. schneller oder langsamer, mehr oder weniger vollständig, mehr oder weniger richtig lösen kann. Es muß die Möglichkeit geben, sich zu steigern oder abzufallen. Bei Routineaufgaben bemüht sich der Leistungsmotivierte nicht mehr, sondern eher weniger als andere. Leistungsmotivation hat also wenig Ähnlichkeit mit „Fleiß".

Verbindlichkeit des Gütemaßstabs: Wenn jemand ein hohes Leistungsmotiv hat, heißt das noch nicht, daß er alle Gebiete des Lebens unter Leistungsaspekten sieht, Beruf und Sport und Sexualleben und Skatspielen und wo immer sonst man einen Gütemaßstab finden oder erfinden kann. Nicht jeder denkbare Gütemaßstab ist für jeden Leistungsmotivierten verbindlich.

Die Definition Heckhausens befriedigt unser Bedürfnis nach Verständnis noch nicht. Warum ist es Menschen so wichtig, sich zu steigern, welche Belohnungen enthält das Leistungsmotiv? Heckhausen (1980) interpretiert das Leistungsmotiv als *Selbstbewertungssystem*. Die Gütemaßstäbe sind ein wichtiger und emotional hoch besetzter Teil des Selbstbildes. Der Leistungsmotivierte hofft, seinen Maßstäben zu genügen, und fürchtet, zu versagen, er freut sich und ist stolz, wenn er es geschafft hat, er ist traurig und beschämt, wenn nicht. Fremdbewertung kann eine informierende Rolle spielen: Man erkennt unter Umständen daran, ob eine Aufgabe schwer oder leicht ist, ob man bedeutendes oder unbedeutendes geleistet hat. Aber eine Belohnung liegt für den Leistungsmotivierten darin noch nicht. Ihm kommt es nicht darauf an, ob andere ihn loben; es geht ihm darum, ob er sich selbst loben kann oder nicht.

Das Leistungsmotiv besteht aus zwei Komponenten, dem Erfolgsmotiv und dem Mißerfolgsmotiv, der Hoffnung auf Erfolg und der Furcht vor Mißerfolg. Beide Komponenten sind in jedem Leistungsmotivierten wirksam. Die Forschung hat sich aber vor allem mit denjenigen Personen beschäftigt, in denen eine der Komponenten überwiegt, den sogenannten Erfolgsmotivierten und Mißerfolgsmotivierten. Hier liegt auch der für den Lehrer interessanteste Forschungsertrag. Tabelle 2 versucht, die Zusammenhänge zu verdeutlichen.

		Hoffnung auf Erfolg: hoch	Hoffnung auf Erfolg: niedrig
Furcht vor Mißerfolg	hoch		Mißerfolgs-motivierte
	niedrig	Erfolgs-motivierte	

Tab. 2

Man muß sich klarmachen, daß beide Gruppen leistungsmotiviert sind; das bisher Gesagte gilt also für beide Gruppen. Hilfreich ist vielleicht ein Vergleich mit einem anderen Motiv, dem Anschlußmotiv. Wenn dieses Motiv hoch ist, so heißt das zunächst einmal, daß einer Person der Kontakt zu den Mitmenschen sehr wichtig ist. Auch hier gibt es eine zuversichtliche Variante, Menschen, die danach streben, von anderen akzeptiert zu werden, und eine ängstliche Variante, Menschen, die danach streben, nicht von anderen zurückgewiesen zu werden. Beiden aber ist gemeinsam, daß ihnen Kontakt zu anderen viel bedeutet, im Gegensatz zu dem zufriedenen Einsiedler, dem Akzeptiertwerden wie Zurückgewiesenwerden gleichgültig ist.

Erfolgsmotivierte und Mißerfolgsmotivierte unterscheiden sich in vielerlei Hinsicht. Der wichtigste Unterschied liegt in der *Selbstattribution*:

Menschen erklären sich Erfolge und Mißerfolge, indem sie sie auf Gründe zurückführen. Die Psychologen sprechen statt von *erklären* von *attribuieren*: dem Erfolg oder Mißerfolg werden Gründe attribuiert. Die Gründe, die für eine solche Attribution in Frage kommen, hat Weiner in einem Schema klassifiziert (Tabelle 3).

	innen	außen
stabil	Fähigkeit	Aufgabenschwierigkeit
variabel	Anstrengung	Zufall

Tab. 3

Eigene Erfolge führt man hauptsächlich auf Fähigkeit (Begabung) zurück, Mißerfolge auf mangelnde Anstrengung oder Zufall. Durch diese Attribuierung bewertet man die eigenen Fähigkeiten positiv und macht sich Mut für kommende Aufgaben. Es handelt sich selbstverständlich nur um Attribuierungstendenzen; man kann sich nicht ständig selbst belügen, und so muß man sich auch wohl eingestehen, daß eine Aufgabe zu schwierig ist und die eigenen Fähigkeiten dafür nicht ausreichen. Aber zum Glück für unser aller Selbstbild sind diese Tendenzen doch deutlich ausgeprägt.

Auch die Mißerfolgsmotivierten zeigen diese Tendenzen, aber in geringerem Maß. Je stärker das Mißerfolgsmotiv ist, desto mehr neigt man dazu, eigene Erfolge dem Zufall zuzuschreiben und eigene Mißerfolge auf einen Begabungsmangel zurückzuführen. Ein unglückseliges Erklärungsmuster, denn wie soll ein Schüler Mut und Vertrauen in sich selbst fassen, wenn er sich nach Erfolgen sagt: „Da habe ich halt Glück gehabt", und nach Mißerfolgen: „Ich bin eben zu dumm".

Weitere Folgen des Mißerfolgsmotivs sind Meiden von Leistungssituationen, Blockierung durch Angst und unrealistische Wahl von Aufgaben:

Ob alle Mißerfolgsmotivierten Leistungssituationen nach Möglichkeit meiden, sei dahingestellt. Es scheint einen Typ zu geben, der sich trotz pessimistischer Erwartungen der Herausforderung stellt und angesichts des befürchteten Versagens nur um so härter arbeitet. Wie auch immer, angsterregend sind Leistungssituationen für den Mißerfolgsmotivierten immer. Und Leistungssituationen sind in der Schule nicht nur mündliche oder schriftliche Leistungsprüfungen. Auch ein offener und problemorientierter Unterricht stimuliert die Leistungsmotive, und so werden sich die Mißerfolgsmotivierten eher bei einem lehrergelenkten unselbständigen Lernen wohlfühlen.

Angst blockiert, aber — wie Prüfungserfahrungen zeigen — nicht jeden und nicht immer. Man kann in Prüfungen auch, unausgeschlafen und mit schweißnassen Händen, sich selbst übertreffen. Angst blockiert dann, wenn die Gedanken von der Aufgabe abgelenkt werden, wenn man sich statt mit der Aufgabe mit Selbstzweifeln beschäftigt: Werde ich das können? Habe ich mich genug vorbereitet? War diese Antwort richtig? Bin ich nicht viel zu aufgeregt? Angst blockiert also nicht eigentlich, sondern sie lenkt ab. Im nächsten Kapitel wird gezeigt werden, daß die Kapazität des „Arbeitsgedächtnisses" begrenzt ist, und dieser begrenzte Raum wird beim Mißerfolgsmotivierten durch Selbstzweifel teilweise besetzt. Ebenfalls im nächsten Kapitel wird gezeigt, daß nicht nur in Prüfungssituationen, sondern generell beim Lösen komplexer Aufgaben Zuversichtlichkeit eine der wichtigsten Voraussetzungen ist.

Erfolgs- und Mißerfolgsmotivierte unterscheiden sich im *Anspruchsniveau*. Das Anspruchsniveau zeigt sich in dem Schwierigkeitsgrad der Aufgaben, die man wählt, und in der Leistungshöhe, die man von sich selbst erwartet (die man vorhersagt). Es ist die individuelle Meßlatte der Hoffnungen. Wenn Versuchspersonen ihre Aufgaben selbst wählen können, so bevorzugen Erfolgsmotivierte mittelschwere Aufgaben, genauer gesagt, Aufgaben, die sie selbst als mittelschwer einschätzen. Das ist auch ganz plausibel. Man sagt sich gewissermaßen: Es wäre ja wunderschön, wenn ich eine ganz schwierige Aufgabe lösen würde, aber die Erfolgschancen sind doch zu gering; bei einer ganz leichten Aufgabe hätte ich zwar hervorragende Chancen, aber ein Erfolg wäre nicht viel wert; also wähle ich ein mittleres Risiko. Mißerfolgsmotivierte zeigen vielfach eine Tendenz, Aufgaben zu wählen, die sehr schwer oder sehr leicht sind, eine Tendenz sich zu überfordern oder zu unterfordern. (Wie erklären Sie sich das?)

Die Forschungsergebnisse zum Leistungsmotiv bringen dem Lehrer einen doppelten Ertrag. Einmal kann man versuchen, daraus Verhaltensempfehlungen — „Rezepte" — zu gewinnen; das wird im nächsten Abschnitt versucht. Zweitens wird man angeregt, über Erziehungsziele nachzudenken: Will ich das Erfolgsmotiv der Schüler als Motor des Unterrichts nutzen? Will ich versuchen, das Erfolgsmotiv bei meinen Schülern zu vergrößern? Ehe diese Fragen nicht beantwortet sind, kann man nicht vernünftig über Rezepte nachdenken; das Ziel muß vor den Mitteln geklärt werden. Dabei ist zu bedenken, daß das Leistungsmotiv auf Selbstbewertung gerichtet ist, nicht auf die Sache. Bei der Lektüre von Forschungsberichten fällt auf, daß man die Versuchspersonen meist mit ganz belanglosen Tätigkeiten beschäftigt; es genügt, sie glauben zu machen, hier würden wichtige Fähigkeiten getestet. Ferner ist zu bedenken, daß sich Leistung oft aus ganz anderen Motivationen ergibt, aus Sachinteresse, Neugier, Pflichtbewußtsein, Verantwortlichkeit . . . In einer Untersuchung McClellands ergab sich, daß hervorragende Naturwissenschaftler oft ein niedriges Leistungsmotiv besitzen (nach Harten-Flitner 1978, 61).

Die weiteren Überlegungen in diesem Buch gehen davon aus, daß es wünschenswert ist,

- das Erfolgsmotiv der Schüler als nachrangig gegenüber dem Neugiermotiv und sozialen Motiven zu betrachten,
- es für die Motivation zu nutzen, aber nicht es geplant zu vergrößern,
- Mißerfolgsmotivierten zu einer positiveren Selbstbewertung und zu einem realistischeren Anspruchsniveau zu verhelfen.

Aufgaben:

(1) Wird jemand, der ein ausgeprägtes Erfolgsmotiv hat, dazu tendieren Lehrer zu werden? (Wenn Sie diese Frage diskutieren, verwechseln Sie bitte nicht „Erfolgsmotiv" als eine Variante von „Leistungsmotiv" mit irgendwelchen alltagssprachlichen Konzepten wie „Leistungsbereitschaft" oder „Ehrgeiz".)

(2) Wie deuten Sie die folgenden sechs Vorsätze von Schülern? Hinter welchen Vorsätzen vermuten Sie mit einiger Sicherheit ein Leistungsmotiv? Hinter welchen mit einiger Sicherheit kein Leistungsmotiv?
- Keine Klausur schlechter als „zwei" schreiben.
- In Problemlösephasen des Mathematikunterrichts immer etwas Intelligentes sagen.
- In der Handballvereinsmannschaft aufgestellt werden.
- Sich im Freundeskreis als trinkfest bewähren.
- Bei einem Musikwettbewerb („Jugend musiziert") einen Preis gewinnen.
- An einem Nachmittag jeder Woche einen Besuch in einem Altenheim machen (dies auch in Wochen mit starker Arbeitsbelastung).

5.2. Folgerungen für den Unterricht

Aus der Erforschung des Erfolgsmotivs hat Heckhausen das Prinzip der *Passung* abgeleitet (1978, S. 212): Die Aufgaben sollten, bezogen auf den Leistungsstand der Schüler, einen mittleren Schwierigkeitsgrad haben.

Die Forderung ist schwer zu erfüllen, da in den Klassen unterschiedlich leistungsfähige Schüler sind. Bei Gruppen- oder Einzelarbeit kann man aber differenzieren, entweder von vornherein oder indem man schwächeren Schülern nachträglich durch Hilfen die Aufgabe erleichtert. Beim Klassenunterricht ist darauf zu achten, daß nicht alle Unterrichtsphasen denselben Schwierigkeitsgrad haben.

Passung ist eine grundlegende Forderung an jede Unterrichtsplanung. Eine Unterrichtseinheit darf nicht durchgehend die Schwächeren überfordern oder durchgehend die Stärkeren unterfordern.

Wenden wir uns nun den Mißerfolgsmotivierten zu und der Frage, wie man ihnen helfen kann. Ich muß zunächst gestehen, daß es mir sehr schwierig erscheint, im Schulalltag Mißerfolgsmotivierte zu identifizieren. In meiner Erfahrung (eigener Unterricht, Unterrichtsbeobachtung und viele Gespräche mit Schülern, Eltern und Lehrern) kam das sehr selten vor. Wie kommt das, da doch die Konzeption der Leistungsmotive sehr praxisnah und griffig anmutet? Ich vermute, daß Mißerfolgsorientierung deshalb so schwer zu diagnostizieren ist, weil sich unterschiedliche Motivationen überlagern und weil die situativen Bedingungen, z. B. Leistungserwartungen und -sanktionen der Eltern, zu vielfältig und schwer durchschaubar sind. Aber zum Glück ist es so, daß Maßnahmen, die dem Mißerfolgsmotivierten helfen können, auch allen anderen Schülern bekömmlich sind. Eine generelle Berücksichtigung der Mißerfolgsängstlichkeit umfaßt dreierlei. Erstens: Wenn Leistungsaspekte angesprochen werden, wird immer auch Angst erregt; also sollte man die Leistungsthematik, die ja in das Benotungssystem der Schule ohnehin eingebaut ist, nicht noch forcieren. (Das bedeutet — wie gesagt — nicht, daß Leistung unwichtig wäre; sie sollte nur über andere Motive angeregt werden.) Zweitens: Bei Lob und Tadel sollte der Lehrer bedenken, ob er auf Begabung oder Anstrengung attribuiert. Drittens: Der Lehrer sollte Beratung für wichtiger halten als Lob und Tadel.

Prüfungssituationen, z. B. Klausuren, sind immer angsterregend. Aber das Ausmaß, in dem sie angsterregend sind, kann man doch sehr variieren. Wie erzeugt man bei Klausuren ein Maximum an Selbstzweifel? Man veranstaltet vor der Klausur eine Generalprobe mit zu schweren Aufgaben. Man kritisiert zu Beginn der Klausur die Faulheit aller oder einiger Schüler. Man betont den Ernst der Lage und daß von dieser Klausur viel abhängt. An den Anfang der Klausur setzt man eine besonders schwere Aufgabe, oder man setzt an den Anfang eine besonders unklare Aufgabe; so verschafft man den Schülern das Gefühl, überhaupt nichts mehr zu verstehen. Man setzt die Schüler unter Zeitdruck durch zu viele Aufgaben. Und um nicht den Lehrer als Vorbild zu vergessen: Der Lehrer sollte sich alles in allem möglichst hektisch betragen. — Alle Ratschläge, die man zur Verminderung von Angst geben kann, haben etwas Triviales, erscheinen selbstverständlich (und nicht zuletzt deshalb wurden sie hier ironisch verpackt). Aber wenn sie so trivial sind, warum werden sie so oft mißachtet?

Schüler werden ermutigt, indem sie möglichst oft und möglichst heftig gelobt werden. So halten es manche Lehrer, und sie tun es aus den ehrenwertesten Gründen. Sie übersehen, daß Schüler aus solchen Rückmeldungen *Informationen* über ihre Leistungsfähigkeit entnehmen. Stellen wir uns einen Schüler vor, der nach eigener Einschätzung eine schlechte Leistung abgeliefert hat. Wird er dafür gelobt, so erfährt er aus dem Lob, daß der Lehrer ihm besseres nicht zutraut. Ist er mißerfolgsmotiviert, so wird er darin noch bestärkt. Ein Tadel, bezogen auf Anstrengung, wäre eher geeignet, ihm Hoffnung zu machen. Supersaxo u. a. (1986; zitiert nach Flammer 1990, 209 f.) empfehlen folgendes Verfahren. Der Lehrer sollte sich zunächst entscheiden, ob eine bestimmte Leistung in den Augen des Schülers ein Erfolg oder eine durchschnittliche Leistung oder ein Mißerfolg war. Im Falle des Erfolgs attribuiert die Rückmeldung auf Begabung und ganz global („erfreuliche Fähigkeiten", „originelle Ideen", „interessanter Aufsatz", „erfreuliche Kenntnisse in . . ."). Bei Mißerfolg wird auf Anstrengung attribuiert („zu wenig angestrengt", „auf diese Prüfung zu wenig vorbereitet", „für diese Arbeit zu wenig gelernt", „bei diesen Aufgaben zu schnell aufgegeben", „diese Aufgaben nachlässig bearbeitet"). Bei durchschnittlichen Leistungen kann man global die Fähigkeiten loben und spezifisch die fehlende Anstrengung tadeln („gute Ideen zu wenig ausgearbeitet", „bei Deinen Fähigkeiten zu schnell aufgegeben", „Aufgabe verstanden, aber nachlässig gearbeitet").

Der Mißerfolgsmotivierte sagt sich: Alle Anstrengung nützt mir nichts. Unter Umständen hat er recht damit, und zwar deshalb, weil er sich auf die falsche Art und Weise anstrengt. Da paukt einer Vokabeln, bis ihm der Kopf raucht, packt es aber falsch an, z. B. indem er immer wieder das ganze Pensum repetiert, statt gezielt die Kenntnislücken zu schließen; bei der Klausur scheitert er an seinen Kenntnislücken und schließt dann daraus: Pauken hilft mir nicht, ich habe eben kein Gedächtnis für Sprachen (Attribution auf Begabungsmangel). Auch so wird Mißerfolgsorientierung gelernt. Offensichtlich hilft es da nicht, dem Schüler ermutigend zuzureden; sondern eine Diagnose seines Versagens und eine Beratung, *wie* er sich anzustrengen habe, wären angebracht. Um es plakativ zu formulieren: Angesichts von Schulangst, beschädigtem Selbstwertgefühl, Resignation ist zunächst der Lehrer als *Lernhelfer* gefordert.

Und wiederum, wie schon bei der Erörterung von Lob und Tadel, ist zu überlegen, welche *Information* über seine Leistungsfähigkeit ein Schüler erhält, wenn ihn der Lehrer berät. Er erfährt, daß ihn der Lehrer für begabt genug hält, bestimmte Leistungen zu erbringen. Und da Loben leicht, Beratung aber anstrengend ist, liegt in der Beratung vermutlich die glaubwürdigere Information. Und wenn der Schüler meint, er habe sich schon auf das äußerste angestrengt, und deshalb mutlos ist, so erfährt er, daß es sich lohnen könnte, sich auf andere Art anzustrengen.

6. Sonstige unterrichtsrelevante Motive

6.1. Überblick nach Heckhausen

Einige Motive werden hier pauschal dargestellt, nicht unbedingt weil sie weniger wichtig wären, sondern weil sie von der pädagogischen Psychologie weniger erforscht oder aufgearbeitet sind.[3]

Heckhausen (1978) hat in einer bekanntgewordenen Formel folgende Motive aufgezählt:

(1) Leistungsmotiv.

(2) Wertorientierungen
(von Heckhausen „sachbereichsbezogene Anreize" genannt).

„So kann für einen individuellen Schüler ein bestimmtes Unterrichtsfach hohen Anreiz haben, weil dieses besondere Wertschätzung im Elternhaus oder in der Öffentlichkeit genießt, weil es eine Mittelfunktion zur Erreichung eines Berufsziels besitzt oder weil der Schüler mit dem betreffenden Fachlehrer besonders identifiziert ist." (S. 195)

(3) Bedürfnis nach Identifikation.

Das ist das Bedürfnis, „die Ähnlichkeit der eigenen Person mit dem Vorbild der erlebten Lehrerperson soweit wie möglich zu steigern. Diese Motivation kann sich auf verschiedene Eigenschaftsbereiche des Vorbilds richten. Dabei sind namentlich zwei Bereiche zu unterscheiden, die Leistungstüchtigkeit des Vorbilds sowie seine Machtvollkommenheiten." (S. 195)

(4) Bedürfnis nach Zustimmung.

Dabei handelt es sich um das Bedürfnis, „daß der Lehrer die eigene Person des Schülers und seine Leistungen möglichst positiv beurteilt." (S. 196)

(5) Bedürfnis nach Abhängigkeit von Erwachsenen.

Darunter versteht man das Bedürfnis, Hilfe zu erhalten und beschützt zu werden.

(6) Bedürfnis nach Geltung und Anerkennung.

Man sollte dieses Motiv, schon um es vom Bedürfnis nach Zustimmung zu unterscheiden, besser als „Geselligkeitsstreben" bezeichnen. Es ist das Bedürfnis, dazuzugehören, Sympathie zu finden, geliebt zu werden.

(7) Bedürfnis nach Strafvermeidung.

Die Reihenfolge ist z. T. eine Rangfolge. Das gilt freilich nur, wenn man — wie Heckhausen es offenbar tut — die Erziehung der Schüler zu einem bestimmten Sozialverhalten ausblendet und nur Lernen in einem engeren Sinn ins Auge faßt. (Das kann man tun, solange man sich dessen bewußt bleibt.) Dann sind (1) und (2) intrinsische Motive. (3) bis (7) sind extrinsische Motive. Sie funktionieren nur im Einflußbereich der Bezugspersonen (des Lehrers, der Mitschüler, der Eltern). Ziel sollte sein, das Lernen nach und nach von diesen Motiven zu lösen. Das „Bedürfnis nach Identifikation" scheint für diese Überleitung zu intrinsisch motiviertem Lernen am besten geeignet zu sein, weil es unmittelbar zu Wertorientierungen führen kann

Die sozialen Motive und das Bedürfnis nach Strafvermeidung werden in anderem Zusammenhang, d. h. in anderen Kapiteln diskutiert. Nur Aspekte der „Wertorientierung" werden noch in diesem Kapitel angesprochen. Ebenfalls in anderem Zusammenhang sind Motive zu erörtern, die Heckhausen nicht nennt. Er zählt in der hier zitierten Übersicht nur solche Motive auf, die zu nutzen legitim ist. Die Liste der tatsächlich wirksamen und von Lehrern genutzten Motive ist aber länger. Mindestens wären noch zu nennen: Bedürfnis nach Dominanz (Machtstreben) und Bedürfnis nach Aggression. Ein Unterricht, der die Schüler zu Konkurrenz auffordert, funktioniert u. a. deshalb, weil er diese Motive anregt.

6.2. *Wertorientierungen*

Das Minimum an Motivation, das man den Schülern schuldig ist, ist es, ihnen die *Ziele des Unterrichts zu erläutern*, und zwar *vor* der Arbeit. Wenn eben möglich, sollte ihnen auch erläutert werden, warum es gut und nützlich ist, eben diese Ziele anzustreben. Denn es ist ein grundlegendes menschliches Bedürfnis, dem, was man tut, einen Sinn zu geben. (Man könnte ein „Bedürfnis nach Sinn" als eigenes Motiv etablieren; doch sind die üblichen Motivlisten schon lang genug.)

Der Unterricht sollte nach Möglichkeit vorhandene *Interessen der Schüler* berücksichtigen: Vorlieben für bestimmte Sachgebiete, Interessen für aktuelle Ereignisse.

Gehen Sie davon aus, daß Schüler in die Schule gehen, um etwas zu lernen. Sie erwarten auch, daß der Lehrer diesem langfristigen Motiv gegenüber kurzfristigen Motivationen (zu plaudern, Kaffee zu trinken, die Klasse unter Wasser zu setzen ...) Geltung verschafft. Jedenfalls ist das die übliche Einstellung der Öffentlichkeit, und es wäre schon sehr merkwürdig, wenn die Schüler von dieser Einstellung nicht geprägt wären.

Aufgabe:

Die Forderung, Ziele zu erläutern und zu begründen, begegnet vermutlich Einwänden. (Z. B.: Geht das, bevor die Schüler den Unterrichtsgegenstand kennen? Nimmt man Ergebnisse vorweg, die die Schüler erst entdecken sollen?) Erörtern Sie diese Einwände an einem konkreten Beispiel, etwa der Anfangsstunde einer Unterrichtsreihe, die Sie gerade planen.

6.3. *Emotionalisierung*

Von Lehrern wird gefordert, daß sie „anschaulich", „lebendig", „kindgemäß" unterrichten sollen, um das Interesse der Schüler zu gewinnen, um sie zu motivieren. Falls Sie vor Lektüre dieses Kapitels eigene Motivationsversuche aufgelistet und systematisiert haben, sind sicherlich diese oder ähnliche Begriffe gefallen. Das soll hier nun unter dem Stichwort *Emotionalisierung* gebündelt werden. Emotionalisierung meint: Man versucht, Unterrichtsinhalte den Schülern nicht nur intellektuell, sondern auch gefühlsmäßig näherzubringen. In den Teilen 2 bis 5 des Kapitels, in denen Forschungsresultate referiert wurden, kam dieser Sachverhalt nicht vor, weil er eben in der Forschung nicht vorkommt. Auch die Autoren, auf die wir uns stützen (Nisbett/Ross 1980), beklagen, daß ihnen fast keine empirische Forschung zur Verfügung stehe.

Welche Qualitäten muß eine Information haben, damit sie emotionalisiert? Nisbett und Ross nennen: Konkretheit sowie räumliche, zeitliche und sensorische Nähe; dem sei noch hinzugefügt: Personalisierung.

— Konkretheit: Konkret ist die Information „Jack wurde durch einen Sattelschlepper getötet, der auf seinen Wagen kippte und ihm den Schädel zerschmetterte". Weniger konkret: „Jack erlitt tödliche Verletzungen bei einem Autounfall." (a. a. O., S. 47) Noch weniger konkret wäre die Angabe der prozentualen Zunahme der Autounfälle mit Todesfolge in der Bundesrepublik Deutschland gegenüber dem Vorjahr. Konkretheit bedeutet also eine hohe Zahl anschaulicher Details, eine hohe Zahl *bildlicher Vorstellungen*, die durch eine Information hervorgerufen werden.

— Personalisierung: Ein Beispiel dafür ist die Holocaust-Fernsehserie, die im Januar 1979 eine außerordentliche Wirkung hatte. Die Vernichtung der Juden im Nazi-Deutschland war mit einem Schlag das „Thema der Nation" (so der Spiegel 5, 1979). Sämtliche Informationen über das Thema waren lange vorher in Büchern aller Art zugänglich, aber erst diese Filme rückten sie ins öffentliche Bewußtsein. Konkretheit spielte auch hier eine Rolle, aber entscheidend war, daß hier etwas Allgemeines am Beispiel von Individuen dargestellt wurde, mit denen man sich *identifizieren* und in die man sich einfühlen konnte, es ging nicht mehr um 6 Millionen ermordeter Juden, sondern um den einen Juden Josef Weiss und um seine Familie.

— Räumliche und zeitliche Nähe: Dies sei an einem Beispiel aus dem Geschichtsunterricht der Sekundarstufe II erläutert, weil man bei dem Prinzip „vom Nahen zum Fernen" zu leicht immer nur an jüngere Schüler denkt. Düsseldorfer Schüler erarbeiteten sich den Begriff des Absolutismus am Beispiel des Düsseldorfer Kurfürsten Johann Wilhelm. Eine gewisse Vertrautheit mit dieser Person, deren „Jan Wellem"-Denkmal im Zentrum der Stadt steht, Vertrautheit mit den Orten, die in Quellen genannt werden, weckten Interesse. — Man sollte allerdings in diesem Zusammenhang das entgegengesetzt gerichtete Interesse am Exotischen nicht vergessen.

- Sensorische Nähe: Das, was wir „mit eigenen Augen" sehen, was wir „handgreiflich" fühlen können, an dem nehmen wir auf eine schwer bestimmbare Weise höheren Anteil als an allem, was uns nur mittelbar zugänglich ist. Auch dafür ein Unterrichtsbeispiel: Schüler lernten an sehr instruktiven Dias Lebensweise und Fortpflanzung des Borkenkäfers — alles sehr anschaulich. Als dann die Lehrerin Rindenstücke mit den Freßgängen des Borkenkäfers auspackte und herumreichte, ging gewissermaßen ein Ruck durch die Klasse. Es war, als ob sich die Schüler sagten: Das da gibt es ja wirklich! — Sensorische Nähe wird auch vermittelt durch den „Augenzeugen". Was einer selbst gesehen hat, ist für uns wirklicher als anderes. Eine Geschichte, die anfängt mit „Ich hatte mal einen Hund", wirkt mehr als eine, die mit „Es war einmal ein Hund" beginnt.

Daß der Lehrer solche Motivationsmöglichkeiten nutzt, ist nicht nur wirkungsvoll, sondern auch legitim. Aber es hat auch seine Gefahren. Das Haften am Konkreten behandeln Nisbett und Ross unter ganz anderen Gesichtspunkten, als es hier geschehen ist, nämlich als ständige Verführung zu Fehlschlüssen, etwa zu falschen Verallgemeinerungen. Statistische Daten z. B., die richtig, aber „blaß" sind, finden weniger Glauben als Verallgemeinerungen, die zwar falsch sind, aber auf lebendiger Erfahrung beruhen. Da spricht z. B. einer von der „neuen Armut" und belegt sie mit Zahlen. „Ach was", sagt ein Gesprächspartner, „bei uns fahren ja schon die Putzfrauen im eigenen Wagen vor." (Er kennt nur *eine* solche Putzfrau.) „Doch, es gibt diese Armut", sagt ein anderer Gesprächsteilnehmer, „gestern abend war im Fernsehen eine alte Frau, die Chappi ißt, weil sie sich sonst kein Fleisch leisten kann." (Einen Preisvergleich zwischen Chappi und Sonderangeboten der Metzger hat er nicht angestellt.) Nisbett und Ross nennen solche Verallgemeinerungen die „Ich kenne jemand"-Statistik. — Nicht nur eine Quelle von Irrtümern liegt in solcher Orientierung am Nahen und Konkreten, sondern auch die Möglichkeit der Manipulation. Denn was hier dem Lehrer als Möglichkeit der Emotionalisierung für seine sicherlich guten Zwecke vorgestellt wird, kann natürlich auch anderen Meinungsbildnern zu ihren nicht immer so guten Zwecken dienen.

Das Nachdenken über emotionalisierende Informationen hat uns damit zu Lernziel-Überlegungen geführt. Schüler sollten wissen, welche Irrtums- und Manipulationsmöglichkeiten hier liegen. Sie sollten einsehen, daß unsere Welt ohne „blasse" Abstraktionen nicht zu begreifen ist. Lehrer, die lebensnahe Zugänge zu Unterrichtsinhalten wählen, sollten dies Verfahren zugleich problematisieren. Wenn Schüler schließlich sagen: „Sehr interessant, aber was beweist es?", haben sie etwas Wichtiges gelernt.

7. Mißverständnisse

Das Bemühen um Motivation macht Lehrern mehr Sorge, mißlingt öfter und verursacht mehr schlechtes Gewissen als andere Unterrichtsmomente. Zum kleineren Teil ist das gerechtfertigt: Motivation ist immer wichtig und nicht selten schwierig. Zum größeren Teil liegt das an Mißverständnissen: Mißverstandene Theorie und unzureichend reflektierte Verhaltensmuster (zum Teil in der eigenen Schulzeit erlernt) führen zu einem Lehrerverhalten, das manchmal tragikomische Züge hat. Deshalb werden hier einige der gängigsten Mißverständnisse aufgezählt:

(1) Motivation ereignet sich am Anfang der Stunde und wirkt 45 Minuten.

Es handelt sich hier um ein Mißverständnis des Rothschen Schemas der Lernstufen. Falsch daran ist, daß das Schema (oder ein anderes) mit dem Zeitraster der Schulstunden zur Deckung gebracht wird. Schädlich ist vor allem, wenn die Übungsphasen (Stufen 5 und 6 des Schemas) nicht unter Motivationsaspekten bedacht werden.

(2) Man fängt nicht mit dem Anfang an, sondern mit einem „Einstieg".

Das kann (!) richtig sein: Oft ist es nützlich, mit dem zu beginnen, was die Schüler zu einem Gegenstand schon wissen und zu wissen glauben, bei ihren alltäglichen Urteilen und Vorurteilen anzusetzen. Funktionen eines solchen „Einstiegs" sind: Information des Lehrers über Kenntnisse und Einstellungen der Schüler, Verknüpfung des Neuen mit den vorhandenen Wissensbeständen. Aber viele Einstiege muten an, als sei Unterricht ein inneres Erlebnis, an das man die Schüler allmählich heranführen müsse. Etwa so: „Aus Ermangelung einer entsprechenden Winterlandschaft vor dem

Klassenfenster möchte ich versuchen, mit Hilfe eines Winterbildes den Kindern dieses Thema etwas näher zu bringen. Die Schüler haben dadurch die Bedingungen des Winters etwas deutlicher vor Augen. [. . .] Die Kälte, die für den Winter besonders typisch ist, wird von den Schülern wahrscheinlich als eins der ersten Charakteristika des Winters genannt." (Aus einer Unterrichtsplanung, zitiert nach Grell/Grell 1979, 87). — Was war wohl das Thema dieser Stunde?

(3) Unterricht beginnt mit einer „Spontanphase".

Auch das ist, wenn man es richtig macht, oft richtig. Der Lehrer präsentiert einfach einen Gegenstand, den er für motivierend hält (z. B. eine Kurzgeschichte oder die berühmte Milchdose, aus der die Milch nicht herausfließt, solange man nur *ein* Loch hineinmacht). Oder er gibt einen Impuls. Und dann haben die Schüler einige Zeit Gelegenheit, unbeeinflußt (= „spontan") zu reagieren. — Nennen wir einige Bedingungen, unter denen eine solche Spontanphase richtig sein kann:

— Der Impuls (oder die Aufforderung durch den Gegenstand) ist weit, aber nicht so weit, daß beliebige Betrachtungsaspekte und Fragerichtungen angeregt werden. Der Deutschlehrer sollte also nicht einfach einen Satz anschreiben und fragen „Was fällt euch daran auf?", sondern wenigstens dazu sagen, ob er Inhalt, Stil, Grammatik oder Rechtschreibung meint. — Nennen wir dies einmal den „Rahmen" für die Schüleräußerungen.

— Alle Schüleräußerungen, die in diesem Rahmen liegen, werden bearbeitet.

— Der Zeitaufwand, der dadurch nötig wird, rechtfertigt sich durch den Lernzuwachs der Schüler.

— Der Impuls bzw. der Gegenstand provoziert eine größere Zahl von Äußerungen.

Die häufigsten Fehlformen der Spontanphase lassen sich als „Spiele" formulieren.

— Das Spiel „Ratet mal, was ich hören will" geht so: Der Lehrer gibt einen weiten Impuls. Die Schüler geben folglich weitgestreute Reaktionen. Der Lehrer reagiert zunächst so: „Das ist richtig, aber ich wollte auf etwas anderes hinaus." Oder: „Gut, aber was könnte man noch dazu sagen." Die Schüler werden frustriert, ihre Antworten seltener. Jetzt geht der Lehrer zu dem über, was er für das fragend-entwickelnde Verfahren hält: Er formuliert Schüleräußerungen um, stellt enge, zuletzt suggestive Fragen. Schließlich sagt ein Schüler, was der Lehrer hören will. Erleichterung auf allen Seiten; der Unterricht kann beginnen. — Als Beispiel noch einmal das „Winterbild": „Das Winterbild brachte nicht den gewünschten Erfolg. [. . .] bewirkte es, daß die Schüler Aspekte des Winters ins Gespräch brachten, die vom eigentlichen Thema wegführten." (Das Thema war nämlich: „Das Winterfell schützt vor Wärmeverlust".)

— Das Spiel „Dazu kann aber doch jeder was sagen" ist die schärfere Variante des vorigen. Der Impuls ist so weit, daß keinem mehr etwas einfällt. Der Religionslehrer schreibt z. B. an die Tafel „Es werde Licht" und sagt zu den Schülern „Jetzt seid ihr dran!" (Nach Grell/Grell 1979, 146.)

— Beim Spiel „Jetzt ist die Tafel leider voll" schreibt der Lehrer alle Spontanäußerungen an die Tafel. Die Länge der Spontanphase hängt von der Tafelgröße und Schreibgeschwindigkeit ab. Anschließend wird die Tafel gesäubert; es genügt aber auch, die Tafelanschrift unbenutzt stehen zu lassen, um den Schülern die Bedeutung ihrer Spontanäußerungen zu demonstrieren.

(4) Motivieren heißt Interesse wecken.

Das ist leider nur die halbe Wahrheit. Der Lehrer, der „Kakao (Anbaugebiete, Anbaubedingungen, Verarbeitung)" durchnehmen wollte und zwecks Motivierung verschiedenartige Schokoladenstückchen verteilt, mußte feststellen, daß das Interesse gewaltig war, aber in unerwünschte Richtungen ging. (Nachzulesen in: H. Brabeck u. a. 1977, 28—32.)

Motivation bezeichnet nicht nur eine Energie, sondern auch die Richtung (sozusagen Motor *und* Lenkung des Fahrzeugs). Das Spiel, das zu diesem Mißverständnis gehört, heißt: „Heute habe ich wieder einen tollen Gag auf Lager."

Aufgabe:

Beurteilen Sie folgende Motivationsversuche!

— Welches Motiv soll angeregt werden?

— Handelt es sich um eine intrinsische oder extrinsische Motivation?

— Wie beurteilen Sie die Motivation?

(1) 10. Klasse: Ein Lehrer möchte in den Schülern die Einsicht wecken, daß sie einige Übungen zur Rechtschreibung machen müssen. Er erwägt folgende „Einstiege" in die Diskussion:

a) Tafelanschrift: Wer „nämlich" mit h schreibt, ist dämlich.

b) Tafelanschrieb: Schraibe wi du schprichst!

c) Die Schüler korrigieren ein Bewerbungsschreiben, das mehrere Rechtschreibfehler enthält.

(2) 11. Klasse: Ein Lehrer führt in das Thema „Osmose" auf folgende Weise ein: er läßt die Schüler aufgeschnittene Erdbeeren und Gurken mit Zucker bzw. Salz bestreuen und die Veränderungen beobachten: Austritt von Flüssigkeit, Weichwerden der Fruchtstücke, süßer bzw. salziger Geschmack im Inneren der Fruchtstücke.

(3) 11. Klasse: Ein Lehrer kündigt einen Film an, in dem gezeigt wird, wie man das Farbsehen der Bienen experimentell überprüft. Er stellt den Schülern die Aufgabe, zuvor selbst entsprechende Versuchsanordnungen zu entwerfen. (Gehen Sie davon aus, daß die Schüler die Aufgabe im wesentlichen lösen können.)

(4) 6. Klasse: Ein Lehrer kleidet Vokabelübungen in die Form eines Wettkampfspiels: Schüler zweier Parteien befragen sich wechselseitig; wer eine Vokabel nicht weiß, scheidet aus.

(5) Ein Lehrer beschleunigt das Unterrichtstempo, als er merkt, daß eine Übung die Klasse langweilt.

(6) 10. Klasse: Ein Lehrer will die Begriffe „Schlagwort" und „Leerformel" einführen. Das Material, an dem die Begriffe zu entwickeln sind, entnimmt er den gerade aktuellen Wahlkampfparolen.

Anmerkungen

1 Es hätte nahegelegen, neben Berlynes Modell auch Piagets Modell zur Erklärung des Neugierverhaltens einzuführen. Der Aufwand wäre beträchtlich gewesen, an Folgerungen für die Praxis hätte sich kaum etwas Zusätzliches ergeben. Im übrigen wird Piaget in Kapitel XII diskutiert.

2 Die Darstellung des Leistungsmotivs folgt im ganzen Heckhausen 1980. Die Unterschiede zu Atkinson (1975) und Weiner (1984) sind beträchtlich. In der amerikanischen Forschung werden Erfolgsmotiv und Mißerfolgsmotiv mit unterschiedlichen Meßinstrumenten erhoben. Heckhausen verwendet für beide Motive dasselbe Meß-

verfahren. Das ist zwar einleuchtender, führt aber dazu, daß es für das Mißerfolgsmotiv zwei Konzepte gibt und Forschungsergebnisse zum Mißerfolgsmotiv nicht mehr recht vergleichbar sind. — Während Weiner das Leistungsmotiv als ein Streben nach Information über das eigene Leistungsvermögen interpretiert, sieht Heckhausen darin ein Streben nach positiver Selbstbewertung. — Problematisch ist die Definition des Leistungsmotivs: Man kann es so definieren, daß man das Mißerfolgsmotiv vom Erfolgsmotiv subtrahiert („Nettohoffnung" nach Heckhausen) oder zu ihm hinzuaddiert („Gesamtmotiv") oder ganz unberücksichtigt läßt. Diese Schwierigkeit habe ich umgangen, indem ich beide Motive getrennt dargestellt habe und unter dem Stichwort „Leistungsmotiv" nur das erläutert habe, was beiden Motiven gemeinsam ist. — Strittig ist, in welchem Maße Mißerfolgsmotivierte mittelschwere Aufgaben meiden. Das Urteil darüber hängt ab von der Konzeption des Motivs und von der Interpretation einzelner Versuche und ihrer Bedingungen.

[3] Zu erwägen war die Aufnahme eines weiteren Motivs, des Bedürfnisses nach Kontrolle. Ich verweise auf die umfassende (und erfreulich praxisbezogene) Darstellung von Flammer (1990). Aber m. E. ließ sich der Ertrag dieser Forschungsrichtung für den Lehrer mit vertretbaren Verlusten im Rahmen der Leistungsmotiv-Konzeption darstellen. So wurde das Kontrollmotiv Opfer einer „didaktischen Reduktion".

Literaturhinweise I

BERLYNE, D. E.: Konflikt, Erregung, Neugier. Zur Psychologie der kognitiven Motivation. Stuttgart 1974
(Im Text ausführlich referiert. Nicht leicht zu lesen, zumal es neurophysiologische Forschungen einbezieht.)

GRELL, Jochen / GRELL, Monika: Unterrichtsrezepte. München 1979
(Sehr praxisnah, anregend und einseitig.)

HECKHAUSEN, Heinz: Förderung der Lernmotivierung und der intellektuellen Tüchtigkeiten. In: ROTH, Heinrich (Hrsg.): Begabung und Lernen. Stuttgart 1978, S. 193—228

HECKHAUSEN, Heinz: Motive und ihre Entstehung / Einflußfaktoren der Motiventwicklung. In: WEINERT, Franz et al.: Funk-Kolleg Pädagogische Psychologie. Frankfurt/M. 1974 (Fischer TB 6115/6116). Bd. 1, S. 133—210

HECKHAUSEN, Heinz: Motivation und Handeln. Lehrbuch der Motivationspsychologie. Berlin 1980
(Dies Buch ist die Grundlage für den größten Teil des Motivationskapitels. Es ist umfassend, aber auch unübersichtlich: Man kann es eigentlich nur ganz oder gar nicht lesen (785 Seiten). Schnellere Information geben die beiden anderen genannten Veröffentlichungen des Autors. Heckhausen hat insbesondere die amerikanische Leistungsmotiv-Forschung von McClelland, Atkinson u. a. bekanntgemacht und weiterentwickelt.)

SCHIEFELE, Hans: Lernmotivation und Motivlernen. Grundzüge einer erziehungswissenschaftlichen Motivlehre. 2., durchgesehene Aufl. 1978
(Das Buch informiert umfassend über Forschungsergebnisse, soweit sie pädagogisch relevant sind; es ist jedem Lehrer zu empfehlen, der sich über die theoretischen Grundlagen praktischer Ratschläge zum Thema orientieren will. Es ist so angelegt, daß man sich schnell einen Überblick verschaffen kann und sich dann, wie bei einem Handbuch, die interessierenden Kapitel heraussuchen kann.)

Literaturhinweise II

ATKINSON, John W.: Einführung in die Motivationsforschung. Stuttgart 1975

FLAMMER, August: Erfahrung der eigenen Wirksamkeit. Einführung in die Psychologie der Kontrollmeinung. Bern 1990

HARTEN-FLITNER, Elisabeth: Leistungsmotivation und soziales Verhalten. Eine pädagogische Kritik der Leistungsmotivforschung. Weinheim 1978

KLAFKI, Wolfgang: Sinn und Unsinn des Leistungsprinzips in der Erziehung. In: KLAFKI, W.: Aspekte kritisch-konstruktiver Erziehungswissenschaft. Weinheim 1976

WEINER, Bernard: Motivationspsychologie. Weinheim 1984

Sonstige zitierte Literatur

BRABECK, H. / HOSTER, H. / PESCH, W.: Lehrerverhalten. Beobachtung — Analyse — Training. Heidelberg 1977

DEWEY, John: Demokratie und Erziehung. Braunschweig 1964 (Original 1915)

KAGAN, Jerome: Die Natur des Kindes. München 1987

LEPPER, M. R. / GREENE, D. / NISBETT, R. E. (Hrsg.): The hidden costs of reward. Hillsdale, N. J. 1978

NISBETT, Richard / ROSS, Lee: Human inference. Strategies and shortcomings of social judgement. Englewood Cliffs, N. J. 1980

KAPITEL VII:

LERNARTEN UND LERNHILFEN

Übersicht

1. Vorbemerkungen

1.1. Eine Aufgabe und eine Erläuterung des Themas

Aufgabe:

Welche Lerntechniken haben Sie angewendet, um sich auf Ihr erstes Staatsexamen vorzubereiten?

Begründungen zur Aufgabe: Nach soviel Jahren des Lernens haben Sie auch das Lernen gelernt. Warum sollten diese Kenntnisse ungenutzt bleiben? — Wenn Sie in der Gruppe über Ihre Lerntechniken berichten, werden individuell unterschiedliche Lernarten sichtbar werden; eine für Lehrer wichtige Erkenntnis! — Es ist lernpsychologisch günstig, mit einer solchen Aufgabe anzufangen. (Wissen Sie, warum?)

Thema dieses Kapitels ist die optimale Vermittlung von Lerninhalten, die Kunst des „Beibringens". Sie ist das Kernstück der Professionalität des Lehrers. Aufgabe des Lehrers ist es, dem Schüler beim Lernen zu helfen. Er hilft ihm, Lerninhalte richtig und genau aufzunehmen, Lerninhalte zu behalten. Er hilft ihm, sein Lernen zu organisieren. Wenn alles gut geht, hat der Schüler am Ende sogar das Lernen gelernt, d. h. er hat ökonomische Arbeitsgewohnheiten, verfügt über Techniken, sich Informationen zu beschaffen und zu ordnen, und über Strategien des Problemlösens.

Nun gibt es keinen Aspekt der pädagogischen Psychologie, der für dieses Thema nicht relevant wäre. Schüler lernen besser, wenn sie motiviert werden, wenn sie verstärkt und ermutigt werden, wenn sie ihren Lehrer als gerecht und wohlwollend ansehen. In diesem Kapitel aber geht es speziell um die kognitiven Aspekte des Lernens; der Schüler wird als „informationsverarbeitendes" Wesen gesehen. (Ganz wird es nicht gelingen, die Einstellungen und Gefühle der Schüler auch nur vorübergehend auszublenden; zu eng ist der faktische Zusammenhang von Kognition und Emotion.)

1.2. Eine Unterscheidung: mechanisches Lernen — Lernen durch Einsicht

Diese Einteilung spielt zwar in der psychologischen Forschung kaum eine Rolle, aber über Lernen in der Schule läßt sich ohne sie nicht sinnvoll reden. Die Diskussion über eine dritte Lernart, nämlich das Problemlösen-Lernen, können wir zunächst aufschieben.

Die Unterscheidung scheint auf den ersten Blick ganz klar: Mechanisches Lernen ist das Einpauken von Assoziationen oder Assoziationsketten; wir sprechen deshalb auch von *Assoziationslernen*. Beispiele sind: to wait ↔ for, Schlacht bei Hastings ↔ 1066, Dreiecksseite gegenüber dem rechten Winkel ↔ Hypotenuse. Andere Assoziationsketten lassen sich nicht so knapp (mit einem Doppelpfeil als Verknüpfungssymbol) darstellen: die Form eines Sonetts, die binomischen Formeln, die geografische Lage von Tansania, die Blütenform des Rapses usw.

Das alles muß — oft mühsam — eingeprägt werden. Was man dagegen einsieht, scheint sich oft wie von selbst einzuprägen. Aber was heißt das: etwas „einsehen"? Betrachten wir einige Beispiele: Wenn es hier Mittag ist, ist es dann in New York Morgen oder Abend? In welche Richtung werden die Passatwinde abgelenkt? Bei welcher Temperatur siedet Wasser im Hochgebirge? Die Fakten, nach denen hier gefragt wird, hat man sich möglicherweise mechanisch eingeprägt. Wer z. B. öfter in New York anruft, kennt einfach die Zeitverschiebung. Kennt man die Fakten aber nicht, so kann man sie sich erschließen. Was heißt das? Die gefragten Fakten stehen zu anderen Fakten in einer gesetzmäßigen Beziehung. Diese „anderen" Fakten muß man freilich wissen, z. B. die geografische Lage von New York, die Richtung der Erddrehung. Der Ausgangspunkt der „Einsicht" ist also letzten Endes immer etwas, was man sich mechanisch eingeprägt hat. Von diesen Vorkenntnissen ausgehend sieht man ein, daß es in New York früher sein „muß" als hier, daß die Passate aus NO bzw. SO wehen und daß man ins Gebirge besser einen Drucktopf mitnimmt. Und von diesen Vorkenntnissen ausgehend kann man sich das Gefragte wieder erschließen, falls man es vergessen hat. (Wir haben hier ein erstes Beispiel für eine Art des Erinnerns, die uns noch beschäftigen wird: Erinnern als Rekonstruktion. Aus erinnertem Teilwissen rekonstruieren wir das Ganze.)

Einsichtiges Lernen ist nicht beschränkt auf Lernmaterial mit logischen oder physikalisch-gesetzmäßigen Zusammenhängen. Nehmen wir für andersartiges Lernmaterial ein Beispiel aus der Psychologie. Ein Lehrer — so stellen wir uns vor — liest etwas über den Typ des „kognitiv-impulsiven" Schülers, d. h. über Schüler, die schnell und fehlerhaft arbeiten. Der Schülertyp ist ihm bekannt, und er hat ihn immer so aufgefaßt: Diese Schüler sind optimistisch und leichtsinnig, deshalb arbeiten sie schnell, bedenken sich nicht vorher und kontrollieren sich nicht nachher; man müßte ihnen eine selbstkritischere Einstellung beibringen. Damit war dieser Schülertyp *erklärt*: seine Verhaltensweisen auf Gründe zurückgeführt und in einen Zusammenhang gebracht; die Fakten waren „einsichtig" geworden. Nun aber liest der Lehrer, daß die kognitiv-impulsiven Schüler eher ängstlich sind. Jetzt legt er sich die Sache anders zurecht: Wenn ein Schüler erwartet, daß seine Arbeit kontrolliert und benotet wird, ist er in einer angsterregenden Situation; und es ist klar, daß ein ängstlicher Mensch danach strebt, aus einer solchen Situation möglichst schnell herauszukommen. Also arbeiten diese Schüler möglichst schnell, nach dem Motto „nur weg damit". Wiederum, wenn auch mit einer ganz anderen Erklärung sind die Fakten „einsichtig" geworden. Was heißt also hier „einsichtig"? Zur Bewältigung unseres Alltags haben wir eine große Zahl von Erklärungsmustern, von Annahmen über Regelmäßigkeiten und Gesetzmäßigkeiten. Hätten wir sie nicht, wäre die Welt für uns ein Chaos unzusammenhängender Einzelheiten. Immer wenn wir mit Hilfe unserer Erklärungsmuster Zusammenhang herstellen, wird uns die Sache einsichtig.

Einsicht erleichtert das Behalten, aber garantiert es nicht. Mancher Leser hat in seiner Schulzeit eingesehen, warum die Passate wehen, wie sie wehen, ohne sich jetzt erinnern zu können. Denn, wie gesagt, auch beim Lernen durch Einsicht gibt es einen Anteil, der nicht ableitbar, der also mechanisch einzuprägen ist.

Wie unterschiedlich gut mechanisch Gelerntes und einsichtig Gelerntes behalten wird, zeigen die folgenden Testergebnisse. Man hat Studenten eines Zoologiekurses dreimal getestet: vor dem Kurs (Vorkenntnisse), unmittelbar nach dem Kurs (zur Feststellung des Lernzuwachses) und schließlich ein Jahr nach Beendigung des Kurses. Die folgende Tabelle gibt an, wieviel Prozent des Lernzuwachses nach einem Jahr *verloren* waren:

Körperteile von Tieren benennen	77 %
Fähigkeit, technische Begriffe zu gebrauchen	26 %
Sich an funktionale Strukturen erinnern	21 %
Prinzipien in neuen Situationen anwenden	0 %

(Tyler 1934, hier nach Gage/Berliner 1986, 139)

Tab. 1

2. Ein Modell des Gedächtnisses

2.1. Über die begrenzte Anwendbarkeit der Psychologie

Im folgenden sollen Grundkenntnisse der Denk- und Gedächtnispsychologie vorgestellt werden.[1] Solche Kenntnisse gibt es in riesiger Anzahl. Aber Lehrer dürfen trotzdem keine besonders optimistischen Erwartungen hegen. Was die wissenschaftliche Forschung herausgefunden hat, bezieht sich ganz überwiegend auf elementare Lernvorgänge im Labor, etwa das Auswendiglernen von Listen unzusammenhängender Wörter unter streng kontrollierten Bedingungen. Der Wert der so gewonnenen Kenntnisse soll hier gar nicht bestritten werden. Nur mit der Anwendbarkeit steht es schlecht. Vom Standpunkt des Anwenders aus sind elementare Erkenntnisse meist trivial. Und die Übertragung aus dem Labor auf die komplexen Bedingungen in Schule und Alltag ist riskant. Eigentlich müßten immer wieder Vorbehalte angemeldet werden, Wendungen wie „es gibt Anhaltspunkte dafür", „es liegt nahe, anzunehmen" u. ä. Da das stilistisch nicht angeht, sei der generelle Vorbehalt hier vorausgeschickt. — Die Theorie wird in diesem Kapitel meist an Alltags- und Unterrichtserfahrungen erläutert. Aber Ausgangspunkt waren immer experimentelle Ergebnisse, zu denen nachträglich passende Alltagserfahrungen gesucht wurden.

Der Hauptgrund, warum Theorie hier in einer gewissen Breite dargeboten wird, ist, daß sie einen Ordnungsrahmen bietet. Die Alternative wäre ein Konglomerat von wissenschaftlichen und alltäglichen Begriffen, Konzepten und Regeln, das nicht zu überschauen und nicht zu behalten ist.

2.2. Das Modell

Modelle des Gedächtnisses sind zur Zeit wissenschaftlich umstritten. In diesem Streit müssen wir uns neutral verhalten, und so sei betont, daß das folgende Modell eine überaus bescheidene Funktion hat: es soll einige Begriffe übersichtlich ordnen. Im übrigen laden alle solchen Modelle zu Mißverständnissen geradezu ein; aber ehe über Mißverständnisse diskutiert werden kann, muß zunächst ein Verständnis hergestellt werden.

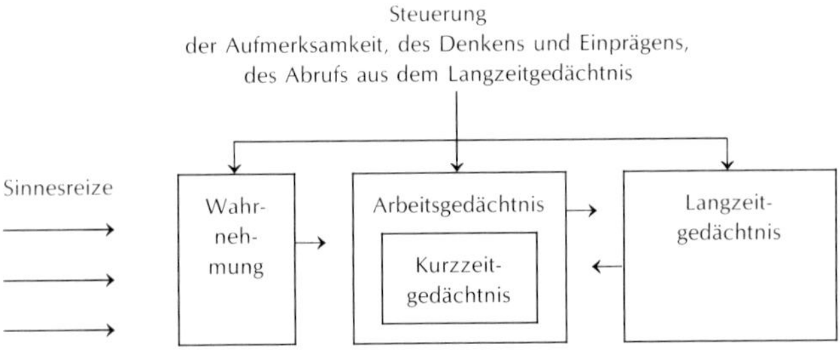

Abb. 1

2.3. *Aufmerksamkeit*

„Bewußtheit" und „Aufmerksamkeit" werden hier als gleichbedeutend verwendet; sich einer Sache bewußt sein und auf eine Sache aufmerksam sein soll als dasselbe gelten.

Ehe wir uns dem Thema dieses Abschnitts, der Aufmerksamkeit, zuwenden, soll aber wenigstens angedeutet werden, was hier alles weggelassen wird. Zu diesem Zweck stellen wir uns einen Mann vor, der auf einem belebten Bürgersteig seines Weges geht. Ihm steht eine wichtige Unterredung bevor, und die Vorbereitung darauf absorbiert seine Aufmerksamkeit. Gleichwohl verhält er sich sehr geschickt: Er weicht Pfützen aus, tauscht mit Entgegenkommenden Körpersignale, die einen Zusammenstoß verhindern, beeilt sich, als eine Ampel auf Grün schaltet, biegt an der richtigen Straßenecke nach rechts ab usw. Er bewegt sich angemessen in einer sinnvoll gedeuteten Welt: Er nimmt Pfützen als Pfützen, Passanten als Passanten und Ampelsignale als Ampelsignale wahr. Die Psychologen nennen das Mustererkennung, und daran ist auch das Gedächtnis beteiligt, in dem diese Muster gespeichert sind. Gespeichert ist dort auch ein innerer Stadtplan, ohne den er seinen Weg nicht fände. Ohne viel Mühe wird der Leser weitere kognitive Leistungen erkennen, die unseren Mann zum Ziel bringen.

Was von all dem wird ihm bewußt, da er doch „in Gedanken verloren" ist? Ist er sich seiner Wahrnehmungen gar nicht bewußt oder nur für Augenblicke, die er sofort wieder vergißt, oder nur „dunkel" und „peripher"? Auf diese Fragen lassen wir uns nicht ein. Es soll aber im folgenden mit „Bewußtheit" die volle und klare Bewußtheit und mit „Aufmerksamkeit" die zentrale Aufmerksamkeit gemeint sein. In diesem Sinn ist sich unser Mann weder seiner Umwelt noch seines Verhaltens bewußt.

Stellen wir uns vor, seine Aufmerksamkeit würde durch irgendeinen Gegenstand geweckt. Das könnte ein Gefahrenmoment sein, etwa ein Radfahrer auf dem Gehweg. Romantischerweise nehmen wir an, es sei seine Freundin. Bevor er auf sie aufmerksam werden kann, muß er sie wahrgenommen haben (eine zeitliche Differenz, die nie bewußt wird). — Halten wir also fest: Wahrnehmung und andere kognitive Leistungen laufen auch vorbewußt und nicht-bewußt ab.

Unsere Aufmerksamkeit wird nicht nur durch äußere Ereignisse geweckt; wir können sie auch bewußt steuern. Für Lehrer ist interessant, wie gerichtet wir aufmerksam sein können.[2] Der Psychologe Cherry ließ seine Versuchspersonen über Kopfhörer zwei unterschiedliche Texte gleichzeitig hören, und er forderte sie auf, nur einen Text, z. B. den auf dem rechten Ohr, aufmerksam zu verfolgen. (Man kann das sicherstellen, indem man den Text nachsprechen läßt.) Nennen wir diesen Text den primären Text. Für die Versuchspersonen war es nicht schwer, ausschließlich dem primären Text zu folgen. Von dem sekundären Text wurde fast nichts wahrgenommen. Die Versuchspersonen wußten meist, ob er von einem Mann oder einer Frau gesprochen wurde. Oft aber wußten sie nicht einmal, ob es sich um einen Text in der Muttersprache handelte, oder bemerkten nicht, wenn der Text rückwärts abgespielt wurde. Vom Inhalt hatten sie keine Ahnung. Die Übertragung vom Labor in die Klasse ist nicht schwer. Da ist der Schüler Paul. Sein Nachbar erzählt ihm etwas Interessantes: primärer Text. Der Lehrer erklärt etwas: sekundärer Text ... Die Experimente Cherrys geben dem Lehrer immerhin einen tröstlichen Hinweis: Die Versuchspersonen registrierten in der Regel, wenn im sekundären Text ihr eigener Name vorkam. — Es sei noch angemerkt, daß die Steuerung der Aufmerksamkeit nicht auf das Hören beschränkt ist. In einem Experiment Neissers wurden zwei Filme (Aufnahmen von Sportereignissen) übereinander projiziert und die Versuchspersonen aufgefordert, nur einer Filmhandlung zu folgen. Auch das ist anscheinend nicht schwer.

Als sehr schwierig und geradezu quälend erwies sich die Aufgabe, zwei gesprochenen Texten oder zwei Filmen gleichzeitig zu folgen. Bei anderen Aufgaben aber konnten die Versuchspersonen recht wohl ihre Aufmerksamkeit teilen. Jeder verfügt dazu über Alltagserfahrungen, die genauso informativ sind, wie die entsprechenden Experimente:

Aufgaben:

1. Welche der folgenden Handlungen kann nach Ihrer Meinung ein Schüler gleichzeitig ausführen:
   — zuhören und „Männchen malen"
   — zuhören und stricken
   — zuhören und sich Notizen machen
   — zuhören und ein Tafelbild abschreiben
   — Hausaufgaben machen und Musik hören
2. Eltern fragen oft Lehrer um Rat, wie sie die häuslichen Arbeitsbedingungen ihrer Kinder einrichten sollen. Oft handelt es sich dabei um Kinder, die trödeln, d. h. stundenlang an ihren Aufgaben sitzen, keine Zeit zum Spielen haben und trotzdem mit ihren Aufgaben nicht fertig werden. — Welche Arbeitsbedingungen würden Sie mit den Eltern besprechen? (Beispiele: eigenes Arbeitszimmer oder Hausaufgaben am Küchentisch? Begrenzte Arbeitszeiten festlegen? Kontrolle dauernd — mehrfach zwischendurch — nach einer verabredeten Zeit — gar nicht? Musikhören erlaubt?) — Für die Lösung dieser Aufgabe bringt das Kapitel noch weitere Hinweise.

2.4. Das Kurzzeitgedächtnis (KZG)

Mit dem KZG wird man z. B. bekannt, wenn man eine Telefonnummer nachschlägt und kein Schreibgerät zur Hand hat. (1) Wenn man die Zahl nur einmal (laut) liest und dann nichts weiter tut, behält man sie nur kurze Zeit (etwa 15 Sekunden). (2) Solange man aber die Zahl laut oder innerlich ständig vor sich hin spricht, kann man sie im Gedächtnis behalten, für unbegrenzte Zeit. Dieses wiederholende Sprechen nennt man die Artikulationsschleife. (3) Das KZG umfaßt nur etwa 7 Einheiten. Man nennt das die Gedächtnisspanne.

Was nun ist eine „Einheit"? Schon bei Zahlen wird das schwierig. 7824795371 — das sind sicherlich 10 Einheiten (und damit mehr, als die meisten Leser nach einmaligem Vorsprechen nachsprechen können). 0211782447 — das sind nur 7 Einheiten für jeden, der die Vorwahlnummer von Düsseldorf kennt. Und sonst? Wieviel „Einheiten" müssen Sie sich einprägen, wenn Sie folgendes lernen: a) PQXTSLRVN, b) NEBUKADREZZAR TIGLATPILESER, c) Der Flügelflagel gaustert durchs Wiruwaruwolz, d) Farblose grüne Ideen schlafen wütend, e) Die geplante Erhöhung der Postgebühren ist auf scharfe Kritik der Opposition gestoßen? — Es läßt sich einfach nicht sagen, was eine „Einheit" ist. Folgt also für die Pädagogen aus der Erforschung des KZG nur, daß es irgendwie begrenzt ist? Das weiß jeder Lehrer ohnehin. Aber da Lehrer nicht ganz selten auch wohlbekannte Einsichten in der Praxis vernachlässigen, lohnt es vielleicht doch, darüber nachzudenken.

Aus der begrenzten Kapazität des KZG folgt seine Störanfälligkeit. Wenn man z. B. angesprochen wird, während man eine Telefonnummer vor sich hin murmelt, muß man wahrscheinlich die Nummer erneut nachschlagen. Es ist, als ob das KZG ein kleiner Raum wäre, in dem sich Personen drängen und in dem Neuankömmlinge nur dadurch Platz finden, daß sie andere hinausdrängen. Von dieser Einsicht machen die Sprach-Lehrer einen systematischen Gebrauch beim Einprägen neuer Wörter. Sie teilen den neuen Stoff in kleine Portionen auf und sorgen dafür, daß jede Portion ins Langzeitgedächtnis überführt wird, ehe die nächste dargeboten wird. Ein Mittel ist die Wiederholung: dabei scheint es sich um etwas anderes zu handeln als die Artikulationsschleife, vielleicht weil mit der Absicht des Einprägens wiederholt wird.

2.5. Das Arbeitsgedächtnis (AG)

Funktionen des Arbeitgedächtnisses werden zum Beispiel beim Kopfrechnen deutlich. Rechnen Sie bitte 13 · 18! — Vielleicht rechnen Sie: 10 · 18 + 3 · 10 + 3 · 8. Geübtere Rechner rechnen vielleicht: 13 · 13 + 10 · 13 : 2. Was also tut man im einzelnen? Man speichert die Aufgabe: 13/18/multiplizieren. Man ruft Rechenverfahren aus dem Langzeitgedächtnis ab, vielleicht sogar mehrere, um das beste wählen zu können. Man ruft Kenntnisse ab, z. B. 3 · 8 = 24 oder 13^2 = 169, denn das hat man früher einmal auswendig gelernt. Man speichert Zwischenergebnisse, z. B. 180 + 30 + 24. Es scheint, das alles sind mehr als 7 Einheiten. Und diese Einheiten sind ja nicht bloß im AG verfügbar, sondern mit ihnen wird gearbeitet. Das AG umfaßt mehr als das KZG. Auch bei voll besetztem KZG bleibt es noch leistungsfähig, wenn auch etwas mühsam, wie der Leser vielleicht an sich erfahren hat.

Der Terminus Arbeitsgedächtnis umfaßt alle bewußten Kognitionen (Denken, Wahrnehmen, Erinnern . . .), alle Kognitionen im

Bereich der Aufmerksamkeit. In etwa ist der Ausdruck bedeutungsgleich mit Bewußtsein.

Die begrenzte Kapazität des AG wird uns noch beschäftigen im Zusammenhang mit dem Problemlösen. Denn wenn das AG schon bei einer simplen Rechenaufgabe an seinen Grenzen angelangt schien, wie kann es dann komplexe Probleme bearbeiten, bei denen vielerlei Einzelheiten in vielerlei Beziehungen zueinander stehen?

2.6. Das Langzeitgedächtnis (LZG): Reproduzieren und Wiedererkennen; Abrufreize und Abrufprobleme

Im LZG ist alles enthalten, was man dauerhaft gelernt hat, z. B. die Fähigkeit, aufrecht zu gehen, die Wörter der Muttersprache und die Fähigkeit, damit Sätze zu bilden, die Erinnerung an Gesichter, Ereignisse, Orte, Gefühle, Begriffe, Theorien . . . An den Umfang und die Verschiedenartigkeit des Gespeicherten wird hier erinnert, um klarzumachen, daß wir im folgenden nur einige wenige, für schulisches Lernen relevante Züge des LZG betrachten.

Man unterscheidet zwei Arten des Erinnerns: Reproduzieren und Wiedererkennen. Reproduzieren: Der Zeuge gibt der Polizei eine Beschreibung des flüchtigen Verbrechers. Wiedererkennen: Er identifiziert ihn bei einer Gegenüberstellung, oder er identifiziert sein Foto. Wiedererkennen ist meist leichter.

Gelegenheit, über Gedächtnisfunktionen nachzudenken, bietet das „Zungenphänomen", die Situation, in der man sagt: „Es liegt mir auf der Zunge." An einem solchen Fall wollen wir einige Gedächtnisfunktionen illustrieren und Begriffe einführen, die wir später brauchen:

(1) Ein Mann — nennen wir ihn H. — möchte etwas über den amerikanischen Autor Updike sagen. Aber der Name fällt ihm nicht ein. Er liegt ihm auf der Zunge.

(2) Ein Name taucht in H's Gedächtnis auf: Burgess. H. weiß sofort, daß der Name falsch ist. H. vermutet, daß der gesuchte Name zweisilbig ist und ein U enthält.

(3) H. sagt sich verschiedene Romantitel des gesuchten Autors auf. Sein Gedächtnis liefert den Namen Upfield, der als falsch verworfen wird.

(4) H. fällt ein, daß der Autor holländische Vorfahren hat. Er assoziiert: holländisch — auf dem Deich — Updike.

(5) H. erinnert sich, daß er die gleiche Assoziationskette schon einmal gebildet hat, als er von der holländischen Abkunft des Autors erfuhr.

Analysieren wir die einzelnen Schritte:

(1) Der Name ist gespeichert, aber er ist nicht verfügbar. Etwas wissen und es *abrufen* zu können ist zweierlei. Vielleicht ist Vergessen überhaupt nur ein Abrufproblem.

(2) H. verwendet nacheinander unterschiedliche Abrufreize. Den ersten Abrufreiz weiß er selbst nicht mehr. (Gedächtnisabrufe laufen normalerweise vorbewußt ab, wie alles, was Routine ist; erst bei Störungen wird der Ablauf bewußt.) Wie auch immer, das Gedächtnis liefert falsche Resultate, die aber dem Gesuchten irgendwie ähnlich sind (englischsprachige Romanautoren). Gedächtnisinhalte, die nach Klang, Aussehen oder Bedeutung ähnlich sind, scheinen sich wechselseitig zu „stören". Diese Störung nennt man *Interferenz*. (Darüber unten mehr.)

(3) Die Romantitel sind als Abrufreiz geeigneter, weil spezifischer. Fast wäre hier schon der gesuchte Name erinnert worden. — Die Interferenz beruht jetzt auch auf einer Ähnlichkeit des Klangs.

(4) Der geeignete Abrufreiz ist gefunden.

(5) Vermutlich ist der Abruf von etwas mechanisch Gelerntem ein Nachvollzug früherer kognitiver Prozesse. Die Gedächtnisspur ist ein Weg, den wir schon einmal oder schon öfter gegangen sind. Je mehr solcher Spuren zu dem Gesuchten führen, desto sicherer gelingt der Abruf. Man nennt das *vielfältige Verknüpfung*. Auch dies ist Sprach-Lehrern ganz geläufig. Sie achten darauf, daß ein zu lernendes Wort in möglichst verschiedenen Sätzen und in möglichst verschiedenen Verwendungssituationen vorkommt. Mit anderen Worten: sie stellen möglichst viele Abrufreize bereit.

2.7. Warnung vor Mißverständnissen

Kästchen-Modelle wie das oben vorgestellte verführen zu Mißverständnissen, die schon die Alltagssprache nahelegt. Man sagt, man habe etwas *im* Gedächtnis; das läßt an einen Ort denken, einen

Raum oder Behälter. Aber die Termini KZG, AG und LZG fassen nur beobachtbare Funktionen zusammen. Angemessenere Ausdrücke dafür wären Verbalsubstantive, wie wir sie für andere Funktionen benutzt haben, z. B. „Wahrnehmung" oder „Steuerung". Doch sind die Termini nun einmal üblich. Das Wort „Speicher" wurde jedenfalls vermieden (trotz der offensichtlichen Orientierung an den sogenannten Multi-Speicher-Modellen). Die Gedächtnisleistungen, die mit KZG, AG und LZG benannt sind, sind keine einfachen Funktionen, sondern sicherlich aus elementaren Funktionen zusammengesetzt. Und die Kästchen des Modells haben keine neurophysiologischen Entsprechungen; sie können weder „Orten" im Gehirn noch unterschiedlichen chemischen oder elektrischen Hirnfunktionen zugeordnet werden.

2.8. Erste Resultate: Gesetzmäßigkeiten des Lernens und Sich-Erinnerns

Für Lehrer ist, wie gesagt, wichtig, zwischen mechanischem Lernen und Lernen durch Einsicht zu unterscheiden. Deshalb werden Gesetzmäßigkeiten und Ratschläge, die sich nur auf *eine* der Lernarten beziehen, noch hinausgeschoben. So werden hier nur zwei Aspekte erörtert: die Verteilung des Lernens und die Aktivität des Lerners.

(1) Die Verteilung des Lernens. Pausen

Welchen Rat gibt man einem Schüler, der sich langfristig vorbereiten will? Dazu gibt es eine interessante Untersuchung von Baddeley und Longman (Baddeley 1979, 44—48). Als in England Briefsortiermaschinen eingeführt wurden, sollten 10 000 Postangestellte Schreibmaschine schreiben lernen. Da dies in der bezahlten Arbeitszeit geschah, kann man sich das Interesse des Arbeitgebers vorstellen, die Lernzeit zu minimieren. Vier Untersuchungsgruppen wurden gebildet, mit unterschiedlichen Übungszeiten. Gruppe I: pro Tag einmal eine Stunde, Gruppe II: pro Tag zweimal eine Stunde, Gruppe III: pro Tag einmal zwei Stunden (also zwei Stunden hintereinander), Gruppe IV: pro Tag zweimal zwei Stunden. — Weil Ergebnisse solcher Untersuchungen einem oft so selbstverständlich vorkommen, sollten Sie vor dem Lesen der Tabelle 2 versuchen, zu erraten, welche Gruppe die wenigsten Stunden brauchte. (Die meisten von mir befragten Lehrer haben falsch geraten.)

Gruppe	Übungsstunden pro Tag	Lerneffekt nach 60 Stunden: richtige Anschläge pro Minute
I	1 × 1	ca. 80
II	2 × 1	ca. 70
III	1 × 2	ca. 70
IV	2 × 2	ca. 60

Tab. 2

Bei den langfristigen Lerneffekten (Überprüfung nach 9 Monaten) zeigte sich eine deutliche Unterlegenheit der 2 × 2-Gruppe.

Wie ist dieser Befund zu erklären? Der Faktor, der im wesentlichen die Unterschiede bedingt hat, dürfte die Aufmerksamkeit sein. Lernzeit ist i. a. nur die Zeit, in der man aufmerksam ist. Zweitens: Ermüdung und nachlassende Aufmerksamkeit führen zu Fehlern; Fehler werden eingeübt. Falsche und richtige Verknüpfungen konkurrieren dann miteinander. Für mechanisches Lernen gilt: Falsche Verknüpfungen werden ebenso leicht gelernt wie richtige.

Lernen soll also verteilt werden. Aber welche zeitliche Verteilung ist optimal? Das hängt offensichtlich vom Lerninhalt ab. Ist er, wie Maschineschreiben, monoton und erfordert dabei permanente Aufmerksamkeit, so wird es schnell zu Ermüdung kommen. Aber auch bei weniger monotonen Inhalten ermüdet man schnell, wenn man sich sehr anstrengen muß; ein Beispiel dafür sind etwa mathematische Textaufgaben. Für den letzteren Fall, das intellektuell anspruchsvolle Lernen, lassen sich Richtwerte nennen: 10 Minuten für Schulanfänger, 20 Minuten für 10jährige (vgl. Heller/Nickel 1976, I 243). Dauert die Belastung länger, so führt das zu Streßsymptomen, wie Messungen von Herz- und Kreislaufwerten ergeben haben. Für 16jährige mag die Belastungsgrenze bei 30 Minuten liegen.

Ziehen wir daraus Schlußfolgerungen, zunächst für die Gestaltung von Schulstunden. Lehrer halten aus Erfahrung die genannten Zeiten in etwa ein. Um Monotonie zu vermeiden, wechseln sie Inhalte oder Arbeitsformen in einem entsprechenden zeitlichen Rhythmus. Was oft weniger beachtet wird, ist der Wechsel des Anspruchsniveaus. Wenn von jüngeren Schülern über 45 Minuten immer das gleiche Maß an Anstrengung gefordert wird, so werden sie überfordert, gleichgültig wieviel Abwechslung der Unterricht im übrigen bietet. Beim Nachdenken über Abwechslung muß man also auch über den Wechsel von schweren und leichten Tätigkeiten nachdenken. (Man sollte die angegebenen Zeiten auch bei der Planung von Klassenarbeiten bedenken.)

Welche Folgerungen ergeben sich für das häusliche Lernen? Auch den häuslichen Lernstoff sollte der Lehrer portionieren, und er sollte nach Möglichkeit kontrollieren, daß tatsächlich portionsweise gelernt wird. Dabei geht es nicht nur darum, daß sich die Schüler das jeweilige Pensum optimal aneignen. Mehr noch geht es darum, daß die Schüler ökonomische Lerngewohnheiten einüben.

Ein zweites Mittel, der Ermüdung vorzubeugen und Aufmerksamkeit zu erhalten, sind Pausen. In der Ratgeberliteratur findet man dazu detaillierte Ratschläge. Die kann man in Zweifel ziehen, denn weder sind sie empirisch hinreichend fundiert, noch berücksichtigen sie die Unterschiede der Lerninhalte. Erwachsene Lerner (Sekundarstufe II) sollten angeleitet werden, sich selbst zu beobachten und einen eigenen Lernrhythmus zu finden. Jüngere Schüler (und ihre ratsuchenden Eltern) brauchen aber konkreten Rat. Und so kann man ihnen vorschlagen, nach den oben genannten Intervallen von 10, 20 oder 30 Minuten, je nach Lebensalter, Pausen von 5 Minuten einzulegen. 5 Minuten erscheinen angemessen, weil einerseits der Lerner sich entspannen kann, er aber andererseits nicht so gründlich abgelenkt wird, daß er sich erneut fürs Lernen „aufwärmen" müßte.

(2) Aktivität des Lerners

Mit dem zu erlernenden Material etwas zu tun, verbessert das Behalten. Die Werbebranche weiß das. Mit ihren Preisausschreiben versucht sie uns zu aktivieren: Wörter aus Anzeigen herauszusuchen, damit Sätze zu bilden und die Sätze aufzuschreiben. Wirksamer ist es noch, wenn der Adressat eine gewisse Selbständigkeit behält, wenn er z. B. aufgefordert wird, einen Werbeslogan für ein Produkt zu erfinden. Erforscht ist das alles nur für mechanisches Lernen, doch spricht alle Unterrichtserfahrung dafür, die Forderung nach Aktivität und Selbständigkeit auch auf Lernen durch Einsicht zu übertragen.

Die Erklärung läuft auf die schon bekannten Stichworte hinaus. Aktivität erhält die Aufmerksamkeit, vergrößert also die effektive Lernzeit. Aktivität verknüpft das Neue mit zahlreichen Abrufreizen. Selbständigkeit hat den folgenden Vorteil: Der Lerner verknüpft das Neue mit den vorhandenen Gedächtnisinhalten, er verankert es in *seiner* individuellen kognitiven Struktur. (Das ist für das Lernen durch Einsicht noch zu differenzieren.)

3. Mechanisches Lernen (Assoziationslernen)

3.1. Interferenz

Interferenz ist Ursache von Abrufproblemen und Vergessen. Sie betrifft vor allem das mechanische Lernen; deshalb wird sie hier behandelt.

Sich zu erinnern, erfordert eine feste Verknüpfung (Gedächtnisspur):

Abrufreiz —— Gedächtnisspur ——→ gesuchter Gedächtnisinhalt

Was aber, wenn die Gedächtnisspuren so aussehen?

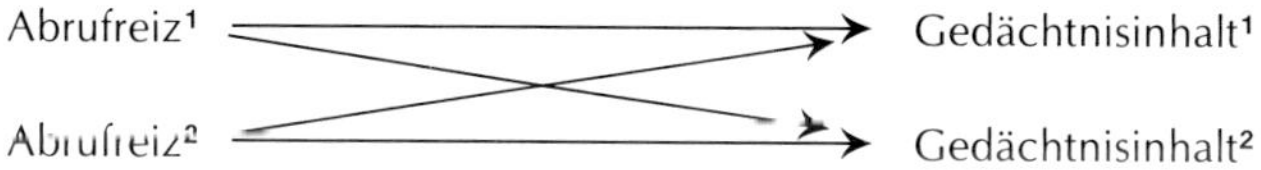

So geht es vielen Menschen mit den Wörtern „Stalagmiten“ und „Stalaktiten“. Die hier auftretenden Gedächtnisprobleme sind exemplarisch, denn hier ist alles schiefgegangen, was beim Lernen schiefgehen kann:

(1) Wir haben eine hohe Ähnlichkeit der Ausdrücke.

(2) Wir haben eine hohe Ähnlichkeit der Bedeutungen.

(3) Beide Wörter werden gewöhnlich gleichzeitig gelernt (z. B. bei der Besichtigung einer Höhle).

Und so kommt es, daß einem zu jedem der Ausdrücke zwei Bedeutungen einfallen und zu jeder der Bedeutungen zwei Ausdrücke.

Betrachten wir das an einem weiteren Beispiel. Schüler lernen das englische Wort butcher, Aussprache etwa [butsche]. Wenn der Lehrer das Wort zu früh anschreibt — kaum, daß es vorgesprochen ist —, so bilden die Schüler die Aussprache [batsche] in Analogie zu but, butter, butler u. a. Folglich bilden sich gleichzeitig zwei Gedächtnisspuren aus: butcher → [butsche] und butcher →

[batsche]. Das ist schwer zu korrigieren. Mindestens kommt es zu Verzögerungen beim Sprechen, weil den Schülern immer zwei Ausspracheweisen einfallen und sie sich erst zwischen beiden entscheiden müssen.

Die Interferenzen, die bisher besprochen wurden, kann man grob als Verwechslung bezeichnen. In Laboruntersuchungen führt Interferenz meist zu Vergessen. Die erklärenden Modelle sind strittig, und darauf lassen wir uns nicht ein. Aus Alltagserfahrungen ist uns diese Art des Vergessens geläufig. Wenn man zuviel Gleichartiges zugleich kennenlernt — Pflanzen und ihre Namen in einer Gärtnerei, Alibis in einem Roman von Agatha Christie oder Schüler in einer neuen Klasse —, so erinnert man sich oft an vieles völlig korrekt, während anderes ebenso völlig vergessen ist. Ein Unterrichtsbeispiel: In einer Lektion werden 10 Vokabeln für 10 Obstsorten eingeführt, womöglich verknüpft mit immer denselben Wörtern (kaufen, essen . . .). Auch hier kommt es wahrscheinlich weniger zu Verwechslungen als zu Erinnerungslücken.

Fassen wir zusammen. Interferenz ist Ursache einer Abrufschwierigkeit. Entweder kommt es bei einem Abruf zu einem falschen Ergebnis oder zu gar keinem. Interferenz tritt vor allem auf bei ähnlichen Gedächtnisinhalten (ähnlich im Klang, ähnlich in der Bedeutung), gesteigert, wenn solche ähnlichen Inhalte gleichzeitig gelernt werden.

Interferenz liefert ein weiteres Argument für verteiltes Lernen. Denn irgendwelche Ähnlichkeiten gibt es bei jedem Sachgebiet. Und so ist immer Interferenz zu befürchten, wenn man sich eine große Portion des gleichen Lernstoffs zuführt. Kleine Häppchen sind die richtige Lerndiät.

3.2. Lernhilfen

— *Herstellung von Aufmerksamkeit.* Man kann nichts erinnern, was man nie gelernt hat. Dies einerseits. Andererseits ist selbst der Klassenprimus gelegentlich unaufmerksam. Wie also schafft es der Lehrer, daß für unverzichtbare Informationen die Aufmerksamkeit aller hat? Die Mittel kennt jeder Lehrer: Er fordert für bestimmte Phasen die Aufmerksamkeit aller, er schreibt an, er läßt wiederholen usw. Die Leistung des Lehrers besteht vor allem darin, daß er sich völlig darüber klar wird, was denn unverzichtbar ist. Das läßt sich dann auch den Schülern mitteilen.

— *Hervorheben des Relevanten.* Man teilt also dem Schüler mit, was wichtig und was unwichtig ist. Ein Beispiel aus dem Geschichtsunterricht: Der Lehrer schreibt auf einen Teil der Tafel die Daten, die gelernt werden sollen, auf einen anderen Teil die Daten, die man auf dem Erkenntnisweg benötigt, anschließend aber wieder vergessen darf. Ein Gegenbeispiel: In Mathematikbüchern tauchen 30—50 % aller Fachwörter nur ein einziges Mal auf, ohne daß dem Schüler klar wird, daß er mit diesen 30—50 % sein Gedächtnis nicht belasten muß, weil die Wörter ja nie mehr gebraucht werden. (Merzyn 1987, 77)

— *Vermeidung von Interferenz.* Hier ist an das oben Ausgeführte zu erinnern. (1) Ähnliche Inhalte sollten zeitlich getrennt dargeboten werden. (2) Wenn Interferenz vorliegt, sollte sie den Schülern bewußt gemacht werden, und dann sollte die richtige Verknüpfung immer wieder eingeübt werden. Das ist oft mühselig. So sagen die Schüler oft bis zum Abitur „meaning", wenn sie „opinion" meinen, oder sie behandeln die französischen Wörter „groupe", oder „garage" als Feminina. Bei diesen Interferenzen aus der Muttersprache sind die unerwünschten Verknüpfungen so gut eingeübt, daß sie kaum korrigierbar sind. — Ein dritter Ratschlag ist so wichtig, daß er einen eigenen Abschnitt bekommt:

— *Ausschließliche Präsentation des Richtigen.* Es ist einfach so, daß sich das Falsche ebenso einprägt wie das Richtige. Ein paar Beispiele für falsches Lehrerverhalten: (1) Lehrer geben Schülern, die etwas Falsches sagen, die Chance, sich selbst zu verbessern, und damit die Chance, gleich mehrfach etwas Falsches zu sagen und es sich und der Klasse dauerhaft einzuprägen. (2) Lehrer geben schlichte Informationsfragen an die Klasse zurück (bei manchen Lehrern eine geradezu reflexartige Reaktion) und erleben dann einen Wust von Fehlinformationen. Ein Schüler fragt z. B.: „Was ist eine Verfassung?" Der Lehrer: „Wer weiß es?" Und dann kommt das bei jüngeren Schülern so beliebte Rätselraten: „ein Gesetz", „eine Strafe", „eine Regierung" . . . Und wenn der Lehrer die Sache schließlich richtigstellt, hören einige Schüler gerade mal nicht zu. — Der Ratschlag, nur das Richtige zu präsentieren, gilt nur für das mechanische Lernen. Das Problemlösen dagegen lebt ja gerade davon, daß Hypothesen gebildet und ggf. falsifiziert werden, also davon, daß die Schüler bereit sind, „Falsches" zu riskieren. Und auch für den Bereich des mechanischen Lernens ist der Ratschlag fachdidaktisch abzuwandeln. Auch dazu zwei Beispiele: (1) Bei Verbesserungsübungen mag die Präsentation des Falschen angebracht sein, eben weil es deutlich als falsch markiert ist. (2) Ein Lehrer, der jederzeit und mit Akribie auf korrekte Anwendung der Fachterminologie achtet — bei den Schülern! —, erreicht vor allem eins: Er macht die Schüler sprachlos. Da sie dann nichts sagen, sagen sie freilich auch nichts Falsches.

- *Vielfältige Verknüpfung.* Dabei geht es darum, möglichst viele Abrufreize bereitzustellen und Inhalte, die schon im Gedächtnis sind, zu Abrufreizen für das Neue zu machen (Verankerung des Neuen). Ehe z. B. der Biologielehrer am Beispiel einer Tierart seine speziellen Lernziele verfolgt, läßt er die Schüler berichten, was sie schon aus außerschulischen Erfahrungen über diese Tierart wissen.
- *Benutzung mehrerer Wahrnehmungskanäle.* Dies ist ein Spezialfall der vielfältigen Verknüpfung. Ein Gedächtnisinhalt, der auf verschiedene Weisen im Gedächtnis repräsentiert ist, ist eben deshalb vielfältiger verknüpft. Zugleich sagt die Erfahrung (wenn es auch wissenschaftlich umstritten ist), daß es unterschiedliche Lerntypen gibt. Manche Menschen lernen vorwiegend auditiv, andere mehr visuell. Ein dritter Wahrnehmungskanal ist die Wahrnehmung der eigenen Motorik. Schüler lernen z. B. neue Fachwörter, indem sie sie nachsprechen (evtl. nur in der Vorstellung — auch dabei wird die Sprechmuskulatur aktiviert) oder nachschreiben. Ein Lehrer sollte wissen, zu welchem Lerntyp er gehört, damit er nicht diejenigen Wahrnehmungskanäle vernachlässigt, die für sein eigenes Lernen weniger wichtig sind.
- *Wechsel von Darbieten und Einprägen / Aktivieren.* Wenn auch die Kapazitätsgrenzen des KZG unklar sind (weil meist nicht bestimmbar ist, was eine „Einheit" ist), so ist doch klar, daß es unverrückbare Grenzen gibt. Ehe das KZG „überfüllt" ist, muß der Lernstoff ins LZG überführt werden. Der Lehrer muß sich also den Lernstoff daraufhin ansehen, wieviel davon mechanisch einzuprägen ist (Namen, Termini, Fakten usw.). Dies muß er in kleine Portionen unterteilen, und jede Portion

muß er einprägen lassen, ehe er weitergeht. Dabei sollten die Schüler aktiviert werden. Wenn Sie z. B. dieses Kapitel in der Absicht gelesen haben, sich seinen Inhalt einzuprägen, haben Sie als geübter Lerner diese Lernstrategien vielleicht automatisch angewendet. Sie haben innegehalten und sich den Paukstoff herausgefiltert, z. B. „Kurzzeitgedächtnis" / „KZG" / 15 Sekunden / „Artikulationsschleife" / „Einheit" / 7 Einheiten / „Gedächtnisspanne" usw. Sie haben das memoriert. Im Idealfall haben Sie etwas damit gemacht, z. B. sich selbst befragt („Wie nennt man dieses innere Vor-sich-hin-Sprechen?") oder sich einen Vortrag gehalten.

— *Verteiltes Lernen.* Erinnern wir uns an Baddeleys Untersuchung zum Erlernen des Schreibmaschineschreibens. Es geht darum, Einprägungs- und Übungsphasen nicht zu lang werden zu lassen. Wie lang aber ist zu lang? Das Kriterium ist die Aufmerksamkeit, und die hängt ab von Motivation, Arbeitsgewohnheiten, Ermüdung (Tageszeit) und Belastbarkeit (Alter) der Schüler. Lehrer, die ihre Schüler ja kennen, können das intuitiv recht gut abschätzen.

— *Automatisierung* von Basiskenntnissen und Basisfertigkeiten. Darunter versteht man ein Üben mit dem Ziel, daß das Gelernte schnell, fehlerfrei und mühelos zur Verfügung steht. Wenn Sie 13 · 18 im Kopf gerechnet haben (vgl. o.), so konnten sie das nur, weil Sie die Grundrechenarten früher einmal so lange geübt haben, bis sie automatisiert waren. Automatisierung, so zeigt das Beispiel, entlastet das Arbeitsgedächtnis. — Nach Hage et al. (1985) füllt diese Art von Üben nicht einmal 3 % der Unterrichtszeit; die Abkehr von der „Paukschule" vertrüge hier wohl eine Korrektur.

Aufgaben:

1. Zeichnen Sie aus dem Gedächtnis die Vorder- und Rückseite eines 1-Pfennig-Stücks!

   Vermutlich haben Sie dabei Schwierigkeiten, obwohl Sie die Münze fast täglich sehen.

   a) Wie erklären Sie diese Schwierigkeiten?

   b) Welche pädagogische Nutzanwendung ziehen Sie daraus?

2. Mit welchen Mitteln versuchen Sie zu erreichen, daß Ihre Schüler das häusliche Lernen verteilen? (Appelle an die Einsicht der

Schüler sollen nur in Verbindung mit anderen Mitteln als geeignete Maßnahme gelten!)

3. Kataloge nach Art der oben angebotenen Lernhilfen sind nutzlos, wenn Sie nicht energisch daraus auswählen: Streichen Sie die Lernhilfen, die Sie immer schon praktizieren. Streichen Sie die Lernhilfen, die für Ihr Fach nicht relevant sind. (Aber Vorsicht: Es könnte sein, daß Sie ein bißchen betriebsblind sind.) Von den verbliebenen Lernhilfen wählen Sie zwei aus und planen dazu konkrete Maßnahmen. (Als Beispiel die „Herstellung von Aufmerksamkeit": „Ich markiere in meinen Unterrichtsplänen die Phasen, in denen ich die Aufmerksamkeit aller Schüler brauche. Ich schätze ab, wieviel Zeit diese Phasen insgesamt ausmachen, und reduziere, wenn ich entdecke, daß meine Erwartungen unrealistisch sind. Ich variiere die Mittel, mit denen ich Aufmerksamkeit herstelle, und zwar: Körpersprache und Intonation (. . .), Appelle an alle oder einzelne (. . .), Medien (. . .), kleine Gags (?), sonstiges (. . .).

4. Lernen durch Einsicht

Zunächst befassen wir uns mit *Begriffen*, dann mit größeren Einheiten, in die Begriffe eingefügt werden, den sog. *Schemata*. Das Verhältnis von „Begriff" zu „Schema" mag man sich fürs erste so vorstellen wie das Verhältnis von „Straße" zu „Stadtteil". Die Unterscheidung ist nicht sehr trennscharf, aber sie ist praktisch, insofern sie den Blick auf unterschiedliche didaktische Aspekte lenken wird. Über Begriffe erhalten wir die meisten Auskünfte von der Linguistik[3], während Schema ein genuin psychologischer Terminus ist.

„Schüler sollen über *klare Begriffe* verfügen." Diesem Satz wird wohl jeder zustimmen. Aber die Erfahrung zeigt, daß oft weder klar ist, was ein „Begriff" ist, noch was „klare" Begriffe sind, noch was es heißt, über einen Begriff zu „verfügen". Begriffe werden mit Ausdrücken verwechselt, Klarheit mit Genauigkeit, und das Verfügen über einen Begriff wird mit Erläuterung oder Definition gleichgesetzt. Solches Durcheinander setzt sich um in Verwirrung und Mißverständnisse im Unterricht. In 4.1. und 4.2. wird versucht, das Durcheinander zu lichten. 4.3. befaßt sich — in einer vorläufigen Weise — mit zwei grundlegenden Prozessen der Begriffsbildung, mit Anschaulichkeit und Abstraktion. (Das wird fortgesetzt im 5. Teil „Problemlösen-Lernen“ und im Kapitel XII.)

4.1. Über Ausdruck und Begriff

Die Lautfolge „Kroklowafzi“ (von C. Morgenstern in die Welt gesetzt) sagt Ihnen nichts; sie hat keine Bedeutung. Die Lautfolge „Turm“ sagt Ihnen: Gegenstand, konkret, höher als breit, von Menschen hergestellt (und einiges andere). „Turm“ ist ein *Ausdruck*, der eine Bedeutung hat; *Bedeutung* ist, was ein Ausdruck einem sagt.

Wir machen keinen Unterschied zwischen „Begriff“ und „Bedeutung“. Also können wir feststellen: Ein *Begriff* ist die Bedeutung eines Ausdrucks.

Ein und derselbe Begriff kann durch verschiedene Ausdrücke formuliert werden. Ob man „Studienreferendar“ sagt oder „Lehramtsanwärter für Gymnasien“ oder „Jemand, der sich in der 2. Phase der Lehrerausbildung für das Lehramt an Gymnasien befindet“, man formuliert jedesmal denselben Begriff.

Wenden wir diese Feststellung auf unterrichtsnähere Beispiele an. Nehmen wir an, Sie wollten die Funktion des Kurzzeitgedächtnisses erklären, aber der Ausdruck „Artikulationsschleife“ fiele Ihnen nicht ein; Sie können die Sache aber „mit eigenen Worten“ erklären. Dann haben Sie einen Begriff, und Sie haben einen Ausdruck dafür, nämlich einen Text (Ihre „eigenen Worte“). Über einen Begriff zu verfügen und über einen bestimmten vereinbarten Ausdruck dafür zu verfügen, ist also zweierlei.

Leider ist es möglich, einen Ausdruck zu wissen, ohne einen Begriff dazu zu haben. Das wäre z. B. der Fall, wenn Sie sich zwar an den Ausdruck „Artikulationsschleife“ noch erinnerten, der Ausdruck aber Ihnen „nichts sagt“. Der Fall, so ist zu befürchten, ist in der Schule häufig.

Zur Verdeutlichung noch ein Unterrichtsbeispiel: Ein Lehrer stellt fest, daß Schüler der 5. Klasse Formen vom Typ „ich habe gesagt“ mit Formen vom Typ „ich hatte gesagt“ verwechseln. Er bringt ihnen (wie auch immer) den richtigen Gebrauch bei. Die Schüler verfügen nun über den richtigen Begriff. Der Ausdruck dafür ist eine andere Sache. Die Schüler könnten eigene Ausdrücke dafür entwickeln, z. B. „Jetzt vorbei“ für „ich habe gesagt“ und „Damals vorbei" für „ich hatte gesagt". Schließlich könnte der Lehrer die üblichen Termini einführen: Dies nennt man „Perfekt", dies „Plusquamperfekt". — Beachten Sie: In diesem Abschnitt wurden für ein und denselben Begriff 3 verschiedene Ausdrücke verwendet: „Formen vom Typ ‚ich habe gesagt'" = „Jetzt vorbei" = „Perfekt".

Die Unterscheidung von Lernen durch Einsicht und mechanischem Lernen läßt sich nun ein ganzes Stück konkretisieren. Lernen durch Einsicht ist zum größten Teil Begriffslernen; die Schüler erwerben Begriffe und Verbindungen von Begriffen. Mechanisches Lernen ist zum größten Teil Ausdruckslernen; die Schüler erwerben Ausdrücke und Ausdrucksketten.

Aus den bisherigen Überlegungen lassen sich einige für Lehrer nützliche Einsichten ziehen. Die werden aber, zwecks Aktivierung des Lesers, als Aufgaben formuliert.

Aufgaben:

1. Ein Geschichtslehrer möchte die Schüler erkennen lassen, daß die Solonische Verfassung Athens einen politischen Kompromiß darstellte. Die Schüler beschreiben auch den Kompromißcharakter, benutzen aber das Wort „Kompromiß" nicht, so sehr der Lehrer auch danach fragt („Wie könnte man das denn noch bezeichnen?" etc.). Der Fall ist häufig. Wie erklären Sie sich das Verhalten des Lehrers? Und: Wie hätte er sich verhalten sollen?
2. Überprüfen Sie ein Lehrbuchkapitel, das Ihnen aus dem Unterricht bekannt ist, auf folgende Weise:
   - Entwickeln Sie an Beispielen Kriterien dafür, was für die Schüler ein neues Fachwort ist.
   - Zählen Sie diese Fachwörter und dividieren Sie sie durch die Zahl der Unterrichtsstunden, die Sie auf das Lehrbuchkapitel verwendet haben. So erhalten Sie die Zahl der neuen „Vokabeln", die die Schüler pro Unterrichtsstunde lernen sollen.
   - Entwickeln Sie an Beispielen Kriterien dafür, welche dieser Fachwörter nötig oder nützlich sind und welche überflüssig sind.
   - Welcher Prozentsatz ist überflüssig?

4.2. Begriffe anwenden und erläutern
Klarheit und Genauigkeit von Begriffen

Unterricht besteht weitgehend darin, den Schülern sachgemäße und klare Begriffe zu vermitteln. Was „Klarheit" ist, scheint eher unklar. Und im Bemühen um Klarheit kann man zuwenig und zuviel tun. Deshalb sollten Lehrer über den Gebrauch von Begriffen etwa folgendes wissen:

(1) Über einen Begriff verfügen heißt a) ihn anwenden können, b) ihn erläutern können.

(2) Alle nicht-definierten Begriffe, alle Begriffe der Alltagssprache also, sind unscharf. Diese Unschärfe kann man reduzieren, aber nicht beseitigen.

Zu (1):

Begriffe der Alltagssprache können wir gewöhnlich korrekt anwenden, aber nicht erläutern. Das gilt selbst für einfache, klare, unumstrittene Wörter, deren Anwendung keine Schwierigkeiten macht. Können Sie z. B. aus dem Stegreif die Bedeutung von „Fenster" präzise beschreiben?

Fassen wir das etwas präziser: Begriffe sind Bezeichnungen für *Gegenstandsklassen. Anwenden* heißt: Gegenstände richtig in die Gegenstandsklasse einordnen, z. B.: „Dies ist ein Fenster." „Dies ist kein Fenster, sondern ein Glasbaustein." („Gegenstand" im weitesten Sinne, auch Abstrakta umfassend.) *Erläutern* heißt: die Kriterien für diese Einordnung (vollständig) angeben.

Beispiele: Es ist denkbar, daß ein Referendar definieren kann, was ein Lernziel ist, daß er aber gleichwohl in einem Unterrichtsentwurf Lernzielformulierungen nicht von Verlaufsbeschreibungen unterscheiden kann. Oder umgekehrt: Die richtige Klassifizierung gelingt ihm, aber er kann keine Definition geben. Oder: Schüler unterstreichen in einem Text zutreffend alle Nomina, können aber nicht sagen, was ein „Nomen" ist. (Können Sie es?)

Der Lehrer muß also stets unterscheiden: Erstrebt er die richtige Anwendung (= Klassifizierung)? Oder die Kenntnis einer Erläuterung bzw. Definition? Oder beides? Wenn er beides anstrebt, muß er sich klar sein, daß das eine nicht schon erreicht ist, wenn das andere erreicht ist. Am Beispiel „Nomen" sei dargestellt, welche Lernzielentscheidungen ein Lehrer treffen muß, der ein Fachwort einführt (Abb. 2).

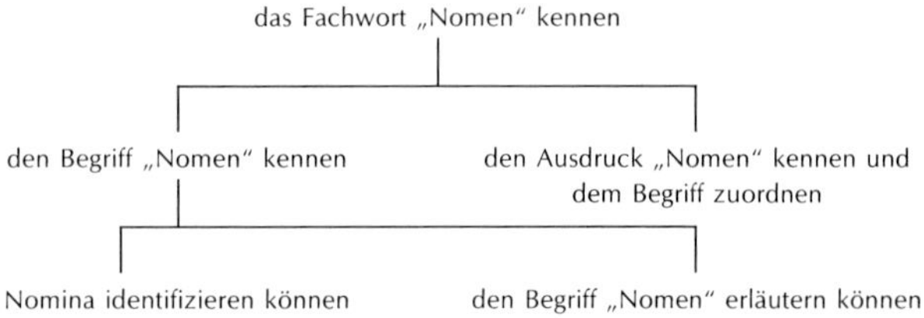

Abb. 2

Zu (2):

„Spiel“ ist ein Wort mit riesigem Bedeutungsumfang und schwer bestimmbaren Grenzen. Trotzdem ist der Satz „Dostojewski war dem Spiel verfallen“ klar. Klar sind auch Sätze wie „Abends haben wir mit den Kindern Spiele gemacht“ und „Erst die Arbeit, dann das Spiel“. Die *Kontexte* engen den Begriff ein auf Glücksspiel, Unterhaltungsspiel, Freizeitbeschäftigung. Wenn wir meinen, daß „Spiel“ in diesen Sätzen klar ist, so heißt das: klar genug für den Kommunikationszweck. Genau das soll an einem Fragment eines Lehrtextes näher untersucht werden. Dabei soll gezeigt werden, daß Klarheit und Genauigkeit nicht dasselbe sind. Wir werden dabei ein bißchen kleinlich sein, um zu demonstrieren, wie quälend und überflüssig eine Genauigkeit sein kann, die über den Kommunikationszweck hinausgeht. (Das Ganze ist kursiv gesetzt, um anzuzeigen, daß das kein Bestandteil des Lehrtextes ist — man kann es wieder vergessen.)

Oben hieß es: „Die Lautfolge ‚Turm‘ sagt Ihnen . . .“. — „Laut“ ist ein sehr ungenauer Begriff. Stellen wir uns vor, daß drei Sprecher „Turm“ aussprechen, einer mit Rachen-R, einer mit Zungen-R und der dritte etwa [Tuam]. Das sind drei verschiedene Lautfolgen, aber sie haben die gleiche Bedeutung. Korrekt wäre es gewesen, statt von „Lauten“ von „Phonemen“ zu sprechen. Die Definition von Phonem: kleinste bedeutungsunterscheidende Spracheinheit. Zungen-R und Rachen-R sind im Deutschen nicht bedeutungsunterscheidend, also handelt es sich um dasselbe Phonem. Hingegen sind d und t im Deutschen unterschiedliche Phoneme (vgl. „leider“ und „Leiter“). Der Satz heißt nunmehr korrekt: „Die Phonemfolge ‚Turm‘ sagt Ihnen . . .“ — Weiter, weil es so schön ist: Wir haben „Turm“ ein „Wort“ genannt. Nun sind „Turm“, „Turmes“ und „Türme“ drei verschiedene Wörter, aber gemeint haben wir das, was diesen Wörtern gemeinsam ist: Es handelt sich dreimal um dasselbe Lexem. Definition: Lexem ist die kleinste bedeutungstragende Einheit der Sprache.

Ich habe also einen Text präzisiert. Aber welche Irrtümer oder Irrtumsmöglichkeiten wurden beseitigt? Eher wurden welche geschaffen. Hoffentlich hat der Leser ein bißchen gelitten (obwohl wissenschaftliche Texte ganz andere Marterwerkzeuge bereithalten) und ist nun entsprechend aufgeschlossen:

— „Klarheit ist ein intellektueller Wert an sich; Genauigkeit und Präzision sind es nicht. Absolute Präzision ist unerreichbar; und es ist zwecklos, genauer sein zu wollen, als es unsere Problemsituation verlangt. Die Idee, daß wir unsere Begriffe definieren müssen, um sie ‚präzise' zu machen oder gar, um ihnen einen ‚Sinn' zu geben, ist ein Irrlicht. Denn jede Definition muß definierende Begriffe benützen; und so können wir es nie vermeiden, letzten Endes mit undefinierten Begriffen zu arbeiten." (Popper, S. 62)

— Immer, wenn man Alltagswörter durch wissenschaftliche Fachwörter ersetzt, sollte man einen Grund dafür haben: daß man sich mit einem Fachwort, wenn man es erst eingeführt hat, kürzer ausdrücken kann oder daß man Verwechslungen und Mißverständnisse verhindert.

— Bemühen um Präzision sollte gegenüber den Schülern begründet werden.

Natürlich geht es im Unterricht immer wieder darum, Begriffe zu präzisieren. Kritisiert wurde nicht Genauigkeit des Denkens und Redens, sondern nur ihre Übertreibung. Nun also geht es um die Frage: Wie präzisiert man Begriffe?

Das wichtigste Verfahren ist das der *Begriffsopposition*, der Kontrastierung von zwei oder mehr Begriffen. Man vergleicht Savanne und Wüste, Revolution und Putsch, Prägung und Lernen, Arbeit und Leistung (in der Physik), Laut und Phonem. Je ähnlicher die verglichenen Begriffe sind, desto deutlicher werden sie herausgearbeitet. Dabei werden die Begriffe immer zugleich angewendet, d. h. der Vergleich der Begriffe und der Vergleich der Sachverhalte geht Hand in Hand; das ist gar nicht voneinander zu trennen.

Besonders wichtig ist Begriffsopposition, wenn Wörter der Alltagssprache neu definiert werden, wenn also z. B. die Physiker Wörtern wie „Kraft", „Energie" oder „Arbeit" einen neuen Sinn geben. Die Schüler müssen dann z. B. lernen, daß das Tragen eines Koffers in der Horizontalen kein Fall von „Arbeit" ist. Dabei kommt es zu einer Art von Interferenz. Die alltägliche Wortbedeutung ist so lange eingeübt und mit so vielen Alltagserfahrungen verknüpft — im Falle von „Arbeit" z. B. auch mit Körpererfahrungen —, daß sie sich immer wieder gegen die neue Bedeutung durchsetzt. Bis zum Beispiel der Deutschlehrer einen Begriff wie „romantisch" von den Verknüpfungen mit Sonnenuntergängen und populärem Liedgut befreit hat, bedarf es harter Arbeit. In Kapitel IV dieses Buches hatten wir ähnliche Probleme mit den Wörtern „Kontrolle" und „affektiv".

Aufgaben:

1. Überprüfen Sie an einem Lehrtext (z. B. an dem vorliegenden Buch oder einem Lehrbuch), wie Fachwörter eingeführt werden: durch Beispiele; durch einen Kontext, aus dem heraus das Wort verständlich wird; durch Worterläuterung oder Definition; durch Begriffsopposition; durch sonstige Mittel. Werden die Wörter hinreichend verständlich?
2. Ein Lehrer will im Geschichtsunterricht Schülern der 9. Klasse vermitteln, was das „Gewaltmonopol" des Staates ist und worin seine Vorzüge liegen. Er sieht voraus, daß die Schüler zu „Gewalt" Assoziationen von „Brutalität" und dergleichen haben werden. Was tun? Nennen Sie mehrere Möglichkeiten.
3. Schreiben Sie auf, was Sie unter einer „ökologischen Nische" verstehen, und informieren Sie sich, was man in der Biologie tatsächlich darunter versteht. Was können Sie tun, um sich das richtige Wortverständnis dauerhaft einzuprägen?
4. Mathematiklehrer: „Du schreibst hier ‚Gerade', es muß aber ‚Strecke' heißen. Schüler: „Ist doch egal!" — Was könnte im Unterricht vorher falsch gelaufen sein?
5. Versuchen Sie möglichst genau zu erklären, warum sich neue Maßeinheiten, z. B. *KW* statt *PS* oder *Joule* statt *Kalorien*, so schwer durchsetzen.
6. *Diese Aufgabe wird später fortgesetzt!* — Beobachten Sie sich selbst daraufhin, wie Sie die Bedeutung folgender Definition von „Modell" erfassen. Bitte aufschreiben und mit der Vorgehensweise anderer vergleichen! „Unter einem Modell verstehen wir im allgemeinen eine vereinfachte und modifizierende Darstellung eines tatsächlichen oder antizipierten Sachverhalts, die es ermöglichen soll, den gesamten Sachverhalt in seiner Struktur zu verstehen."

4.3. Anschaulichkeit und Abstraktion

Anschaulichkeit ist der vielleicht vielfältigste Begriff der Didaktik. Zählen wir einiges auf, was unter Anschaulichkeit (Veranschaulichung) verbucht wird: in Geschichte sowohl die Geschichtserzählung wie die Visualisierung einer Verfassung; in Mathematik sowohl der Funktionsgraph wie die Anwendung von Rechenverfahren auf Alltagsprobleme; in Biologie sowohl das Realobjekt wie Filme, Fotos und Schemazeichnungen; generell in den Naturwissenschaften die Modelle (z. B. das Wellenmodell des Lichts); im Deutschunterricht etwa die Realisierung einer Dramenszene (Sprechen, Spielen, Entwurf eines Bühnenbilds); usw. usw. Das alles aufzuarbeiten, ergäbe ein eigenes Buch. Wir beschränken uns hier auf zwei Aspekte: (1) Beispiel und Abstraktion. (Das Thema exemplarisches Lernen wird wieder aufgegriffen.) (2) Visualisierung abstrakter Zusammenhänge (eine wichtige Methode, Begriffszusammenhänge zu klären).

(1) Beispiel und Abstraktion

Was Absolutismus ist, lernen die Schüler am Beispiel Ludwigs XIV. Hier stoßen wir auf die schon diskutierten Probleme des exemplarischen Lernens: Welche Merkmale gelten nur für Ludwig XIV., welche für Absolutismus schlechthin? Ist z. B. die Auffassung „Der Staat bin ich" ein Merkmal des Absolutismus? An nur einem Exemplum können die Schüler das nicht entscheiden. Sollen sie den Begriff selbständig entwickeln, brauchen Sie mehrere Exempla, aus denen das Gemeinsame abstrahiert wird.

Jüngere Schüler haben vielleicht einen Begriff, der sich so umschreiben läßt: „Absolutismus ist, wenn sich ein König morgens von Prinzen die Kleider anreichen läßt." Aber auch Erwachsenen fällt vielleicht zunächst nur Anekdotisches ein: das Lever, die Mätressen, das Schloß ... Aber während Erwachsene von sich aus Wichtiges und Unwichtiges unterscheiden, tun das jüngere Schüler, etwa bis zum Alter von 12 Jahren, nicht. Und selbst wenn sie solche Unterschiede machen, etwa weil der Lehrer ihnen mitgeteilt hat, was wichtig an der Sache ist, so verwenden sie doch ihre Lernzeit nicht entsprechend. Sie versuchen sich unwichtige Details ebenso einzuprägen wie wesentliche Informationen. Ihre Lernstrategie heißt: das Ganze auswendig lernen (vgl. Kluwe 1982). Der Lernvorgang muß also sorgfältig angeleitet werden.

Fragt man nun, was das Relevante ist, so findet man *Abstraktionen*. Die mögen der kindlichen Verständnis- und Ausdrucksfähigkeit angepaßt sein: „Der König brauchte sich von niemand dreinreden zu lassen ..., er machte die Gesetze ..." u. ä. Oder sie können auf wissenschaftlichem Niveau formuliert sein: „nicht an die Zustimmung neben- oder übergeordneter Gewalten gebunden", „legibus absolutus". Um Abstraktionen handelt es sich allemal.

Schauen wir uns die Abstraktionen genauer an, so sehen wir, daß Vergleiche darin stecken: Es gibt nicht-absolute Herrscher, die sich von anderen „dreinreden" lassen müssen, die an die Zustimmung anderer Personen oder Institutionen gebunden sind. Dahinter steckt immer eine *Begriffs-Opposition*, z. B. „absolute Monarchie" vs. „Feudalismus". Je genauer und differenzierter man einen Begriff herausarbeiten will, desto ähnlicher wird man die Begriffe wählen, die man in Opposition setzt: „Absolutismus" vs. „konstitutionelle Monarchie", „Absolutismus" vs. „Diktatur" oder „Absolutismus" vs. „aufgeklärter Absolutismus".

Weil doch in diesem Abschnitt die Abstraktion als das Ziel des Lernprozesses erscheint, soll an einem Beispiel gezeigt werden, was geschehen kann, wenn man das Konkrete, die Anschauung überspringt oder zu flüchtig behandelt. Wagenschein (1968, 42) fand, daß mehr als ein Viertel der von ihm befragten Studenten glaubten, die Mondphasen würden durch den Erdschatten bewirkt (Verwechslung von Mondphasen und Mondfinsternis). Nun braucht man bei zunehmendem Mond nur einen Blick auf den Nachmittagshimmel zu werfen, und man sieht die Dreieckskonstellation von Sonne, Mond und Erde. Man sieht, daß die Erde keinen Schatten auf den Mond werfen kann, nicht bei zunehmendem Mond. Überspringen des Konkreten hat in diesem Fall nicht nur unsinniges Halbwissen zur Folge. Sondern es hat auch die Trennung von Alltagswissen und Schulwissen zur Folge. Es gibt sozusagen zwei Monde, die miteinander nichts zu tun haben, den konkreten, den man sieht, und den abstrakten, den der Lehrer lehrt. Ein Bildungszweck von Wissenschaft ist es, die Lebenswelt verständlich zu machen. Wenn — wie es zu befürchten ist — die Schüler das Gefühl haben, Lebenswelt und Unterrichtsinhalte hätten nichts miteinander zu tun, so ergäbe sich ein ungeheurer Sinn- und Motivationsverlust.

(2) Visualisierung abstrakter Zusammenhänge

Visualisierung ist Übersetzung aus einem Symbolsystem — gewöhnlich aus dem der natürlichen Sprache — in ein System visueller Symbole. Das bringt oft erhebliche Vorteile, aber auch Verluste.

Eine Stichprobe der Bevölkerung wird nach ihrer Wertschätzung für Politiker befragt. Die Ergebnisse kann man in Sätzen der natürlichen Sprache mitteilen. Man kann aber auch die Beliebtheit in Form von Säulendiagrammen darstellen. Der Vorteil ist offensichtlich: Mit *einem* Blick kann ich den beliebtesten und unbeliebtesten Politiker herausfischen. Denn aus dem Nacheinander der natürlichen Sprache ist ein Nebeneinander geworden. (Man vergleiche die Vorteile der Fixierung von Musik durch Noten oder andere visuelle Symbole.)

In einem Geschichtsatlas betrachte ich ein Schaubild der Verfassung der römischen Republik. Ich sehe Kästchen, Kreise und verschiedene Arten von Pfeilen. Die Kästchen und Kreise bedeuten die verschiedenen Arten von Volksversammlungen und verschiedene Institutionen (Senat, Beamte). Die Pfeile sind zu lesen als „wählen", „bestätigen", „ernennen", „übergeordnet sein" u. ä. Auch hier ist das Nacheinander eines Textes durch ein Nebeneinander ersetzt. Und das gibt mir die Freiheit, Informationen in beliebiger Reihenfolge zu entnehmen.

Ein weiterer Vorteil besteht darin, daß die Informationen zweimal kodiert sind, sprachlich und visuell. Das erleichtert das Behalten.

Ein Nachteil besteht in der Armut vieler visueller Symbolsysteme und der daraus resultierenden Vieldeutigkeit. Wieviel Bedeutungen werden — oft im selben Bild — dem Pfeil aufgebürdet. Das kann zu erheblichen Mißverständnissen führen, wenn man nicht doch wieder auf den Reichtum der natürlichen Sprache zurückgreift und die Pfeile beschriftet.

Der m. E. größte didaktische Vorteil der Visualisierung wird oft verschenkt. Wenn der Lernende *selbst* abstrakte Zusammenhänge visualisiert, lernt er ganz besonders gründlich. Insofern ist es bedauerlich, daß unsere Schulbücher Visualisierungen schon fertig anbieten. Denn nicht auf das Produkt kommt es an, sondern auf den Prozeß des Visualisierens. Dabei werden die Schüler aktiviert. Aber mehr als das: Beim Übersetzen aus dem sprachlichen ins visuelle Medium ist man gezwungen, den zu übersetzenden Sachverhalt ganz genau zu analysieren. Denn immer wieder stößt man dabei auf Schwierigkeiten und wird veranlaßt, sich Zusammenhänge klarzumachen.

Aufgaben:

1. Oben wurden Sie aufgefordert, die folgende Definition für sich zu klären: „Unter einem Modell verstehen wir im allgemeinen eine vereinfachte und modifizierende Darstellung eines tatsächlichen oder antizipierten Sachverhalts, die es ermöglichen soll, den gesamten Sachverhalt in seiner Struktur zu verstehen." Erleichtert Ihnen folgendes Beispiel das Verständnis: Pläne von Verkehrsnetzen, etwa der Plan eines U-Bahn-Netzes, sind Modelle im Sinn der Definition?
2. Oben stand der Satz: „Visualisierung ist die Übersetzung aus einem Symbolsystem — gewöhnlich aus dem der natürlichen Sprache — in ein System visueller Symbole."
   - Wenn Sie Schwierigkeiten mit „Symbol" hatten, beschreiben Sie die Schwierigkeiten möglichst genau.
   - Haben Sie sich, als Sie „System" („Symbolsystem") lasen, dabei etwas gedacht?
   - Schreiben Sie den Satz so um, daß Sie ohne die beiden Ausdrücke auskommen.
   - Letzteres — die Wiedergabe eines Textes mit anderen Worten — nennt man *Paraphrase*. Wozu kann Paraphrase im Unterricht gut sein?
3. Visualisierung dient auch dazu, sehr große Zahlen (Mengen, Räume, Zeiträume) begreiflich zu machen.
   - Visualisieren Sie: Die gesamte Sprengkraft des Zweiten Weltkriegs, einschließlich der Atombomen von Hiroshima und Nagasaki, betrug 3 Megatonnen. Das Atomwaffenpotential, das 1981 auf der Welt vorhanden war, betrug etwa 18 000 Megatonnen. Um sämtliche großen und mittleren Städte der Welt zu zerstören, benötigt man etwa 300 Megatonnen.[4]
   - Welche emotionalen Wirkungen hat die Visualisierung des Sachverhalts?
   - Inwiefern wird bereits durch die gegebenen Informationen die Menge „18 000 Megatonnen" veranschaulicht?

Aufgabe:

„Das Geschäft ging schleppend seit der Ölkrise. Anscheinend wünschte sich keiner mehr etwas wirklich Elegantes. Plötzlich ging die Tür auf, und ein gut gekleideter Mann kam in den Ausstellungsraum. John machte sein freundlichstes und aufrichtigstes Gesicht und ging auf den Mann zu." (aus: Rumelhart 1984, 171)

— Verstehen Sie diesen Text? Wie verstehen Sie ihn? Wie kommt es, daß Sie ihn trotz seiner Bruchstückhaftigkeit verstehen?

Die Gedächtnispsychologie arbeitet vielfach mit Ausdrücken, die das Gedächtnis als etwas Passives denken lassen, als Material, dem etwas „eingeprägt" wird und in dem es „Spuren" gibt, oder als Apparat, in dem etwas „gespeichert" wird und aus dem „abgerufen" wird. Angemessener ist es, sich die gesamte Kognition und das Erinnern als etwas Aktives vorzustellen, als eine Bearbeitung, als eine Konstruktion der Welt.

Um diese konstruktive geistige Tätigkeit zu beschreiben, brauchen wir den Begriff des *Schemas*. Es ist dies — seit Mitte der 70er Jahre — ein zentraler Begriff der Kognitionspsychologie, ein ganz umfassender und zugleich (noch) ungenauer und unterschiedlich gefüllter Begriff. Wir werden uns auf diejenigen Aspekte der Schema-Konzeption beschränken, die von besonderem didaktischen Interesse sind. Und dazu benutzen wir zunächst die oben zitierte kleine Geschichte.

Sicherlich haben Sie erkannt, obwohl es nicht gesagt wird, daß hier ein *potentieller Käufer* ein *Geschäft* betritt und ein *Verkäufer* auf ihn zugeht. Hinweise im Text, das Wort „Geschäft" und daß John sich wie ein typischer Verkäufer benimmt, haben Sie dazu veranlaßt, den Text zu ergänzen. Ein anderer Hinweis ist die Wendung „seit der Ölkrise". Leser interpretieren das gewöhnlich im Sinne von „wegen der Ölkrise"; sie stellen einen kausalen Zusammenhang her. Sie wissen einiges über Ölkrisen, und dieses Wissen tragen Sie in den Text hinein: Ölkrisen sind Wirtschaftskrisen, in denen sich die Leute weniger leisten können; so stellen Sie einen Zusammenhang her zwischen dem ersten und dem zweiten Satz. Vielleicht ergänzen Sie auch: Ölkrise — das Benzin wird teurer — die Leute kaufen keine benzinschluckenden Autos mehr. Tatsächlich schließen amerikanische Leser vielfach, daß das „Elegante", das hier verkauft wird, Cadillacs sind. Wer das vermutet, kann sich durch „Ausstellungsraum" bestätigt fühlen. Der Fortgang der Geschichte ist in Grundzügen vorherzusehen: Begrüßung, ein typisches Verkaufsgespräch, Handeln über den Preis, vielleicht eine Probefahrt.

Listen wir auf, was der Leser so oder ähnlich alles getan hat: ergänzen, interpretieren, (kausale) Zusammenhänge herstellen, Wissen in den Text hineintragen, schließen, vermuten, vorhersehen. Der Leser ist also höchst aktiv gewesen. (Von dieser Aktivität wird kaum etwas bewußt, solange sie glatt abläuft; man muß sie schon irgendwie stören, um sie bewußt zu machen. Dazu unten mehr.)

Diese Aktivität läßt sich beschreiben als Wirkung von Schemata. Zum Beispiel haben wir ein „Verkaufs"-Schema, mit den festen Bestandteilen Käufer, Verkäufer, Ware, Geld. Das Schema enthält das, was beim Verkauf immer oder normalerweise oder häufig eine Rolle spielt. Schemata können komplex sein und andere Schemata enthalten. So ist unser Geld-Schema sehr komplex, und nur ein kleiner Teil davon wird beim Lesen der Geschichte *aktiviert*: Geldentwertung, Inflation; ginge die Geschichte weiter, könnte noch hinzukommen: Bargeld, Scheck, Kreditkarte, Kredit, Laufzeit, Zinsen, Raten usw.

Bevor zusammengefaßt wird, was über Schemata und ihre Funktionen ausgeführt wurde, betrachten wir noch zwei weitere Beispiele. Angenommen, Sie lesen den Satz „Früher begann der Tag mit einer Schußwunde". In welchem Zusammenhang könnte der Satz Sinn haben? Gesprochen in einem Westernfilm? Auf einem Polizeirevier? Einer chirurgischen Abteilung? Nichts scheint zu passen. Das heißt: Man probiert Schemata aus, und wenn sich kein passendes Schema findet, so *versteht* man nicht; der Satz hat keinen *Sinn*. Das gilt nicht nur für Texte, sondern auch für erlebte Situationen. Der Soziologe Garfinkel hat planvoll unverständliche Situationen erzeugt, zum Beispiel die folgende. Teilnehmer sind VP = die Versuchsperson, das „Opfer", und E = Experimentator, ein von Garfinkel beauftragter Student. VP (winkt freundlich): „Wie steht's?" E: „Wie steht es mit was? Meiner Gesundheit, meinen Geldangelegenheiten, meinen Aufgaben für die Hochschule, meinem Seelenfrieden, meinem . . ." VP (rot im Gesicht und plötzlich außer Kontrolle): „Hör zu. Ich unternehm' gerade den Versuch, höflich zu sein. Offen gesprochen kümmert es mich einen Dreck, wie es mit dir steht." (nach Garfinkel 1973, 206)

Was also sind Schemata, und was sind ihre Funktionen:

- In unserem Gedächtnis sind *spezifische Erinnerungen* (z. B. an den Kauf einer Hose gestern bei C & A) und *allgemeine Kenntnisse* (z. B. darüber, wie man hierzulande Kleidungsstücke kauft).
- Unsere allgemeinen Kenntnisse sind zu Einheiten gebündelt. (Mindestens lassen sie sich so beschreiben.) Diese Einheiten nennt man *Schemata*. Ein Schema besteht aus *Kenntnissen* und aus *Relationen* zwischen diesen Kenntnissen (z. B. der Kausalrelation zwischen Rückgang der Öllieferungen und Erhöhung des Benzinpreises).
- Mittels der Schemata *deuten* wir die Welt: wir gliedern sie in Erfahrungseinheiten, die wir verstehen, erklären und beurteilen (So urteilt wohl Garfinkels „Opfer": Was hier geschieht, ist keine Begrüßung, sondern eine Beleidigung). In der so gedeuteten Welt können wir uns sinnvoll verhalten (z. B.: Auf eine Beleidigung reagieren wir mit „gerechter" Empörung).

Einiges, was innerhalb dieser Deutung geschieht, ist von besonderem Interesse für die Analyse von Lernvorgängen:

- Von dem, was in einem Text oder einer Wahrnehmung gegeben ist, beachten wir das, was im angewendeten Schema *relevant* ist, und lassen unbeachtet, was irrelevant ist. (Irrelevant ist z. B., ob in unserer Geschichte die Tür „plötzlich" aufgeht oder ob John den Mann durchs Fenster hat kommen sehen.)
- Auch das Relevante wird nicht objektiv aufgenommen, sondern *spezifisch interpretiert*; alle Einzelheiten bekommen einen speziellen Sinn. (Die „gute" Kleidung des Mannes wird als teuer interpretiert, als Indiz dafür, daß er vermögend ist, und nur deshalb ist dieses Detail hier relevant. — Was Cadillacs betrifft, so wird uns bewußt vor allem, daß sie teuer und Benzinfresser sind.)
- Wir ergänzen die Texte, die wir lesen, und die Situationen, die wir wahrnehmen, aus dem Schema heraus; wir fügen Informationen hinzu. Meist merken wir das gar nicht. Es könnte durchaus sein, daß ein Leser, der die Geschichte in einigem zeitlichen Abstand wiedergibt, eine Erhöhung der Benzinpreise erwähnt und sicher ist, das habe so im Text gestanden.

Alles, was jemand wahrnimmt, einschließlich dessen, was ihm ein Lehrer zeigt oder sagt, wird also in einer sehr intensiven Art und Weise „bearbeitet". Diese Bearbeitung tritt in ihr zweites Stadium beim Erinnern. Wenn wir uns an irgend ein Ereignis erinnern, so liefert uns unser Gedächtnis gewöhnlich einige Details, und aus diesen Details *rekonstruieren* wir mit Hilfe passender Schemata das Ganze. Diese doppelte Wirkung der Schemata läßt sich in der Praxis nicht unterscheiden. Der Lehrer, der bei Lektüre einer Klausur feststellt, wie sehr der Schüler doch „entstellt" hat, was ihm vermittelt wurde, kann nur mutmaßen, welche Entstellungen schon in der Stunde und welche erst während der Klausur zustande kamen.

Wie Schüler mittels ihrer Schemata Unterrichtsinhalte deuten und den darin enthaltenen Einzelheiten einen spezifischen Sinn geben, dem gehen wir anhand einiger Unterrichtsbeispiele nach:

1. Beispiel: In der 8. Klasse hat der Lehrer den Schülern vom Prager Fenstersturz erzählt. Viele Schüler haben Fragen. Schüler A: „Wie hoch lagen die Fenster?" Schüler B: „Wenn die auf den Mist gefallen sind, müssen die aber gestunken haben!" Schüler C (gibt durch Körpersprache und Tonfall zu erkennen, daß er die eigentlich wichtige Frage stellt): „War da der Kaiser nicht sehr beleidigt?" — Schüler A und B tun etwas, was Lehrer oft ungeduldig macht; sie scheinen an der Sache vorbeizureden, irrelevante Assoziationen zu produzieren. Aber ihre Äußerungen sind relevant, nämlich in dem Schema, das sie anlegen. Ihrem Schema können wir den Namen „Prügelei" geben, und in dem Schema kommt es halt auf das Ausmaß an, in dem Körper und Kleidung beschädigt werden. Schüler C dagegen ordnet das Ereignis in ein politisch-historisches Schema ein. Sinnvoll sind alle drei Äußerungen.

2. Beispiel: In der 12. Klasse diskutieren die Schüler eine Szene aus dem Faust. Gretchen fragt, voll Besorgnis um das Seelenheil des Geliebten: „Nun sag, wie hast du's mit der Religion?" Faust antwortet zunächst ausweichend, dann mit einem pantheistischen Glaubensbekenntnis, in dem er Gott „Allumfasser" und „Allerhalter" nennt. So jedenfalls sieht es der Lehrer. Ganz anders die Schüler: Professor Faust benutzt seinen akademischen Spezialwortschatz, um das arme Gretchen mundtot zu machen und sich so um eine Antwort zu drücken. Das Schema des Lehrers entstammt der Sekundärliteratur, das der Schüler dem erlebten Leben, wie an

dem Engagement zu ersehen ist, mit dem sie sich mit Gretchen identifizieren.

3. Beispiel: Thema „Verbrennung" im Chemieunterricht der 7. Klasse. Verbrennung ist für die Schüler ein Vorgang, bei dem Materie vernichtet wird: Da ist ein Stück Holz, es verbrennt und ist damit sozusagen aus der Welt geschafft. Aufgabe des Lehrers ist es, dies Schema durch ein angemesseneres zu ersetzen. Das ist schwierig, und es besteht die Gefahr, daß die Schüler in Zukunft zwei Schemata benutzen, eins im Alltag und ein anderes in der Schule.

4. Beispiel: Elektrischer Strom „fließt" lernen die Schüler im Physikunterricht, oder sie bringen dieses Bild schon in den Unterricht mit. Das bekannte Schema des fließenden Wassers wird übertragen auf Elektrizität. (Das ist der übliche Fall der naturwissenschaftlichen Modellbildung: Man stellt eine Analogie her zwischen einem Bereich, den man durchschaut — hier dem Verhalten von Flüssigkeiten — und dem Bereich, der zu erklären ist.) Die Analogie mag ein Stück weit hilfreich sein. Aber sie wird die Schüler daran hindern, den Strom*kreis* zu verstehen. Das erlebt man öfter: daß die Übertragung eines bekannten Schemas auf etwas Neues das Verständnis der Schüler blockiert. Am schwierigsten ist es für den Lehrer, wenn die Schüler ein solches Schema gar nicht aussprechen, sondern es nur stillschweigend benutzen. (Das Beispiel stammt aus Klafki 1958.)

5. Beispiel: Biologielehrer bemühen sich, das Schema finaler Erklärungen durch das Schema kausaler Erklärungen zu ersetzen. Aber bis in die 13. Klasse hinein formulieren die Schüler Erklärungen, in denen der „Natur" oder bestimmten Lebenserscheinungen Absichten unterstellt werden. („Der Hornissenschwärmer ahmt Zeichnung und Gestalt der Hornisse nach, damit er Freßfeinden entgeht." Offenbar ein kluges Tierchen!) Hier handelt es sich um eins der umfassendsten Schemata, um ein Grundmuster unserer Erfahrungen, über lange Zeit immer wieder eingeübt und entsprechend schwierig zu verändern.

Welchen Nutzen hat nach alledem der Schema-Begriff für den Lehrer?

(1) Er kann dazu dienen, solche Kommunikationsprobleme wahrzunehmen und zu analysieren, die aus der Verwendung unterschiedlicher Schemata entstehen. In dem „Faust"-Beispiel geht es darum, die Berechtigung eines dem Lehrer fremden Schemas anzuerkennen oder zur Diskussion zu stellen. In dem

„Fenstersturz"-Beispiel geht es darum, überhaupt wahrzunehmen, daß Schüler an den Sachverhalt ein Schema herantragen, innerhalb dessen ihre Äußerungen sinnvoll sind.

(2) Er kann dazu dienen, Verständnisschwierigkeiten der Schüler zu analysieren, die sich ergeben, wenn sie ungeeignete Schemata an einen Sachverhalt herantragen. In dem „Strom"-Beispiel mögen die Schüler selbst merken, daß sie blockiert sind, was aber nicht heißt, daß sie ihr Schema aufgeben. Man muß es schon zur Sprache bringen.

(3) Er kann dazu dienen, Widerstände vorwegzunehmen und wahrzunehmen, die sich ergeben, wenn man bewährte Schemata verändern oder ersetzen will. Sie haben sich bewährt, indem sie Alltagserfahrungen sinnvoll und zusammenhängend gemacht haben. Dabei gibt es ein Motivations- und ein Erklärungsproblem. An dem „Verbrennungs"-Beispiel kann man sich klarmachen, daß der Lehrer die Schüler zunächst einmal dazu motivieren muß, ihr Schema aufzugeben. Er läßt sie Erfahrungen machen, auf die das Schema nicht paßt. (Das ist ausführlicher im Motivations-Kapitel behandelt.) Damit das neue Schema klar wird, vergleicht man altes und neues Schema und arbeitet die Unterschiede heraus.

4.5. Lernhilfen

— *Anschauung*: Begriffe werden primär erworben am konkreten Gegenstand oder Fall, d. h., die Schüler beobachten Phänomene, hören oder lesen Erzählungen, Berichte, Beschreibungen, und wenn es irgend geht, tun sie etwas (zeichnen, hantieren, basteln, erfinden, spielen . . .). — Wie ausführlich das ist, hängt von Alter und Kenntnisstand ab. Man kann die Schüler auch langweilen, indem man etwas längst Bekanntes wie etwas Neues einführt.

— *Abstrahieren*: Die Schüler werden dahin geführt, das Relevante (Wesentliche) am konkreten Fall zu erkennen. Das Relevante ist meist das, was alle Gegenstände einer Klasse gemeinsam haben, so daß das Relevante auch das Überindividuelle und Allgemeine ist: Abstrahieren = Verallgemeinern. Die wichtigste Methode ist der Vergleich mehrerer „Exempla", d. h. mehrerer Gegenstände einer Begriffsklasse.

— *Anwenden*: Über einen Begriff verfügen heißt *primär*, ihn richtig anwenden zu können. Das wird durch Anwendung auf zahlreiche Beispiele, zunächst klare Fälle, später auch Grenzfälle oder Gegenbeispiele sichergestellt.

— *Präzisieren*: Über einen Begriff verfügen heißt *sekundär*, ihn erläutern können (bei wissenschaftlichen Termini: definieren können). Ein wichtiges Mittel, Begriffe präzise zu machen, ist die Begriffsopposition. Das Bemühen um größere Genauigkeit sollte den Schülern einsichtig sein.

— *Unterscheidung von Begriff und Ausdruck*: Die Zuordnung eines vereinbarten Ausdrucks (Terminus) zu einem Begriff muß als besonderer Lernakt geplant und durchgeführt werden. Es ist immer zu überlegen, ob man eine Ausdrucksvereinbarung überhaupt braucht.

— *Verändern von Schemata*: Die Schüler sollten Gelegenheit haben, die Schemata, die sie schon haben, zu artikulieren, und zugleich der Lehrer, diese Schemata kennenzulernen. (Dies ist eine wichtige Funktion von offenen Phasen des Unterrichts.) Anderenfalls besteht die Gefahr der Interferenz alter und neuer Schemata. Die Erschütterung eines Schemas kann das Neugiermotiv wecken, kann aber auch verunsichern und Abwehr hervorrufen (vgl. Kap. VI).

— *Aktivierung*: Neue Begriffe und Schemata sollen in die kognitive Struktur des Lernenden eingefügt werden. Dazu müssen sie angewendet, und zwar möglichst selbständig angewendet werden. Das spricht für problemorientiertes und entdeckendes Lernen. — Visualisierung führt zu einer intensiven und selbständigen Aneignung abstrakter Zusammenhänge.

Aufgabe:

Lernvorgänge wurden mit folgenden Ausdrücken beschrieben: sich aktivieren, abstrahieren, konkretisieren, reorganisieren (ein Terminus aus dem Lernzielkapitel), paraphrasieren, vielfältig verknüpfen, in die eigene kognitive Struktur (die eigenen Schemata) integrieren.

Referendare berichten, daß sie folgende Lerntechniken bei der Examensvorbereitung angewendet haben:

a) wichtige Textstellen herausschreiben,

b) Kurzfassungen von Texten herstellen und Kurzfassungen der Kurzfassungen,
c) Beispiele und Anwendungen suchen (andere als im Text vorgegeben),
d) sich Prüfungsfragen ausdenken und beantworten,
e) sich etwas laut vorlesen,
f) einer anderen (vorgestellten) Person etwas erklären,
g) Textstellen mit unterschiedlichen Farben markieren,
h) Textstrukturen und logische Zusammenhänge visualisieren.

Ergänzen Sie die Liste. Ordnen Sie diesen Tätigkeiten einen oder mehrere der anfangs genannten Ausdrücke zu.

---

5. Problemlösen-Lernen

5.1. Problemtypen und der Forschungsstand[6]

Ein Bergsteiger bricht um 7 Uhr auf und erreicht eine Berghütte um 15 Uhr. Dort übernachtet er. Am nächsten Tag startet er ebenfalls um 7 Uhr, geht genau den gleichen Weg bergab und kommt um 15 Uhr an seinem Ausgangspunkt an. Gibt es einen Punkt der Strecke, den er an beiden Tagen zur gleichen Uhrzeit erreicht?

Fünf Missionare und fünf Kannibalen wollen über einen Fluß setzen. Ihr Boot faßt nur drei Personen. Weder am Ufer noch im Boot dürfen die Kannibalen in der Überzahl sein, weil sie sonst die Missionare verspeisen. Wie gelangen die zehn Personen mit möglichst wenig Fahrten über den Fluß?

Rätsel dieser Art sind sogenannte geschlossene (wohldefinierte) Probleme, d. h., alle Bedingungen sind vorgegeben, und es gibt nur eine richtige Lösung. Das Bergsteiger-Rätsel hat darüber hinaus noch die Besonderheit, daß die meisten Menschen an der Lösung nicht zielgerichtet arbeiten können. Sie spielen eine Weile damit herum, und irgendwann, oft wenn sie schon an etwas anderes denken, haben sie plötzlich die Lösung (ein sogenanntes Aha-Erlebnis). Man erlebt das so, als hätte in der Zwischenzeit ein unbewußter Problemlöseprozeß stattgefunden (und vielleicht stimmt das auch).

Ein Problem anderer Art entnehme ich der Tageszeitung. Soll man Heroinabhängigen die Ersatzdroge Methadon zukommen lassen?

Das ist zunächst einmal ein offenes (schlecht definiertes) Problem. Es gibt mehr als eine Lösung: nein / freier Verkauf von Methadon / Verschreibung durch Ärzte / Verteilung durch spezielle Institutionen. Mehr noch: das eigentliche Problem ist nicht einmal genannt, weil das Ziel nicht genannt ist. Was will man? Die Fixer von jeder Drogensucht, Methadon eingeschlossen, heilen? Oder will man sie nur fähig machen, mit regelmäßigen Methadongaben einem Beruf nachzugehen und auch sonst normal zu leben? Will man die Beschaffungskriminalität senken? Will man die Ausbreitung von Aids verringern? Schon hier, im Zielbereich zeigt sich die *Unbestimmtheit* des Problems: Es ist nicht klar, was alles dazugehört. Und schon hier zeigt sich auch seine *Vernetztheit.* Vernetzt heißt ein System, in dem viele Faktoren auf einander einwirken. (Unterricht ist z. B. eine vernetztes Geschehen, nur gebraucht man dafür meist den Terminus „interdependent".) Mit einigen Stichworten seien einige Faktorenbündel hier nur angedeutet: Sucht, Therapien (Formen, Chancen, Kosten . . .), zur Verfügung stehende finanzielle Mittel, Beschaffungskriminalität und -prostitution, Heroinmarkt (Dealer und ihre Motive, Preise . . .), Aids und andere Seuchen, Polizeimaßnahmen und ihre Chancen usw. In einem vernetzten System gibt es immer Nebenwirkungen, d. h., neben der beabsichtigten Wirkung sind immer noch andere unbeabsichtigte und oft schwer vorhersehbare zu berücksichtigen. Angenommen, es gelingt die Beschaffungskriminalität zu senken, weil die Süchtigen dank Methadon die Entzugserscheinungen nicht mehr fürchten müssen und also nicht mehr mit allen Mitteln das Geld für den nächsten Schuß beschaffen müssen, so könnte eine Nebenwirkung darin bestehen, daß sie nun kein starkes Motiv mehr haben, von ihrer Sucht freizukommen. — Das mag zur Charakterisierung des Problemtyps zunächst genügen.

Die Erforschung des Problemlösens hat sich fast ausschließlich mit Problemen vom Typ „Bergsteiger" oder vom Typ „Missionare und Kannibalen" beschäftigt. Vom Standpunkt der Schule ist das sehr bedauerlich. Zwar werden in der Mathematik überwiegend und in den Naturwissenschaften oft geschlossene Probleme bearbeitet. Aber sie sind meist viel komplexer und viel weniger überschaubar. Man hat in der Problemstellung nicht alle Elemente so übersichtlich vor sich wie in den Denksportaufgaben, sondern muß vielmehr fragen und suchen. Z. B. in der Mathematik: Was ist unbekannt? Was ist gegeben? Welche Lehrsätze, Methoden, Analogien könnten hilfreich sein? (Was von dem, was ich bisher gelernt habe, könnte mir weiterhelfen?) Ich vermute, daß man aus der Lösung von Problemen des „Methadon"-Typs mehr Erkenntnisse für den mathematisch-naturwissenschaftlichen Unterricht gewinnen könnte als aus den erforschten Problemen. Erst recht gilt das für solchen Unterricht, in dem offene, unbestimmte und vernetzte Probleme behandelt werden: „Woran ging die Weimarer Republik zu Grunde?" „Wie kann man den tropischen Regenwald landwirtschaftlich nutzen?"

Erst neuerdings hat man die Lösung solcher Probleme untersucht. Besonders ein Buch ist hier zu nennen, das wir ein wenig näher charakterisieren, weil wir uns noch öfter darauf berufen werden: Dörner u. a., Lohhausen. Lohhausen an der Lohe ist eine Kleinstadt, die es nur als Computersimulation gibt. In diesem Ort konnten Versuchspersonen Bürgermeister spielen. Das sah so aus, daß die VPn in insgesamt 8 Sitzungen à 2 Stunden den Ort regierten. Sie konnten selbst bestimmen, wieviel Lohhauser Zeit zwischen den Sitzungen vergehen sollte, sie mußten nur mit den 8 Sitzungen 10 Jahre abdecken. Sie erhielten grundlegende Informationen über Einwohnerzahl (3 372 E), Lage, Infrastruktur u. ä. Anderes mußten sie durch Informationsfragen selbst herausfinden: daß der Wohlstand der Stadt im wesentlichen von der einzigen Fabrik des Ortes abhängt, daß es mit dieser Fabrik schlecht steht wegen des Zustands der Maschinen, daß es in Lohhausen eine hohe Jugendarbeitslosigkeit und einen beträchtlichen Wohnungsmangel gibt, beides mit steigender Tendenz. Das Programm enthält 2 000 Variablen, die ihrerseits vielfältig verknüpft sind: ein vernetztes System. Es ist so komplex, daß es für die VPn unmöglich ist, alle Zusammenhänge zu erfragen: ein für jeden nur partiell durchschaubares System. Die Eingriffsmöglichkeiten sind überaus zahlreich. Der Bürgermeister kann Arbeitsplätze schaffen, Löhne, Arbeitslosengeld, Steuern und Mieten erhöhen oder senken, Geschäfte und Kindergärten bauen, Kegelvereine gründen und Popfestivals arrangieren, Wanderwege anlegen und Parkbänke beschaffen. Denn — und da ist die Simulation etwas unrealistisch — Fabrik, Bank, Läden, Wohngebäude, Grundbesitz und fast alles andere ist städtisches Eigentum, und der Bürgermeister hat fast diktatorische Vollmachten. Er stößt allerdings auch auf Grenzen: Arbeiter können streiken, Ärzte abwandern, und vor allem kosten alle Maßnahmen Geld, und so muß der Bürgermeister dafür sorgen, daß Geld in die Stadtkasse kommt.

Dieser Versuch dauerte mit Vorbereitung und Auswertung sechs Jahre. 48 Versuchspersonen waren beteiligt. Manche VPn hinterließen ein blühendes Gemeinwesen, andere führten Lohhausen in den Bankrott. Mit erheblichem Untersuchungsaufwand beurteilte man den Erfolg der VPn. Die 12 Erfolgreichsten und die 12, die am wenigsten Erfolg hatten („positive" und „negative" VPn), wurden anhand der Versuchsprotokolle und durch allerlei Tests daraufhin untersucht, was denn gute und schlechte Problemlöser unterscheidet — und speziell darauf richtet sich unser Interesse, denn dabei könnte man ja auf Fähigkeiten stoßen, die lehrbar sind. — Es läßt sich natürlich an einem solchen Versuch, dem ersten seiner Art und seines Umfangs, allerlei aussetzen. Aber keine andere Untersuchung zum Problemlösen ist so realitätsnah und unterrichtsnah. Aufschlußreich ist vor allem, daß zwar wenige VPn beteiligt waren, deren Verhalten aber detailliert erforscht wurde. Das ist weniger abgesichert, aber viel informativer als über sehr viele VPn sehr wenig zu erfahren.

5.2. Problemlösen-Lernen: kognitive Aspekte

Kann man Problemlösen lernen? — Entfalten wir die Bedeutung dieser Frage. Ganz sicher kann man spezielle Strategien erlernen, um spezielle Probleme zu lösen. Man erlernt Techniken, den Sinn eines langen und verschachtelten lateinischen Satzes zu erfassen, eine historische Bildquelle zu erschließen oder einen Text adressatengerecht zu formulieren. Aber gibt es ganz allgemeine Strategien, die für alle oder doch viele verschiedene Arten von Problemen hilfreich sind? Man kann das bezweifeln. Man wird erinnert an die Behauptung, in manchen Schulfächern, z. B. Mathematik oder Latein, lerne man „logisch" denken. Das gilt als überholt. Die Logik der Mathematik ist eine andere als die, die z. B. im Alltag gebraucht wird, und ein Transfer von dem einen Gebiet auf das andere ist nicht zu erwarten.

Die Ergebnisse der „Lohhausen"-Untersuchung (die durch andere Untersuchungen gestützt werden)[7] lassen darauf schließen, daß es wohl doch allgemeine Problemlösestrategien gibt. Man muß das freilich beschränken auf komplexe vernetzte Probleme. Vor einem vernetzten Problem steht einer, der eine Unterrichtsstunde plant, einer, der über das Waldsterben oder die Rentenreform sachangemessen diskutieren will, aber nicht einer, der einen Intelligenztest absolviert (die Items stellen keine vernetzten Probleme dar), und vermutlich auch nicht einer, der ein Sonett schreibt. Sehr viele Probleme also gehören dazu — und besonders wichtige — aber nicht alle.

Viele der „Lohhausen"-Befunde werden ganz einleuchtend, wenn man sich klarmacht, daß vernetzte Probleme das Arbeitsgedächtnis ganz außerordentlich beanspruchen. Wie soll man sich diese vielen Faktoren und ihre noch vielfältigeren Verknüpfungen vergegenwärtigen? Man kann freilich ein „externes Gedächtnis" benutzen, m. a. W. sich Notizen machen, aber wenn man eine Entscheidung trifft, muß man die relevanten Tatsachen im Kopf haben und nicht bloß auf dem Papier. Wie ist das zu schaffen? Einmal durch *Abstraktion*. Man muß die Details durch allgemeine Kategorien bündeln, man muß den Wald sehen und nicht nur die Bäume. Zweitens durch *Hierarchisierung*. An einem Beispiel erklärt sich das leichter. Ein Teil einer solchen Hierarchie könnte aussehen wie Abbildung 3.

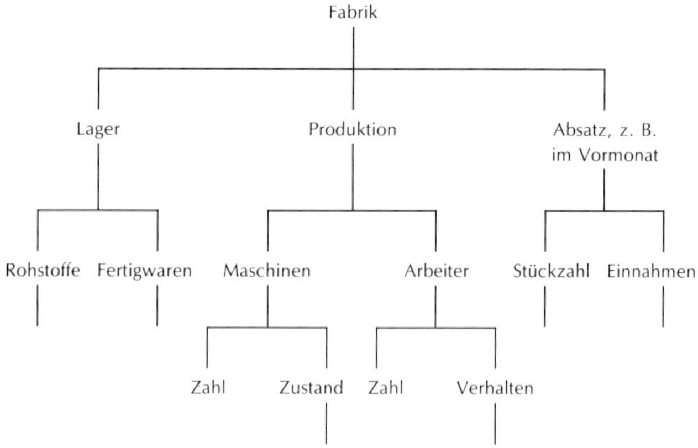

Abb. 3

In einer solchen Hierarchie kann man abwärts und aufwärts gehen, von abstrakten und globalen Kategorien hinunter zu den Details und wieder zurück. Dahinein kann man die vorhandenen Informationen einordnen und damit die Informationssuche planen. So wird das Arbeitsgedächtnis nicht überlastet. Hat man kein solches „Bild" des Systems, so kann man bei seinen Entscheidungen nicht alle relevanten Faktoren berücksichtigen. Man kauft dann

z. B. mehr Rohstoffe als man braucht, bindet dadurch Kapital und verursacht Lagerkosten. Oder man entschließt sich, den Absatz durch Reklame zu erhöhen, weil man nicht weiß, daß die Nachfrage ohnehin schon größer ist als die Produktion.

Die Linien des „Fabrik"-Diagramms haben ganz unterschiedliche Bedeutungen: „A ist Teil von B", „A bedingt B" und andere. Das heißt, die Struktur enthält alle möglichen logischen Beziehungen. Man müßte auch noch viel mehr Linien einziehen. Das Diagramm zeigt zu wenig Relationen und zeigt nicht ihre Unterschiedlichkeit; es ist erheblich einfacher als die Gedächtnisstruktur eines guten Problemlösers.

Es ist ziemlich leicht, solche Schemata zu erstellen, wenn man das Lohhausen-Buch gelesen hat. Für die Versuchspersonen war das eine sehr schwierige Aufgabe. Sie mußten ihre Vorstellungen von Lohhausen nach und nach ergänzen, ordnen und immer wieder korrigieren. Wenn sie z. B. — wie in unserem Schema — den Faktor „Nachfrage" übersehen hatten, mußten sie ihn einbauen und mit den anderen Faktoren vernetzen. Unser Beispielschema gibt nur einen unzureichenden Begriff von der Komplexität des Ganzen.

Die Fähigkeit, geeignete Abstraktionen und Sammelbegriffe zu finden und mit deren Hilfe die Menge der Detailinformationen zu ordnen, scheint die wichtigste Fähigkeit zu sein, nach der sich gute und schlechte Lohhausen-Bürgermeister unterschieden. Die „negativen" VPn blieben zu sehr auf der Ebene der konkreten Details (sie sahen nicht den Wald, sondern die Bäume bzw. den einzelnen Baum). Sie verhielten sich sprunghaft. Vielfach reagierten sie nur punktuell, wenn ihnen Schwierigkeiten (Streiks, der drohende Bankrott der Fabrik) klarwurden. Sie kamen nicht dazu, langfristig eigene Pläne zu verfolgen.

Kann man nun die Fähigkeiten, die die erfolgreichen Problemlöser haben, lehren und lernen?

Einige naheliegende Maßnahmen helfen nicht. Es hilft z. B. nicht, über Problemstrukturen und Problemlöse-Strategien zu informieren, nicht einmal, wenn außerdem konkrete Taktiken, wie z. B. Visualisierung von Strukturen, trainiert werden. Dörner und seine Mitarbeiter haben das versucht. Sie haben sich einiges davon versprochen, und die VPn schätzten auch das Training als sehr nützlich ein. Es war aber nicht nützlich. Es verhalf zwar den VPn dazu, gescheiter über die Probleme zu reden, aber nicht, die Probleme besser zu lösen. Das ist einigermaßen entmutigend für jeden Versuch, Problemlösen über allgemeine Einsichten zu verbessern. — Da sich kein Zusammenhang zeigte zwischen Erfolg in einem Kreativitätstest und Erfolg in „Lohhausen", hilft wohl auch keine Technik zu Verbesserung der Kreativität.[8] Wenn unten trotzdem die Technik des „Brainstorming" empfohlen wird, so aus der Einsicht, daß nicht alle Probleme vom Lohhausen-Typ sind.

Die Hoffnungen, die uns bleiben, formulieren wir in dem Satz: Problemlösen lernt man nur durch Problemlösen. Damit das aber geschieht, müssen einige Bedingungen erfüllt sein. Wenn die entscheidende Fähigkeit darin besteht, eine hierarchisch geordnete Struktur aufzubauen, aus dieser Struktur heraus Informationsfragen zu entwickeln, neue Informationen in diese Struktur einzufügen, dann müssen die Schüler genau das üben. Das geschieht aber nicht, wenn das entdeckende Lernen vom Lehrer stark vorstrukturiert wird. Der Lehrer nimmt dann gerade das, was zu üben wäre, vorweg. Es darf nicht zu ordentlich zugehen beim Entdecken, weil die Ordnung im Prozeß des Entdeckens erst entwickelt werden soll.

In einer wesentlichen Hinsicht unterscheidet sich Problemlösen im Unterricht vom Lohhausen-Versuch. In dem Versuch erhielten die VPn Rückmeldungen über die Güte ihrer Maßnahmen. Diese Funktion muß in der Schule oft der Lehrer übernehmen. Er muß die Schüler darauf aufmerksam machen, wenn sie die Komplexität und Vernetztheit des Problems nicht genügend berücksichtigt haben. Einige Varianten eines solchen zu vereinfachenden Denkens seien hier aufgezählt:

— Monokausales Denken: Reduktion des Bedingungs*gefüges* auf eine einzige Bedingung.

— Vernachlässigung von Nebenwirkungen.

— Zu globale Betrachtung: Vernachlässigung konkreter Einzelheiten.

— Zu konkrete Betrachtung: Kleben am Detail.

— Fortschreibungsautomatik statt Trendanalyse: Man übersieht, daß das System eine Eigendynamik hat, weder einfach auf dem Status quo verharrt, noch sich so entwickeln muß, wie es sich bisher entwickelt hat.

- Dogmatismus: Verwechslung von Hypothesen mit Tatsachen; Weigerung, Hypothesen zu überprüfen; Festhalten an Hypothesen, die durch Tatsachen widerlegt sind.

Durch all diese „Fehler" wird die oft nicht zu bewältigende Komplexität von Problemen reduziert. Reduktion muß sein. Nur sind es hier die falschen Maßnahmen.

5.3. Problemlösen-Lernen: emotionale Aspekte

Die guten Problemlöser hatten viel mehr Selbstsicherheit als die schlechten. Darunter ist nicht Überheblichkeit zu verstehen. Die Überzeugung, Lohhausen zu durchschauen und voll im Griff zu haben, zeigte sich eher bei denen, die später nicht zurechtkamen. Auch die Fähigkeit zur Selbstdarstellung ist nicht gemeint; die „negativen" VPn waren meist besonders beredt. Eine gute Umschreibung ist „angstfreie Offenheit". Selbstsicherheit ermöglichte es den Versuchspersonen, in kritischen Situationen einen klaren Kopf zu behalten. Wer selbstsicher ist, kann sich Fehler eingestehen und aus Fehlern lernen. Unsichere Personen neigten in Krisensituationen eher zu Kurzschlußreaktionen, oft mit aggressiven Zügen („das ganze Management feuern"). Probleme wurden aus der Welt geschafft, indem man sie ignorierte. Statt an der Lösung zu arbeiten, wurde theoretisiert oder geplaudert. Oder man wich in Bereiche aus, die mit der anstehenden Krise nichts zu tun hatten, aber nette Erfolge versprachen, z. B. die Planung einer Jugendzeitschrift oder das Arrangement von Kaffeekränzchen für Lohhauser Hausfrauen.

Wie ist nun die Korrelation von Problemlösefähigkeit und Selbstsicherheit zu erklären. Wird man selbstsicher, wenn man die Erfahrung macht, mit Problemen gut zurecht zu kommen? Oder kommt man mit Problemen gut zurecht, weil man die nötige Selbstsicherheit mitbringt? Die nächstliegende Antwort ist wohl die, daß beides der Fall ist: die Fähigkeit und die Selbstsicherheit bedingen sich gegenseitig. Aber die Erforschung der Attributionsmuster (vgl. o. Kapitel VI) belehrt uns, daß das nicht so sein muß. Der eine löst ein Problem, schreibt den Erfolg der eigenen Tüchtigkeit zu und gewinnt an Selbstsicherheit. Der andere löst dasselbe Problem, schreibt den Erfolg glücklichen Umständen zu und bleibt so verzagt wie eh und je. „Man mag erstaunt fragen, wozu ganze Personengruppen es darauf anlegen, ihre Wirksamkeit, Befähigung und

Tüchtigkeit vor sich und anderen herabzusetzen, obwohl dazu kein zwingender Grund besteht [. . .]." (Heckhausen 1984, 135)

Das sollte natürlich keinen Lehrer daran hindern, seinen Schülern Erfolgserlebnisse zu verschaffen und ihre Leistungen anzuerkennen. Bei vielen Schülern wird das die so wichtige zuversichtliche Gelassenheit vergrößern. Aber eben nicht bei allen. Was da zu tun ist, ist unklar, weil die Entstehung dieser negativen Einstellung unklar ist. Man kann wohl nicht mehr tun, als man ohnehin tut, wenn man sich um guten Unterricht bemüht: Man bemüht sich, ein angstfreies Klima zu schaffen (wobei es ebenso oft Schüler sind, die Angst machen, wie Lehrer). Man reduziert Notendruck, Konkurrenzdruck und Zeitdruck, so gut es eben geht. Man betrachtet Freundlichkeit als Voraussetzung für gutes Lernen und nicht als Belohnung für gutes Lernen.

Ein genauerer Blick auf das unterschiedliche Verhalten guter und schlechter Problemlöser führt noch einen Schritt weiter. Zu diesem Zweck teilen wir den Problemlöseprozeß in Phasen auf[9]:

(1) Problemwahrnehmung und -analyse
(2) Vorbereitung: Informationssammlung; Ordnen der Informationen in einer (hierarchischen) Struktur
(3) Lösungsideen
(4) Überprüfung und Ausarbeitung
(5) Realisierung der Lösungsideen
(6) Überprüfung der Wirkungen

Aufgabe:

Welche Lernstufen nach Roth (vgl. Kap. II) lassen sich einzelnen der hier genannten Problemlösephasen zuordnen?

Zweimal fällt hier das Wort „Überprüfung". Daß es den schlechten Problemlösern an der selbstkritischen Einstellung fehlt, die damit gefordert ist, wurde schon ausgeführt. Entscheidend verkürzt war bei ihnen aber auch die Phase 2. Sie bemühten sich weniger als andere um ein Gesamtbild. Dieses Defizit sei an dem oben skizzierten Methadonproblem veranschaulicht. Wenn man nichts weiß über Drogenmarkt, Drogenkriminalität, Drogensucht, Suchttherapie und manches andere, kann man keine geeigneten Lösungsideen entwickeln und bestimmt nicht Lösungsideen überprüfen. Bei komplexen Problemen gilt es, sich viel Wissen zu verschaffen und dieses Wissen zu ordnen. Dies also unterließen die schlechten Problemlöser, und der Grund dafür liegt vermutlich wiederum in ihrer geringen Selbstsicherheit. Sie scheuten sich, die Aufgabe in ihrer ganzen Komplexität zu sehen. Je weniger man weiß, desto einfacher scheinen die anstehenden Probleme, und desto leichter und schneller kommt man zu Problemlösungen, die geeignet scheinen. Komplexität auszuhalten ist nicht nur eine intellektuelle Leistung, sondern erfordert auch seelische Stabilität. Der Ängstliche verlangt nach Übersichtlichkeit, Gewißheit und Eindeutigkeit, und die verschafft er sich, indem er das Ganze in seiner Unübersichtlichkeit und Unabgeschlossenheit gar nicht sieht und sehen will.

Wie man Ängstlichkeit kuriert, weiß man, wie gesagt, nicht so recht. Aber Ängstliche können sich daran gewöhnen, sich mutig zu verhalten (vgl. Kagan 1987, 99—109). Sie tun das mit mehr Unbehagen als andere, aber sie tun es. Das heißt, der Lehrer sollte darauf setzen, Arbeitsgewohnheiten zu verändern. Im Frontalunterricht hat er das in der Hand. Er kann darauf dringen, daß die Phasen 3 und 5 der Problemlösung hinausgeschoben werden, daß man nicht vorschnell Lösungsideen entwickelt und nicht vorschnell diese Ideen als einzig richtige akzeptiert. Insbesondere auf die Phase der „Vorbereitung" ist hinzuweisen, weil sie in den Vorstellungen, die man vom Problemlösen hat, oft gar nicht vorkommt.

Gründe für die Forderung, eine breitere Informationssuche und mehr Selbstkritik im Unterrichtsprozeß fest zu installieren, kommen nicht nur aus Lohhausen, sondern auch aus den Klassenzimmern. Zu oft erlebt man, daß auf der Grundlage eines minimalen Faktenwissens die Schüler zu wissen glauben, wie man Probleme der Entwicklungsländer lösen müßte oder was Brüning hätte tun sollen. Hinter dieser Voreiligkeit steckt oft viel Engagement und Gefühl. Schon deshalb sollte man ihr nicht moralisierend begegnen. Wahrscheinlich ist es überhaupt günstiger, erwünschte Arbeitshaltungen nicht als Tugenden anzusehen, die man einfordert, sondern als Arbeitsgewohnheiten, die man einübt.

5.4. Lernhilfen

— *Strategien* des Problemlösens. Der Schüler soll eine angemessene Repräsentation des Problems in seinem Arbeitsgedächtnis aufbauen. Diese muß einerseits dem Sachverhalt angemessen sein, d. h., sie darf die Vernetzungen nicht unterschlagen. Sie muß andererseits der begrenzten Kapazität des AG angemessen sein. Die dafür benötigten Strategien sind einzuüben: Abstraktion, Bildung zusammenfassender Begriffe, Hierarchisierung, Wechsel der Hierarchie-Ebenen.

- *Klima.* Ein angstfreies Klima, in dem man Fehler und Irrtümer sich und anderen eingestehen kann, ermöglicht dem Schüler, ein für Problemlösen angemessenes Selbstbild aufzubauen.
- *Technik der aufgeschobenen Beurteilung* (Brainstorming). Das Sammeln von Lösungsideen wird ganz bewußt in zwei Phasen aufgeteilt. In der ersten dürfen hemmungslos Einfälle, auch ganz abgelegene, produziert werden; Kritik und Selbstkritik sind verboten. Erst in der zweiten Phase bewertet und sortiert man die Einfälle.

Aufgaben:

Beziehen Sie sich bei den folgenden Aufgaben auf die Ihnen vertrauten Probleme des Planens und Unterrichtens:

1. Oben wurden als Fehler beim Problemlösen genannt: übermäßige Vereinfachung (z. B. durch monokausales Denken) und zu geringe Informationssammlung. Sind auch gegenteilige Fehler denkbar?
2. Dörner (1989) nennt als einen Fehler den „Methodismus", was man übersetzen könnte als „Anwendung bewährter Rezepte". Was ist an Rezepten falsch, und sind alle Rezepte stets falsch?
3. Zeichnen Sie für einen Teilbereich Ihres Planens (z. B. für Lehrerverhalten bei Unterrichtsstörungen) ein hierarchisch geordnetes Diagramm.

Anmerkungen

1 Ich versuche, in diesem Kapitel die „herrschende Lehre" der kognitiven Psychologie — in praxisrelevanten Ausschnitten — wiederzugeben. Die Darstellung der Gedächtnisspeicher lehnt sich an Baddeley an (Baddeley 1979). Die Darstellung von Abruf und Interferenz orientiert sich an Glass u. a. 1979. Die Auffassung kognitiver Leistungen als konstruktiver Akte folgt Neisser 1974 und 1979.

2 Über die Experimente Cherrys und über eigene berichtet Neisser 1979, S. 68—88.

3 Die verwendeten Begriffe sind ausführlicher erläutert in Hannappel/Melenk 1984.

4 Nach Hofstadter 1988, S. 864. Dort findet sich eine sehr eindrucksvolle Visualisierung.

[5] Ich folge im wesentlichen der Darstellung von Rumelhart 1984, in einer didaktisch motivierten Auswahl. Die Unterschiede: Ich folge nicht der Analogie Schema — Computerprogramm, bei der das erkennende Subjekt ersetzt wird durch Prozesse. In der Frage, ob Schemata als mentale Entitäten existieren, neige ich zu der Auffassung Aeblis (1980/81). Nach seinem Modell gibt es eine netzförmige Struktur unseres Weltwissens, aus der bei gegebenem Anlaß Ausschnitte herausgehoben werden; das wären dann Schemata, die zeitweilig existierten, als aktualisierte Ausschnitte. Doch ist die Frage unter didaktischen Aspekten eher unwichtig. Wichtiger ist die Kritik von Brewer & Nakamura (1984) an der Konzeption eines einzigen Schemabegriffs. Sie fordern unterschiedliche Konzeptionen für unterschiedliche Kognitionsbereiche (z. B. visuelle und motorische Schemata). Das wäre auch didaktisch interessant. Doch um die Darstellung nicht ausufern zu lassen, bin ich dieser Differenzierung nicht gefolgt. — Das Schema-Modell konkurriert in der Forschung mit anderen Modellen; der Schema-Begriff ist vielfach vage, und die Präzisierungsversuche sind umstritten. (Zum Forschungsstand vgl. Mandl u. a. 1988.) Wenn ich das Modell trotzdem übernommen habe, so wegen seiner didaktischen Nützlichkeit, die ich hoffe dargelegt zu haben.

[6] Überblick bei Hussy 1984; speziell zum komplexen Problemlösen bei Funke 1986, Dörner 1989 und Voss 1990.

[7] Vgl. Brown 1984, S. 81.

[8] Da Kreativität ein sehr umfassender Begriff ist, muß man einschränkend sagen, daß nur die „Produktivität" gemessen wurde. Zur Illustration einige Items: Eine Stadtverwaltung will ihre autofahrenden Mitbürger dazu bringen, wieder die Straßenbahn und Busse zu benutzen. Nennen Sie möglichst viele verschiedene Möglichkeiten. — Was hätte es zur Folge, wenn die Erde aufhören würde, sich zu drehen? Schreiben Sie möglichst viele verschiedene Folgen auf. — Zählen Sie möglichst viele verschiedene Eigenschaften auf, die ein guter Kapitän nicht haben darf.

[9] Die Phaseneinteilung orientiert sich an Preiser (1976). Er gibt in Tabelle 2 eine vergleichende Gegenüberstellung von 13 Phasenmodellen.

Literaturhinweise I:

BADDELEY, Alan: So denkt der Mensch. Unser Gedächtnis und wie es funktioniert. München 1986
(Baddeley — oben mehrfach zitiert — gibt hier eine populärwissenschaftliche Fassung seiner Erkenntnisse. Üppig illustriert und unterhaltsam. 246 S. Auch als Taschenbuch, das aber wegen seiner winzigen Schrift kaum lesbar ist.)

BARTLETT, F. C.: Remembering. Cambridge 1932 (verschiedene Nachdrucke)
(Wenn man die Zeit hat, ist es lohnend, ein berühmtes Experiment Bartletts im Seminar durchzuführen und die Ergebnisse mit denen Bartletts zu vergleichen. Es ist ein Gedächtnis-Experiment; zu erinnern ist eine rätselhaft-exotische Geschichte vom „Krieg der Geister". Erinnern als Rekonstruieren wird dabei sehr plastisch.)

PÄDAGOGIK, 9, 1990. Themenheft „Lernen lernen"
(Hinweise auf die Ratgeberliteratur und Auszüge daraus.)

WESSELS, Michael G.: Kognitive Psychologie. New York 1984
(Empfohlen für den, der, ohne schon Vorkenntnisse zu haben, sich gründlich informieren möchte. Unterschiedliche Positionen werden unparteiisch dargestellt und kritisch diskutiert. Umfassend — 418 Seiten —, ohne daß man über allzuvielen Details den Überblick verlöre.)

Literaturhinweise II:

BOWER, Gordon / HILGARD, Ernest R.: Theorien des Lernens. Bd. I. 5. Aufl. Stuttgart 1983. Bd. II. 3. Aufl. Stuttgart 1984 (jeweils nach der 5. Aufl. der Originalausgabe)

DÖRNER, Dietrich / KREUZIG, Heinz W. / REITHER, Franz / STÄUDEL, Thea (Hrsg.): Lohhausen. Vom Umgang mit Unbestimmtheit und Komplexität. Bern 1983

DÖRNER, Dietrich: Die Logik des Mißlingens. Reinbek 1989

HANNAPPEL, Hans / MELENK, Hartmut: Alltagssprache. Semantische Begriffe und Analysebeispiele. 2. Aufl. München 1984

NEISSER, Ulric: Kognitive Psychologie. Stuttgart 1974

NEISSER, Ulric: Kognition und Wirklichkeit. Prinzipien und Implikationen der kognitiven Psychologie. Stuttgart 1979

PREISER, Siegfried: Kreativitätsforschung. Darmstadt 1986

RUMPF, Horst: Die übergangene Sinnlichkeit. München 1981

Sonstige zitierte Literatur:

AEBLI, Hans: Denken: Das Ordnen des Tuns. 2 Bde. Stuttgart 1980—81

BADDELEY, Alan: Die Psychologie des Gedächtnisses. Stuttgart 1979

BREWER, WILLIAM F. / NAKAMURA, GLENN V.: The Nature and Functions of Schemas, in: WYER/SKRULL 1984, Bd. 1, S. 129—160

BROWN, Ann L.: Metakognition, Handlungskontrolle, Selbststeuerung und andere, noch geheimnisvollere Mechanismen. In: WEINERT/KLUWE 1984, S. 60—108

FUNKE, Joachim: Komplexes Problemlösen. Bestandsaufnahme und Perspektiven. Berlin 1986

GAGE, N. L. / BERLINER, D. C.: Pädagogische Psychologie. 4. Aufl. München 1986

GLASS, A. L. / HOLYOAK, K. J. / SANTA, J. L.: Cognition. Reading, Ma. 1979

HAGE, K. / BISCHOFF, H. / DICHANZ, H. / EUBEL, K. / OEHLSCHLÄGER, H. / SCHWITTMANN, D.: Das Methodenrepertoire von Lehrern. Eine Untersuchung zum Unterrichtsalltag in der Sekundarstufe I. Opladen 1985

HOFSTADTER, Douglas R.: Metamagicum: Fragen nach der Essenz von Geist und Struktur. Stuttgart 1988

HECKHAUSEN, Heinz: Attributionsmuster für Leistungsergebnisse — Individuelle Unterschiede, mögliche Arten und deren Genese. In: WEINERT/KLUWE 1984, S. 133—163

HELLER, Kurt / NICKEL, Horst (Hrsg.): Psychologie in der Erziehungswissenschaft. Ein Studienprogramm. 4. Bde. München 1976/78

HUSSY, Walter: Denkpsychologie. Ein Lehrbuch. Bd. 1. Stuttgart 1984

KAGAN, Jerome: Die Natur des Kindes. München 1987

KLAFKI, Wolfgang: Didaktische Analyse als Kern der Unterrichtsvorbereitung. In: ROTH, H. / BLUMENTHAL A. (Hrsg.): Auswahl. Grundlegende Aufsätze aus der Zeitschrift Die Deutsche Schule. Hannover 1964

KLUWE, Rainer H.: Kontrolle eigenen Denkens und Unterricht. In: TREIBER, B. / WEINERT, F. E. (Hrsg.): Lehr-Lern-Forschung. Ein Überblick in Einzeldarstellungen. München 1982

MANDL, Heinz / SPADA, Hans (Hrsg.): Wissenspsychologie. München 1988

MANDL H. / FRIEDRICH H. F. / HRON, A.: Theoretische Ansätze zum Wissenerwerb. In: MANDL/SPADA 1988, S. 123—160

MERZYN, Gottfried: Die Sprache unserer Schulbücher. In: Der Mathematische und Naturwissenschaftliche Unterricht, 2/1987

POPPER, Karl R.: Auf der Suche nach einer besseren Welt. Vorträge und Aufsätze aus dreißig Jahren. 2. Aufl. München 1987

RUMELHART, DAVID E.: Schemata and the Cognitive System, in: WYER/SKRULL 1984, Bd. 1, S. 161—188

WYER, ROBERT S. / SKRULL, THOMAS K. (Hrsg.): Handbook of social cognition, 3 Bde. Hillsdale, N. J. 1984

WAGENSCHEIN, Martin: Verstehen Lehren. Genetisch — Sokratisch — Exemplarisch. Weinheim 1968

WEINERT, Franz E. / KLUWE, Rainer H. (Hrsg.): Metakognition, Motivation und Lernen. Stuttgart 1984

VOSS, James F.: Das Lösen schlechtstrukturierter Probleme — ein Überblick. Unterrichtswissenschaft 18 (1990), S. 313—337

KAPITEL VIII:

PROBLEMFÄLLE

Schon in Kapitel I haben wir Verhaltensweisen von Schülern zur Diskussion gestellt, die für Lehrer in irgendeiner Weise problematisch sind, und werden das in Kapitel IX wiederum tun. Es scheint uns günstig, zwischendurch Fallbeispiele zu diskutieren, um an frühere Erörterungen zu erinnern und neue vorzubereiten. Wir haben auch die Vermutung, daß man über die Diskussion eigener und fremder Erfahrung Lehrerverhalten eher verändert als durch theoriegeleitete Belehrung; wir versuchen es jedenfalls auf beide Arten.

Problematisches Schülerverhalten löst oft den Wunsch aus, man könnte die Abläufe anhalten wie einen Film, um in Ruhe zu überlegen, was zu tun ist. Da das nun nicht geht, empfiehlt sich ein „Probehandeln" im Spiel, bei dem man Reflexionen vorwegnimmt, für die im Ernstfall nicht immer Zeit ist.

Das Spiel, das wir vorschlagen, haben wir nach folgenden Spielregeln gespielt: (1) Jeder Fall wird zweimal vorgelesen. (2) Innerhalb einer Minute ist eine Lehrerreaktion zu formulieren, und zwar in wörtlicher Rede (keine Stichworte). (3) In Kleingruppen werden die Lehrerreaktionen verglichen und diskutiert. (4) Eine Gruppe, die meint, eine besonders gute Lösung gefunden zu haben, schreibt diese an die Tafel. (5) Besonders strittige Fälle werden im Plenum diskutiert.

Die zweite Regel hat den Sinn, den Zeitdruck zu simulieren, unter dem der Lehrer im „Ernstfall" steht. Sie kann natürlich nur angewendet werden, wenn die Fälle allen Teilnehmern unbekannt sind.

Ein Einwand, den Teilnehmer häufiger vorbrachten, war, man wisse zu wenig über die Situation. Ihnen wurde geraten, sich so viele Details hinzuzuerfinden, wie sie für realistisch hielten (schließlich kennt auch im „Ernstfall" der Lehrer nicht alle Hintergründe eines Ereignisses).

Die Ziele des Spiels sind:

- Desensibilisierung: Die spielerische Vorwegnahme von Problemen hilft vermutlich dem Lehrer, vor der Klasse gelassener zu reagieren.

- Bereicherung des Verhaltensrepertoires: Der Vergleich macht auf gewisse Einseitigkeiten der eigenen Verhaltenstendenzen aufmerksam.
- Ermittlung von individuellen Erziehungsgrundsätzen. Dieser Effekt war zunächst nicht beabsichtigt, erwies sich aber als besonders lohnend. Bei der Diskussion divergierender Lösungen wurde manchem Teilnehmer erst bewußt, nach welchen Grundsätzen er sich als Lehrer verhält.

Nicht zu den Zielen gehört: das eine richtige Rezept zu finden. Es ist wichtig, sich dies ganz klar zu machen, weil sonst die Teilnehmer ihre eigenen Lösungen verteidigen statt hinzuzulernen.

(1) 9. Klasse, Deutschunterricht:

Sie fragen: „Peter, willst du etwas dazu sagen?"

Peter: „Nein, für Gedichte interessiere ich mich nicht."

Sie sagen:

(2) 5. Klasse, Deutschunterricht; die Klasse entwirft ein Puppenspiel:

Sie sagen: „Ihr habt den Kasper in dieser Szene kaum beschäftigt. Was könnte er denn tun?"

Jörg, ein schon etwas älterer Schüler, ruft laut in die Klasse: „Die Prinzessin vögeln!"

Viele Schüler blicken Sie erwartungsvoll an; mehrere zustimmende Zwischenrufe.

Sie sagen:

(3) 9. Klasse:

Stillarbeit. Sie bemerken beim Herumgehen, daß Sie die Aufgabe leider mißverständlich formuliert haben. Sie haben schon eine Zusatzerklärung gegeben.

Jetzt sagen Sie: „Ich muß eure Arbeit noch einmal unterbrechen."

Eine Schülerin sagt energisch: „Mann, nun seien Sie doch mal still!"

Sie sagen:

(4) 12. Klasse:

Sie haben eine (möglicherweise etwas unklare) Frage gestellt. Ein Schüler sagt halblaut, aber doch so laut, daß die ganze Klasse weiß, daß Sie das hören: „Bescheuerte Frage!"

Sie sagen:

(5) 12. Klasse, Deutschunterricht:

Ein Schüler: „Was Michael gesagt hat, ist doch schwachsinnig. Er hat die Ironie der Stelle nicht verstanden."

Sie selbst halten die Stelle nicht für ironisch. Außerdem empfinden Sie die Äußerung als aggressiv gegenüber Michael.

Sie sagen:

(6) 11. Klasse:

Ein Schüler verliest ein Stundenprotokoll.

Sie sagen: „Wollen Sie sich bitte zu dem Protokoll äußern?"

Ein zweiter Schüler sagt: „Das Protokoll war doch wohl ziemlich dürftig."

Mehrere Schüler unterbrechen ihn empört: „Ist deins denn besser?" „Lies doch mal vor!"

Sie sagen:

(7) 10. Klasse:

Sie fordern einen Schüler zum drittenmal auf, den Unterricht nicht durch lautes Sprechen zu stören. Der Schuler verliert offenbar die Selbstkontrolle und schreit Sie an: „Sie hacken immer auf mir herum! Ich habe das satt! Bei anderen übersehen Sie immer alles." Usw.

Sie sagen:

(8) 9. Klasse:

Ein Schüler dreht sich plötzlich zu seinem Hintermann herum, schreit: „Hör endlich damit auf!" und schlägt auf ihn ein. Der wehrt sich natürlich.

Sie sagen:

(9) 11. Klasse:

Ein Schüler, der sich sonst wenig beteiligt, hat schon zweimal einen Diskussionsbeitrag geliefert, aber jedesmal den Beitrag eines Mitschülers mehr oder weniger wörtlich wiederholt. Jetzt geschieht das zum drittenmal.

Sie sagen:

(10) 13. Klasse:

Sie betreten die Klasse und sehen, daß infolge einer Schwammschlacht auf Lehrertisch und -stuhl Pfützen stehen.

Sie sagen:

(11) 10. Klasse:

Während einer „Sammelphase“ schreiben Sie Stichwörter an die Tafel. Dabei werden Sie schon zum zweitenmal von einem Papierkügelchen getroffen.

Sie sagen:

(12) 6. Klasse, Englischunterricht:

Sie haben eine Klassenarbeit zurückgegeben, die Sie eher als „Fleißarbeit“ ansehen. Sie sehen, daß ein Schüler, der eine „Fünf“ bekommen hat, sein Gesicht auf die Bank gelegt hat und weint. Andere Schüler klopfen ihm auf die Schulter und reden ihm gut zu.

Sie sagen:

(13) 12. Klasse:

Andreas, dessen Antworten von der Klasse öfter mit ironischen Bemerkungen quittiert werden, beteiligt sich gleichwohl eifrig. Als er sich meldet und Sie ihn aufrufen, ruft ein Mitschüler mit gequältem Gesichtsausdruck: „Nein, nicht schon wieder das Gelabere von dem!“

Sie sagen:

(14) 12. Klasse:

Sie haben für eine Stillarbeit 15 Minuten angesetzt. Nach fünf Minuten sagt ein Schüler, der Ihnen als leistungsstark bekannt ist: „Ich bin fertig" — und schlägt eine Zeitung auf.

Sie sagen:

(15) 9. Klasse, Gruppenunterricht:

Eine Schülerin (ziemlich dick, pickelig, etwas ungepflegt) ist übrig geblieben.

Sie fragen: „Und was ist mit dir, Susanne?"

Susanne: „Die wollen mich alle nicht haben."

Sie sagen:

Literaturhinweise

BECKER, Georg E.: Lehrer lösen Konflikte. Ein Studien- und Übungsbuch. München 1981
(Wer — im Sinne der „Spielregeln" dieses Kapitels — Fälle sucht, die den „Spielern" unbekannt sind, findet hier über 300 Fallbeschreibungen, geordnet nach Problemkreisen und gewichtet nach Problemgehalt. Die vorgeschlagenen Problemlösestrategien — ein 10stufige „Handlungsmatrix", an die 200 „Leitlinien" u. a. — scheinen mir zu aufwendig, jedenfalls für eine Übung von kürzerer Dauer. Das Buch bietet soviel Information [„Vorüberlegungen" zum Problemkreis, je 8 Lösungsmöglichkeiten für jeden Fall], daß auf dieser Basis Referendargruppen ohne irgendeinen Experten entsprechende Übungen vorbereiten und durchführen können.)

WINKEL, Rainer: Der gestörte Unterricht. Diagnostische und therapeutische Möglichkeiten. 4. Aufl. Bochum 1988.
(Praxis und Theorie sind hier vorbildlich auf einander bezogen. „Praxis" meint hier das Leiden von Schülern und Lehrern an den vielfältigen Störungen; „Theorie" ist eine Synthese aus kommunikativer Didaktik, Psychoanalyse und kritisch gesichteter empirischer Forschung. Das Buch enthält Fallberichte, einen Diagnosebogen für Unterrichtsstörungen, einen Katalog möglicher Maßnahmen — alles sehr geeignet für Übungen und Diskussionen und hilfreich für den Schulalltag.)

KAPITEL IX:

VERHALTENSMODIFIKATION — PROBLEME UND TECHNIKEN DES BEEINFLUSSENS UND DISZIPLINIERENS

Übersicht

1. Vorbemerkungen
2. Klassisches Konditionieren
3. Operantes Konditionieren (1. Teil): Beeinflussen, Fördern; die Problematik des Lobens
4. Operantes Konditionieren (2. Teil): die Problematik des Strafens
5. Diskussion: Dressur?

1. Vorbemerkungen

Disziplinprobleme sind manchmal bedrückend; sie können Lehrer verstören, sie entmutigen oder verhärten. Aber auch wenn größere Probleme ausbleiben, so hat doch jeder Lehrer Anlässe genug, sich zu fragen: Was für eine Art von Disziplin will ich eigentlich erreichen? Gibt es dafür erfolgversprechende Techniken? Welche Techniken kann ich guten Gewissens anwenden (und welche wende ich schlechten Gewissens an)? Ist Disziplinieren nur so etwas wie ein Abschalten von Störungen und ein Ruhigstellen von „Problemschülern", fern von den Idealen des Erziehens und Helfens? Dabei denkt man vielleicht zunächst nur an Maßnahmen wie Tadeln, Drohen und Strafen. Vielen wird aber auch die freundlichere Variante des Beeinflussens verdächtig, das Loben. Wenn Loben etwas anderes sein soll als das Zuckerbrot statt der Peitsche, was ist dann Lob? Und mancher hat auch erlebt, daß Worte, die freundlich gemeint waren, von den Schülern durchaus nicht so aufgenommen wurden. Wie vermeidet man das?

Dieser Problembereich wurde schon mehrfach angesprochen und in dem Kapitel „Problemfälle" zur Diskussion gestellt. Hier soll er systematischer behandelt werden. Theoretisches Fundament ist das Konzept der Verhaltensmodifikation (= VM). Unter VM verstehen wir die Lerntheorie des Behaviorismus und die aus dieser Theorie abgeleitete therapeutische und erzieherische Praxis.

Wir referieren (wie es auch andere pädagogisch orientierte Darstellungen tun) die VM in einer abgewandelten Form. Zum einen erkennen wir die Theorie der VM nicht als die eine, umfassende, jegliches Lernen erklärende Lerntheorie an, ergänzen sie vielmehr aus anderen theoretischen Ansätzen. Zum zweiten unterwerfen wir uns nicht ihren wissenschaftsmethodischen Beschränkungen. Letzteres ist kurz zu erläutern:

Der Behaviorismus — vereinfacht dargestellt — beschränkt sich auf beobachtbares und quantifizierbares (abzählbares) Verhalten. Er findet auf diese Weise Gesetzmäßigkeiten des Verhaltens und erklärt diese mit Hilfe eines Modells. Alles, was nicht beobachtbar ist — die Gefühle des Handelnden, seine Absichten, der Sinn, den er seinem Verhalten gibt —, bleibt außerhalb der wissenschaftlichen Betrachtung. Wir wollen diese Beschränkung in diesem Kapitel so formulieren: Das Verhalten wird nicht *interpretiert*. Es ist aber durchaus möglich, die Betrachtungsweise der VM um diese Interpretation zu ergänzen. Wir machen uns die Gesetzmäßigkeiten der VM zunutze, fragen aber dabei nach den inneren Erlebnissen und interpretieren das Verhalten als sinnvolles Verhalten. Wir verfahren also wie im alltäglichen Umgang mit unseren Mitmenschen, wo wir stets Verhalten aus seinen Motiven interpretieren.

Die Frage drängt sich auf, warum wir uns — angesichts dieser Abweichungen — überhaupt auf VM einlassen. Die VM ist eine der wenigen pädagogisch relevanten Theorien, die den Namen Theorie verdienen; sonst begegnen wir meist nur Theorie-Ansätzen und Arbeitshypothesen. Außerdem hat die VM experimentell fundierte Gesetzmäßigkeiten des Verhaltens erbracht; angesichts der geringen empirischen Fundierung der pädagogischen Psychologie ist das ein unschätzbarer Vorzug.

2. Klassisches Konditionieren

2.1. Darstellung

Beispiel: Das Kind Albert (11 Monate) wendet sich Tieren (einer weißen Ratte, einem Kaninchen u. ä.) stets angstfrei zu. Die Konditionierung besteht nun darin, daß man Albert eine weiße Ratte zeigt und in dem Augenblick, in dem er nach dem Tier greift, ein lautes, erschreckendes Geräusch erzeugt, worauf Albert in Weinen ausbricht. Nach einigen Wiederholungen kann man das Geräusch weglassen; Albert reagiert schon auf den Anblick der Ratte mit ängstlichem Weinen. Schwächere Angstreaktionen zeigt er beim Anblick anderer Tiere, eines Pelzmantels oder eines künstlichen Barts. (Ausführliche Darstellung z. B. bei Schwartz 1988.)

Schematische Darstellung

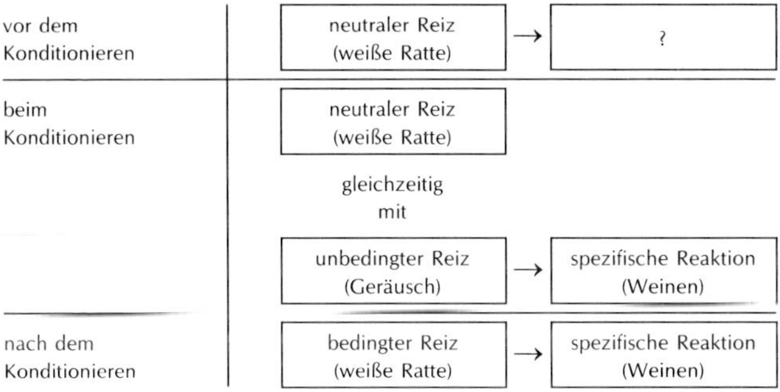

Abb. 1

Begriffserklärungen:

Reiz (auch: Stimulus) = Umweltereignis

Reaktion (auch: Response) = Verhalten

unbedingter Reiz = Reiz, der bereits *vor* dem Konditionieren (dem „Bedingen") eine *spezifische Reaktion* auslöst. Die spezifische Reaktion kann angeboren sein wie hier das Erschrecken bei lauten Geräuschen. Sie kann aber auch aus früheren Konditionierungen stammen; nur für den jeweiligen Konditionierungsvorgang ist sie vorgegeben. (So könnte man im weiteren dem kleinen Albert sein Lieblingsspielzeug verleiden, indem man es mehrfach zugleich mit einer weißen Ratte darbietet.) Störend ist es, daß man üblicherweise bald von „konditionieren", bald von „bedingen" spricht; die Ausdrücke sind bedeutungsgleich.

neutraler Reiz = Reiz, der *vor* dem Konditionieren die spezifische Reaktion *nicht* auslöst. Er braucht nicht eigentlich „neutral" zu sein (so löst die weiße Ratte zunächst Neugierverhalten aus); doch bleiben die ursprünglichen Reaktionen auf den neutralen Reiz außer Betracht.

bedingter Reiz = der ursprünglich neutrale Reiz, der *nach* dem Konditionieren *dieselbe* spezifische Reaktion auslöst wie der unbedingte Reiz.

Reizgeneralisierung = Übertragung der spezifischen Reaktion auf andere ähnliche Reize (Pelzmantel, Bart).

„Klassisches" Konditionieren heißt diese Art des Konditionierens, weil sie zuerst erforscht wurde. (Andere Arten werden unten dargestellt.) Bekannt sind die Tierexperimente Pawlows, bei denen bestimmte Reflexe konditioniert wurden. Wir beschränken uns hier auf die — pädagogisch relevante — Konditionierung emotionaler Reaktionen.

2.2. Bedeutung für Schule und Erziehung

Stellen wir uns einen Albert vor, der etliche Jahre älter ist und die ersten Englischstunden in der 5. Klasse erlebt. Dieser Unterricht ist für ihn ein „neutraler Reiz"; er mag ihm neugierig begegnen oder ängstlich („Werde ich das können?") oder gleichgültig (weil er Wichtigeres im Kopf hat). Angenommen, er erlebt einen Englischlehrer, der auf Unruhe in der Klasse häufig gereizt reagiert, mit lautem Schimpfen und Strafen, und Albert Angst macht. Das Problem liegt in der Reizgeneralisierung. Wovor wird Albert Angst haben? Vor „Unterrichtsstörungen", wie es der Lehrer beabsichtigt? Vor diesem Lehrer überhaupt? Wird ihm das Fach verleidet? Oder sogar die Schule generell?

Natürlich werden auch positive emotionale Reaktionen konditioniert, nicht nur Schulangst, sondern auch Freude an bestimmten Fächern. Bemerkenswert am klassischen Konditionieren ist, daß sich manche Reaktionen, wenn sie erst einmal gelernt sind, kaum abschwächen. Es gibt Programme zum Verlernen solcher Reaktionen; sie sind aber so aufwendig, daß wir sie hier nicht darstellen.

3. Operantes Konditionieren (1. Teil): Beeinflussen, Fördern; die Problematik des Lobens

3.1. Darstellung

3.1.1. Verstärkung

Beispiel (konstruiert, aber lebensnah): Peter (3 Jahre alt) neigt zu Wutanfällen. Seine Mutter reagiert darauf, gemäß ihren Erziehungsgrundsätzen, meistens gar nicht. Nur ab und zu, wenn nämlich Mutters schwache Nerven ihren Erziehungsprinzipien nicht gewachsen sind, „beruhigt" sie das Kind, z. B. mit einem Lutscher. Die Folge: Peters Wutanfälle werden häufiger.

Schematische Darstellung:

[Verhalten (Wutanfall)] → [Verstärker (Lutscher)] → steigende Verhaltensrate

Abb. 2

Begriffserläuterungen:

operantes Konditionieren (auch: instrumentelles K.) = Veränderung der Verhaltenshäufigkeit durch die *Konsequenzen*, die das Verhalten hervorruft. („Operantes Konditionieren" ist eine schlechte Übersetzung von „operant conditioning" — „Konditionierung des bewirkenden Verhaltens"; das Verhalten wird konditioniert durch seine Wirkungen.) Das Verhalten hat natürlich auch Anlässe; so sind Peters Wutanfälle Reaktionen auf irgendwelche vorangehenden Ereignisse (ein Verbot, einen Mißerfolg . . .). Aber das bleibt hier zunächst einmal außer Betracht.

Verstärker = Konsequenz, die die Verhaltenshäufigkeit *erhöht*. Ob eine bestimmte Konsequenz in einem bestimmten Fall ein Verstärker ist, läßt sich oft nicht vorhersagen. Denn was für den einen Menschen eine „Belohnung" ist, braucht es für einen anderen Menschen nicht zu sein. Verstärker werden folglich nach ihrer Wirkung definiert: Wenn eine Konsequenz ein Verhalten häufiger macht, ist sie ein Verstärker.

3.1.2. Intermittierende Verstärkung

Wenn ein bestimmtes Verhalten jedesmal verstärkt wird, tritt leicht ein gewisser Sättigungseffekt ein. Am wirkungsvollsten ist es, wenn ein Verhalten zunächst jedesmal verstärkt wird, bis es häufiger auftritt, dann aber nur noch gelegentlich (= intermittierend). Unser Beispiel (Peters Wutanfälle) zeigt also eine recht wirkungsvolle Konditionierung.

3.1.3. Verhaltensformung

Beim operanten Konditionieren muß ein Verhalten erst einmal gezeigt werden, ehe es verstärkt werden kann. Was aber, wenn es gar nicht erst auftritt? Man kann dann schon erste Ansätze verstärken, die in die gewünschte Richtung gehen. Beim Sportunterricht wird man nicht erst loben, wenn eine Übung optimal beherrscht wird, sondern zunächst auch schon eine recht unvollkommene Ausführung. Ebenso wird man bei einem extrem kontaktschwachen Schüler nicht warten, bis er zufriedenstellend kooperiert, sondern zunächst schon jede Zuwendung zu einem Mitschüler verstärken. Im weiteren verstärkt man auf jeder neu erreichten Stufe, während man Rückfälle in schon überwundenen Stufen unbeachtet läßt.

(Außer der hier skizzierten gibt es noch andere Arten der Verhaltensformung.)

3.1.4. Löschung, Selbstverstärkung

Im Gegensatz zum klassischen Konditionieren bringt das operante Konditionieren weniger dauerhafte Veränderungen hervor. Wenn die Verstärkung ausbleibt, so steigen zunächst Verhaltenshäufigkeit und -intensität, um dann seltener zu werden und schließlich gegen Null zu gehen; das Verhalten wird *gelöscht*. Bekommt Peter also keinen Lutscher mehr, so sollten seine Wutanfälle schließlich ausbleiben. Ist das wirklich so?

Eine Voraussetzung dafür ist, daß nicht das Verhalten in sich befriedigend ist. Es dürfte aber durchaus lustvoll sein, auf Frustrationen mit Stampfen und Schreien zu reagieren. Viele Verhaltensweisen, auch erfreulichere wie Spielen, Lesen u. ä., sind von Verstärkung unabhängig, weil sie *selbstverstärkend* sind.

Weiter muß sichergestellt sein, daß das Verhalten nicht anderweitig verstärkt wird. Vielleicht fühlt sich Peter etwas vernachlässigt, so daß schon ärgerliche Reaktionen seiner Mutter ihn verstärken (besser ärgerliche Reaktionen als gar keine). Es ist hier daran zu erinnern, daß sich oft schwer vorhersagen läßt, welche Konsequenzen verstärkend wirken. Oft kommen Verstärkungen von dritter Seite. In der Schule haben die Mitschüler zahlreiche Möglichkeiten, Verhalten zu belohnen.

Schließlich wirkt in einigen Fällen schon Nichtbeachtung als Verstärkung. Insbesondere bei aggressivem Verhalten scheint das der Fall zu sein. Wenn andere, vor allem Autoritätspersonen, ein Verhalten nicht beachten, so wird diese Nichtbeachtung möglicherweise als stillschweigende Erlaubnis interpretiert. Wenn jemand die üblichen Sanktionen erwartet, diese aber ausbleiben, so liegt eine solche Deutung nahe.

3.1.5. Modell-Lernen, stellvertretende Verstärkung

Modell-Lernen (auch: Lernen durch Beobachtung) hat zwei ganz unterschiedliche Effekte. Zunächst einmal lernt man durch Beobachten neue *Verhaltensmuster*. Ein Schüler, der den Lehrer bei einer Demonstration beobachtet, oder ein Kind, das in einem Fernseh-Western sieht, wie jemand gehängt wird, weiß nun mehr oder weniger genau, wie man das macht. Wenn der Handlungsablauf einfach genug ist, kann der Beobachter ihn nachahmen. Ob er das aber auch will, ist eine ganz andere Sache. Er hat ihn sozusagen erst einmal im Vorrat. (Dieser Begriff des Modell-Lernens ist kaum abzugrenzen vom kognitiven Lernen überhaupt; doch das wird hier nicht weiter verfolgt.)

Zweitens lernt man eine *Verhaltensdisposition*, eine Neigung oder Abneigung, ein Verhaltensmuster auszuführen. Darum geht es beispielsweise meistens bei den Diskussionen über Gewalt im Fernsehen. Es geht nicht so sehr darum, ob die Zuschauer neue Formen der Gewalttätigkeit lernen, sondern darum, ob sie neu gelernte und längst bekannte Formen nun häufiger praktizieren.

Nach Bandura hängt dies vor allem davon ab, ob die Modellperson für ihr Verhalten verstärkt wird oder nicht. Wir werden also nicht nur durch die erlebten Konsequenzen des eigenen Verhaltens konditioniert, sondern auch durch die beobachteten Konsequenzen beobachteten Verhaltens. Dies ist gemeint mit dem Begriff der *stellvertretenden Verstärkung*.

3.2. Bedeutung für Schule und Erziehung

3.2.1. Verstärkung einzelner Verhaltensweisen

Die Theorie der VM kann zunächst einmal die Aufmerksamkeit auf unbeabsichtigte Konditionierung lenken. Ob man nun konditionieren will oder nicht — es scheint schwierig, nicht zu konditionieren.

Es erfordert eine bewußte Anstrengung, nicht halbbewußt und automatisch bloß die Verhaltensweisen zu belohnen, die einem bequem sind — man hat ja als Lehrer noch so viel anderes im Kopf zu haben. Man sollte zu den allgemeinen Erziehungszielen, die einem wichtig sind, konkrete Verhaltensweisen auswählen, die man gezielt beobachten und verstärken will, z. B.: begründeter Widerspruch gegenüber der Lehrermeinung; nicht-konkurrierendes, hilfreiches Verhalten; Diskussionsbeiträge, in denen Äußerungen von Mitschülern weiterentwickelt werden. Dabei muß man sein Beobachtungsrepertoire immer nur um weniges erweitern.

3.2.2. Verstärkung einzelner Schüler

Verstärkungsprogramme für einzelne Schüler absorbieren so viel Aufmerksamkeit, daß der Lehrer sie immer nur wenigen Schülern zukommen lassen kann, den Sorgenkindern sozusagen. Wir denken dabei vor allem an Schüler, die ohne gezielte Hilfe auf das Schicksal des Schulversagers zusteuern, und an solche, die unter ihrer Position in der Klasse leiden. Der Lehrer muß das gewünschte Endverhalten entwerfen sowie die Schritte zu diesem Endverhalten hin, und zwar möglichst konkret. Er muß die Wirksamkeit der Verstärker überprüfen. Er muß die ersten Ansätze des Schülers verstärken, und zwar zunächst jedesmal, dann seltener. Er muß sich hüten, Fortschritte zu zerstören, indem er bereits überwundene Stufen verstärkt. Mit anderen Worten, die Grundsätze des intermittierenden Verstärkens und der Verhaltensformung erfordern keine kleine Anstrengung.

Problematisch bei solchen Förderungsprogrammen ist, daß sie als Ungerechtigkeit erlebt werden können. Der Schüler A wird schon für jeden bescheidenen Diskussionsbeitrag gelobt, während B nur gelegentlich (intermittierend) für besonders qualifizierte Beiträge Lob erfährt. Auch A, der geförderte Schüler, kann diese Ungleichheit bemerken: Wie wenig hält man von mir, wenn ich für solch geringe Leistungen schon gelobt werde! Diese Problematik kann nicht ganz aufgehoben, aber doch gemildert werden. Einmal, indem man das Verhalten, das bei einem Schüler verstärkt werden soll, bei allen Schülern überdurchschnittlich beachtet. Sodann ist Verstärkung nicht einfach gleich Loben; es gibt Formen der Verstärkung, die relativ diskret dargeboten werden können: freundliche Zuwendung, deutliche Aufmerksamkeit.

3.2.3. Zur Problematik des Lobens

Verstärkung darf nicht mit Loben gleichgesetzt werden. Loben hat manchmal recht unerwünschte Wirkungen. Damit soll Nutzen und Notwendigkeit des Lobens nicht bestritten werden; in einem Unterricht, in dem nicht gelobt wird, würden sich die Schüler gewiß verunsichert fühlen; sie würden um die gerechte Anerkennung betrogen. Doch hier soll auf einige Probleme des Lobens hingewiesen werden.

Ob Lob überhaupt als positiv erlebt wird und somit als Verstärker wirkt, hängt von allerlei Bedingungen ab. Eine der Bedingungen ist die „Gruppenmoral" der Lerngruppe. Es mag sein, daß Lob für den Betroffenen etwas Ehrenrühriges hat. Insbesondere gilt das für solche „Problemschüler", die Anerkennung der Mitschüler aus der Opposition gegen den Lehrer beziehen. Hier konkurrieren die Verstärkungen des Lehrers mit denen der Klasse, und letztere sind oft wirksamer.

Eine zweite Bedingung ist das Selbstbild des Schülers. Jeder Schüler hat eigene Standards der Selbstbeurteilung. Ein Lob für eine Leistung, die man als niedrig einschätzt, kann kränken. („Für wie dumm hält der mich eigentlich!") Der Begriff des Selbstbildes ist überhaupt ein Schlüsselbegriff für den, der über Loben und seine Wirkungen nachdenkt. (Vgl. Kap. VI, 5.2)

Lob, so wurde dargelegt, kann unwirksam sein. Aber selbst wenn es gemäß der Absicht des Lehrers wirkt, kann es unerwünschte Nebenwirkungen haben. Wir diskutieren kurz die folgenden: Lob kann Diskussion verhindern, isolieren, distanzieren und abhängig machen.

In fügsamen Klassen ist mit dem Lob des Lehrers oft eine Diskussion beendet: Ein Beitrag ist als „richtig" abgestempelt, man kann das weitere Nachdenken einstellen.

Isolierte Schüler, sogenannte Außenseiter, werden oft durch Lob immer weiter isoliert. Die Anerkennung, die er von den Mitschülern nicht bekommt, holt sich ein Schüler vom Lehrer, was ihn zum „Streber" stempelt und somit isoliert. Bei verunsicherten Lehrern kann es zu einem unkontrollierten wechselseitigen Verstärkungsprogramm kommen: Der Schüler verstärkt den Lehrer durch Aufmerksamkeit, der Lehrer den Schüler durch dankbares Lob. („Peter, auf dich kann man sich doch immer verlassen.")

Loben kann (unbewußt) dazu eingesetzt werden, den Abstand zwischen Lobendem und Gelobtem sichtbar zu machen. („Das hast du schon sehr schön gemacht.")

Zum Stichwort „Abhängigkeit" ist noch einmal an das Löschen von Verhaltensweisen zu erinnern. Verstärkungen können und sollen immer seltener werden, doch wenn sie ganz ausbleiben, so unterbleibt schließlich das vorher verstärkte Verhalten. Das sieht so aus, als hielte alles, was der Lehrer durch Lob und Ermutigung tut, den Schüler doch immer nur in der Abhängigkeit vom Lehrer. Doch das muß nicht so sein und ist auch offensichtlich nicht immer so. Verstärkungen bauen Verhaltensweisen auf und stützen sie, solange sie noch ungefestigt sind. Dies in der Hoffnung, daß die angestrebten Verhaltensweisen schließlich selbstverstärkend werden, d. h. in sich so befriedigend sind, daß sie der äußeren Stützung entbehren können. Selbstverstärkung kann man auch mit dem Konzept des Selbstbildes erklären: Der Schüler entwirft ein Bild von sich, unter anderem von den Verhaltensweisen und Leistungen, die er erreichen möchte, und wenn er diesem Selbstbild entspricht, lobt er sich sozusagen selbst. Es ist nicht leicht zu sagen, wie der Lehrer dem Schüler, der eine solche Konzeption von sich aufbaut, helfen kann. Sicherlich dadurch, daß er sich mit Fremdverstärkung zurückhält, wo er Selbstverstärkung wahrnimmt. (Gelegenheit zu solcher Wahrnehmung bietet oft Gruppenarbeit.)

Welche praktischen Folgerungen sind zu ziehen? Einmal resultiert aus dem bisher Gesagten die Aufforderung, Wirkungen von Lob aufmerksam zu beobachten. Verstärkung kann nicht quasi mechanisch praktiziert werden. Zwar ist für eine hungrige Taube ein Futterkorn stets ein Verstärker, für einen Schüler ein Lob aber nicht. Menschliches Verhalten, so stellten wir in der Vorbemerkung fest, unterliegt immer der Interpretation. Und deshalb ist ein Lob für den Betroffenen nicht einfach ein Lob, sondern er erlebt es unter Umständen als eine Kränkung, eine Isolierung, ein Stück Machtausübung u. ä.

Eine weitere Folgerung: Wann immer es möglich ist, sollte die Verstärkung aus der Sache abgeleitet werden. Ein Schüler, der aus dem Gang des Unterrichts erfährt, daß sein Beitrag sachadäquat und einfallsreich war, daß sein Verhalten hilfreich und konstruktiv war, braucht nicht weiter gelobt zu werden. Die Probleme des Lobens entfallen weitgehend, und die Abhängigkeit vom Lehrer wird abgebaut. Solche Verstärkung möglichst oft zu arrangieren ist sicherlich besonderer Aufmerksamkeit und eines ständigen Trainings wert.

3.2.4. Manipulation?

Zu VM fällt manchem das Stichwort Manipulation ein. Das muß am Schluß dieses Kapitels noch diskutiert werden. Ein Aspekt des Manipulationsverdachts hat Konsequenzen für die praktische Durchführung der VM und wird deshalb hier ausgeführt. Manipulativ wirkt VM, wenn sie dem Beeinflußten unbemerkt bleibt. Tatsächlich kann man VM so einsetzen. Schüler können z. B. einen Lehrer dazu bringen, sich bevorzugt in einer Ecke des Klassenraums aufzuhalten, ohne daß er das merkt, indem sie immer „aufmerksam" sind, wenn er sich dorthin begibt, und „unaufmerksam", wenn er sich aus der Ecke entfernt. (Nach Ammer u. a. 1976, 49.) Aber diese Unbewußtheit muß nicht sein. Im allgemeinen ist VM sogar wirksamer, wenn der Beeinflußte weiß, in welche Richtung er beeinflußt wird. Oft ist es in der Schule ja auch so, daß die Schüler das gewünschte Verhalten selbst anstreben, daß ihnen nur das gegenteilige Verhalten immer wieder „passiert". Nichts hindert also den Lehrer, mit den Schülern bestimmte Verhaltensregeln zu diskutieren und zu vereinbaren und dann die Einhaltung dieser Regeln durch Verstärkung zu erleichtern.

Aufgaben:

(1) Damit Sie kontrollieren können, was Sie aus den „Darstellungs"-Abschnitten behalten haben, sind hier die wichtigsten Begriffe noch einmal aufgelistet: klassisches Konditionieren, operantes Konditionieren, neutraler Reiz, bedingter Reiz,

Reizgeneralisierung, Konsequenz, Verstärker, intermittierende Verstärkung, Verhaltensformung, Löschung, stellvertretende Verstärkung, Selbstverstärkung.

(2) Wählen Sie ein allgemeines Erziehungsziel, das Ihnen wichtig ist (z. B. „Kritikfähigkeit"), und ordnen Sie ihm konkrete Verhaltensweisen zu (mindestens drei!), die Sie beobachten und verstärken wollen.

(3) Beschreiben Sie, möglichst konkret, Verstärkungen, die nicht mit Loben identisch sind.

(4) Erfolgreiches Verhalten hat Modellfunktion. Nennen Sie Verhaltensweisen von Schülern, die nach Ihrer Meinung nicht erfolgreich sein sollten.

(5) Manche Lehrer haben große Hemmungen, falsche Schüleräußerungen als falsch zu bezeichnen. Die Folge: Schüler halten Falsches für richtig und prägen es sich ein. Die Grundsätze der VM könnten diese Schwierigkeiten noch vergrößern. Was könnten Sie tun, wenn ein schüchterner Schüler, den Sie für Diskussionsbeiträge verstärken wollen, etwas Falsches sagt?

(6) Referendare werden manchmal von Schülern gelobt. Bringen Sie folgende Schüleräußerungen in eine Reihenfolge von der Ihnen angenehmsten bis zur am wenigsten angenehmen Äußerung:

a) Schade, daß wir Sie nicht als Lehrer behalten!
b) Die Stunde heute war echt gut!
c) Früher habe ich Sie ja oft nicht verstanden, aber jetzt komme ich gut mit!
d) Sowas wie heute könnten wir mal öfter machen!
e) Ich fand das gut, daß Sie mal energisch geworden sind!
f) Sie werden bestimmt mal ein guter Lehrer!
g) Herr X, Sie sind für Geschichte richtig begeistert, nicht wahr?

4. Operantes Konditionieren (2. Teil): die Problematik des Strafens

4.1. Darstellung: Bestrafung; Verstärkung des Vermeidungsverhaltens

Beispiel: Ein Schüler vergißt häufiger seine Hausaufgaben. Der Lehrer bestraft dieses Verhalten (er schimpft, gibt schlechte Noten, benachrichtigt die Eltern ...). Folge: der Schüler vergißt seltener die Hausaufgaben.

Schematische Darstellung:

Verhalten (Vergessen der Hausaufgaben) → aversiver Reiz (Schimpfen) → sinkende Verhaltensrate (S vergißt HA seltener)

Abb. 3

Begriffserklärung:

aversiver Reiz = Ereignis, das als unangenehm erlebt wird. Der Einfachheit halber bezeichnen wir aversive Konsequenzen, die von Mitmenschen ausgehen, meist als „Strafe" oder „Bestrafung"; diese Ausdrücke sind also im weitesten Sinn zu verstehen.

Die wissenschaftliche Vorstellung von Bestrafung ist der alltäglichen so ähnlich, daß es hier wenig zu erläutern gibt: Jemand tut etwas (häufiger), er wird bestraft, und nun läßt er es (oder tut es seltener).

In der Regel aber ist es so, daß man nicht einfach ein Verhalten unterlassen kann; man muß statt dessen etwas anderes tun. Dieses andere nennt man Vermeidungsverhalten. Der Schüler unseres Beispiels kann etwa: die Hausaufgaben abschreiben, den Unterricht schwänzen, psychosomatisch erkranken, beim Erwischtwerden in Tränen ausbrechen oder natürlich auch die Hausaufgaben machen. Worin auch immer das Vermeidungsverhalten besteht — wenn es erfolgreich ist, wird es verstärkt.

Schematische Darstellung:

aversiver Reiz (L schimpft) → Vermeidungsverhalten (S mogelt) → aversiver Reiz entfällt
↓
steigende Verhaltensrate (S mogelt häufiger)

Abb. 4

Begriffserklärung:

Vermeidungsverhalten = Verhalten, das den aversiven Reiz gegenwärtig beendet (auch „Fluchtverhalten" genannt) oder für die Zukunft vermeidet.

Das Konzept der Konditionierung lenkt also die Aufmerksamkeit auf das, was nach der Bestrafung geschieht. Das Vermeidungsverhalten ist oft nicht voraussehbar und auch oft nicht kontrollierbar. Zuweilen ist es unerwünschter als das bestrafte Verhalten.

Die VM lenkt aber auch von etwas sehr Wichtigem ab: sie befaßt sich nur wenig mit den *Ursachen* des bestraften Verhaltens. Sie fragt: Durch welche Konsequenzen werden Verhaltensdispositionen aufgebaut? Sie fragt nicht (oder nur selten): Durch welche Ursachen wird ein konkretes Verhalten ausgelöst? Damit fördert sie eine Tendenz, die ohnehin weit verbreitet ist, nämlich Verhalten aus Eigenschaften (z. B. Konzentrationsschwäche) zu erklären statt aus der Situation (z. B. Langeweile, ablenkende Faktoren . . .). Die schlechte Folge: Man will immer gleich Verhaltensdispositionen ändern (z. B. Konzentrationsfähigkeit schulen), obwohl es oft genügen würde, die Ursachen des Verhaltens auszuschalten (z. B. Ablenkung zu entfernen).

Ein Hinweis für die, die weitere Literatur heranziehen: Die Verstärkung des Vermeidungsverhaltens wird allenthalben als „negative Verstärkung", der aversive Reiz als „negativer Verstärker" bezeichnet. Das ist eine leider sehr irreführende Terminologie. Man muß sich einprägen: Ein Verstärker, ob positiv oder negativ, ist immer eine Konsequenz, die die Verhaltensrate *steigert*. Ein positiver Verstärker tut das dadurch, daß er einsetzt, ein negativer Verstärker dadurch, daß er *nicht* einsetzt oder daß er aufhört. Ein aversiver Reiz ist zunächst eine Strafe; erst wenn er aufhört oder ausbleibt, wird er zum sogenannten negativen Verstärker, nämlich des Vermeidungsverhaltens.

4.2. Bedeutung für Schule und Unterricht

4.2.1. Die Verstärkung des Lehrers

Ein Beispiel: Ein Lehrer fühlt sich durch den Lärm in der Klasse gestört (aversiver Reiz). Er „brüllt" (Vermeidungs- bzw. Fluchtverhalten). Der Lärm hört auf oder nimmt ab (aversiver Reiz entfällt).

Die Folge: Die Verhaltensrate für „Brüllen“ steigt. Es genügt auch schon, wenn das Brüllen manchmal hilft (intermittierende Verstärkung).

Schüler verfügen gegenüber dem Lehrer über sehr wirkungsvolle aversive Reize. Sie können seinen mühsam vorbereiteten Unterricht kaputtmachen, sein Engagement ins Leere laufen lassen, seine Bedürfnisse nach Freundlichkeit und Sicherheit abweisen, aggressiv werden usw. Eine haltbare Verbesserung schwieriger Zustände ist meist nur langfristig zu erreichen. Die Theorie der VM belehrt uns aber, daß es die unmittelbaren Konsequenzen, also die kurzfristigen Erfolge sind, die das Verhalten formen. Vielleicht ist das eine Teilerklärung dafür, daß nicht wenige Lehrer ihre pädagogischen Ziele aufgeben und ein Verhalten praktizieren, das sie selbst nicht billigen (bis sie vielleicht im Lauf der Zeit für diese Praxis eine Rechtfertigung bilden). Kurzfristige Wirkungen ruinieren so die langfristigen Konzepte.

4.2.2. Die Problematik des Strafens

Die VM läßt Strafen als problematisch erscheinen:

- Durch Reizgeneralisierung werden ganze Bereiche des Schullebens angstauslösend.
- Der Lehrer ist ein Modell für erfolgreiches aggressives Verhalten und fördert durch „stellvertretende Verstärkung“ Aggression bei seinen Schülern. Wieweit solches Modell-Lernen stattfindet, hängt davon ab, wie die Schüler die Strafen interpretieren, ob sie sie als pädagogisch kaschierte Machtausübung erleben. Und diese Interpretation kann der Lehrer nur in Grenzen beeinflussen.
- Das Vermeidungsverhalten ist unter Umständen unerwünschter als das bestrafte Verhalten, und es entzieht sich oft der Wahrnehmung.
- Strafen können unerwünschte Wirkungen haben, wenn sie mehr positiv als aversiv wirken. Denn Strafen rücken den Bestraften oft in den Mittelpunkt, sichern ihm die Aufmerksamkeit des Lehrers wie der Mitschüler, können ihn zum „Helden“

oder zum „Märtyrer" machen. Schließlich kann es bekanntermaßen ein lustvolles Erlebnis sein, den Lehrer zu ärgern und zu entsprechenden Reaktionen zu veranlassen. Ob eine Strafe verstärkend oder aversiv ist, zeigt nur der Erfolg.

Trotz dieser Bedenken kann man auf Strafen (im weitesten Sinn) nicht verzichten. Denn vielfach wäre die einzige Alternative, das unerwünschte Verhalten nicht zu beachten — so wird es auch verschiedentlich in der pädagogischen Literatur empfohlen. Gegen diese Alternative sprechen einige Gründe:

— Es gibt aggressive Verhaltensweisen, die sofort abgestellt werden müssen.

— Bei Nichtbeachtung steigen zunächst Verhaltenshäufigkeit und -intensität; das Verhalten eskaliert erst einmal, ehe es womöglich gelöscht wird. Die Nerven des Lehrers dürften dem oft nicht gewachsen sein; oft wird auch der Unterricht zu stark gestört.

— Das unerwünschte Verhalten ist oft selbstverstärkend oder wird von den Mitschülern verstärkt.

— Nichtbeachtung durch den Lehrer kann als stillschweigende Erlaubnis interpretiert werden und so verstärkend wirken.

4.2.3. Einige Ratschläge zum Thema Strafen

Unter „Strafen" wollen wir — wie gesagt — jegliches Setzen von „aversiven Reizen" verstehen, also auch Tadel und Mißbilligung eines Verhaltens. Das ist bei den folgenden Ratschlägen zu beachten.

(1) Man sollte überprüfen, ob man das unerwünschte Verhalten beenden kann, indem man seine Ursachen beseitigt. In der Literatur zum Lehrerverhalten (Kounin, Good/Brophy, Rutter u. a.) werden vor allem folgende Ursachen genannt, die wir ohne eigene Stellungnahme referieren: *

— Verzögerungen: Darunter ist einmal alles zu verstehen, was den Unterricht verlangsamt, z. B. umständliche und weitschweifige Lehrersprache. Sodann alles, was den „eigentlichen" Unterricht, die Beschäftigung mit dem Lerninhalt, hinausschiebt oder unterbricht, z. B. Bereitstellung von Medien, Disziplinierungsmaßnahmen.

— Voraussagbarkeit von Aufmerksamkeitskontrollen, also z. B. feste Schemata des „Aufrufens“ — „Aufrufen“ eines Schülers, bevor man eine Frage gestellt hat.

— Zuwendung zu einzelnen Schülern, Abwendung von der Lerngruppe. (Das gegenteilige Verhalten nennt Kounin With-it-ness; er versteht darunter, daß der Lehrer Überblick über die Lerngruppe hat *und* daß er den Schülern verdeutlicht, daß er diesen Überblick hat.)

Hinzuzufügen sind zahlreiche Ursachen, die im Kapitel „Motivation“ behandelt werden, also z. B. Monotonie, Überforderung, Unterforderung und ähnliche Bedingungen, die das Lernen erschweren. „Unerwünschtes“ Verhalten unter solchen Bedingungen ist normal; erzieherische Maßnahmen wären also unangebracht.

Diese Hinweise sollen Lehrern kein schlechtes Gewissen einreden, als ob die Gründe für unerwünschtes Verhalten immer beim Lehrer lägen; aber wenn man Bestrafung überflüssig machen kann, ist das sicherlich vorzuziehen; deshalb muß immer zuerst nach den Ursachen gefragt werden. Auch wenn man die Ursachen nicht beseitigen kann (z. B. wenn aggressives Schülerverhalten durch den starken Zensurendruck eines Kollegen ausgelöst wird), so werden doch die Reaktionen verständnisvoller sein.

(2) Strafen sollten so geringfügig wie möglich sein. Dazu gehört, daß man das unerwünschte Verhalten nicht erst eskalieren oder sich ausbreiten läßt. Wenn der Lehrer zu einem frühen Zeitpunkt interveniert, so drückt das oft nicht einmal eine Mißbilligung aus, sondern ist eher eine „Erinnerung“, hat also nicht den Charakter einer Strafe. Es genügt dann oft, den Namen eines Schülers zu nennen oder Blickkontakt zu ihm aufzunehmen. Das Gegenbeispiel wäre ein Lehrer, der nichts tut, bis ihm die Situation unerträglich ist, und der dann erst bestraft, und womöglich zu heftig.

(3) Strafen sollten deutlich auf das bestrafte Verhalten bezogen sein und ihm — ein Grundsatz der VM — zeitlich möglichst dicht folgen. Gegenbeispiel: Ein allgemeines Nörgeln und „Sauersein“ über eine „faule“ oder „ungezogene“ Klasse.

(4) Strafen sollten begründet sein. In vielen Fällen versteht sich aber die Begründung von selbst. (Einem Schüler, der Papierkügelchen durch die Klasse schnipst, braucht man nicht zu sagen,

warum er das lassen soll; er weiß es.) Zu warnen ist auch vor allzu ausführlichem Ermahnen („Predigen").

(5) Strafen sollten durch Verstärkung ergänzt werden. Ideal ist es, wenn man ein Verhalten verstärken kann, das mit dem bestraften Verhalten unvereinbar ist. Bei dauerndem destruktiven Verhalten eines Schülers ist zu bedenken, daß dieses Verhalten für den Schüler in irgendeiner Weise wichtig und wertvoll ist (warum sonst hielte er daran fest?). Man sollte nicht versuchen, es ihm abzugewöhnen, ohne ihm einen Ersatz zu bieten.

Der Ratschlag ist deshalb schwierig zu befolgen, weil sich unerwünschtes Verhalten deutlich aufdrängt, während erwünschtes Verhalten oft geradezu unsichtbar ist, weil es eben „normal" ist; man muß sich anstrengen, es wahrzunehmen. (Nicht zuletzt aus diesem Grund erfahren Referendare zuweilen detailliert, was sie alles „falsch" gemacht haben, während das, was „richtig" war, global abgetan wird oder sogar unerwähnt bleibt.)

(6) Wie Strafen von Schülern interpretiert werden (beispielsweise als Racheakt ...), hängt vom Gesamtklima des Unterrichts ab. Nach Tausch und Tausch ist es besonders wichtig, daß der Schüler sich nicht als Person abgelehnt fühlt, daß vielmehr die Ablehnung sichtlich nur einem bestimmten Verhalten gilt. Wertschätzung einer Person und Verurteilung einer bestimmten Handlung sind vereinbar und sollten beide zugleich verdeutlicht werden. (Vgl. Kap. X.)

Aufgaben:

(1) Zur Lernkontrolle und Einprägung bieten wir Ihnen zwei Aufgaben zur Auswahl an:

a) Neben dem klassischen Konditionieren gibt es das ... Konditionieren. Darunter versteht man eine Veränderung ... durch ... des Verhaltens. Ein Verstärker ist ..., wodurch die Verhaltenshäufigkeit ... Ein positiver Verstärker leistet das dadurch, daß er ... Die wirkungsvollste Art der Verstärkung ist die ... Verstärkung. Wenn die Verstärkung eines Verhaltens dauernd ausbleibt, so hat das ... zur Folge, es sei denn, das Verhalten sei ... Lernen durch Beobachtung nennt man auch ... Auch hier spielt Verstärkung eine Rolle, und zwar in der Form der ...

b) Antworten Sie in Begriffen der VM:
- Warum ist der erzieherische Wert von Radarfallen gering?
- Warum tritt bei vielen Lottospielern keine Löschung des Verhaltens ein?
- Läßt sich das Beispiel vom kleinen Peter (der, wenn er wütend wurde, manchmal einen Lutscher kriegte) auch als Konditionierung der Mutter beschreiben?

(2) Diskutieren Sie den Ratschlag (1) zum Thema „Strafen". Verträgt er sich mit Ihren Vorstellungen von der Lehrerrolle?

(3) Nennen Sie, aus der Beobachtung eigenen und fremden Unterrichts, wiederkehrende Unterrichtsmomente, die ebenso wiederkehrend Unruhe auslösen (bitte mindestens drei). Sie können diese Aufgabe bearbeiten, indem Sie abstrakten Begriffen konkrete Ereignisse zuordnen, z. B. folgenden Begriffen:
- Ablenkung
- Wartezeiten für alle oder einige Schüler
- Überdehnung bestimmter Arbeitsformen

(4) Nennen Sie wenigstens 10 Verhaltensweisen, die nach Ihrer Beobachtung von Lehrern unterbunden werden. Welche dieser Verhaltensweisen würden Sie selbst tadeln?

(5) Ein Lehrer stellt fest, daß viele Schüler einer 6. Klasse weinerlich oder panisch reagieren, wenn sie nicht „mitkommen". Er möchte erreichen, daß sie statt dessen in einem *ruhigen* Tonfall sagen „Das habe ich nicht verstanden" oder „Sie diktieren zu schnell". Dieses erwünschte Verhalten möchte er verstärken (= Verstärkung eines Verhaltens, das mit dem unerwünschten Verhalten unvereinbar ist). Wie könnte das im einzelnen aussehen?

(6) Was sollte ein Lehrer tun, wenn die Schüler zu Beginn der Stunde noch „unruhig" sind: abwarten, einfach anfangen, zur Ruhe auffordern . . .?

(7) Strafen im engeren Sinne sind schulrechtlich geregelt. Informieren Sie sich: Welche Strafen gibt es? Unter welchen Bedingungen werden sie verhängt? Wer verhängt sie?

5. Diskussion: Dressur?

Das Konzept der VM stößt bei nicht wenigen auf Widerspruch. Unbehagen erfaßt manchen, wenn dem Erzieher Mittel empfohlen werden, die sich in der Dressur von Tauben und Laborratten bewährt haben. Es dürfte aber aus diesem Kapitel deutlich geworden sein, daß Verstärkungsprogramme nicht auf dem Niveau von Dressurakten verharren müssen. Interpretation, d. h. das Bemühen, den subjektiven Sinn des Verhaltens zu verstehen, Einfühlung in das innere Befinden können und sollen hinzutreten. Den Schüler nicht als Objekt von Erziehungsmaßnahmen zu behandeln, sondern mit ihm zu argumentieren, seine Einsicht und Mitarbeit zu gewinnen, ist sicherlich humaner, außerdem auch wirkungsvoller.

VM ist eine Technik, die am Äußeren statt am Inneren ansetzt, am Verhalten, nicht an Einstellungen, Gesinnungen, Charakterzügen, Wesensmerkmalen. Und sie betrachtet Verhaltensregelmäßigkeiten prinzipiell als gelernt, nicht als angeboren. Beides ist einseitig. Wir betrachten aber diese Einseitigkeit als nützlich zur Korrektur gängiger Erziehungspsychologie. Erzieher und Erziehungspsychologen neigen oft vorschnell dazu, Verhalten aus Eigenschaften zu erklären. Solche Eigenschaften kann man fast beliebig konstruieren; es sind oft Pseudoerklärungen. Und man kann einen Menschen darauf festlegen, ihn abstempeln als „interessiert“ oder „antriebsschwach“ oder „faul“ oder . . . Womöglich hält man solche Eigenschaften noch für anlagebedingt und angeboren. Demgegenüber ist die VM offener, sie legt Menschen nicht auf Charakterzüge fest, und sie ist optimistischer, was die Möglichkeiten der Veränderung angeht. Wir meinen, daß diese Einstellung für Schüler bekömmlicher ist.

VM sagt nichts über Erziehungsziele; sie befaßt sich ausschließlich mit den Mitteln der Erziehung. In diesem Kapitel war oft die Rede von erwünschtem/unerwünschtem Verhalten (auch: konstruktiv/destruktiv oder kooperativ/nicht kooperativ). Was „erwünscht“ ist, legt offenbar der Lehrer fest, und entsprechend beeinflußt er das Verhalten der Schüler. Hier stellt sich die Frage nach den Erziehungszielen und ihrer Legitimation. Aber dies ist eine Frage jeglicher Erziehung, nicht speziell der VM. Wenn ich Lob und Tadel statt nach Großmutters Rezepten nach den Prinzipien der VM praktiziere, so ist das eine Veränderung nur der Erziehungsmittel. So ist die Frage nach Erziehungszielen in diesem Kapitel ausgeklammert worden.

Aber gibt es nicht Ziele, die mit den Mitteln der VM überhaupt nicht angestrebt werden können, Zielvorstellungen, die mit „Mündigkeit“ und „Autonomie“ des Individuums bezeichnet werden? Diese Ziele können überhaupt nicht direkt angestrebt werden, durch keine Erziehungsmethode. Man kann Mündigkeit durch Erziehung nur vorbereiten. Der Erzieher muß sich fragen, welche subjektiven Hindernisse der Mündigkeit im Wege stehen (z. B. starke Bedürfnisse nach Abhängigkeit, nach Konformität; Unfähigkeit, eigene Bedürfnisse zu artikulieren); und er muß versuchen, diese Hindernisse abzubauen. Dafür aber stellt die VM Mittel zur Verfügung.

VM ist in diesem Kapitel verkürzt dargestellt worden; referiert wurden praxisrelevante Resultate, aber kaum die theoretische Fundierung. Entsprechend begrenzen sich die Möglichkeiten kritischer Auseinandersetzung. Kritik und Modifikation der VM erfolgten eher auf der Basis eines alltäglichen Verständnisses von Kommunikation. Eine wissenschaftliche Gegenposition soll aber wenigstens genannt werden, die der Psychoanalyse. Dabei handelt es sich um eine konkurrierende Theorie, die ebenso ausgebaut ist und ähnlich umfassende Erklärungen anbietet wie die VM. Wir können den Gegensatz hier nur andeuten, und zwar am Beispiel neurotischen Verhaltens. Die VM besagt, neurotisches Verhalten sei durch Konditionierung gelernt und es könne durch Konditionierung auch wieder verlernt werden. Die Psychoanalyse dagegen faßt neurotisches Verhalten als Symptom tieferliegender seelischer Störungen auf. Diese Störungen müsse man beseitigen. Eine Veränderung des Verhaltens sei nur ein Kurieren an Symptomen und führe dazu, daß sich die Störung anderweitig auswirke, daß also nur ein Symptom durch ein anderes ersetzt werde. Es wäre wohl wünschenswert, angehende Lehrer würden mit der Psychoanalyse vertraut gemacht. Doch ist das in aller Regel nicht möglich. Einmal fehlt es an Zeit für eine gründlichere Information, und dies ist ein Gebiet, auf dem oberflächliche Kenntnisse schlimmere Wirkungen haben können als völlige Unkenntnis. Zweitens nützt die bloße Information meist wenig. Allgemeine Kenntnisse etwa über unbewußte Motive beim Strafen helfen kaum zu irgendeiner Selbsterkenntnis; dafür bedürfte es individueller Beratung durch den Fachmann.

Literaturhinweise I

AMMER, C. / BUGGLE, F. / WETZEL, H. / WILHELM, M.: Veränderung von Schülerverhalten. Eine Einführung in die Verhaltensanalyse und Verhaltensmodifikation. München 1976
(Von den hier genannten Einführungen in die Verhaltensmodifikation — außer Ammer u. a., die Bücher von Edelmann und Lorenz u. a. — möchte ich keins besonders hervorheben. Instruktiv und auf die Schulpraxis ausgerichtet sind sie alle.)

CLOER, Ernst (Hrsg.): Disziplinkonflikte in Erziehung und Schule. Bad Heilbrunn 1982
(Auf engstem Raum — ca. 160 Seiten — ein außergewöhnlich hilfreiches Angebot. Man findet Fallstudien und differenzierte und praktikable Ratschläge. Da die unterschiedlichsten Standpunkte vertreten sind, z. B. Anhänger und entschiedene Gegner der VM, bietet das Buch einen Ansatz zur Theoriediskussion.)

EDELMANN, Walter: Einführung in die Lernpsychologie. Bd. 1: Lerntheoretische Grundlagen von Verhaltensänderungen in Schule und Familie. München 1978

LORENZ, R. / MOLZAHN, R. / TEEGEN, F.: Verhaltensänderung in der Schule. Systematisches Anleitungsprogramm für Lehrer. Reinbek 1976. (Rowohlt-Tb. 7139)

REDLICH, Alexander / SCHLEY, Wilfried: Kooperative Verhaltensmodifikation im Unterricht. 2. Aufl. München 1981
(Oben wurde sehr allgemein empfohlen, mit Schülern Verhaltensregeln zu vereinbaren. Wie man das macht, wie man — mit jüngeren Schülern — „Verträge" schließt, wird hier an vielen Beispielen gezeigt. Instruktiv sind vor allem drei Aspekte: (1) Eine gründliche Diagnose mit Hilfe von Fragebogen geht jedem Änderungsversuch voraus. (2) Immer findet auch der Lehrer Gründe, sein Verhalten zu ändern (und verpflichtet sich dazu im „Vertrag"). (3) Es werden nicht ideale, sondern realistische Ziele angestrebt.

REDL, Fritz / WATTENBERG, William W.: Leben lernen in der Schule. Pädagogische Psychologie in der Praxis. München 1980
(Die von mir ausgesparte psychoanalytische Fundierung von Erziehung ist hier nachzulesen. Die Verfasser begnügen sich mit einem Minimum an Theorie, schreiben sehr anschaulich und benutzen weitgehend die Alltagssprache. Das Buch vermittelt eine Fülle von Einsichten und Ratschlägen. Jedem Lehrer dringend zu empfehlen. Da das Buch inzwischen vergriffen ist, kann man Ersatz in Veröffentlichungen von Rainer Winkel finden, der Redls Gedanken vielfältig zitiert und umsetzt; einmal in einem Beitrag zu dem genannten Sammelband von Cloer, zum anderen in dem Buch „Der gestörte Unterricht", das im vorigen Kapitel charakterisiert wurde.)

SCHWARTZ, Steven: Wie Pawlow auf den Hund kam . . . Die 15 klassischen Experimente der Psychologie. Weinheim 1988
(Außer Pawlows Experimenten ist auch Watsons Konditionierung des kleinen Albert dargestellt. Insgesamt ein ebenso lehrreiches wie unterhaltendes Buch.)

STEINER, Gerhard: Lernen. 20 Szenarien aus dem Alltag. Bern 1988
(Auf ca. 360 Seiten wird die Lernpsychologie ziemlich vollständig vorgestellt. Das führt zu einer recht komprimierten Darstellung, anstrengend zu lesen trotz des vorbildlich klaren Stils und der Anwendung von Theorie auf Alltagsereignisse. Aber lohnend. Empfohlen besonders die Kapitel 1 bis 11 als theoretische Vertiefung und Ergänzung meiner Darstellung der VM und als Erweiterung des Praxisbezugs.)

Literaturhinweise II

BANDURA, Albert: Lernen am Modell. Stuttgart 1976

GRELL, Jochen: Techniken des Lehrerverhaltens. Weinheim 1974, S. 92—116

Sonstige zitierte Literatur

GOOD, Thomas / BROPHY, Jere E.: Looking in classrooms. New York 1973

KOUNIN, Jacob S.: Techniken der Klassenführung. Bern 1976

RUTTER, M. / MAUGHAM, B. / MORTIMORE, P. / OUSTON, S.: Fünfzehntausend Stunden. Schulen und ihre Wirkungen auf die Kinder. Weinheim 1980

KAPITEL X:

ASPEKTE DES LEHRERVERHALTENS ODER: WAS IST EIN GUTER LEHRER?

Übersicht

1. Vorbemerkungen

1.1. Zum Stichwort Lehrerideal

Aufgabe:

- Bilden Sie Arbeitsgruppen von etwa 6 Personen.
- Jedes Gruppenmitglied schreibt auf Karten Eigenschaften oder Verhaltensweisen eines guten Lehrers; pro Karte einen Satz, der anfängt mit „Ein guter Lehrer ...“
- Jedes Gruppenmitglied wählt aus seinen Karten 5 aus, die ihm am wichtigsten sind.
- Alle Karten der Gruppe werden zusammengelegt und geordnet: (1) Karten ähnlichen Inhalts werden nahe aneinandergelegt zu einer „Gruppe“. (2) Man versucht, für jede „Gruppe“ eine gemeinsame Überschrift zu finden und zu notieren. (3) „Gruppen“, zu denen viele Karten gehören, werden ins Zentrum gerückt, „Gruppen“ mit wenigen Karten an den Rand.

— Die Karten werden in dieser Anordnung auf ein großes Blatt geklebt. Das Blatt kann grafisch gestaltet werden.

Wohl jeder, der mit Schule zu tun hat, hat ein Bild vom guten Lehrer und dazu das Gegenbild, das vom Lehrer, wie er nicht sein soll. Viele Züge dieses Bildes gehen zurück auf die eigene Schulzeit, auf Lehrer, die man geliebt und verehrt, gehaßt und verachtet hat — Gefühle, die seltsam lebendig bleiben. Über die guten und schlechten Lehrer der eigenen Biografie sollte man in der Ausbildungsgruppe sprechen, und eigentlich setzt dieses Kapitel voraus, daß ein solches Gespräch stattgefunden hat. Es gibt aber auch ein *öffentliches* Lehrerideal, das sehr wirksam ist, wirksam zum Beispiel als schlechtes Gewissen von Lehrern. (Genau genommen gibt es verschiedene öffentliche Lehrerideale, die strittig sind, und das macht die Lage nicht einfacher.) Gerade bei jungen Lehrern hat dieses Ideal nicht selten Komponenten, die irritieren und blockieren, etwa die Vorstellung, daß ein „sozialintegrativer" Lehrer immer nur „freundlich" sein solle; das wird dann dem Seminar als Erwartung unterstellt. Kurzum: über Vorstellungen vom guten Lehrer muß man nachdenken, und deshalb dieses Kapitel. (Auch andere Kapitel tragen zum Thema bei, und eine ganz zentrale Erwartung an den Lehrer, daß er nämlich gerecht sein solle, ist reserviert für das Kapitel „Pädagogische Diagnostik".)

Die Diskussion über Lehrerideale wird um drei Autorenteams gruppiert. Zunächst wird das bekannte Experiment von Lewin, Lippit und White vorgestellt, bei dem zwischen „demokratischen", „autokratischen" und „laissez-faire"-Typen von Gruppenleitern unterschieden wird; schon die Terminologie läßt keinen Zweifel, daß hier ein Idealbild des Gruppenleiters propagiert wird. Es folgen Tausch/Tausch, die diese Typologie aufgenommen, auch mißverstanden, erweitert und jedenfalls in der (west)deutschen Lehrerausbildung verankert haben. Die Erfahrung zeigt, daß das Ideal vom „sozialintegrativen" Lehrer (so heißt bei Tausch/Tausch der „demokratische" Typ), obschon es in den 70er Jahren seine Blütezeit hatte, immer noch prägend ist und schon deshalb die Auseinandersetzung lohnt. Schließlich wenden wir uns dem aufsehenerregenden Buch „Fünfzehntausend Stunden" von M. Rutter und Mitarbeitern zu. Darin geht es zwar um die Frage „Was ist eine gute Schule?", aber für unsere Frage „Was ist ein guter Lehrer?" fällt genug ab.[1]

1.2. Der Fehlschlag der Lehr-Lern-Forschung

Was als Inhalt des Kapitels angekündigt wird, wird vermutlich viele Leser enttäuschen. Liefert die empirische Forschung nur Denk- und Diskussionsanstöße? Hat sie nicht Lehrerverhalten auf den Prüfstand gestellt und verläßlich herausgebracht, was ein guter Lehrer tut und was er unterläßt? Sie hat es jahrzehntelang versucht. Man hat untersucht, ob Diskussion besser sei als Vortrag, emotional warmes Verhalten besser sei als kaltes, „indirekte" Lenkung besser als „direkte", ob es besser sei, viele Fragen zu stellen oder wenige, häufig zu loben oder selten usw. usw. Solche Untersuchungen haben in der Regel zwei Schritte. Im ersten Schritt erhebt man Unterschiede des Lehrerverhaltens, oder — seltener — man läßt im Experiment Lehrer sich unterschiedlich verhalten. In einem zweiten Schritt untersucht man, ob den Unterschieden im Lehrerverhalten unterschiedliche Effekte bei den Schülern entsprechen: Schneiden, je nach Lehrerverhalten, die Schüler in Tests besser oder schlechter ab? Äußern sie sich wohlwollender oder ablehnender über ihren Lehrer? Haben sie mehr oder weniger Schulangst? Usw. usw. Die Resultate zeigen ein wirres Bild. Beispielsweise ergab sich in zahlreichen Untersuchungen, daß emotional warmes Lehrerverhalten positiv korreliert ist mit Lernerfolg, Selbstachtung der Schüler, Angstfreiheit und Erfolgsmotiv; in noch zahlreicheren Untersuchungen ergab sich keine solche Beziehung und manchmal sogar eine negative Beziehung (vgl. Dunkin/Biddle 1974, 120—133). Wer will, kann also zu allen möglichen Hypothesen Untersuchungen finden, die die Hypothese stützen, und solche, die das nicht tun. „Die langjährigen Versuche, durch Effektivitätsvergleiche verschiedener Lehrmethoden [. . .] unmittelbar praktisch verwertbare Einsichten zu produzieren, haben sich als Fehlschlag erwiesen." (Treiber/Weinert 1982, Einl. der Hrsg., S. 8) Dieses harte Urteil muß man genau lesen. Es wird nicht behauptet, daß gar nichts herausgekommen sei. Nur für die praktische Verwertbarkeit reicht es nicht. Und das heißt: Ratschläge des Typs „Wenn du als Lehrer den Effekt x erreichen willst, dann praktiziere die Verhaltensweise y!" lassen sich nicht wissenschaftlich empirisch begründen.[2] Wir bleiben angewiesen auf die alltägliche berufliche Erfahrung, auf Beobachten, Probieren, Nachdenken und Diskutieren. Und dabei ist allemal die Lehr-Lern-Forschung eine Hilfe, indem sie die Kategorien des Beobachtens und Nachdenkens bereichert.

2. Eine Lehrertypologie: demokratisch — autokratisch — laissez-faire (Lewin, Lippit und White)

Lewin und zwei seiner Mitarbeiter, Lippit und White, führten 1939 ein Experiment durch, das für das Bild vom guten Lehrer bis in die Gegenwart folgenreich blieb. Es ging dabei um die Frage, wie sich unterschiedliche Formen der Lenkung auf die Mitglieder einer Gruppe auswirken. Zu diesem Zweck machte man 11jährigen Jungen ein Freizeitangebot. Aus den Bewerbern stellte man 4 Gruppen von je 5 Jungen zusammen, die sich einmal wöchentlich trafen. Es wurde gespielt und vor allem gebastelt: Tische, Sitzmöbel, Gipsmodelle und dergleichen. Nach jeweils 6 Wochen wechselten die Gruppen den Leiter, und nach einem festgelegten Schema praktizierte der jeweils neue Leiter einen neuen Führungsstil (vgl. Abb. 1).

Sechs-Wochen-Abschnitte	Abschnitt 1	Abschnitt 2	Abschnitt 3
Dick Tracy Club	autokratisch Mr. Bohlen	demokratisch Mr. Rowe	autokratisch Mr. Davis
Sherlock Holmes Club	autokratisch Mr. Rowe	laissez-faire Mr. Davis	demokratisch Mr. Rankin
Secret Agents Club	demokratisch Mr. Davis	autokratisch Mr. Rankin	demokratisch Mr. Bohlen
Charlie Chan Club	laissez-faire Mr. Rankin	autokratisch Mr. Bohlen	demokratisch Mr. Rowe

Abb. 1

Die drei Stile sahen folgendermaßen aus:

— autokratische Verhaltensformen: Der Gruppenleiter bestimmt vollständig und Schritt für Schritt die Tätigkeiten der Gruppe; das Ziel und der Weg zum Ziel bleiben unbekannt; Lob und Kritik erfolgen nach unbekannten persönlichen Maßstäben.

— demokratische Verhaltensformen: Aktivitäten und Ziele werden möglichst durch Gruppendiskussion bestimmt; der Gruppenleiter hilft dabei, indem er Möglichkeiten aufzeigt und Diskussionen strukturiert (z. B. Minderheiten zu Wort kommen läßt oder Abstimmungen herbeiführt); Lob und Kritik erfolgen nach möglichst einsichtigen sachbezogenen Kriterien.

— laissez-faire-Verhalten: Der Gruppenleiter ist freundlich-passiv, gibt der Gruppe volle Freiheit; er gibt auf Fragen Hilfe, macht aber ungefragt keine Vorschläge; er gibt möglichst wenig Lob und Kritik.

Die drei Stile unterscheiden sich also nicht einfach nach dem Maß an Lenkung oder gewährter Freiheit, sondern auch in der Transparenz der Lenkung und in dem Grad, in dem die Leiter die Jungen anregten und ihnen halfen (vgl. Abb. 2). Das ist eine Konzeption, die immer noch das Nachdenken lohnt, wenn es darum geht, was „autoritär" sei. Bedenkenswert ist auch eine Versuchspanne. Der Laissez-faire-Stil war nämlich ursprünglich nicht vorgesehen. Dieser Stil passierte ungewollt einem der Autoren, als er in Abschnitt 1 versuchte, „demokratisch" zu lenken. (Man hat daraufhin das Versuchsdesign so geändert, wie es Abb. 1 darstellt.) Es ist dies ein Mißverständnis, das immer noch passieren kann, wenn sich Lehrer bemühen, nicht autoritär zu sein.

	dem.	aut.	l.-f.
Transparenz der Ziele	ja	nein	
Transparenz der Wege	ja	nein	
Transparenz von Lob und Kritik	ja	nein	
Entscheidung der Mitglieder	ja	nein	ja
Impulse: Ziele (Vorschläge)	ja		nein
Impulse: Wege (Ratschläge)	ja		nein
Impulse: Entscheidungsverfahren	ja		nein

Abb. 2

Die *Ergebnisse* des Versuchs haben bei der geringen Zahl von Versuchspersonen keine Beweiskraft. (Diese Feststellung ist nicht nörglerisch gemeint; der Aufwand an Personal und Arbeit war sehr groß, viel größer, als er in dieser knappen Darstellung erscheint.) Aber anregend sind die Ergebnisse schon!

— 19 der 20 Jungen gaben in Einzelinterviews dem demokratischen Leiter den Vorzug, einer dem autokratischen.

— Unter autokratischer Lenkung verhielten sich die Gruppen unterschiedlich: eine verhielt sich aggressiv, und zwar sowohl gegenüber dem Leiter wie untereinander und gegenüber Mitgliedern anderer Gruppen; die drei anderen verhielten sich „unterwürfig" gegenüber dem Leiter und zeigten auch sonst wenig Aggressivität. In der aggressiven Gruppe gab es ebenso wie in den unterwürfigen Gruppen ein ausgeprägtes Verlangen nach Beachtung durch den Leiter.

— Wenn Gruppen von autokratischer Lenkung zu einer anderen Führungsform wechselten, gab es zunächst einen deutlichen Anstieg chaotischen Verhaltens.

— Die für das Basteln aufgewendete Arbeitszeit: autokratisch-unterwürfig 74 %, autokratisch-aggressiv ca. 50 %, demokratisch ca. 50 %, laissez-faire 33 %. (Dabei ist zu bedenken, daß es sich um Freizeitveranstaltungen handelte.) — Bei Abwesenheit des autokratischen Leiters stellten die Jungen die Arbeit ein; bei Abwesenheit des demokratischen Leiters änderte sich nichts; entfernte sich der Laissez-faire-Leiter, wurden die Jungen sogar aktiver, wenn auch mit wenig Erfolg.

3. Dimensionen des Lehrerverhaltens (Tausch/Tausch)[3]

3.1. Zu den Begriffen „Typ" und „Dimension"

Man kann Lehrerverhalten studieren, indem man eine Typologie des Lehrerverhaltens konstruiert und im Einzelfall beurteilt, wieweit sich das beobachtete Lehrerverhalten den jeweiligen Typen annähert. So auch könnte man die Typologie von Lewin, Lippit und White benutzen.

Gegen Typenkonzepte lassen sich allerlei Einwände erheben. Die wichtigsten sind: Mit welcher Berechtigung sind die Merkmale, die angeblich einen Typ konstituieren, zusammengefaßt? Könnte es nicht sein, daß viele Lehrer und sonstige „Leiter" zwar die Tätigkeiten der Gruppenmitglieder detailliert festlegen („autokratisch"), dies aber aus der Sache heraus und von den Zielen her begründen („demokratisch")? Das wäre dann ein Typ, der nicht erfaßt ist. Typen sind apriori-Konstruktionen, aufgrund von Voranahmen des Forschers.

Diese Einwände gelten nicht für *Dimensionen* des Lehrerverhaltens, die mit Hilfe mathematisch-statistischer Verfahren (Faktorenanalyse) gewonnen werden. Hierbei geht man aus von einer größeren Zahl von Variablen des Lehrerverhaltens. Lehrer werden beispielsweise danach eingeschätzt, ob sie sich eher wertschätzend oder geringschätzend verhalten, eher geduldig oder ungeduldig, eher entspannt oder erregt, häufiger befehlend oder seltener befehlend, häufiger fragend oder seltener fragend usw. Manche dieser Verhaltensweisen treten häufig gemeinsam auf (sie korrelieren hoch). Lehrer, die z. B. hohe Werte in „Wertschätzung" haben, haben im allgemeinen auch hohe Werte in „Geduld" oder „Entspanntheit". Solche Variablen faßt man zu einer Dimension zusammen. Andere Variablen zeigen dazu keinen Zusammenhang (sie korrelieren niedrig). Beispielsweise zeigen wertschätzende Lehrer ganz unterschiedliche Werte für die Häufigkeit von Fragen und Befehlen. Folglich muß man „Wertschätzung" einerseits, „Befehlshäufigkeit" und „Fragehäufigkeit" andererseits unterschiedlichen Dimensionen zuordnen. (Vgl. Tausch/Tausch 1973, 330.) Während also bei Typologien vorab festgelegt wird, welche Verhaltensweisen zusammengehören, wird beim Dimensionenkonzept empirisch ermittelt, was zusammengehört und was nicht. Das heißt nicht, daß Vorannahmen keine Rolle mehr spielten. Man kann statistisch nur die Variablen bündeln, die man in die Untersuchung überhaupt einbezogen hat. Es ist z. B. nicht selbstverständlich, daß eine Variable wie „Wertschätzung" einbezogen wird. Es ist wichtig, sich das klarzumachen, wenn man beim Nachdenken über den guten Lehrer empirische Forschungen zu Hilfe nimmt. Es ist nicht so, als seien diese von aller Subjektivität gereinigt und frei von allen Vor-Urteilen.

3.2. Lewins Typologie in der Rezeption von Tausch/Tausch

Tausch/Tausch haben zwei Hauptdimensionen des Lehrerverhaltens herausgefunden: die emotionale Dimension und die Lenkungsdimension. Dieser Befund ist gut gesichert. Überall, wo es Leitungsfunktionen gibt, in der Industrie wie in der Schule, lassen sich zwei Dimensionen finden, die den Tausch'schen sehr ähnlich sehen. Ihre genauere Bedeutung ist noch zu erläutern. Hier sollen sie zunächst nur schlagwortartig vorgestellt werden, und es soll gezeigt werden, wie Tausch/Tausch die Lewinschen Typen in diese Dimensionen eingeordnet haben (vgl. Abb. 3). Zu beachten ist dabei, daß Lewins „demokratischer" Typ nun „sozialintegrativ" heißt.

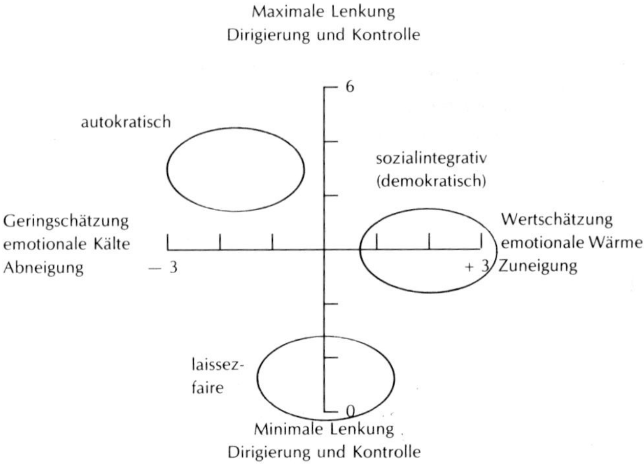

Abb. 3

Lewins Typologie ist damit falsch wiedergegeben. In seinem Experiment zeigten die Leiter, unabhängig von dem Führungsstil, den sie gerade praktizierten, eine mittlere Freundlichkeit. Tausch/Tausch haben aus dem autokratischen Leiter, der so unbeliebt bei den Jungen nun auch wieder nicht war, das Zerrbild des kalten Tyrannen gemacht.[4]

3.3. Die emotionale Dimension: Wärme — Kälte

Tausch/Tausch entfalten diese Dimension in mehreren Komponenten, deren wichtigste die folgenden vier sind: Wertschätzung vs. Geringschätzung, Verständnis vs. Verständnislosigkeit, Ermutigung vs. Entmutigung, Soziale Reversibilität vs. Irreversibilität.

(1) Wertschätzung vs. Geringschätzung

„Wertschätzung/Geringschätzung kann als ein Merkmal angesehen werden, das wesentlich die emotionale Hauptdimension repräsentiert." (S. 330)

Tausch/Tausch fordern: die grundsätzliche „Wertschätzung der Persönlichkeit ohne Bindung an bestimmte Bedingungen und unabhängig davon, wie sich das Kind oder der Jugendliche verhält und welche Fehler sie machen". Wertschätzung hat in der Schule eine ähnliche Bedeutung wie Elternliebe in der Familie. Sie wird nicht zugeteilt für Bravheit oder gute Leistungen und nicht entzogen, um einen Schüler zu bestrafen. Sie ist vielmehr das gleichbleibende Fundament des Lehrens und Erziehens, oder sie sollte es sein.

Wertschätzung einer Person schließt nicht aus, daß man ein Fehlverhalten dieser Person deutlich mißbilligt. Aber eben ein bestimmtes Verhalten, nicht die Person generell, nicht ihren Charakter. Das wurde oben (Kap. I) als Forderung formuliert, bei Kritik und Strafen „aktuell" zu sein. Wenn man Wertschätzung als das zentrale Merkmal der emotionalen Dimension sieht, so wird man emotionale „Wärme" nicht mißverstehen als „immer nur lächeln" oder Maximierung von Streicheleinheiten. Tausch/Tausch jedenfalls empfehlen sehr deutlich, Kränkungen nicht einfach herunterzuschlucken, aggressivem Verhalten Grenzen zu setzen und auf Wiedergutmachung angerichteten Schadens zu bestehen.

Wertschätzung ist also nicht Konfliktscheu. Vielmehr ist gerade für den Konfliktfall Wertschätzung wichtig. Denn Verbote, Kritik und Strafe sind ja immer in der Gefahr, von den Schülern als ein Stück Machtausübung, als Aggression, als Rache interpretiert zu werden. Was dann herauskommt, ist nicht Erziehung, sondern ein Machtkampf. Dabei ist auch zu bedenken, daß der Lehrer ein Modell für Beobachtungslernen ist und daß speziell Aggressivität am Modell gelernt wird (vgl. Kap. IX).

(2) Verständnis vs. Verständnislosigkeit

Dieses Merkmal entfalten Tausch/Tausch weitgehend in Anlehnung an Rogers' klientenzentrierte Psychologie, und so genügt es hier, stichwortartig auf das zu verweisen, was in Kapitel I zur „nicht-direktiven Gesprächsführung" gesagt wurde. Es geht vor allem darum, was man beim Zuhören *nicht* tun sollte: erklären, urteilen, Gefühle ausreden, vorschnell Ratschläge geben. Tausch/Tausch bringen ein simples und einleuchtendes Beispiel (S. 353): Ein 9jähriger Junge will seinen Nachbarn Klaus, der sein Lesebuch vergessen hat, nicht mitlesen lassen. Der Lehrer könnte das Verhalten als „unkameradschaftlich" bezeichnen; damit wäre es erklärt (d. h. auf Gründe zurückgeführt) und beurteilt. Tausch/Tausch zählen mögliche Gründe des Verhaltens auf, z. B.: Klaus hat schmutzige Hände; man hat sich in der Pause gestritten; Klaus vergißt immer sein Buch, und das soll der Lehrer ruhig merken; Klaus gibt auch nie etwas ab usw. Was für diesen harmlosen Fall gilt, gilt erst recht für schwierigere Probleme: Es gilt, zuerst einmal die Interpretation des Betroffenen herauszubringen und ihm das Recht auf seine Interpretation und seine Gefühle zuzugestehen. Das ist dann „Verständnis".

(3) Ermutigung vs. Entmutigung

Auch hier können wir auf früher Gesagtes verweisen: Tausch/Tausch integrieren Grundsätze der Verhaltensmodifikation in ihr Konzept (vgl. Kap. IX).

(4) Soziale Reversibilität vs. Irreversibilität

„Reversibilität" bezeichnet dem Wortsinn nach „Umkehrbarkeit" eines Verhaltens, das also der Schüler auch gegenüber dem Lehrer praktizieren kann. Diese Umkehrbarkeit bezieht sich auf „Höflichkeit, Takt und Achtung" (S. 368) von Lehreräußerungen. Die einzelne Äußerung ist gewöhnlich nicht umkehrbar, da dem die unterschiedlichen Funktionen von Lehrer und Schüler entgegenstehen; umkehrbar ist die Haltung, die die Äußerung prägt.

Es scheint nicht ganz überflüssig, darauf hinzuweisen, daß Reversibilität in beide Richtungen geht. (Tausch/Tausch betonen das auch für andere Merkmale der emotionalen Dimension.) Gewiß, ein Lehrer sollte zunächst einmal höflich zu seinen Schülern sein, das heißt z. B. pünktlich sein, sich nicht im Ton vergreifen, lesbar schreiben. Aber er sollte das auch von den Schülern fordern, nicht nur in erzieherischer Absicht, sondern aus schlichter Selbstachtung.

Es wurde versucht, in einigen Grundzügen nachzuzeichnen, wie Tausch/Tausch die emotionale Dimension konzipiert haben. Man kann daran — so die Absicht des Kapitels — sein eigenes Verständnis des Lehrerhandelns überprüfen, eine möglicherweise verkürzte Rezeption Tausch'scher Ideen korrigieren und alltägliche Vorstellungen vom freundlichen Lehrer bereichern.

Was oben zum Fehlschlag der Lehr-Lern-Forschung ausgeführt wurde, gilt auch für die Tausch'schen Untersuchungen: Man erfährt manches darüber, wie sich Lehrer in den 50er und 60er Jahren verhalten haben (sie waren im Durchschnitt erstaunlich unfreundlich), aber über die Effekte dieses Verhaltens gibt es nur Mutmaßungen. Freilich bedürfen viele Verhaltensweisen auch keiner empirischen Stützung. Oder würde man Lehrern empfehlen können, sich geringschätzend zu verhalten, falls sich eines Tages herausstellen sollte, daß das den Fleiß der Schüler erhöht? – Wenn wir nun doch einen kurzen Blick auf die empirischen Teile des Tausch'schen Werks tun, so deshalb, weil die Autoren hier Mißverständnissen Tür und Tor geöffnet haben. Denn leider liegt den empirischen Forschungen nicht die entfaltete Begrifflichkeit zu Grunde, die ich referiert habe. Vielmehr werden hier „Wertschätzung", „Verständnis" und die anderen Schlüsselbegriffe in den vagen Bedeutungen benutzt, die sie als Wörter der Alltagssprache haben; infolge dieser Vagheit fallen ihre Bedeutungen mehr oder weniger ineinander, so daß eigentlich nur ein globaler Begriff der „emotionalen Wärme" übrigbleibt. Wieweit dadurch Tausch/Tausch zu einem allzu diffusen Idealbild vom „sozialintegrativen" Lehrer beigetragen haben, ist nicht auszumachen. Zu befürchten ist aber eine solche Wirkung, und zwar deshalb, weil die auf dieser Grundlage entwickelten Meßinstrumente für den flüchtigen Leser besonders griffig sind. Damit man sich ein Bild machen kann, sei eins dieser Instrumente hier zitiert:

Aufgabe:

Tausch und Mitarbeiter ließen Beobachter Lehreräußerungen mit Hilfe von Schätz-Skalen beurteilen, zu Trainingszwecken wurden den Beobachtern Skalen mit Beispielen vorgegeben, z. B. die folgende:

Stufe + 3:

„Ich komme ja gar nicht mehr mit, so schnell und genau rechnet ihr."

„Deine Idee hilft uns wirklich aus der Klemme heraus."

„Ich glaube, besser kannst du es nicht mehr machen, es war fehlerfrei."

„Sehr gut, Rainer."

Stufe + 2:

„Genau das habe ich auch heraus, Karin."

„Versuch es mal, ich denke, du schaffst es."

„Ich hätte nicht gedacht, daß ihr das schon so gut könnt."

„Das hast du gut gemacht."

Stufe + 1:

„Ich bin froh, daß wir das schwierige Kapitel in dem Buch hinter uns haben."

„Ja, bitte schön!"

„Sag mir bitte, was du denkst!"

„Immer kann man es nicht, Eva, nächstes Mal wirds besser."

Stufe 0:

„Das mußt du noch mal anschreiben!"

„Da drüben liegen noch Hefte, Petra."

„Was mußt du jetzt tun?"

„Bitte an die Tafel sehen!"

Stufe — 1:

„Thomas, unterbrich jetzt nicht!"

„Eva, das hilft uns jetzt nicht weiter."

„Das stimmt nicht, was ihr gesagt habt!"

„Bitte, du mußt nicht dazwischen reden!"

Stufe — 2:

„Der Klaus kann es nicht. Jetzt mal ein anderer!"

„Sei endlich still, du Quälgeist!"

„Heute geht eben alles schief bei dir."

„Das haben wir alles bereits gehört, Dieter."

Stufe — 3:

„Es hat eben alles gar keinen Zweck mit dir."

„Das schaffst du doch nicht."

„Immer wenn du etwas machst, ist es voller Fehler."

„Ob aus dir noch mal etwas wird, weiß ich wirklich nicht."

(S. 376)

— Welches Merkmal der emotionalen Dimension wird Ihrer Meinung nach beurteilt?
— Stimmen Sie den Einstufungen der einzelnen Äußerungen zu?

3.4. Die Dimension „Lenkung — Dirigierung"

Nach Tausch/Tausch werden folgende Variablen des Lehrerverhaltens in dieser Dimension zusammengefaßt:

— Häufigkeit von Befehlen und Aufforderungen,
— Häufigkeit von Lehrerfragen,
— Sprechanteil des Lehrers,
— Information der Schüler über Arbeitsziele und Arbeitswege, Beteiligung der Schüler an der Planung.[5]

Ganz überwiegend wird Lehrerverhalten rein quantitativ betrachtet. Und dabei kommt folgendes Bild heraus: Lehrer machen fast ausschließlich Klassenunterricht („Frontalunterricht"), und in diesem Unterricht reden sie zuviel. Die prägnanteste Form hat Flanders diesem Befund gegeben in seinem „Gesetz der zwei Drittel" von 1967, wonach Unterricht gefüllt ist mit 68 % Lehreräußerungen, 20 % Schüleräußerungen und 12 % „Schweigen und Durcheinander". Das ist hier zitiert nach H. Meyer, Unterrichtsmethoden, 1987 (II, 203), und so ahnt man, daß wir hier auf einen pädagogischen Dauerbrenner gestoßen sind. Unterrichtswissenschaftler empfehlen immer wieder mehr Gruppenarbeit, weniger Redeanteil der Lehrer, und in Untersuchungen finden sie immer wieder, daß die Lehrer sich gegenüber diesen Empfehlungen sonderbar renitent verhalten. Aber betrachten wir zunächst, wie sich der Durchschnittslehrer heutzutage verhält.

Hage u. a. (1985) fanden heraus:

Unterricht ist zu 69 % Frontalunterricht. 10 % entfallen auf Partner- und Gruppenarbeit.

Wenn man alle Formen der Einzelarbeit zusammenzählt, also z. B. auch solche Phasen des Frontalunterrichts, in denen Schüler von der Tafel abschreiben, kommt man auf erstaunliche 25 %. Es wird also viel geschwiegen in unseren Klassen.

Betrachten wir nun nur den Frontalunterricht, so betrug der Redeanteil der Lehrer 60 %. Das liegt nicht sehr weit weg von Flanders' Gesetz und von den Untersuchungen Tauschs, wo sich 60—80 % ergaben. Rechnen wir das um für eine Unterrichtsstunde à 45 Minuten und eine Klasse von 35 Schülern, so bekommt im Frontalunterricht jeder Schüler durchschnittlich 21 Sekunden Redezeit. Viel ist das nicht.

Wir erfahren auch einiges darüber, welche Arten der Äußerungen die untersuchten Lehrer praktizierten (vgl. Tab. 1). Es wird weniger doziert und herausgefragt als angeregt. Aber muß dafür der Lehrer eineinhalbmal soviel reden wie alle Schüler zusammen?

Äußerungen der Lehrer im einzelnen, in % der gesamten Lehreräußerungen:	
Problemstrukturierende Äußerungen und Fragen	31,7 %
Gesprächsstrukturierende Äußerungen und Fragen	19,0 %
Direktive Äußerungen	9,4 %
Enge Fragen und Äußerungen	8,9 %
Neutrale Äußerungen	8,3 %
Unterstützung, Lob, Zustimmung, Akzeptieren	7,1 %
Dominante und gesprächshemmende Äußerungen	3,1 %
Reflektieren, verständnisvolles Wiedergeben	2,6 %
Verbalisierung eigener Gefühle und eigenen Verhaltens	2,5 %
Tadel, Mißbilligung	2,0 %

Tab. 1

Sind solche rein quantitativen Resultate überhaupt hilfreich? Die Kontrolle des eigenen Lenkungsverhaltens fängt zweckmäßigerweise mit quantitativen Beobachtungen an. Wenn ein Lehrer z. B. weiß, daß ein Beobachter seines Unterrichts schlicht alle Lehreräußerungen und alle Schüleräußerungen zählt, ändert das das Lehrerverhalten schon beträchtlich. Insbesondere dem Routinier wäre eine solche (Selbst-)Kontrolle nützlich. Anschließend muß freilich analysiert werden, woran es liegt, daß ein Lehrer (zu) viel redet.

Einen wichtigen Hinweis kann man dem Experiment von Lewin, Lippit und White entnehmen. Dort fällt auf, daß die Leiter in der autokratischen Rolle sehr viel häufiger Anweisungen gaben als in den anderen Rollen. Das war so nicht vorgesehen. Es ergab sich vielmehr als Folge der mangelnden Transparenz. So auch in der Schule: Wenn Ziele und Wege den Schülern nicht bekannt sind, dann werden sie halt gegängelt, Schrittchen für Schrittchen. Transparenz des Unterrichts ermöglicht es dem Lehrer, sich zurückzunehmen. Transparenz heißt: der Unterricht, ob Klassen- oder Gruppenunterricht, hat ein Ziel und eine Struktur, und beides ist den Schülern durchsichtig. Nicht gesagt ist damit schon, wer die Ziele setzt und die Struktur festlegt.

Es gibt gute Gründe dafür, mehr Freiräume für die Schüler zu wünschen, als man gemeinhin antrifft. Schüler erwerben keine allgemeinen Problemlösestrategien, wenn sie nicht üben, sich selbständig mit komplexen Problemen auseinanderzusetzen (vgl. Kap. VII). Sie lernen nicht, Arbeitsprozesse zu organisieren und Gespräche zu strukturieren, wenn diese Tätigkeiten ganz beim Lehrer bleiben. Sie lernen dann auch nicht, zu kooperieren, z. B. Gruppenkonflikte zu lösen. Wenn der Lehrer den Unterricht strikt „bei der Sache" hält, haben die Schüler keine Gelegenheit, das neu Gelernte in ihre individuellen kognitiven Schemata zu integrieren.

Nun darf man sich nicht vorstellen, ein Verzicht auf Lenkung brächte all diese erwünschten Verhaltensweisen. Wieviel Lenkung nötig ist, hängt einmal ab von den Fähigkeiten des Lehrers, denn ein offener Unterricht, in dem Ziele und Struktur mit den Schülern erarbeitet werden, stellt hohe Anforderungen an die Wahrnehmungs- und Improvisationsfähigkeit des Lehrers. Das kann man üben, und so fängt ein Referendar vielleicht besser nicht mit einem sehr offenen Unterricht an, sondern öffnet ihn nach und nach, in dem Maße, wie er sich das zutraut. Wieviel Lenkung nötig ist, hängt zum zweiten ab von den Fähigkeiten der Schüler. Es mag paradox klingen, aber Selbständigkeit will Schritt für Schritt eingeübt sein. Gerade aus dem Bedauern darüber, daß selbständige Arbeitsformen so oft scheitern und dann von den Schülern abgelehnt werden, wurde in diesem Buch so oft zu einem vorsichtigen Vorgehen geraten (vgl. in Kap. III „Ratschläge zur Gruppenarbeit" und „Die Lenkung des Unterrichtsgesprächs").

Es geht in diesem Kapitel um Lehrerideale und ihre Wirkungen. Es scheint so, als kämen nicht wenige Referendare in die Ausbildung mit der Überzeugung, Lenkung sei generell schlecht („autoritär"), oder mit der Überzeugung, Lenkung werde von den Ausbildern abgelehnt. Das führt zu Problemen, die oft als sehr belastend erlebt werden. Man versucht Lenkung zu verstecken, vor den Schülern, den Ausbildern, vielleicht sogar vor sich selbst, und gewöhnlich erfolglos. Oder man fängt eine Stunde sehr offen an, und lenkt, wenn die Stunde fortschreitet, immer kleinlicher und wortreicher. So ist es wohl hilfreich festzustellen: Lenkung gehört zu den selbstverständlichen Aufgaben des Lehrers. Diejenigen Lenkungsmaßnahmen, die man für unerläßlich hält, sollten klar und deutlich sein. Wahrscheinlich wird es einem gerade dadurch möglich, sich im übrigen zurückzunehmen.

Aufgaben:

(1) Wie unterscheiden sich *Typ* und *Dimension*?

(2) In Untersuchungen zum Führungsverhalten in Militär, Industrie und anderen Bereichen fand man zwei Hauptdimensionen:

- „Strukturbestimmtheit": „das Ausmaß, in dem der Führer Leistungsstandards aufrechterhält und routinemäßig vorgeht, dafür sorgt, daß seine Position und seine Funktionen deutlich werden, und Aufgaben verteilt". Strukturbestimmtheit in der Industrie wird auch als „Produktionszentriertheit" bezeichnet.
- „Rücksichtsbestimmtheit": „das Ausmaß, in dem der Führer Wärme in den menschlichen Beziehungen zeigt, Vertrauen, die Bereitschaft, Maßnahmen zu erklären, und in dem er auf seine Untergebenen hört". Rücksichtsbestimmtheit wird auch als „Menschenzentriertheit" bezeichnet.

(Argyle, 1975, 294 f.)

Sind das dieselben Verhaltensdimensionen wie die Hauptdimensionen des Lehrerverhaltens bei Tausch/Tausch?

(3) Fach- und Seminarleiter verhalten sich bei Unterrichtsbesprechungen nicht selten entmutigend. Formulieren Sie einige Verhaltensregeln für Ausbilder, die Entmutigung reduzieren.

(4) Orientierung an einem „sozial-integrativen" Unterrichtsstil führt manchmal zu ungünstigen Verhaltensweisen, vor allem zu (halben) Bestätigungen falscher Antworten. Letzteres sieht etwa so aus:

"Mhm (Pause — Lehrer würde gern ‚falsch' sagen, kriegt es aber nicht über die Lippen). Die anderen!"

„Aha! (freundlich dem Schüler zunickend). Ist jemand anderer Meinung?"

"Ja (gedehnt gesprochen, mit zweifelndem Gesichtsausdruck). Ist das *wirklich* so?"

Wie sehen Sie das Problem? Was tun Sie, wenn die falsche Antwort von einem schwachen Schüler kommt, den Sie unbedingt ermutigen wollen?

(5) Stellen Sie sich vor, ein Schüler (Sek. II) kommt in der Pause zu Ihnen und bittet Sie, das „Gelabere" (sprich: Beiträge, die an der Sache vorbei gehen und unklar oder trivial sind) des Schülers X abzustellen. Er wirft Ihnen vor, wegen Ihrer „verständnisvollen" Reaktionen nehme das „Gelabere" ständig zu. Wie reagieren Sie?

(6) Größere Freiheit begünstigt vor allem die leistungsfähigeren, leistungsmotivierten und angstfreien Schüler, während schwächere, weniger motivierte und ängstliche Schüler von einem stärker gelenkten Unterricht mehr profitieren (nach Flammer 1975).

— Haben Sie selbst entsprechende Beobachtungen gemacht, z. B. in „offenen" Problemlösephasen?
— Wie kann ein Lehrer diese Unterschiedlichkeit der Schüler berücksichtigen? (Übrigens: „berücksichtigen" heißt nicht als unveränderliche Tatsache hinnehmen.)

(7) Welche Techniken sollte ein Lehrer trainieren, der ein guter „Zuhörer" sein möchte? Nennen Sie etwa 10 solcher Techniken. (Stützen sie sich sowohl auf Empfehlungen in früheren Kapiteln dieses Buches wie auf eigene Erfahrungen. Formulieren Sie auch negative Empfehlungen: was man unterlassen sollte.)

4. „Schulethos" oder: Was ist eine gute Schule?

4.1. Die Untersuchungen Rutters und seiner Mitarbeiter

Nicht nur wegen der Fragestellung verdient die Studie von Rutter u. a. besondere Beachtung. Die Untersuchungen, von denen sie berichtet, waren ungewöhnlich aufwendig und differenziert. Sie sind in dem Buch „Fünfzehntausend Stunden" (so viele Stunden verbringt ein Schüler in der Schule) sorgfältig dokumentiert.

Die Untersuchungen befassen sich mit 12 Londoner Gesamtschulen. Es sind Schulen mit einer besonders hohen Zahl sozial benachteiligter Schüler. Das Haupteinzugsgebiet ist, soweit nicht saniert, stark verfallen, hat viele Fernstraßen und wenig Grünflächen. Es gibt hier viele kinderreiche Familien, aber selten ausreichenden Wohnraum. Überdurchschnittlich viele Väter der Schüler sind ungelernte Arbeiter (23 %). Viele der Mütter sind voll berufstätig (60 %), aber nur für wenige Kinder gibt es Kindergartenplätze. Die Delinquenz ist hoch (28 % der Väter sind straffällig geworden). Die intelligenteren Kinder des Einzugsgebiets gehen nach der Grundschule überwiegend nicht zu den untersuchten Gesamtschulen.

An diesen Schulen ermittelte man eine Fülle von Daten. Die Methoden waren: Tests, Lehrerinterviews, Schülerinterviews, Auswertung aller verfügbaren Statistiken und schließlich Unterrichtsbeobachtungen, die über drei Jahre gesammelt wurden. Insgesamt hat man die Schullaufbahnen zahlreicher Schüler über 8 Jahre verfolgt.

4.2. Gute Schulen, schlechte Schulen: die Unterschiede

Rutter und seine Mitarbeiter kamen zu einem gar nicht selbstverständlichen Ergebnis: Verschiedene Schulen haben außerordentlich unterschiedliche Unterrichts- und Erziehungserfolge, und zwar *langfristig* unterschiedliche Erfolge, die zudem *nicht* mit Unterschieden im Schülerzugang zu erklären sind.

(1) Man verglich die Schulen unter folgenden vier Aspekten („Effektvariablen" genannt):

— Anwesenheit (% versäumte Stunden)
— erwünschtes/unerwünschtes Schülerverhalten (z. B. Pünktlichkeit, Aufmerksamkeit, Stören, Beschädigung von Möbeln und Wänden u. a.)
— Lernerfolg (Art der Abschlüsse, Abschlußnoten)
— Delinquenz (amtliche Verwarnungen und gerichtliche Verurteilungen; interessant ist hierbei, daß *außer*schulisches Verhalten einbezogen wurde)

Daß man gerade diese Effektvariablen wählte, hängt damit zusammen, daß die entsprechenden Daten relativ leicht zu ermitteln waren. Die vier Variablen sind „nur als Indikatoren des Schulerfolgs und nicht etwa als die wichtigsten, oder gar als die einzig denkbaren, Ziele schulischer Erziehung zu betrachten" (S. 220).

(2) Wenn man für jede Effektvariable die Schulen in eine Rangfolge bringt, ergeben sich vier sehr ähnliche Rangfolgen. D. h. die „guten" Schulen waren meist unter allen vier Gesichtspunkten „gut", die „schlechten" unter allen vier Aspekten „schlecht". Anders gesagt, ein Schüler, der an eine „schlechte" Schule kam, lernte mit einiger Wahrscheinlichkeit (!) weniger, fehlte häufiger, verhielt sich unerwünschter und geriet eher mit dem Gesetz in Konflikt als der Schüler, der an eine „bessere" Schule kam.

(3) Die Rangfolgen blieben langfristig (über 4—5 Jahre) weitgehend konstant.

(4) Diese Unterschiede zwischen den Schulen blieben auch dann bestehen, wenn man in den Vergleich nur solche Schüler einbezog, die die gleichen „Startbedingungen" hatten (gleiche Leistungen zu Schulbeginn, gleichartige soziale Herkunft usw.).

Das bedeutet konkret. Gleich intelligente Schüler gelangten an unterschiedlichen Schulen zu unterschiedlichen Schulabschlüssen; Schüler gleicher sozialer Herkunft und gleicher Wohngegend wurden, je nach Schule, unterschiedlich oft straffällig; Schüler, deren Verhalten an der Grundschule gleich beurteilt war, entwickelten sich an verschiedenen Schulen verschieden. Man wird folgern müssen, daß die Zuweisung zu einer Schule für eine beträchtliche Anzahl von Schülern schicksalhafte Bedeutung hat. Um das für die Schulabschlüsse einmal zu präzisieren: die schlechtesten Schüler an den besten Schulen erreichten denselben Notendurchschnitt wie die besten Schüler an den schlechtesten Schulen. (Das heißt natürlich nicht, daß die außerschulische Sozialisation keine Rolle spielt. Vielmehr bleibt z. B. für Delinquenz das Herkunftsmilieu entscheidender als die Schule. Die Schule kann soziale Benachteiligung nicht voll kompensieren. Aber sie kann solcher Benachteiligung offenbar deutlich entgegenwirken oder sie verstärken.)

4.3. Gute Schulen, schlechte Schulen: die Gründe

Um die Gründe für die Unterschiede herauszufinden, erhob man zahlreiche weitere Daten. Diese Daten, die sog. „Prozeßvariablen", wurden mit den vier Effektvariablen korreliert. Man fragte z. B.: Gibt es einen statistisch signifikanten Zusammenhang zwischen Größe der Schule einerseits (Prozeßvariable) und Anwesenheit/Schülerverhalten/Lernerfolg/Delinquenz andererseits (Effektvariablen)? Dasselbe für Klassengröße, Pünktlichkeit der Lehrer, Disziplinierungsmaßnahmen usw. Die Autoren stellen ungewöhnlich hohe Ansprüche an die Beweiskraft ihrer Zahlen; Korrelationen, die anderswo schon als beweiskräftig gelten, werden von ihnen als noch nicht signifikant ausgeschieden. (Als signifikant wird ein statistisches Resultat dann bezeichnet, wenn mit hoher Wahrscheinlichkeit ausgeschlossen werden kann, daß es allein durch Zufall zustandegekommen ist.)

Aus der Fülle der Daten geben wir in der Tabelle 2 einen Auszug. Die Striche bedeuten: kein signifikanter Zusammenhang nachweisbar. Wenn die Zahlen positiv sind (kein Minuszeichen), so bedeutet das einen positiven Zusammenhang mit *erwünschten* Verhaltensweisen, also mit häufiger Anwesenheit, erwünschtem Verhalten im Unterricht, gutem Lernerfolg und geringer Delinquenz.

Wie sind nun diese Ergebnisse zu interpretieren? Bei der Interpretation wird es sich zeigen, daß man nicht zuviel Gewicht auf einzelne Korrelationen legen darf, sondern eher versuchen sollte, ein Gesamtbild zu bekommen.

Einige Faktoren, denen man vielfach großen Einfluß zuspricht, spielen überraschenderweise kaum eine Rolle. Dazu gehören alle „strukturellen und administrativen Bedingungen": Schulgröße, Klassengröße, Schüler-Lehrer-Relation (Items 1—3), auch Größe und Alter der Gebäude. Jedenfalls kommt es mehr darauf an, wie dieser institutionelle Rahmen ausgefüllt wird.

Effektvariablen / Prozeßvariablen	Anwesenheit	Verhalten	Lernerfolg	geringe Delinquenz
1. Schulgröße (450—2 000 Schüler)	—	—	—	—
2. Klassengröße (22—30 Schüler)	—	—	—	—
3. Schüler-Lehrer-Relation	—	—	—	—
4. Lehrerkontinuität (seltener Lehrerwechsel)	—	— 0,54	—	—
5. Zugehörigkeit zum selben Kurs seit Schuleintritt (% der Schüler)	—	—	—	0,78
6. Zugehörigkeit zur selben Stammklasse seit Schuleintritt	—	—	—	0,88
7. Häufigkeit von Hausaufgaben	—	0,76	—	—
8. Umfang der Hausaufgaben	—	—	0,61	—
9. Positive Erwartungen der Lehrer an die Schulabschlüsse der Schüler	0,57	—	0,55	—
10. Unterrichtszeit „zum Thema" (= Unterrichtszeit abzüglich Zeitaufwand für Organisation und Disziplinierung)	—	0,72	—	—
11. Anteil der Unterrichtszeit, in dem Material bereitgestellt wird	—	— 0,62	—	—
12. Zeitaufwand für Disziplinierung	—	— 0,66	—	—
13. vorzeitig beendete Stunden	— 0,58	— 0,58	— 0,57	—
14. Zuwendung zur ganzen Klasse (vs. Zuwendung zu einzelnen Schülern; bei Frontalunterricht)	0,50	0,52	0,52	—
15. Lob von Schülerbeiträgen	—	0,76	—	0,87
16. Bereitschaft der Schüler, persönliche Probleme mit Lehrern zu besprechen	0,52	—	0,69	—
17. allgemeine Arbeitsbedingungen (Erlaubnis, die Pause im Gebäude zu verbringen, warme Getränke u. ä.; insg. 14 Items)	—	—	0,59	—
18. Pflege und Gestaltung der Räume	—	0,64	—	
19. Verbindlichkeit von Disziplinvorschriften	—	—	0,64	0,62
20. Koordinierung der Curriculumplanung (schwankte zwischen 33 und 100 %)	0,66	—	—	0,78
Gesamtsituationsindex (statistische Zusammenfassung aller signifikanten Korrelationen)	0,65	0,92	0,76	0,68

Tab. 2

Es gibt mit sehr hoher Wahrscheinlichkeit eine Kausalbeziehung zwischen Lehrerverhalten und Schülerverhalten. Diese globale Feststellung hat nun wirklich nichts Überraschendes. Im einzelnen bleiben viele Zusammenhänge rätselhaft (man betrachte etwa die Spalte „Delinquenz"). Und insgesamt reichen die Beobachtungen nicht aus, die großen und dauerhaften Unterschiede zwischen den Schulen zu erklären. Dazu sind die „Prozeßvariablen" viel zu willkürlich; es gibt mit Sicherheit noch andere relevante Verhaltensweisen. (Diese Feststellung gilt natürlich nicht nur für unsere Auswahl, sondern für die gesamte Liste der Prozeßvariablen.) Die Prozeßvariablen müssen vielmehr als *Indikatoren* interpretiert werden, als Hinweise auf das Gesamtverhalten der Lehrer, genauer der Lehrerkollegien. Daß es auf dies Gesamtverhalten ankommt, ergibt sich auch aus dem „Gesamtsituationsindex", der viel stärkere Zusammenhänge aufweist als die einzelnen Items.[6]

Rutter et al. bezeichnen dieses Gesamtverhalten als *Ethos* der Lehrerkollegien, sie schließen also von den beobachteten Verhaltensweisen auf eine Einstellung der Lehrerkollegien, auf gemeinsame Normen des Verhaltens. Diese Annahme wird gestützt durch die Items 19 und 20. Vor allem aber: Wenn Lehrer nur Individualnormen und nicht schulspezifischen Gruppennormen folgten, so gäbe es nicht die nachgewiesenen Differenzen der Schulen (sondern nur Differenzen zwischen Schulklassen).

Wie aber sieht dieses Ethos aus? Die Indikatoren weisen auf

- eine schulspezifische *Leistungsorientierung*,
- einen schuleigenen „Stil" des *Umgangs* mit Schülern,
- eine schulspezifische *Arbeitsmoral* der Lehrer,
- *Unterrichtstechniken*, die — so nehmen die Autoren an — an manchen Schulen von jüngeren Lehrern besser erlernt werden als an anderen.

Rutter und Mitarbeiter gehen aber noch weiter. Ihnen scheint es weniger wichtig, *welches* Ethos eine Schule hat; wichtig sei vor allem, *daß* sie eins hat, daß es also einen Grundkonsens der Lehrer gibt (S. 226 f.). Normen, die von einem solchen Konsens getragen werden, erscheinen den Schülern als verläßlich (klar definiert, dauerhaft) und allgemein akzeptiert; strittige Normen können als Willkür eines Lehrers empfunden werden. So erklärt sich vielleicht der rätselhafte Zusammenhang von Item 20: Die Existenz eines Schulethos hängt ab von dem Ausmaß der Kooperation, der Kommunikationsdichte (wofür Item 20 ein Indikator ist); die Delinquenz der Schüler hängt auch davon ab, ob sie durch ein solches Ethos gestützt werden.

Wie ein solches Ethos den Schülern vermittelt wird, das kann man sich nach Rutter so vorstellen:

— *Erwartungen* der Lehrer (z. B. bezüglich des Prüfungserfolges),
— *Rückmeldung* über akzeptables/nicht akzeptables Verhalten,
— *Modellwirkung* des Lehrerverhaltens,
— Regelung der menschlichen *Beziehungen* zwischen Schülern und Lehrern.

Wir wollen versuchen, das Ethos der erfolgreichen Schulen ein wenig näher zu beschreiben. Zunächst lassen sich auch hier die beiden Hauptdimensionen des Lehrerverhaltens wiederfinden, die emotionale und die Lenkungsdimension.

Emotionale Wärme findet sich vor allem in Item 16; Bereitschaft der Schüler, mit ihrem Lehrer persönliche Probleme zu besprechen, kann als Indikator dafür angesehen werden, daß Lehrer Aufmerksamkeit und Mühe auf die menschlichen Beziehungen verwenden (vgl. Rutter S. 159 ff.). Wie das im einzelnen aussah, ist aus den beobachteten Daten kaum abzulesen. Dazu gehörte jedenfalls, daß die Lehrer Zeit für ihre Schüler hatten, ihnen für persönliche Gespräche zu Verfügung standen; gute Beziehungen begrenzen sich nicht auf die Unterrichtszeit. „Wärme" im Unterricht fällt sicher nicht zusammen mit „Lob" (Item 15); welche Art von Zuwendung die Schüler im Unterricht erfuhren, darüber läßt sich also nichts ausmachen.

Die Items 12 und 19 lassen folgenden Schluß zu: Regeln der Disziplin werden nicht immer wieder erneut ausgehandelt; Freundlichkeit und Bestehen auf festen Regeln schließen sich nicht aus. Hier wird deutlich, daß Anforderungen an den guten Lehrer widersprüchlich sind oder doch als widersprüchlich erlebt werden können. Das soll mit dem Stichwort „Balance" notiert werden. Ein Lehrer, der offen und gesprächsbereit sein möchte, aber bestimmte Regeln nicht zur Disposition stellen will, wird in Situationen geraten, in denen diese beiden Absichten nicht leicht gleichzeitig zu realisieren sind. Er muß immer wieder ad hoc für diesen Widerspruch eine Lösung finden, und eben dies bezeichnen wir als „balancieren". Das ist anstrengend, und so ist die Versuchung groß, eine der widersprüchlichen Komponenten zu leugnen. Man erhält dann ein einheitliches, scheinbar unproblematisches Lehrerideal, das aber der Realität nicht standhält.

Zur Lenkungsdimension: Ein wichtiger Aspekt der Lenkung ist die „Produktorientierung". Lenkung hat das Ziel, daß beim Unterricht „etwas herauskommt", und nicht einfach nur „etwas", sondern etwas Klares und Dauerhaftes. In der Untersuchung von Rutter et al. erscheint Produktorientierung als Erwartung an die Leistungsfähigkeit und als Leistungsforderung (Indikatoren auch die Items zu Hausaufgaben). Den Schülern wird signalisiert „du kannst" und „du sollst".

Da dieselben Schulen sowohl auf freundliches Klima wie auf Leistung Wert legten und damit Erfolg hatten, kann man folgern, daß sich beides mindestens nicht ausschließen muß. Man wird also die Alternative Lerneffektivität *oder* gutes Sozialklima als überholt ansehen dürfen. Beides anzustreben gehört zur Lehrerrolle. Der „Pauker", der nur Lernerfolg und Noten im Auge hat, wie der „Helfer", der nur das Sozialklima pflegt und seinen Schülern in persönlichen Schwierigkeiten beisteht, füllen beide die Lehrerrolle nicht aus. Statt eine Balance zwischen Anforderungen zu suchen, die als widersprüchlich erfahren werden, leugnen sie eine Hälfte ihrer Aufgaben und erklären die andere Hälfte für das Ganze.

Schließlich ergeben sich aus dieser Studie Forderungen an die Kooperationsfähigkeit des Lehrers und an seine Arbeitsmoral (Pünktlichkeit, Vorbereitung . . .). Das sind wenig überraschende Forderungen. Überraschend bleibt doch, welche erzieherischen Wirkungen Kooperation und Konsensbildung der Lehrer haben; sie erstrecken sich zudem nicht nur auf das innerschulische Verhalten, sondern haben Auswirkungen auch auf das außerschulische Verhalten, z. B. Delinquenz von Schülern aus benachteiligten sozialen Verhältnissen. Und was die Arbeitsmoral angeht: Schlampiger Unterricht zeigt den Schülern, daß sie dem Lehrer eigentlich gleichgültig sind, mag er sonst noch so nett zu ihnen sein.

Die Items 10 bis 14 machen es möglich, von einer eher globalen Beschreibung des guten Lehrers zu Verhaltensempfehlungen überzugehen. Denn wir haben hier Indikatoren für ein Lehrerverhalten, das sich auch in anderen Untersuchungen als wirksam erwiesen hat, die Aufmerksamkeit der Schüler zu erhalten und Unterrichtsstörungen zu verringern.[7] Wir wollen diese Empfehlungen *Zügigkeit* und *Überblick* nennen. Zügigkeit meint: die Unterrichtszeit wird tatsächlich mit Unterricht gefüllt. Zu den sicherlich quälendsten Bedingungen des Schülerdaseins gehören Leerlauf, Unterbrechungen und Wartenmüssen; sie zu verringern macht nicht nur den Schülern, sondern auch dem Lehrer das Leben leichter. Überblick bedeutet: auch wenn (im Frontalunterricht) sich der Lehrer einzelnen Schülern zuwendet, ob helfend, fragend, disziplinierend oder wie auch immer, sollte er zugleich *erkennbar* der gesamten Klasse zugewendet bleiben.

Mit Hilfe der Rutter-Studie war es möglich, in das Bild vom guten Lehrer einige spezifische Züge einzuzeichnen. Denn bei der Lektüre von Tausch/Tausch z. B. vergißt man leicht, daß hier von Lehrern die Rede ist. „Wertschätzend" sollen sich sicherlich auch Ehepartner, Chefs und Ärzte betragen. Und was über Lenkung gesagt wird, gilt das nicht für jeden Moderator? Aber auch für Rutter trifft zu, was Rumpf der Unterrichtsforschung vorwirft, daß sie nämlich „sachneutral" sei, von den Unterrichtsgegenständen absehe. Was macht der „gute" Lehrer anders als der „schlechte" bei der Vermittlung von Lerninhalten?

Anmerkungen

1 Fend (Neokonservativismus) beschreibt Lehrerideale und Lehrerverhalten entlang einer Dimension „konservativ — liberal-kritisch" auf der Grundlage eines überaus reichen Datenmaterials. Die Lewinsche Typologie wird hier bestätigt und um viele Aspekte erweitert. In den Streit um die richtige Erziehung, der ja ganz konkret auch Lehrerkollegien entzweit, könnte Fends Buch Vernunft und Sachverstand einbringen. Leider ließ sich das Buch nicht auch noch in dies Kapitel einarbeiten.

2 Es gibt noch härtere Urteile: Beck (1987) kommt zu dem Schluß, daß die üblichen Forschungsverfahren (Rating oder Beobachtung auf Kategorienbasis und ihre statistische Auswertung) unzulässig seien und im wesentlichen Artefakte lieferten. Medley (Medley 1982, S. 1897), der — mit Recht, wie ich meine — strenge Maßstäbe anlegt, läßt schließlich von 732 Untersuchungen noch 14 gelten, und die betreffen ausschließlich Unterricht für Unterschicht-Kinder der ersten drei Klassen. (Hier zeigt sich das Problem der Generalisierbarkeit. Zum Beispiel Beobachtungen in amerikanischen Klassen oder Experimente mit amerikanischen Lehrern besagen generell nichts für europäische Verhältnisse. So auch Brophy/Good 1986, 366.) Andererseits gibt es Autoren, die aus einzelnen und wenig aussagekräftigen Befunden (schwachen Korrelationen) Ratschläge für Lehrer ableiten; ganz explizit tun das Brophy-Good (a. a. O. 360), aber z. B. auch Gage-Berliner (1979). Mir scheint das ein Verfahren, bei dem die Enttäuschung der Lehrer vorprogrammiert ist. Im ganzen aber scheint sich Skepsis auszubreiten. Eine gründliche Diskussion der Lage, in der ich z. B. begründen könnte, warum ich in die Resultate von Rutter et al. ein gewisses Vertrauen setze, ist im Rahmen eines Lehrbuchs wie diesem nicht möglich.

3 Ich beziehe mich auf die 7. Aufl. 1973. In der 8. Aufl. 1977 haben Tausch/Tausch ihre Erziehungspsychologie so stark überarbeitet, daß es sich um ein anderes Buch handelt. Die Gründe, den Autoren auf ihrem Weg nicht weiter zu folgen, lassen sich hier nur andeuten: Die Neubearbeitung ist stärker weltanschaulich-bekenntnishaft. Erziehungspsychologie geht hier auf in einer Psychologie (und Ethik) menschlichen Zusammenlebens; die Bedingungen und Ziele von Schule und Unterricht geraten vielfach aus dem Blick.

4 Zur Kontrolle des emotionalen Verhaltens vgl. White/Lippit 1960, 9. Ob diese Kontrolle gelungen ist, ist in Zweifel gezogen worden. „Jeder bevorzugte die demokratische Führerrolle und hängte sein Herz daran. Daraus entstand vielleicht der wärmste und hingebungsvollste Führer der jüngeren Geschichte. Sobald man aber an die Reihe kam, um den autoritären Führer zu spielen, neigte man dazu, kalt und unnachgiebig zu werden.“ (McCandless 1967, zitiert nach Mietzel 1986, 288) Ich sehe keinen Grund, der späten Erinnerung eines Beteiligten mehr zu vertrauen als der sorgfältigen Dokumentation des Versuchs. Insbesondere die protokollierten Äußerungen der Jungen über die Leiter sprechen dafür, daß die Leiter in der autoritären Rolle nicht unfreundlich waren.

5 Tausch/Tausch fügen auch Häufigkeit von Tadel, Kritik und Strafen hinzu, ohne das näher zu begründen. Das Merkmal gehört aber offensichtlich zur emotionalen Dimension.

6 Der „Gesamtsituationsindex“ wurde folgendermaßen ermittelt:
(1) Man wählte diejenigen 39 Prozeßvariablen, die in einem signifikanten Zusammenhang zu einer oder mehreren Effektvariablen stehen.
(2) Für jede dieser Prozeßvariablen wurde jeder Schule ein Rangplatz 1 bis 12 zugeordnet.
(3) Aus diesen 39 Rangplätzen einer Schule errechnete man den Mittelwert. Dieser Mittelwert ist der „Gesamtsituationsindex“ der betreffenden Schule.
Es hätte nun sein können, daß die Gesamtsituationsindices weitgehend übereinstimmten (etwa sämtlich zwischen 5 und 7 gelegen hätten). Das wäre ein Zeichen dafür gewesen, daß es sich bei vielen der 39 Einzelresultate um Zufallsresultate gehandelt hätte, die sich bei der Zusammenfassung gegenseitig aufheben. Tatsächlich aber gab es deutliche Differenzen der Gesamtsituationsindices (Streuung zwischen 3,85 und 9,46). Diese stellen also Größen dar, die für die einzelnen Schulen charakteristisch sind.

7 Ich sehe hier Zusammenhänge zu den Techniken, die Kounin momentum, smoothness, withitness und overlappingness nennt. (Zu Untersuchungen im Anschluß an Kounin vgl. Brophy/Good a. a. O., S. 316.) Warum ich Kounin von der generellen Skepsis gegenüber der Beweiskraft korrelationsstatistischer Untersuchungen des Lehrerverhaltens ausnehme, kann hier nicht dargelegt werden. — Aus Kounins Untersuchungen wird in diesem Buch eher beiläufig und vorsichtig berichtet (Kap. IX). Man müßte das sehr ausführlich und kritisch diskutieren, wenn nicht Empfehlungen herauskommen sollen, die zu einem sehr lehrerzentrierten und kontrollintensiven Unterricht führen würden, sozusagen zum „warmen Autokraten“ als Idealbild. Es ist auch daran zu erinnern, daß Kounin nur kurzfristige Verhaltensänderungen bei den Schülern (Aufmerksamkeit, Disziplin) untersucht hat; interessanterweise ergeben sich bei Rutter keine signifikanten Zusammenhänge der Prozeßvariablen 10, 11, 12, 14 mit langfristigen Effekten.

Literaturhinweise I

FEND, Helmut: Die Pädagogik des Neokonservativismus. Frankfurt/M. 1984 (Dieser Text ist, wie auch die weitere empfohlene Literatur, bereits oben charakterisiert.)

LIPPIT, Ronald / WHITE, Ralph K.: Eine experimentelle Untersuchung über Führungsstil und Gruppenverhalten. In: GRAUMANN, C. F. / HECKHAUSEN, H. (Hrsg.): Reader zum Funkkolleg Pädagogische Psychologie. Frankfurt/Main 1973, Bd. 1, S. 324—347

RUTTER, M. / MAUGHAM, B. / MORTIMORE, P. / OUSTON, S.: Fünfzehntausend Stunden. Schulen und ihre Wirkungen auf die Kinder. Weinheim 1980

TAUSCH, Reinhard / TAUSCH, Anne-Marie: Erziehungspsychologie. 7. Aufl. Göttingen 1973

Literaturhinweise II

FLAMMER, August: Wechselwirkungen zwischen Schülermerkmalen und Unterrichtsmethoden. In: SCHWARZER, Ralph / STEINHAGEN, Klaus (Hrsg.): Adaptiver Unterricht. München 1975, S. 27—41

HAGE, K. / BISCHOFF, H. / DICHANZ, H. / EUBEL, K. / OEHLSCHLÄGER, H. / SCHWITTMANN, D.: Das Methodenrepertoire von Lehrern. Eine Untersuchung zum Unterrichtsalltag in der Sekundarstufe I. Opladen 1985

KOUNIN, Jacob S.: Discipline and group management in classrooms. New York 1970. Deutsch: Techniken der Klassenführung. Bern 1976

SCHULZ, W. / TESCHNER, W. P. / VOIGT, J.: Verhalten im Unterricht. Seine Erfassung durch Beobachtungsverfahren. In: INGENKAMP, K. / PAREY, E. (Hrsg.): Handbuch der Unterrichtsforschung. Teil I. Weinheim 1970, S. 633—852

Sonstige zitierte Literatur

ARGYLE, Michael: Soziale Interaktion. 3. Aufl. Köln 1975

BECK, Klaus: Die empirischen Grundlagen der Unterrichtsforschung. Göttingen 1987

BROPHY, Jere / GOOD, Thomas L.: Teacher behavior and student achievement. In: WITTROCK 1986, S. 328 ff.

DUNKIN, Michael J. / BIDDLE, Bruce J.: The study of teaching. New York 1974

MEDLEY, Donald M.: Teacher effectiveness. In: Encyclopedia of educational research, 5. Aufl., Bd. 4, 1982, S. 1894—1903

MIETZEL, Gerd: Psychologie in Unterricht und Erziehung. 3., völlig neugestaltete Aufl. 1986

ROSENSHINE, Barak / STEVENS, Robert: Teaching functions. In: Wittrock 1986, S. 376 ff.

TREIBER, Bernhard / WEINERT, Franz (Hrsg.): Lehr-Lernforschung. Ein Überblick in Einzeldarstellungen. München 1982

WHITE, Ralph / LIPPIT, Ronald: Autocracy and democracy. An experimental inquiry. New York 1960

WITTROCK, Merlin C. (Hrsg.): Handbook of Research on Teaching. 3. Aufl. New York 1986

KAPITEL XI:

PÄDAGOGISCHE DIAGNOSTIK

Übersicht

1. Vorbemerkungen

Bereits die Übersicht über dieses Kapitel — so vermuten wir — wird ein Unbehagen aktivieren, an dem nicht wenige Lehrer am meisten leiden. Beurteilend und benotend vergibt oder versagt der Lehrer Berechtigungen und Lebenschancen, und mit schlechten Noten macht er Schüler und ihre Familien unglücklich — eine Verantwortung, die mancher Lehrer für unerträglich hält. Wegen dieser Folgen überlagert die Benotung die menschlichen Beziehungen in der Schule, die Interaktionen im Klassenzimmer, den gesamten Erziehungs- und Lernprozeß. Eben dies schlägt sich in diesem Kapitel nieder. Indem wir das Bild des Lehrers vom Schüler und sein Urteil über den Schüler zusammenrücken, verfahren wir realistisch. Dieser Zusammenhang ist nicht zu leugnen oder zu beschönigen, sondern zu analysieren.

In diesem Kapitel werden Ratschläge gegeben, wie man bei der Notengebung verfahren sollte. Das bedeutet nicht, daß wir das Benotungs- und Selektionsverfahren, so wie es den Lehrern durch Gesetze und Verordnungen vorgeschrieben ist, gutheißen. Wer die Forschungen zur Kenntnis genommen hat, kann dieses Verfahren nicht gutheißen. Wir wollen den Lehrern auch nicht ihr Unbehagen ausreden. Sie haben gute Gründe dafür, und wir führen einige dieser Gründe in diesem Kapitel auf. Das Unbehagen muß bleiben; aber es darf nicht folgenlos bleiben. Nun kann es nicht Aufgabe dieses Buches sein, Alternativen zur Notengebung vorzuschlagen und zu diskutieren, wie man sie politisch durchsetzen könnte. Wir wenden uns ja an den einzelnen Lehrer, der auf unabsehbare Zeit gezwungen sein wird, seine Schüler zu benoten. Den Schülern ist nicht mit einem Lehrer geholfen, der die Notenproblematik ehrlich beklagt, der die Abschaffung der Noten fordert und der dann doch recht unbedenklich zensiert, weil man ja am System nichts ändern könne. Wenn man die Notengebung insgesamt für inhuman und ungerecht hält, kann man sich doch in vielen Einzelfällen um mehr Humanität und mehr Gerechtigkeit bemühen.

Die Gliederung des Kapitels leitet sich aus drei Aufgaben ab, die der Lehrer zu erfüllen hat. Er soll

(1) von möglichst vielen Schülern ein möglichst differenziertes Bild haben,

(2) die Lernvoraussetzungen seiner Schüler angemessen berücksichtigen,

(3) den Lernerfolg seiner Schüler angemessen kontrollieren und möglichst gerecht beurteilen.

Was „möglichst" und „angemessen" bedeutet, bleibt hier noch offen; eben dies muß genauer bestimmt werden.

Wir möchten aufdecken, welche Prioritäten wir in diesem Kapitel setzen. Die erste der drei Aufgaben ist sicherlich wichtig. Denn wenn die menschlichen Beziehungen zwischen Lehrern und

Schülern schrumpfen würden auf den Zusammenhang von Lehren und Lernen, von Leisten und Beurteilt-Werden, so ergäbe das ein Zerrbild menschlicher Beziehungen, das unerträglich wäre und höchst unerwünschte „Lernerfolge" nach sich zöge. Gleichwohl haben die anderen beiden Aufgaben Vorrang. Schule ist primär ein Ort, wo Schüler an Unterrichtsinhalten lernen, womöglich gar das Lernen lernen. Erziehung in der Schule hängt weitgehend davon ab, wie Unterricht gestaltet wird. Wir nehmen damit Stellung gegen eine „unterrichtsneutrale" Erziehungspsychologie, die so tut, als sei Schule irgendeine Institution zur Regulierung menschlicher Beziehungen. Wir müssen uns hier auf Hinweise beschränken. Damit aber das Gemeinte nicht völlig abstrakt bleibt, zitieren wir einige Sätze aus dem Buch von Redl und Wattenberg, das den programmatischen Titel hat „Leben lernen in der Schule": „Wenn ein Kind Zuneigung braucht, kann der Lehrer sie ihm am einfachsten durch freundliche Hilfe beim Lernen geben, nicht durch honigsüße Worte oder mitfühlendes Lächeln. Freundliche Unterstützung beim Lernen ist die der Schule eigene Sprache [. . .]. Tatsächlich ist im Unterricht und in anderen Lernsituationen die Fähigkeit, Kinder in ihren Bemühungen zum Erfolg zu führen, noch nötiger als Freundlichkeit. Wenn die Lernenden zu wenig Kompetenz verspuren, nehmen sie vielleicht die persönliche ‚Wärme' als etwas wahr, das sie nicht brauchen, als einen Versuch, sie mit einem zweitklassigen Ersatz abzufinden." (S. 96) — Warum die dritte Aufgabe, die der Kontrolle und Beurteilung, vorrangig ist, wurde bereits dargelegt: wegen ihrer Folgen.

Und wenn jemand einwendete, Beurteilungsfragen nähmen in diesem Kapitel einen unangemessen breiten Raum ein, so wäre zu erwidern, sie nehmen auch in der Schulwirklichkeit einen unangemessen breiten Raum ein, ohne daß der Lehrer daran viel ändern könnte.

Eine Vorbemerkung ist noch zu den „Lernvoraussetzungen" dieses Kapitels zu machen. Die Praxis, so schlagen wir vor, sollte diesmal der Theorie vorangehen. Es wäre also gut, wenn die Referendare bereits entsprechende Erfahrungen gesammelt hätten, beim Korrigieren von Klausuren, in Versetzungskonferenzen, auf Klassenfahrten, in Gesprächen mit Eltern usw.

2. Das Bild des Lehrers von seinen Schülern

2.1. Vorschläge, die Wahrnehmung der Schüler zu verbessern

Wir setzen einen Lehrer voraus, der seine Schüler nicht nur als Faktoren seines Unterrichts sieht. Aber selbst wenn diese positive Einstellung gegeben ist, so führen die Arbeitsplatzbedingungen des Lehrers leicht zu einer Blickverengung: die Vielzahl der Schüler, die Arbeitsbelastung, der Vorrang kontrollierbarer Tätigkeiten vor solchen, von denen die Umwelt (vor allem die Vorgesetzten) wenig Notiz nimmt, schließlich der Zwang zur Beurteilung und Benotung. Man kann schon erschrecken, wenn man sich dabei ertappt, wie das Gespräch mit Eltern sich auf Leistungsaspekte verengt.

Die folgenden Ratschläge sind auf den Lehreralltag zugeschnitten. Referendare, die immer dann die Klasse wechseln, wenn sie die Schüler ein wenig kennengelernt haben, können sie nicht praktizieren. Deshalb wäre zu wünschen, daß jeder Referendar wenigstens eine Klasse (einen Kurs) intensiv kennenlernt, an ihren Klassenfahrten, Projekten, Elternabenden teilnimmt usw.

Die Ratschläge:

(1) Konzentrieren Sie sich auf eine Schülergruppe! In der Sekundarstufe I sind das die Schüler, deren Klassenlehrer Sie sind. In der Sekundarstufe II sind die Verhältnisse komplizierter: Nach unseren Beobachtungen orientieren sich die Schüler nicht auf die „Tutoren" oder „Beratungslehrer". Den Ersatz für den Klassenlehrer finden sie anderswo, z. B. beim Leiter eines Leistungskurses, mit dem sie ja häufiger als mit anderen Lehrern zusammen sind, oder bei einem Lehrer, der ihnen aus der Sekundarstufe I vertraut ist. Bei diesem informellen Bezugssystem kommt es leicht dazu, daß sich niemand um die Schüler kümmert, die nicht von sich aus Lehrer ansprechen; und die haben oft Hilfe besonders nötig. Über die Schülergruppe, deren Vertrauen man hat, kann man aber solche isolierten Schüler herausfinden und Beziehung zu ihnen aufnehmen.

(2) Versuchen Sie die Schüler, auf die Sie sich konzentrieren, so oft wie möglich außerhalb der Unterrichtssituation zu treffen: auf dem Pausenhof, beim Kaffeetrinken in gemeinsamen Freistunden. Klassenfahrten halten wir — trotz Kenntnis des daraus resultierenden Unterrichtsausfalls und der Belastung der Lehrer — für unent-

behrlich. (Damit plädieren wir nicht für eine leider verbreitete Art von „Schultourismus". Lehrer, die sich eine sorgfältige Vorbereitung ersparen, weil es ja ohnehin nur um die gruppenpsychologischen Wirkungen einer Klassenfahrt gehe, werden oft feststellen müssen, daß sich die Beziehungen verschlechtern statt sich zu verbessern.)

(3) Wenn Sie Klassenlehrer einer Sek-I-Klasse sind, sprechen Sie regelmäßig mit den Eltern *aller* Schüler, und zwar ausführlich und nicht nur an „Sprechtagen". Wir kennen Fälle, in denen höchst problematische Klassen zu einem besseren Klassenklima fanden nur durch diesen Kontakt zu den Eltern. Und das lag nicht daran, daß der Lehrer die Eltern gezielt beeinflußte oder aufgrund gezielter Informationsfragen Strategien zur Beeinflussung der Schüler entwarf, sondern daran, daß den Schülern das Interesse des Lehrers deutlich wurde und daß er sich, nachdem er ein umfassenderes Bild von seinen Schülern hatte, intuitiv angemessener verhielt.

Hier ist nicht der Raum, detailliert darzulegen, wie man ein Gespräch mit Schülereltern führen sollte und wie man das einübt. Zwei Hinweise wurden schon gegeben: Das Gespräch sollte sich nicht beschränken auf „Leistungsmängel" und ihre Gründe. („Warum kommt meine Tochter bei Ihnen nicht auf eine Eins?") Und der Lehrer sollte sich nicht den Blick verstellen, indem er gezielt Fragen stellt. Solche Fragen beruhen auf Annahmen, die ganz falsch oder irrelevant sein können. Der Lehrer sollte vor allem zuhören, ein umfassendes Interesse zeigen und die Eltern ermutigen, ihr Kind und die Verhältnisse, in denen es lebt, so darzustellen, wie sie es sehen.

(4) Kontrollieren Sie gelegentlich, unter einem Sie interessierenden Beobachtungsaspekt, was Sie über *alle* Schüler Ihrer Klasse (Ihres Kurses) wissen. Gewöhnlich zeigt sich dabei, daß man über einige Schüler viel, über die meisten Schüler etwas und über einige Schüler gar nichts weiß. Bestimmte Schüler sind für bestimmte Lehrer in einem Grade „unauffällig", der unbedingt zu korrigieren ist.

Aufgabe:

Angenommen, der in Ratschlag (4) genannte Beobachtungsaspekt sei „kooperatives Verhalten". Dieser Aspekt wäre zu Zwecken der Beobachtung zu konkretisieren. Vervollständigen Sie die folgende Liste!

Merkmale kooperativen Verhaltens:

- Gibt bei Partnerarbeit Hilfe / nimmt Hilfe an.
- Verteidigt Mitschüler gegen Spott oder scharfe Kritik (des Lehrers / der Mitschüler).
- Tröstet Mitschüler bei Mißerfolgen / akzeptiert Tröstungsversuche.

usw.

2.2. Über einige Tendenzen der Wahrnehmung

Jede Wahrnehmung ist durchsetzt mit Interpretation. Es gibt keine Wahrnehmung, die ein objektives Aufnehmen von Sinnesdaten wäre, sondern jede Wahrnehmung enthält schon Weglassen und Ergänzen, Schlußfolgern und Bewerten. Diese Feststellung ist insoweit trivial und auch wenig hilfreich. Die Frage ist: Gibt es spezifische Tendenzen, die sich bemerkbar machen, wenn Lehrer Schüler wahrnehmen? Denn wenn man solche Tendenzen kennt, kann man sie in Rechnung stellen und ungünstige Folgen teilweise korrigieren.

Man faßt solche Tendenzen in den Begriff der *subjektiven Persönlichkeitstheorie* der Lehrer. Der Ausdruck „Theorie" zeigt, daß hier der Mensch in seinem Alltag nach dem Modell des Wissenschaftlers begriffen wird. So wie der wissenschaftliche Psychologe menschliches Verhalten aus einer Theorie heraus erklärt und vorhersagt, so tut es auch Herr Jedermann als Alltagspsychologe. Die Unterschiede zwischen wissenschaftlicher und subjektiver Theorie sind beträchtlich; ein Unterschied soll hier herausgestellt werden. Subjektive Theorien sind nur zum Teil bewußt. Kann man denn eine Theorie haben, ohne sie zu wissen? Ein Beispiel ist das Regelsystem der Grammatik: Jeder befolgt die Regeln, ohne sie jedoch vollständig angeben zu können. Man kann sie aber aus seinem eigenen und anderer Leute Sprachverhalten erschließen. So auch bei den subjektiven Persönlichkeitstheorien. Man kann nicht einfach Lehrer danach befragen, weil sie ihnen teilweise nicht bewußt sind, aber man kann sie aus ihrem Verhalten erschließen. Die nicht bewußten Theorieanteile nennt man gewöhnlich *implizit*.

Subjektive Persönlichkeitstheorien sind Sonderfälle dessen, was wir oben (Kapitel VII) *Schema* genannt haben. Erinnern wir uns an einige Funktionen von Schemata. Mit ihrer Hilfe erklären wir die Umwelt und ordnen die zahllosen Einzelheiten unserer Erfahrung zu überschaubaren Einheiten. Schemata geben unseren Erfahrungen Zusammenhang und Sinn und machen uns überhaupt erst handlungsfähig. Die Schemata, die ein Mensch verwendet, haben sich immer schon tausendfach bewährt. Daraus folgt, daß man sie nur sehr ungern aufgibt oder verändert, selbst wenn sie ungünstig sind wie z. B. das Schema, mit dem sich die Mißerfolgsmotivierten ihre Leistungen erklären.

Darum geht es natürlich im folgenden, um Anregungen, sich Schemata bewußt zu machen, und sie, falls sie ungünstig sind, zu verändern. Dabei könnte ein falsches Bild entstehen, als hätten Lehrer besonders ungeeignete Schemata der Personwahrnehmung, eine ungeeignete Persönlichkeitstheorie. Das Gegenteil ist richtig. Empirische Untersuchungen haben ergeben, daß Lehrer im Durchschnitt sehr sorgfältig beobachten und recht zutreffend erklären und prognostizieren (vgl. Hofer 1986, 167—195). Aber andererseits ist niemand vollkommen, auch nicht die Lehrer.

Über einige Tendenzen von Lehrern, die nach Selbstkontrolle verlangen, wurde schon in den Kapiteln „Motivation“ und „Verhaltensmodifikation“ berichtet; wir fassen noch einmal zusammen:

(1) Man führt das Verhalten anderer nicht so sehr auf situative Faktoren zurück als auf Eigenschaften wie Intelligenz, Fleiß, Ehrgeiz, Verschlossenheit, Geltungsbedürfnis u. a.: der fundamentale Attributionsfehler.

(2) Man ist sich nicht bewußt, daß diese Eigenschaften erschlossen sind, sondern man glaubt sie zu sehen. Man verwechselt „Konstrukte“ mit Wahrnehmungen.

(3) Man schreibt diesen Konstrukten Dauerhaftigkeit zu, sieht in ihnen feste Charakterzüge.

Die Verzerrungen, die sich aus (1) bis (3) ergeben können, bezeichnen wir als „beeigenschaften“ der Schüler. (Der Ausdruck stammt von C. F. Graumann.)

(4) *Verknüpfungstendenzen*. Man könnte sie auch als „Wer-lügt-der-stiehlt-Schema“ bezeichnen. Die subjektive Persönlichkeitstheorie enthält Annahmen darüber, welche Eigenschaften miteinander verknüpft sind, so daß man von einer Eigenschaft auf eine

andere schließt, wie es das Sprichwort vorführt: Wer gelogen hat (einmal/mehrfach), der ist ein Lügner, und ein Lügner ist auch ein Dieb. Eine nicht seltene Verknüpfungstendenz von Lehrern ist der Schluß von Bravheit auf Anstrengung (Anstrengung hier als überdauernde Bereitschaft, sich anzustrengen). Die Tendenz dürfte wohl mancher Lehrer bei einigem Nachdenken in sich entdecken. Es ist sicher nicht ganz leicht, einem Schüler, der „unhöflich", „unfolgsam" und „launisch" ist, trotzdem zu bescheinigen, daß er „interessiert", „fleißig", „pflichtbewußt" usw. sei.[1] In so mancher Schulnote steckt wohl auch ein Stück Belohnung für Tugend und Strafe für Untugend.

(5) Die Reduktion der Wahrnehmung auf Leistungsaspekte. So wie oben von „Beeigenschaften" die Rede war, so könnte man hier von einer „Verschülerung" sprechen. Das Bild, das der Lehrer von den Schülern hat, reduziert sich auf Züge, die mit „Lernen" (im engeren Sinn), Leistung und Benotetwerden zu tun haben.

(6) Der blinde Fleck. Was übersehen Lehrer, welche Eigenschaften, Verhaltensweisen, Umstände? Mustert man die empirischen Ergebnisse, so ist eigentlich nur eins auffällig: „Während Lehrer in vieler Hinsicht gut beobachten und zutreffend urteilen, scheinen sie für Leistungsangst einen sehr schlechten Blick zu haben." (Hofer 1986, 191) Vergleicht man etwa das Lehrerurteil über Leistungsangst der Schüler mit Messungen dieser Leistungsangst, so ergibt sich selten eine Korrelation von mehr als 0,2; die Korrelation von Einschätzung der Lehrer und Selbsteinschätzung der Schüler ist sogar leicht negativ. (Hofer a. a. O.)

Was hier über die Personwahrnehmung der Lehrer mitgeteilt wurde, sollte man nicht dramatisieren. Dies alles sind Verhaltensweisen von jedermann, hier in einer berufsspezifischen Ausprägung. Ein Lehrer muß viele Menschen in vielen Situationen wahrnehmen und beurteilen, und natürlich sind dabei Fehlleistungen unvermeidlich. Der kritische Punkt ist dann erreicht, wenn das Bild, das ein Lehrer von seinem Schüler hat, zum *Vorurteil* wird, d. h. wenn es nicht mehr durch Erfahrung korrigiert wird. Und die Gefahr der Vorurteilshaftigkeit ist beträchtlich, denn es gibt einige seelische Mechanismen, die bewirken, daß einmal gewonnene Urteile gegen widersprechende Erfahrungen immunisiert werden. Man kann fairerweise nicht fordern, daß ein Lehrer stets richtig urteilt, aber man kann fordern, daß er seine Urteile als Vermutungen ansieht, daß er zur ständigen Revision seines Bildes bereit ist.

Neben der Immunisierung gegen widersprechende Erfahrungen gibt es noch einen zweiten Weg zu Verfestigung von Urteilen. Man bezeichnet ihn als *self-fulfilling prophecy* (manchmal auch als „Pygmalion-Effekt"): Der Lehrer hat ein ungesichertes und möglicherweise falsches Bild von seinem Schüler; er verhält sich entsprechend diesem Bild; dadurch bewirkt er, daß der Schüler sich so verhält, wie es der Lehrer erwartet. Der „Prophet" führt also das, was er prophezeit, selbst herbei, und Vorurteile können auf diese Weise „wahr" werden. Es gibt z. B. Untersuchungen darüber, wie sich Lehrer gegenüber „schlechten" Schülern verhalten (nach Good/Brophy 1973, 86; Brophy/Good 1976, 295—297):

— Lehrer rufen „schlechte" Schüler seltener auf als „gute" Schüler,

— geben ihnen weniger Bedenkzeit,

— geben ihnen seltener die Chance, sich selber zu korrigieren,

— stellen ihnen häufiger einfache Fragen,

— tadeln sie häufiger für falsche Antworten, } vermutlich nach Lehrertypen verschieden

— loben sie häufiger für falsche Antworten.

Aufgabe:

— Wie erklären Sie sich das Verhalten der Lehrer, die vermutlich nicht mit Absicht „schlechte" Schüler benachteiligen?

— Wie interpretiert vermutlich der „schlechte" Schüler das Lehrerverhalten?

Zur Persönlichkeitstheorie der Lehrer und dem daraus resultierenden Verhalten ließe sich viel mehr und viel Differenzierteres sagen. Doch scheint das nicht nützlich. Was nützt es einem Lehrer zu wissen, wie sich ein Durchschnittslehrer verhält? In seinem persönlichen Fall könnte vieles ganz anders liegen. Statt weiterer Informationen wird deshalb eine Aufgabe angeboten, die zur Aufklärung der jeweils eigenen Persönlichkeitstheorie Anlaß geben soll.[2] Warum Aufklärung? Es ist zwar erwünscht, daß vieles im Lehrerhandeln wenig bewußt, d. h. routiniert abläuft, weil der Lehrer sonst den Kopf nicht frei hat für das, was wichtig ist. (Ganz erhellend ist hier der Vergleich mit der Routine des Autofahrers.) Aber natürlich können Routinen auch ungünstig und korrekturbedürftig sein. (Für manchen routinierten Autofahrer wäre es gut, er nähme nochmal eine Fahrstunde.)

Die Aufgabe bedarf noch einiger Vorinformationen. Lehrer haben eigentlich zwei Persönlichkeitstheorien. Die eine wird wirksam, wenn sie in Ruhe über ihre Schüler nachdenken, z. B. im Gespräch mit Eltern, Kollegen oder einfach so. Die zweite wird wirksam im Klassenzimmer. Hier steht der Lehrer unter Zeit- und Entscheidungsdruck; die Theorie muß schnelles Handeln ermöglichen. Im ersten Fall sieht sich der Lehrer als Erzieher, Berater und Helfer. Im zweiten Fall ist er außerdem in der Rolle des Unterrichtsmanagers: Der Unterricht soll störungsfrei ablaufen, das Unterrichtsgespräch soll übersichtlich bleiben, die Beteiligung der Schüler soll breit gestreut sein; für dies alles und vieles mehr hat er zu sorgen. In dieser Lage sieht der Lehrer nicht mehr so sehr die Schülerindividuen, sondern er sieht Schüler*typen*, denen gegenüber er sich auch „typisch" verhält. Das ist Lehrern auch mindestens teilweise bewußt. In Unterrichtsplänen liest man z. B., was Lehrer tun wollen, um die schüchternen Schüler der Klasse zu ermutigen oder nicht zu entmutigen. Fassen wir das noch etwas genauer. Es geht um einen Zusammenhang von *Schülertyp, Situationstyp* und *Typ des Lehrerhandelns*. Ein Lehrer nimmt sich beispielsweise vor, schüchterne Schüler (Schülertyp) nach Einzelarbeit (Situationstyp) auch dann, wenn sie sich nicht melden (Situationstyp), aufzurufen (Handlungstyp), weil sie dann voraussichtlich Erfolg haben werden.

Aufgabe:

Für diese Aufgabe brauchen Sie einen Partner, zu dem Sie einiges Vertrauen haben.

— Schreiben Sie die Namen der Schüler einer Klasse auf Kärtchen.

— Ordnen Sie die Kärtchen unter der Fragestellung: Welche Schüler behandle ich im großen und ganzen gleich? Überlegen Sie dabei nicht lange; verfahren Sie mehr intuitiv. Ob Sie jeweils viele Kärtchen zu einem „Typ" zusammenlegen oder auch einmal ein Kärtchen allein einen „Typ" repräsentiert, liegt ganz bei Ihnen.

— Beantworten Sie nun für jeden Schülertyp die folgenden Fragen: Wie verhalte ich mich, wenn einer dieser Schüler
  eine schwierige Frage richtig beantwortet,
  eine leichte Frage richtig beantwortet,
  eine schwierige Frage falsch beantwortet,

eine leichte Frage falsch beantwortet,
den Unterricht stört.

Formulieren Sie Ihre Reaktion in wörtlicher Rede (also nicht: Ich würde den Schüler zu Ordnung rufen; sondern: Ich würde sagen: „Hör sofort damit auf!").
Ihr Partner protokolliert möglichst wörtlich.

— Ihr Partner bietet Ihnen nun zweierlei an: eine zusammenfassende Beschreibung des Schülertyps, so wie Sie ihn sehen, und eine zusammenfassende Beschreibung Ihres Verhaltens. Sie nehmen dazu Stellung. Diskutieren Sie darüber, bis Sie eine Beschreibung haben, der Sie beide zustimmen.
— Formulieren Sie einen „Namen" für Ihre Typen; er sollte umgangssprachlich sein und vielleicht etwas von Ihren Emotionen sichtbar machen (Beispiele: „die Flummis", „die Glaspüppchen", „die kleinen Heuchler").
— Ob Sie hier die Partnerarbeit abbrechen, liegt bei Ihnen. Das Ziel, das bis zu diesem Punkt erreicht werden sollte, war: implizite Theorie bewußt machen, in der Hoffnung, daß man das, was einem bewußt ist, besser kontrollieren kann.

---

3. Die Berücksichtigung der Lernvoraussetzungen

3.1. Rückblick: eine Liste der Lernvoraussetzungen

Gleichgültig, welche Konzeption von Unterricht man hat — man kann nicht über Unterricht sprechen, indem man zunächst nur vom Lehrer und seinem Verhalten spricht und erst in einem zweiten Ansatz von den Schülern. So war natürlich in allen Kapiteln ausführlich von den Schülern die Rede, und deshalb können wir uns hier kurz fassen; die Liste der Lernvoraussetzungen hat hier die Funktion, frühere Darlegungen in Erinnerung zu rufen und überschaubar zu machen.

Voraussetzungen

bei: allen Schülern der Klasse / Teilgruppen / einzelnen Schülern

Kognitive und psychomotorische Voraussetzungen:

Kenntnisse über den Lerninhalt (Unterrichtsergebnisse / Alltagswissen) / methodische Fertigkeiten / kognitive Fähigkeiten (Abstraktionsfähigkeit, sprachliches Darstellungsvermögen, Lerntempo, Konzentrationsfähigkeit u. a.) / psychomotorische Fähigkeiten (fachspezifisch verschieden) / Vertrautheit mit Formen der Lernorganisation.

Affektive Voraussetzungen:

Einstellungen zum Lerninhalt, zum Lehrer, zum Fach, zur Schule, zu Formen der Lernorganisation / augenblickliche Interessenschwerpunkte / Arbeits- und Verhaltensgewohnheiten (z. B. Spontaneität) / unterrichtsrelevante Motive (Leistungsmotiv, Bedürfnis nach Anerkennung, Ängste u. a.) / Selbstvertrauen, seelische Stabilität

Gruppenpsychologische Voraussetzungen:

Gruppenstruktur (z. B. homogene Lerngruppen, konkurrierende Teilgruppen) / Gruppenkodex / Gruppenrollen (z. B. Führer, Außenseiter), Rivalitäten einzelner / Kooperationsverhalten, Konkurrenzverhalten u. a.

3.2. Die Ermittlung der Lernvoraussetzungen

Auf das Thema dieses Abschnittes ist später, im Zusammenhang mit Fragen der Notengebung, noch zurückzukommen. Denn so sind nun einmal Diagnose und Notengebung verquickt: Lernvoraussetzungen eines Schülers zu beschreiben heißt zugleich auch: seinen Leistungsstand zu beschreiben, heißt zugleich: ihn zu beurteilen und zu benoten. Hier werden zunächst stärker die Komponenten erörtert, die nicht unmittelbar in die Leistungsbenotung eingehen. Die Unterscheidung ist allerdings nicht ganz einfach: Soll ein Lehrer z. B. die folgenden Verhaltensweisen und Einstellungen mit guten Noten belohnen bzw. mit schlechten Noten bestrafen? (Und wenn er es nicht soll, tut er es tatsächlich nicht?)

— Selbstvertrauen / Ängstlichkeit
— Arbeitszufriedenheit / Unlust
— Konzentration / Konzentrationsschwäche
— Kontaktfähigkeit / Kontaktarmut
— Sprachgewandtheit / mangelnde Sprachgewandtheit

Wie kann man solche Verhaltensweisen überhaupt erfassen? Lehrer schätzen ihre Schüler intuitiv ein. Bei einer solchen Einschätzung wird eine Fülle einzelner Beobachtungen zu einem Globaleindruck gebündelt, z. B. „kritisch“, „Außenseiter“, „ängstlich“ usw. Bei dieser intuitiven Einschätzung muß man es im großen und ganzen belassen; mehr ist nicht zu leisten, und Forderungen, die weit darüber hinaus gehen, sind unrealistisch, gehören zur „Feiertagsdidaktik“. Außerdem sind — trotz aller Wahrnehmungsverzerrungen — diese Einschätzungen überwiegend recht zutreffend. Man sieht das daran, mit welcher Zuverlässigkeit viele Lehrer Verhaltensweisen von Schülern voraussagen können, z. B. Beteiligung oder Lernschwierigkeiten in bestimmten Unterrichtsphasen. Es geht also darum, wie man die intuitiven Urteile der Lehrer mit vertretbarem Aufwand verbessern kann, so daß diese Urteile vollständiger, richtiger und vor allem flexibler werden.

Die Vorschläge, die wir dazu machen, erinnern z. T. an frühere Erörterungen.

(1) Offenheit des Unterrichts zu Beginn der Unterrichtseinheiten (offene „Einstiege“, „Spontanphasen“). Nur wenn die Schüler ihre Begriffe von der Sache und ihre Einstellungen zur Sache äußern können, können diese Lernvoraussetzungen überhaupt wahrgenommen werden.

(2) Beobachtung einzelner Schüler bei Stillarbeiten. Hier hat der Lehrer die beste Gelegenheit, nicht nur das Arbeitsprodukt, sondern den Arbeitsprozeß der Schüler wahrzunehmen (und zu beeinflussen).

(3) Rückschlüsse von Arbeitsprodukten auf kognitive und affektive Prozesse. An Hausaufgaben etwa läßt sich manches ablesen. Man kann z. B. aus den „Flüchtigkeitsfehlern“ und ihrer Verteilung Schlüsse ziehen. Streuen solche Fehler über die ganze Arbeit? Treten sie gehäuft am Ende auf? Oder gehäuft bei schwierigen Aufgaben und seltener bei Routineaufgaben?

(4) Zuordnung von Indikatoren zu einzelnen Beurteilungskategorien. Nehmen wir an, ein Lehrer möchte über die Ängstlichkeit/Zuversichtlichkeit seiner Schüler besser Bescheid wissen. Das einzuschlagende Verfahren ähnelt der Konkretisierung von Lernzielen: Den Begriffen „Ängstlichkeit/Zuversichtlichkeit“ werden beobachtbare Verhaltensweisen zugeordnet. Wir schlagen vor, diese Verhaltensweisen an bestimmten wiederkehrenden Situationen festzumachen und eine dreistufige Schätzskala zu verwenden. (nach Schwarzer/Schwarzer 1977, 60 ff.) Für unser Beispiel könnte der Beobachtungsbogen wie Tabelle 1 aussehen:

Schüler X	immer/oft	manchmal	selten/nie
ist zu Beginn einer Klausur sehr aufgeregt			
zeigt vor Klausuren Schlafstörungen oder ähnliche Symptome			
zeigt Verwirrung, wenn er etwas an die Tafel schreiben soll			
äußert Angst, wenn er bei Neudurchnahmen etwas nicht gleich versteht			

usw.

Tab. 1

(5) Schriftliche Befragungen. Manches spricht für Anonymität bei solchen Befragungen. Dann kommt, weil der Lehrer die Handschriften seiner Schüler kennt, nur das Auswahl-Antwort-Verfahren in Betracht. Wir empfehlen, es analog zu Tabelle 1 anzulegen; man fragt also, wie der Schüler eine bestimmte Situation erlebt hat, und läßt ihn sein Urteil auf einer dreistufigen Schätzskala markieren. Wenn man zu einer Klasse ein gutes Vertrauensverhältnis hat, wird man nicht immer Anonymität wahren müssen. Dann kann man den Schülern freistellen, ihre Antwort zu kommentieren. Man erfährt dann nicht nur, ob, sondern warum ein Schüler z. B. eine Überprüfung als angsterregend, einen Text als langweilig, Kritik als unfair beurteilt. Ein Schüler teilt dann nicht nur mit, daß er zuwenig zu Wort kommt, sondern auch warum: „Weil Sie nach Fragen keine Zeit zum Nachdenken geben." Darüber hinaus empfehlen wir, gelegentlich freiere Beurteilungen einzuholen, Kurzaufsätze zu Themen wie „Die interessanteste und die langweiligste Stunde der letzten Monate".

3.3. Exkurs: Die Darstellung der Lernvoraussetzungen in Unterrichtsplänen

In den schriftlichen Unterrichtsplanungen, die Referendare vorlegen müssen, ist ein Abschnitt „zur Klasse" obligatorisch. Wir halten diese Forderung auch für sinnvoll; weniger sinnvoll ist freilich eine Praxis, der wir nicht selten begegnen: Ein Ritual läuft da ab, als solches erkennbar, wenn Mitteilungen über die Schüler keine erkennbaren Folgen für die Unterrichtsplanung haben.

In einem Unterrichtsentwurf liest man etwa: „Ungefähr ein Drittel der Schüler (Klasse 10) ist sehr diskussionsfreudig, während von den übrigen spontane Diskussionsbeiträge kaum zu erwarten sind." Zwei Fragen drängen sich beim Lesen einer solchen Mitteilung auf:

(1) Worin liegen die *Gründe* für dieses Verhalten? Zählen wir einige mögliche Gründe auf: Die leistungsfähigen Schüler schüchtern die anderen ein (wie?). Der Lehrer schüchtert die weniger leistungsfähigen Schüler ein, z. B. durch ein Übermaß an Korrekturen. Der Lehrer wartet nicht lange genug nach wichtigen Aufgaben, so daß nur die schnell reagierenden und unbekümmerten, selbstbewußten Schüler zum Zuge kommen. Der Lehrer überfordert die schwächeren Schüler durch ein gleichmäßig hohes Niveau oder die ängstlichen Schüler durch hohe Anforderungen an Selbständigkeit. Nur ein Teil der Schüler ist regelmäßig vorbereitet (warum?). Usw.

(2) Welche *Konsequenzen* zieht der Lehrer aus dieser Diagnose? Wenn diese Frage nicht beantwortet wird, so wird die Analyse der Voraussetzungen zur leeren Pflichtübung, zum Ritual.

Wir fürchten aber, daß auch die Beantwortung unserer beiden Fragen zum Ritual werden könnte. Machen wir uns klar: Die Verhaltensgewohnheiten der Schüler wahrzunehmen ist schon nicht immer einfach. Über die Gründe des Verhaltens haben wir oft nur Vermutungen, zumal die Gründe oft nicht aktuell sind, sondern weit in die Lerngeschichte der Klasse und der einzelnen Schüler zurückreichen. Für Referendare, die oft die Klasse wechseln, gilt das besonders. Wenn man aus Vermutungen Konsequenzen zieht, so muß das mit Vorsicht geschehen, als Probieren, als ein Abtasten von Möglichkeiten. Der Lehrer muß unter Umständen sogar erklären, daß er zunächst mehr Klarheit gewinnen will. Die „Konsequenzen" bestehen dann in Überlegungen, wie man sich diese Klarheit verschaffen will.

Aufgabe:

Im folgenden werden Aussagen aus Unterrichtsplänen zitiert. Dazu folgende Fragen:

(a) Welche Aussagen sind irrelevant?

(b) Zu welchen Aussagen brauchen Sie weitere Informationen? Wie wollen Sie sie sich verschaffen? (Bedenken Sie dabei, daß

Sie auch im „Ernstfall“ zunächst oft nicht mehr wissen, als hier ausgesagt wird.)

(c) Welche Konsequenzen für die Planung der Stunde sind zu ziehen?

Bitte Frage (a) für alle Aussagen beantworten, die Fragen (b) und (c) für zwei oder drei Aussagen.

(1) Der bisherige Unterricht zur „Analysis“ stieß wiederholt auf Schwierigkeiten, weil den Schülern algebraische Kenntnisse aus Sek. I fehlen.

(2) Nach den bisherigen Erfahrungen ist damit zu rechnen, daß ein großer Teil der Schüler die Hausaufgabe (vorbereitende Lektüre) nicht gemacht hat.

(3) Die Klasse setzt sich zusammen aus 20 Jungen und 15 Mädchen. 4 Schüler wiederholen die Klasse.

(4) Da 2 Schüler regelmäßig vorarbeiten (mit Nachhilfelehrer?), wissen sie vermutlich die Problemlösung schon.

(5) Obwohl der Vorschlag, „Effi Briest“ zu lesen, aus der Klasse kam (einige Schüler hatten den Film gesehen), ist das Interesse der meisten recht gering.

(6) Die Klasse ist sehr diszipliniert und arbeitswillig, so daß Motivationsprobleme sich nicht stellen.

(7) In den Vorstunden kam der Unterricht oft nicht von der Stelle, weil die Schüler auf unsachliche, z. T. aggressive Art miteinander stritten, statt sachlich zu diskutieren. Meine Versuche, nach sachlichen Kriterien den Streit zu entscheiden, wurden nicht akzeptiert.

---

4. Beurteilung und Notengebung

4.1. Das schlechte Gewissen der Lehrer

Eins hat die empirische Erforschung der Notengebung jedenfalls erreicht: Man weiß, daß auch ein tüchtiger Schüler Glück haben muß, wenn er gute Noten bekommen soll; es kann wichtiger sein, den „richtigen“ Lehrer zu haben und in der „richtigen“ Klasse zu sitzen, als intelligent und fleißig zu sein. Insofern sind Noten ungerecht, sagen über den Schüler wenig Verläßliches aus, und schon deshalb können sie auch als Voraussagen (z. B. über Studien- und Berufserfolge) nicht sehr viel wert sein. Zugleich ist nach so langer Zeit der Noten-Beschimpfung klar, daß die Gesellschaft in absehbarer Zeit nicht auf Noten verzichten wird. Noten sind eben sehr handlich; sie bieten schnelle Information und sind leicht zu vergleichen (auch wenn es mit ihrem Informationsgehalt und der Vergleichbarkeit nicht weit her ist). In diesem Dilemma nun steht der einzelne Lehrer. Mit seinem schlechten Gewissen ist noch niemandem gedient. Uns geht es um eine Verbesserung der Praxis. Mag die Notengebung generell noch so schlecht sein, so kann sie doch im einzelnen Fall sehr viel mehr oder weniger schlecht sein, und an diesem Mehr oder Weniger hängen Schicksale. Es geht also im folgenden darum, die Probleme der Benotung exakt zu erfassen, mit dem Ziel, die Problematik zu mildern, wenn sie schon nicht zu beheben ist.

4.2. Die Problematik der Funktionen und Wirkungen von Noten

Noten werden folgende Funktionen, d. h. beabsichtigte Wirkungen, zugeschrieben (vgl. Zielinski 1974, 881 f.):

(1) *Berechtigungsfunktion:* Von Noten hängt ab, ob jemand versetzt wird, ob er eine weiterführende Schule besuchen darf, ob er einen bestimmten Studienplatz erhält, ob er bei der Bewerbung um eine Lehrstelle eine Chance hat.

(2) *Orientierung* der Schüler, ihrer Eltern und des Lehrers über den Leistungsstand der Schüler.

(3) *Rückmeldung* für den Lehrer: Der Lehrer erhält nicht nur Auskunft über den Leistungsstand der Schüler, sondern auch über die Effizienz seines Unterrichts.

(4) *Motivation:* Diese Funktion hängt ihrerseits von der Orientierung ab: Der Schüler erfährt, ob er sich mehr anstrengen muß, um den gewünschten Leistungsstand zu erreichen. Die Note enthält, je nach Anspruchsniveau des Schülers, Lob oder Tadel. Da sie dem Schüler seinen Rangplatz in der Klasse zuweist, stimuliert sie seinen Ehrgeiz.

(5) *Disziplinierung.* Manche Lehrer belohnen mit guten Noten Wohlverhalten und bestrafen mit schlechten Noten das, was sie für Undiszipliniertheit halten.

Aufgaben:

Wir haben die Funktionen von Noten nur referiert, nicht kritisiert. Eine kritische Analyse müßte unter anderem Antworten auf die folgenden Fragen finden. Unterscheiden Sie dabei zwischen Funktionen (= beabsichtigte Wirkungen) und unbeabsichtigten Wirkungen.

(1) Welche dieser Funktionen rechnen Sie unter Ihre Verpflichtungen als Lehrer?
(Beachten Sie bei dieser Frage, daß Sie nicht nur Ihren Schülern gegenüber Verpflichtungen haben.)

(2) Welche dieser Funktionen könnte man ebensogut oder besser ohne Noten erreichen? Könnte man dann unbeabsichtigte schädliche Wirkungen vermeiden?

(3) Warum meinen viele (Schüler, Eltern, Lehrer und „Abnehmer"), daß Noten unentbehrlich seien, und zwar für sämtliche Funktionen?

Die erste Aufgabe führt mitten in die Problematik der „Lehrerrolle". Die weiteren Aufgaben sind gründlich nur zu bearbeiten, wenn man Alternativen zur Zensurengebung und die Diskussion darüber kennt. Es wäre sehr wünschenswert, wenn die Diskussion über dieses Kapitel entsprechend erweitert würde.

4.3. Beurteilungsnormen; Dezisionismus der Notengebung

4.3.1. Beurteilungsnormen

Die Leistung eines Schülers kann an drei Normen gemessen werden:

(1) *Subjekt-Bezug.* Man beurteilt den individuellen Lernfortschritt des einzelnen Schülers und berücksichtigt dabei erstens seine individuellen Vorkenntnisse zu Beginn des Lernprozesses und zweitens seine individuellen Fähigkeiten. Das könnte z. B. dazu führen, daß bei einem Diktat ein Schüler mit 10 Fehlern die Note „gut" und ein anderer mit 5 Fehlern die Note „ausreichend" erhielte.

(2) *Gruppenbezug.* Hier vergleicht man die Leistung eines Schülers mit den Leistungen anderer Schüler und beurteilt ihn danach,

ob und in welchem Grade er sich von anderen unterscheidet. Man übersetzt einen Rangplatz in eine Note, drückt also z. B. die Feststellung, daß eine Leistung zu den 10 % der besten Leistungen gehört mit der Note sehr gut aus. Bezugsgruppe kann eine Klasse oder ein Kurs sein; wenn das der Fall ist, sprechen wir im folgenden von „Lerngruppenbezug". Bezugsgruppe kann aber auch eine größere Gruppe sein, z. B. bei einem standardisierten Test die Gruppe der Personen, an denen der Test geeicht worden ist. (Zur Terminologie: Statt von „Gruppenbezug" spricht man auch von „Normbezug", im Sinne von Gruppennormbezug.)

(3) *Kriterienbezug.* Hier beurteilt man einen Schüler ausschließlich danach, in welchem Grade er Lernziele erreicht hat, ohne Berücksichtigung seiner individuellen Möglichkeiten und ohne seine Leistungen mit anderen zu vergleichen. (Man nennt diese Norm oft „lernzielbezogen", und das ist etwas irreführend, denn alle drei Normen berücksichtigen Lernziele.)

Vergleichen wir Kriterienbezug und Gruppenbezug an einem einfachen Beispiel. Lernziel soll sein: Die Schüler beherrschen die Schreibweise der Wörter mit s, ss und ß. Zur Überprüfung wählt der Lehrer einen Lückentext, in den nach Diktat 20 solcher Wörter einzutragen sind. Bei rein kriterienbezogener Beurteilung setzt der Lehrer — vor Überprüfung der Ergebnisse! — fest: „sehr gut" soll erhalten, wer alle 20 Wörter richtig geschrieben hat, „gut" wer 18—19 Wörter richtig geschrieben hat usw. Es wäre denkbar, daß alle Schüler der Klasse „gut" und „sehr gut" abschneiden oder auch kein einziger Schüler. Bei Gruppenbezug sieht das anders aus. Nehmen wir an, Bezugsgruppe sei eine 5. Klasse von 30 Schülern. Dann muß der Lehrer erst einmal zusehen, „wie die Arbeit ausfällt". Bei reinem Gruppenbezug nennt er die besten Arbeiten „sehr gut", und das können Diktate mit 0 Fehlern, aber auch solche mit ziemlich vielen Fehlern sein. Wie es dann weitergeht, ist Gegenstand der nächsten Abschnitte. Aber bevor Sie die lesen, sollten Sie die beiden folgenden Aufgaben bearbeiten.

Aufgaben:

(1) Angenommen, das soeben erwähnte Diktat habe folgende Ergebnisse erbracht:

Fehlerzahl	0	1	2	3	4	5	6	7	8	9	10	11	12
Schülerzahl	5	3		3	4	2	3	3	3	3			1
Note?													

Welche Noten würden Sie geben? (Sie müssen sich entscheiden!) Woran orientieren Sie sich? Spielen die Art der geforderten Leistung (Rechtschreibung), die sonstigen Leistungen der Schüler und die Klassenstufe eine Rolle?

(2) Diskutieren Sie die folgenden Benotungsvorschläge: Zu einem Lehrbuch der neueren Sprachen gibt es Tests, und zu diesen Tests machen die Autoren den Benotungsvorschlag 1 der Tabelle 2. Da es Einwände gegeben hat, dieser Vorschlag führe zu unrealistisch guten Noten, machen die Autoren alternativ den Benotungsvorschlag 2. Die angeführten Ergebnisse sind vorläufige Ergebnisse einer umfangreicheren, noch nicht abgeschlossenen Untersuchung.

Benotungsvorschlag 1		Benotungsvorschlag 2		Ergebnisse nach Vorschlag 1 (350 Schüler der 5. Klassen *einer* Schule)
% richtiger Lösungen	Note	% richtiger Lösungen	Note	
100—91	1	100—96	1	11 % aller Schüler
90—81	2	95—89	2	13 %
80—66	3	88—75	3	28 %
65—51	4	74—61	4	25 %
50—36	5	60—41	5	17 %
35— 0	6	40— 0	6	6 %

Tab. 2

4.3.2. Dezisionismus der Notengebung

Dezisionistisch nennen wir Entscheidungen, die sich nicht begründen lassen. Unbegründbar wird die Beurteilung der Schülerleistung an einem bestimmten Punkt des Entscheidungsprozesses: bei der Festlegung der Notengrenzen. Man muß hier deutlich unterscheiden zwischen *Messen* und *Benoten*. Unterstellen wir einmal, ein Lehrer sei imstande, Leistungen exakt zu messen. Wir gehen das an Beispielen für alle drei Normen durch. Subjektbezug: Ein Lehrer stellt fest, Schüler X hat 80 % dessen geleistet, was er zu leisten vermag (zugegebenermaßen eine sonderbare Unterstellung). Soll das nun eine „gute" oder eine „befriedigende" Leistung sein? Gruppenbezug: Die Leistung von Schüler Y liegt auf dem 70. Prozentrang (d. h. 30 % der Leistungen sind besser und 70 % sind schlechter als seine Leistung). Soll das nun eine „gute" oder eine

„befriedigende" Leistung sein? Kriterienbezug: Schüler Z hat gesetzte Lernziele zu 80 % erreicht. Es stellt sich die gleiche Frage. Selbst wenn man also die Probleme des Messens lösen würde — die angenommene Exaktheit ist illusorisch —, selbst dann wären Noten letzten Endes nicht begründbar. Immer könnte der Schüler mit der besten „Drei" fragen, warum er nicht die schlechteste „Zwei" bekommen hat.

Kriterien für Notengrenzen müßte sich den Notendefinitionen entnehmen lassen:

1. sehr gut (1)

Die Note „sehr gut" soll erteilt werden, wenn die Leistung den Anforderungen in besonderem Maße entspricht.

2. gut (2)

Die Note „gut" soll erteilt werden, wenn die Leistung den Anforderungen voll entspricht.

3. befriedigend (3)

Die Note „befriedigend" soll erteilt werden, wenn die Leistung im allgemeinen den Anforderungen entspricht.

4. ausreichend (4)

Die Note „ausreichend" soll erteilt werden, wenn die Leistung zwar Mängel aufweist, aber im ganzen den Anforderungen noch entspricht.

5. mangelhaft (5)

Die Note „mangelhaft" soll erteilt werden, wenn die Leistung den Anforderungen nicht entspricht, jedoch erkennen läßt, daß die notwendigen Grundkenntnisse vorhanden sind und die Mängel in absehbarer Zeit behoben werden können.

6. ungenügend (6)

Die Note „ungenügend" soll erteilt werden, wenn die Leistung den Anforderungen nicht entspricht und selbst die Grundkenntnisse so lückenhaft sind, daß die Mängel in absehbarer Zeit nicht behoben werden können.

Die Notendefinitionen 1 bis 4 sind Leerformeln, die dem Lehrer keine Anhaltspunkte bieten. Aber wie steht es mit den Definitionen 5 und 6? Hier taucht eine prognostische Begründung auf: Es geht nicht mehr darum, was der Schüler geleistet hat, sondern was er wird leisten können.

Man könnte dem den folgenden Sinn geben. Notenstufe „mangelhaft“: Die Kenntnisse und Fähigkeiten sind so lückenhaft, daß der Schüler auf dieser Basis nicht einfach weiterlernen kann; die Lücken sind jedoch nicht so groß, daß sie nicht in absehbarer Zeit zu schließen wären. Notenstufe „ungenügend“: Hier sind die Lücken so groß, daß sie nicht in absehbarer Zeit zu schließen sind. Hier also, so scheint es, werden dem Lehrer wenigstens Argumente angeboten, mit denen er eine „Fünf“ oder „Sechs“ begründen kann. Aber bei näherem Hinsehen verflüchtigen sich diese Argumente. Sehen wir einmal ab von den Unsicherheiten einer Prognose und der vagen Bestimmung „in absehbarer Zeit“. Eine Prognose müßte die Persönlichkeit des Schülers und vor allem sein Milieu in Rechnung stellen, auch, ob er zu Hause zur Arbeit angehalten wird und Nachhilfestunden bekommt. Denn davon hängt es doch ab, ob „die Mängel in absehbarer Zeit behoben werden können“. Eine Notengebung mit prognostischer Argumentation würde die Benachteiligung bestimmter Schüler auf die Spitze treiben.

Aufgaben:

(1) Auf welche Normen beziehen sich die Notendefinitionen (Subjektbezug/Gruppenbezug/Kriterienbezug)?

(2) Welche Interpretationen der 4. und 5. Notendefinition lassen sich aus Versetzungsbestimmungen ableiten?

4.3.3. Normalverteilung der Noten und andere Verteilungsschemata

Was eine Normalverteilung ist, kann hier nur andeutungsweise erklärt werden. Noten sind dann ungefähr normalverteilt, wenn die große Mehrzahl der Schüler eine „Drei“ oder „Vier“ erhält, eine deutlich kleinere Zahl eine „Zwei“ oder „Fünf“ und nur sehr wenige eine „Eins“ oder „Sechs“. Die Noten könnten z. B. nach folgendem Schlüssel verteilt sein: 5 %, 15 %, 30 %, 30 %, 15 %, 5 %.

Oder: 2 %, 14 %, 34 %, 34 %, 14 %, 2 %. Viele Lehrer tendieren dahin, ihre Noten einer Normalverteilung anzunähern. (Viele Lehrer geben allerdings so selten eine „Sechs", daß sie praktisch mit einem fünfstufigen System arbeiten.)

Für dieses Verfahren gibt es keine plausiblen Argumente. Warum eigentlich soll man Messungen von Schulleistungen so einrichten, daß eine Normalverteilung herauskommt? Und selbst wenn man zeigen könnte, daß dies sinnvoll wäre für eine große und repräsentative „Schülerpopulation", so wäre es immer noch sinnlos, in einer Klasse eine solche Verteilung anzustreben. Wir brauchen uns darauf nicht näher einzulassen, denn es genügt, einige Folgen einer solchen Notengebung zu betrachten: Bei einer Normalverteilung gibt es eine begrenzte Zahl guter Noten. Für einen Schüler, der auf der Zensurenskala hochklettert, muß ein anderer absteigen. Folglich schadet sich selbst, wer einem anderen hilft, und jeder hat Grund, den Mißerfolg möglichst vieler Mitschüler zu wünschen. Es ist offensichtlich, daß Schüler, die — zu Recht oder Unrecht — mit einer Normalverteilung der Noten rechnen, in einen Konkurrenzkampf gedrängt werden, der unter pädagogischen und psychohygienischen Aspekten höchst unerwünscht ist. Oder betrachten wir den Fall, daß sich eine ganze Klasse in ihren Leistungen steigert; sicherlich der Wunsch jeden Lehrers. Die Noten würden diese Leistungssteigerung nicht spiegeln. Der „mangelhafte" Schüler könnte sich noch so sehr verbessern, er bliebe „mangelhaft".

Diese Einwände betreffen aber nicht nur die Normalverteilungstendenz, sondern jedes starre Schema einer lerngruppenbezogenen Notenverteilung. Die Situation der Schüler ist schlechter bei „strengen" Lehrern, bei denen die guten Noten selten sind; sie ist erträglicher bei „milden" Lehrern. Aber sie bleibt prinzipiell die gleiche, wenn der Aufstieg des einen an den Abstieg des anderen gekoppelt ist.

4.4. Vergleichbarkeit von Noten — eine berechtigte Forderung?

4.4.1. Ein Beispiel

Daß es mit der Vergleichbarkeit von Noten nicht weit her ist, weiß jeder Schüler. Fragte man z. B. einen Schüler der Sek. II, nach welchen taktischen Gesichtspunkten man seine Kurse wählen müsse, so würde er wohl antworten: Man wähle „weiche“ Fächer, „milde“ Lehrer und „schwache“ Kurse (vielleicht noch: eine „milde“ Schule). Wenn also auch jeder Bescheid weiß, bleibt das folgende Beispiel doch verblüffend. Wir referieren in diesem Beispiel einige Forschungsergebnisse, ohne sie zu diskutieren.

In allen 6. Klassen (insgesamt 37 Klassen) eines Berliner Bezirks wurde ein Rechentest durchgeführt. „Der Rechentest untersuchte das, was der Lehrplan forderte.“ „Die Aufgabenstellung entsprach der, wie sie in Rechenarbeiten vorkommt. Nur die Antwort-Auswahl-Methode und die größere Aufgabenzahl unterschieden den Test äußerlich von den üblichen Klassenarbeiten.“ (Ingenkamp 1976, 95) Die Tabelle 3 vergleicht Testwerte mit den Zeugniszensuren „gut“ bis „ausreichend“.

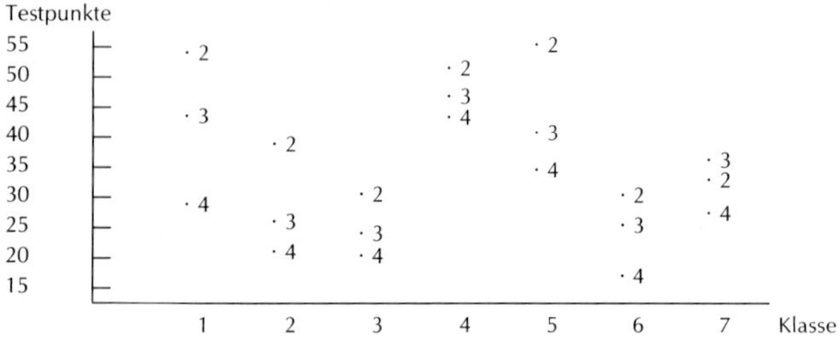

Tab. 3

(Nach: Ingenkamp, a. a. O. 197.) Zur Erläuterung der Tabelle: Die — laut Zeugnis — „guten“ Schüler der Klasse 1 erreichten im Durchschnitt ca. 53 Testpunkte, die „befriedigenden“ 43, die „ausreichenden“ 28. — Bei den Klassen 6 und 7 handelt es sich um Parallelklassen einer Schule.[3]

4.4.2. Gründe der Unvergleichbarkeit

Noten desselben Fachs und desselben Jahrgangs sind nicht vergleichbar, nicht einmal an derselben Schule. Eben darauf konzentrierte sich die Kritik an der Zensurengebung. Sieht man auf die Berechtigungsfunktion der Zensuren, so scheint die Sache klar: Die Unvergleichbarkeit der Noten ist eine einzige Ungerechtigkeit. Es gibt aber auch eine Reihe von Argumenten dafür, daß Noten unvergleichbar sein müssen und sollen. Wir diskutieren das, indem wir möglichst vollständig die Gründe dafür aufzählen, warum Lehrer so ungleich zensieren. Die Schlußfolgerungen aus dieser Analyse ziehen wir z. T. später in Form konkreter Ratschläge für die Beurteilung schriftlicher und mündlicher Leistungen.

(1) Unterschiedliche Effizienz des Unterrichts. Sagen wir es zugespitzt: Schlechte Lehrer hätten gute Gründe, milde Noten zu geben. (Beachten Sie den Konjunktiv!)

(2) Unterschiedliche Kriterien und unterschiedliche Gewichtung der Kriterien. Dazu ein Beispiel: Bei der Bewertung einer mathematischen Reifeprüfungsarbeit werden sich Erstgutachter und Korreferent nicht einig über die Note. Der Kandidat hat alle Aufgaben gelöst. Die Lösungen enthalten neben leichten Mängeln einige Rechenfehler, die sich bei der Lösung erschwerend ausgewirkt haben. Der Erstgutachter vertritt die Auffassung, daß es bei der Arbeit im wesentlichen nicht darum gehe, die Rechenfertigkeit des Kandidaten zu prüfen, daß es vielmehr um ganz andere Lernziele gehe, die der Kandidat im ganzen erreicht habe. Er bewertet die Arbeit mit „gut“. Dagegen setzt der Korreferent das Argument, Rechenfertigkeit sei ein so wichtiges Lernziel, daß eine „gute“ Arbeit auch dies nachweisen müsse. — Die Beurteiler sind sich also einig in der Beschreibung der Leistung, nicht aber über die Kriterien ihrer Beurteilung.

(3) Inkonsistente Kriterien. Nicht nur verschiedene Lehrer urteilen verschieden, sondern dieselben Lehrer beurteilen gleiche Leistungen verschieden. Dafür gibt es eine Reihe von Gründen, man denke etwa an Ermüdung beim Korrigieren. Der wichtigste Grund scheint uns zu sein: diffuse Kriterien. Manche Lehrer werden sich nicht darüber klar, welche Teilleistungen sie fordern und wie sie sie gewichten. Unklare Kriterien können wohl kaum gleichbleibend (konsistent) angewandt werden. — Inkonsistenz der Beurteilung wird insbesondere beeinflußt durch den Halo-Effekt.

(4) Halo-Effekt. Die Beurteilung wird von Vorurteilen geprägt; bestimmte Schüler bekommen einen „Bonus“; bei ihnen werden Fehler übersehen und Fehler geringer gewichtet. Davon profitieren z. B. sympathische Schüler, Schüler aus höheren sozialen Schichten und Schüler mit guten Vornoten. (Diese Schülergruppen überschneiden sich natürlich.)

(5) Orientierung an unterschiedlich leistungsfähigen Lerngruppen. In schlechten Klassen sind die Noten gewöhnlich milder als in gu-

ten Klassen. Dafür gibt es ein ganzes Bündel von Gründen, z. B. Vorschriften über die höchstzulässige Zahl schlechter Noten, Prestigedenken des Lehrers, Selbstzweifel des Lehrers. Zwei Aspekte des Problems halten wir für entscheidend: Die Eignung und Schwierigkeit einer Aufgabe ist oft nur schwer einzuschätzen; man schätzt die Aufgaben immer auch nach dem Erfolg ein, und der ist eben in verschiedenen Klassen verschieden. Die Folge ist, daß eine Aufgabe in einer guten Klasse als angemessen schwierig, in einer schlechten Klasse als zu schwierig oder falsch formuliert eingeschätzt und entsprechend gewichtet wird. Der zweite Aspekt ist der bereits diskutierte Dezisionismus der Notengrenzen, der den Lehrer dazu bringt, sich am Durchschnitt seiner Klasse zu orientieren. Für die Lerngruppenorientierung der Benotung haben wir unter diesem Punkt bisher nur Ursachen genannt; es gibt aber auch ein Argument: In Klassen von geringer durchschnittlicher Leistungsfähigkeit ist der Lernerfolg geringer; insbesondere die weniger begabten Schüler lernen in besseren Klassen oft mehr. Da also in ungleichen Klassen ungleiche Lernchancen bestehen, darf auch keine völlig gleiche Beurteilung gefordert werden.

(6) Benotungstrends einzelner Lehrer. Verschiedene Lehrer haben, mehr oder weniger bewußt, verschiedene Notenskalen. Sie setzen den Durchschnitt näher bei „Drei“ oder bei „Vier“ an; sie schöpfen die Gesamtskala eher gleichmäßig aus oder bevorzugen einen Teil der Skala; der bevorzugte Teil ist oft der mittlere (s. o. „Normalverteilung“), bei „milden“ Lehrern aber auch der obere, bei „strengen“ Lehrern der untere Teil der Skala.

5. Anforderungen an die Beurteilung schriftlicher Leistungen

Aus den bisherigen Überlegungen sind nun Folgerungen zu ziehen. Da die Beurteilung schriftlicher Leistungen einfacher ist, liegt es nahe, damit zu beginnen. Um die Darstellung übersichtlich zu halten, beschränken wir uns auf Klausuren. Die Anforderungen für sonstige schriftliche Leistungen (Protokolle, Referate, kürzere schriftliche Lernkontrollen usw.) sinnvoll abzuwandeln, wird also dem Leser überlassen.

Die Anforderungen gehen von folgenden Annahmen aus: Subjektbezug der Notengebung, so wünschenswert er in motivationspsychologischer Hinsicht wäre, ist nur in Ausnahmefällen möglich.

Gruppenbezug ist ungerecht, insofern er die Schüler leistungsfähiger und leistungswilliger Klassen benachteiligt. Außerdem hat er zur Folge, daß der Lehrer irgendein Verteilungsschema anwenden muß, und die Willkürlichkeit und Schädlichkeit solcher Schemata sind offensichtlich. Am ehesten führt Kriterienbezug zu begründbaren Noten. Wie wir allerdings sehen werden, setzt reiner Kriterienbezug einen unfehlbaren Lehrer voraus. Folglich wird eine Kombination von Kriterien- und Gruppenbezug vorgeschlagen, die hoffentlich als plausibel erscheint. Zusätzlich wird Transparenz der Notengebung gefordert.

1. Anforderung: Lernzielbezug. Die erwarteten Leistungen sollen Indikatoren für Lernziele sein.

Der Zusammenhang zwischen Lernzielen und Indikatoren wurde in dem Kapitel „Lernzielbestimmung" beschrieben; das soll hier nicht wiederholt werden. Statt dessen wird gezeigt, wie man praktisch vorgehen kann.

Zu Beginn einer Unterrichtsreihe entwirft man eine Klausur. Aus der Liste der Lernziele wählt man aus (Lernzielschwerpunkte, verschiedene Lernzielstufen) und entwirft zu den ausgewählten Lernzielen Aufgaben. Der Anfänger (und gelegentlich auch der Routinier) tut gut daran, die Aufgaben nicht nur zu formulieren, sondern auch zu lösen — schriftlich. Diese Lösungen sind die Indikatoren.

Da eine Unterrichtsreihe kaum jemals wie geplant abläuft, muß man den Klausur-Entwurf immer wieder modifizieren.

Das mag als sehr aufwendig erscheinen, bringt aber tatsächlich Arbeitsersparnis. Es ist nämlich oft schwierig, nachträglich Aufgaben zu finden, die genau zum Unterricht passen; oft ist es leichter, den Unterricht ein bißchen zu modifizieren, so daß er zu den Aufgaben paßt. Auf jeden Fall kann man so die Schüler zielgerichtet für die Klausur trainieren und verhilft so den Schülern und sich selbst zu einem Erfolgserlebnis.

2. Anforderung: Kriterienbezug. Die erwarteten Leistungen sollen vorab gewichtet werden.

Dies scheint uns das einzige Verfahren zu sein, Kriterienbezug in die Beurteilung einzubringen. Es umfaßt zwei Schritte: Man zerlegt die geforderte Leistung in Teilleistungen und gewichtet diese.

Teilleistungen sind relativ einfach zu erfassen bei Arbeiten, die aus mehreren Aufgaben zusammengesetzt sind, z. B. bei einer Lateinarbeit, wo man die Übersetzung jedes einzelnen Satzes als Teilleistung auffassen kann. Bei anderen Arbeiten ist das schwieriger. Betrachten wir einen Fall, der als prototypisch gelten kann, die Interpretation eines Musikstücks oder eines Gedichts. Interpretationen sind sehr wohl zerlegbar; man kann vorab auflisten, welche Strukturmerkmale überhaupt beschrieben werden können. Mindestens in guten und sehr guten Arbeiten aber wird der Lehrer immer auch Ergebnisse finden, mit denen er nicht gerechnet hat. Man muß also seinen Bewertungsschlüssel so anlegen, daß diese unerwarteten Leistungen Eingang finden. — Sehr viel schwieriger ist es, Teilleistungen zu beschreiben, wenn Kreativität gefordert wird, wenn also z. B. Schüler in einer Deutschklausur eine Erzählung erfinden sollen. Die Beurteilungsprobleme solcher Arbeiten müssen wir den Fachdidaktiken überlassen.

Teilleistungen zu gewichten heißt, ihren Schwierigkeitsgrad zu bestimmen. (Dazu wurde im Lernzielkapitel einiges ausgeführt.) Im Anschluß daran wird der Lehrer Mindestforderungen festlegen, m. a. W. die Grenze zwischen ausreichenden und mangelhaften Leistungen. Und dann wird er sich Vorstellungen bilden, wo die übrigen Notengrenzen liegen sollen. (Wenn diese Formulierung vage klingt, so ist das nicht zu ändern; dies ist nicht genauer bestimmbar.)

Die Gewichtung wird manchmal quantifiziert. Ein Lehrer überlegt sich z. B., wieviel „Punkte" er für welche Aufgaben geben will. Man kann das tun, sollte sich aber bewußt sein, daß man die Pseudoexaktheit der Zensuren um eine Stufe vorverlegt. Wenn man vergißt, daß intuitive, leicht verzerrbare und z. T. willkürliche Beurteilungsprozesse in das „Punkten" eingehen, gaukeln einem die Punktzahlen eine Präzision vor, die das Beurteilen in aller Regel nicht haben kann.

3. Anforderung: Die Gewichtungen sollen an den Ergebnissen korrigiert werden.

Wenn eine Arbeit „zu gut" ausfällt, sollte man Gewichtungen nicht nachträglich verändern. Zu groß ist die Gefahr, daß man die Schüler für ihren Fleiß bestraft oder doch bei ihnen diesen Eindruck erweckt.

Anders liegt die Sache, wenn viele Schüler oder einzelne Schüler unerwartet versagen. Dann sollte man nach Indizien dafür suchen, ob man nicht selbst Fehler gemacht hat. Solche Fehler können sein:

— Mangelnde Effizienz des Unterrichts.

— Falsche Konstruktion der Arbeit. Arbeiten sollten nicht zu lang sein, und sie sollten nicht die größten Schwierigkeiten am Anfang haben. Erinnern wir uns, daß bei jüngeren Schülern schon nach etwa einer halben Stunde angestrengter Arbeit meßbare Streßsymptome einsetzen.

— Falsche Konstruktion einzelner Aufgaben. Aufgaben können falsch, mehrdeutig oder sonstwie irritierend formuliert sein.

Kommt man solchen Fehleinschätzungen auf die Spur, so genügt es oft, die Gewichtungen zu verändern, z. B. bestimmte Anteile der Arbeit aus der Bewertung auszuschließen. Aber auch erfahrenen Lehrern unterlaufen manchmal so deutliche Fehler, daß eine Klausur gar nicht bewertet werden kann.

Aufgabe:

Beurteilen Sie folgenden Ratschlag: Der Lehrer sollte zunächst, ohne schon zu bewerten, einige Arbeiten durchsehen, und zwar sollte er mit den Arbeiten der besten Schüler beginnen.

---

4. Anforderung: Lerngruppen sollten miteinander verglichen werden.

Die dritte Anforderung brachte den Gruppenbezug ins Spiel. Auch wenn er sich um Kriterienbezug bemüht, bleibt der Lehrer abhängig von der Lerngruppe und ihrer zufälligen Zusammensetzung. Das gilt vor allem für junge Lehrer; erfahrene Lehrer haben immerhin Vergleichsmöglichkeiten mit früheren Klassen.

Man sollte wenigstens gelegentlich versuchen herauszubekommen, ob man eine eher durchschnittliche Klasse hat oder eine, die über oder unter dem Durchschnitt liegt. Dazu bedarf es des Erfahrungsaustauschs mit Kollegen. Wenn man — ich habe es probiert — Kollegen in seinen Unterricht einlädt, erhält man sehr deutliche Informationen über die Durchschnittsleistungen der Klasse (und dazu noch Informationen über einzelne Schüler). Scheut man davor zurück, so kann man sich immer noch mit Kollegen besprechen, die in der gleichen Klasse unterrichten. Schließlich kann man Kollegen bitten, den Schwierigkeitsgrad von Aufgaben zu beurteilen. Und man kann sie bitten, eine Schülerleistung, die man selbst als durchschnittlich ansieht, zu benoten.

5. Anforderung: Die Benotung sollte transparent sein.

Transparenz ist weniger als Rechtfertigung. Aber es dürfte deutlich geworden sein, daß der Lehrer auf Grenzen stößt, wenn er die Benotung einsehbar begründen will. Die Forderung ist also: Notengebung sollte so weit wie möglich begründet und darüber hinaus transparent sein.

Durch Transparenz soll es den Schülern möglich sein, sich auf die Forderungen des Lehrers einzustellen. Eine nachträgliche Transparenz, z. B. eine ausführliche Begründung für ein „mangelhaft" nützt dem Schüler für diesmal nicht mehr.

Es geht also darum, während des Lernprozesses immer wieder deutlich zu machen, welche Leistungen gefordert werden und wie sie gewichtet werden. Es ist banal, zu sagen, daß der Lehrer zunächst selbst Klarheit über seine Kriterien haben muß. Deshalb sollten Lernziele nicht bloß als vage Intentionen formuliert werden, sondern es sollten ihnen konkrete Indikatoren zugeordnet werden.

Wie ist nun diese Transparenz zu praktizieren? Erläuterungen des Lehrers bleiben oft zu global und unklar. Erst in der Anwendung werden Kriterien deutlich. Der Lehrer sollte sich also verpflichtet fühlen, vor Klausuren früh genug und oft genug seine Kriterien zu demonstrieren, indem er sie anwendet, z. B. auf Hausaufgaben und sonstige schriftliche Leistungen, und zwar zunächst ohne Benotung. Das gilt vor allem dann, wenn eine Klasse sich auf einen neuen Lehrer einstellen muß.

6. Anforderungen an die Beurteilung mündlicher Leistungen

Wenn wir von den schriftlichen zu den mündlichen Leistungen übergehen, so sollten die Anforderungen prinzipiell die gleichen bleiben (Lernzielorientierung, Kriterienbezug usw.). Doch ist die

Beurteilungssituation so andersartig, daß praktikable Anforderungen eine sehr andersartige Form annehmen. Nennen wir einige Merkmale der Beurteilungssituation: Mündliche Leistungen sind — wenn man nicht eine Tonbandaufnahme macht — flüchtig. Sie werden ganz überwiegend nicht in einer gesonderten Prüfungsphase des Unterrichts beurteilt, sondern während sämtlicher Phasen des Lernprozesses, während also der Lehrer mit Entscheidungen anderer Art bereits schwer belastet ist. Die Äußerung solcher Beurteilungen wirkt viel unmittelbarer auf den Unterricht zurück, und der Rollenkonflikt zwischen Fördern und Beurteilen wird hier noch schwieriger zu lösen. Es gibt aber auch Erleichterungen für den Lehrer: Während schriftliche Leistungen selten und punktuell sind, sind mündliche Leistungen häufig und kontinuierlich; die Beurteilungsbasis wird also breiter.

Die Beurteilungsprobleme sind für mündliche Leistungen wenig erforscht. Überhaupt ist der Diskussionsstand unbefriedigend. Es gibt auch keine übereinstimmende Praxis, die man als Alltagstheorie fassen und diskutieren könnte. Folglich lassen sich zwar einige Anforderungen formulieren; aber spätestens bei den konkreten Ratschlägen, wie denn diese Anforderungen zu realisieren seien, können wir keine hohe Verbindlichkeit beanspruchen. Wir möchten vielmehr durch Argumente, Fragen und konkrete Vorschläge eine Diskussion ermöglichen, die zu begründeten und praktikablen Entscheidungen führt.

1. Anforderung:
Beurteilungskriterien sollten klar und transparent sein.

Kriterien werden erst in ihrer Anwendung hinreichend deutlich. Der Lehrer wird also den Schülern bekanntgeben, welche Leistungen er erwartet, und von Zeit zu Zeit den Schülern mitteilen, wie er ihre Leistungen gegenwärtig beurteilt.

Voraussetzung für solche Transparenz ist nun freilich, daß man Kriterien hat und daß man sie gewichtet. Lehrer (und auch Schüler) unterscheiden irgendwie nach Quantität und Qualität der Beiträge und verrechnen die beiden Aspekte irgendwie (intuitiv) miteinander. Das ist unbefriedigend. Und es führt leicht zu einer Überschätzung des quantitativen Aspekts.

Man kann nun nicht wie bei Klausuren vorab die geforderten Leistungen beschreiben und gewichten. Aber man kann aus allgemeinen Lern- und Erziehungszielen einige allgemeine Kriterien ableiten und überlegen, welches Gewicht sie haben sollen. Wir tun das in Form einiger Fragen:

— Welches Gewicht soll die Regelmäßigkeit der Beiträge haben, die Verläßlichkeit, mit der ein Schüler zum Unterricht beiträgt?

— Welches Gewicht soll die Spontaneität der Schüler haben? Man denke etwa an Schüler, die sich selten zu Wort melden, die aber nach Aufforderung durch den Lehrer qualifizierte Beiträge bringen.

— Soll man Beiträge der Schüler nach den Stufen einer Lernzieltaxonomie bewerten, also etwa als „Wissen", „Reorganisation", „Transfer", „problemlösendes Denken und entdeckendes Denkverfahren"? (Wie man solche Unterscheidungen praktizieren könnte, sei noch aufgeschoben; hier geht es zunächst darum, ob man es tun soll.)

— Welches Gewicht soll der Fleiß des Schülers haben, die Regelmäßigkeit und Sorgfalt seiner Vorbereitung?

— Lassen sich Beiträge nach ihrer Nützlichkeit für die Lerngruppe bewerten? Auch unter diesem Aspekt haben wohl die taxonomisch höheren Leistungen mehr Gewicht; denn problemlösende Beiträge (Präzisierung des Problems, Lösungsvermutungen . . .) fördern das Unterrichtsgespräch mehr als andere. Darüber hinaus sind gesprächsstrukturierende Beiträge zu beachten: Akzentuierungen, Vorschläge für die Weiterführung des Gesprächs, Hinweise auf nicht hinreichend bearbeitete Gedanken, Zusammenfassungen u. a.

— Welchen Stellenwert soll die Ausdrucksfähigkeit der Schüler haben, die Exaktheit und Verständlichkeit ihrer Äußerungen, die Beherrschung der Fachterminologie?

Wenn man diese Kriterien anerkennt, ist man immer noch weit entfernt von einer Gewichtung. Auch dazu machen wir einen Diskussionsvorschlag (Tabelle 4). Der Raster ist nicht als Instrument für die Praxis gedacht, er soll nur die Diskussion strukturieren.

		Punkte
Beteiligung am Unterricht: Quantität und Spontaneität	häufige spontane Beiträge, *oder:* nach Aufforderung fast immer	2
	durchschnittlich häufig	1
	auch nach Aufforderung selten	0
Beteiligung am Unterricht: Selbständigkeit und Komplexität	Schwerpunkt beim Entdecken, Problemlösen und beim Erfassen komplexer Sachverhalte	4
	Schwerpunkt beim Reproduzieren und beim Erfassen einfacher Sachverhalte	2
	keine Leistung	0
Beteiligung am Unterricht: Gesprächsstrukturierung	gesprächsstrukturierende Beiträge	1
	keine gesprächsstrukturierende Beiträge	0
Beteiligung am Unterricht: Ausdrucksfähigkeit	sehr präzise, zu längeren Beiträgen fähig	2
	wechselnde Ausdrucksfähigkeit	1
	nicht fähig, Äußerungen zu präzisieren oder verständlich zu machen	0

Tab. 4

Zur Interpretation dieser Tabelle: Wir schlagen dreistufige Schätzungen vor. Lehrer verspüren oft das Bedürfnis, stärker zu differenzieren. Das geht nach folgendem Muster: Schüler A ist sehr spontan (2 Punkte), Schüler B eher durchschnittlich (1 Punkt), aber Schüler C liegt irgendwie dazwischen und sollte also einen Zwischenwert erhalten (1,5 Punkte). Das Bedürfnis nach Differenzierung entsteht also aus dem Gruppenbezug. Man sollte aber den Gruppenbezug, soweit es eben geht, zurückdrängen, und kriterienbezogen läßt sich unseres Erachtens nicht genauer schätzen. — Die vier Schätzskalen müssen vom Lehrer schließlich zu einer Skala zusammengezogen werden, nämlich zur Zensurenskala. Das geht nicht durch schlichtes Verrechnen. Man bedenke: Die Einordnung eines Schülers auf jeder Skala geschieht intuitiv, also wenig exakt. Die Gewichtung der Skalen ist nicht ohne Willkür, also ebenfalls wenig exakt. Was soll also eine exakte Verrechnung? Eine Endnote muß immer in freier Würdigung des individuellen Falls gefunden werden. Daß wir Gewichtungsprobleme überhaupt in Form von Zahlen zur Diskussion stellen, geschieht der Übersichtlichkeit wegen.

Wir stellen uns vor, daß unsere Tabelle abgeändert wird, und möchten mit Fragen dazu anregen: Soll Kritikfähigkeit in die Note eingehen? Sollen Komponenten des Sozialverhaltens benotet werden? Wie müßten entsprechende Skalen formuliert werden? Daß verschiedene Lehrer unterschiedliche Beurteilungsraster haben, ist nach Lage der Dinge unvermeidlich. Anzustreben ist nicht Gleichartigkeit, wohl aber Klarheit und Transparenz der Beurteilung.

2. Anforderung: Der Leistungstand der Schüler soll in regelmäßigen Zeitabständen notiert werden.

Sehen wir von Lehrern ab, die zugleich Gedächtniskünstler sind, so versteht sich die Forderung von selbst. Deshalb geben wir nur zwei Anregungen, wie diese Notizen beschaffen sein sollten.

(1) Halten Sie nicht Noten fest, mindestens nicht nur Noten, sondern knappe Beurteilungen. Also nicht „Hausaufgabe 5", sondern „unzureichende Textkenntnis", nicht „Mitarbeit 1", sondern „Beiträge zur Unterrichtsplanung fundiert und selbständig" (jeweils mit Datum).

(2) Die Beurteilungen sollen an Lernsituationen geknüpft werden. Dies scheint uns der einzige Weg zu sein, mündliche Leistungen annähernd nach den Stufen einer Lernzieltaxonomie zu bewerten. Unterrichtsphasen selbst sind nämlich entsprechend gestuft; es gibt Problemlösungen, Wiederholungen, Transferübungen. Die oben genannten Beispiele können das Gemeinte illustrieren.

7. Korrektur des Lehrerurteils durch Tests

7.1. Fragestellung

Wir werden verschiedene Arten von Tests unter drei Aspekten betrachten:

— Diagnostischer und prognostischer Aspekt: Helfen Tests, Schülerleistungen genauer zu erfassen, Ursachen für Leistung und Leistungsversagen zu ermitteln und genauere Prognosen zu stellen? (Um die Antwort vorwegzunehmen: Tests können von beträchtlichem Nutzen sein.)

- Notengerechtigkeit: Helfen Tests dazu, daß Noten weniger subjektiv und weniger lerngruppenbezogen sind? (Dazu können Tests leider wenig beitragen.)
- Praktikabilität: Sind die Lehrer hinreichend vorgebildet, Tests einzusetzen? Ist der Arbeitsaufwand vertretbar? (Dazu werden unterschiedliche Antworten gegeben.)

7.2. Persönlichkeitsbezogene Tests

Solche Tests messen „Konstrukte“ wie Intelligenz, Leistungsmotiv, Ängstlichkeit usw., Konstrukte also, die man alltagssprachlich als Fähigkeiten oder Eigenschaften bezeichnet. Solche Tests sind „standardisiert“, d. h. sie genügen den Gütekriterien, wie sie die Testtheorie entwickelt hat. (Dazu unten mehr.)

Solche Tests können Diagnose und Prognose der Schülerleistung verbessern, wenn zwei Bedingungen erfüllt sind:

(1) Der Lehrer muß sich unabhängig von den Testergebnissen ein Urteil bilden. Denn es ist nicht so, daß Tests generell zuverlässigere Auskünfte gäben als Lehrerurteile. Im Einzelfall kann das Lehrerurteil zutreffender sein als Testergebnisse. Ein testgläubiger Lehrer, der Testwerte an die Stelle seiner Diagnose setzte, würden den Gefahren des „Beeigenschaftens“ und der „self-fulfilling prophecy“ um so stärker erliegen, als seine Vorurteile nun scheinbar wissenschaftlich gestützt sind.

(2) Der Lehrer muß Testergebnisse interpretieren können. Wir können hier keinen Abriß der „klassischen“ Testtheorie geben, der den Lehrer dazu in den Stand setzte. Aber wir wollen an einem Beispiel durchspielen, was ein Lehrer zumindest wissen müßte, um Informationen aus Tests nicht mißzuverstehen. Wenn wir dabei die Termini der Testtheorie nennen, so nur, um es dem Leser zu erleichtern, sich weiter zu informieren. Weil Lehrer oft Informationen über den Intelligenzquotienten (IQ) bestimmter Schüler erhalten, liegt es nahe, die Probleme daran zu exemplifizieren. Nehmen wir an, ein Schüler A habe einen IQ von 115, ein Schüler B von 125 Punkten. Was das besagt, soll in einer Reihe von Fragen etwas entfaltet werden.

- Was soll der verwendete Intelligenztest leisten? Auf diese Frage kann man zwei Antworten geben.

Er soll dasjenige „Konstrukt“ messen, das die Autoren aufgrund theoretischer Annahmen als „Intelligenz“ definieren. Damit muß man sich auseinandersetzen, damit man nicht naiv wissenschaftliche Konstrukte mit alltagstheoretischen Eigenschaften gleichsetzt (z. B. gemessene Intelligenz mit „Begabung“, Leistungsmotiv mit dem Willen, sich anzustrengen usf.). Einige Detailfragen mögen die Frage nach dem Konstrukt noch etwas beleuchten: Aus welchen Komponenten ist Intelligenz zusammengesetzt (z. B. verbale Fähigkeiten, numerische Fähigkeiten)? Sind diese Komponenten unabhängig voneinander? Ist Intelligenz durch Lernen zu verändern?

Die zweite Antwort: Ein Intelligenztest soll Voraussagen liefern über Lernerfolge, Schulerfolge, Berufserfolge u. ä.

— Leistet der Intelligenztest, was er leisten soll (Frage nach der Validität)? Da ist einmal die Frage nach der Inhaltsvalidität; in der Terminologie unseres Buches läßt sie sich so formulieren: Sind die Leistungen, die der Test fordert, gültige Indikatoren für das Konstrukt „Intelligenz“? Die Frage ist schwierig. Ob ein Rechtschreibtest die Fähigkeit zur Rechtschreibung mißt, kann man ihm vielleicht ansehen. Bei Konstrukten ist das nicht ohne weiteres möglich.

  Einfacher ist die Frage nach der prognostischen Validität zu beantworten. Man kann Testergebnisse mit Lehrerurteilen, Schulzeugnissen und beruflichen Erfolgen vergleichen.

  Der Zusammenhang der Testergebnisse mit dem Schulerfolg liegt um $r = 0{,}5$. Das ist eine hohe Korrelation, wenn man bedenkt, von wie vielen Faktoren Schulerfolg abhängt. Aber es ist zu wenig, viel zu wenig, um davon Entscheidungen abhängig zu machen.

— Was bedeuten die Testwerte? Das kann man sich am leichtesten an „Prozenträngen“ klarmachen. Ein IQ von 115 bedeutet einen Prozentrang von rund 85, d. h.: ca. 85 % aller Getesteten schneiden schlechter ab, ca. 15 % haben höhere Werte. Ein IQ von 125 entspricht ungefähr dem 95. Prozentrang.

— Wie genau mißt der Test (Frage nach der Reliabilität)? Wenn Tests fehlerfrei messen würden, wären in unserem Beispiel 115 bzw. 125 Punkte die „wahren Werte“ für die Schüler A und B. Aber auch standardisierte Tests sind fehlerbehaftet. Doch kann man den Fehler berechnen. Man kann mit einer bestimmten

Wahrscheinlichkeit angeben, in welchem Bereich die wahren Werte liegen (der sog. „Vertrauensbereich"). Nehmen wir an, wir wollten den „Vertrauensbereich" mit einer 95%igen Wahrscheinlichkeit wissen. Nehmen wir ferner an, es handele sich um einen Test, für den man eine große Genauigkeit errechnet hat. Dann lägen die wahren Werte des Schülers A zwischen 108 und 122 Punkten, die wahren Werte des Schülers B zwischen 118 und 132 Punkten. Es könnte also sein, daß die wahren Werte beider Schüler identisch sind. (Bei einem Test mittlerer Genauigkeit wären die Vertrauensbereiche 103—127 bzw. 113—137.)

— Wie gut ist der Test geeicht? Die IQ-Werte liefern uns einen Vergleich, wie die Umrechnung in „Prozentränge" gezeigt hat. Da ist es offensichtlich, daß die Güte eines Tests von der Sorgfalt abhängt, mit der die Vergleichsgruppe (die „Eichstichprobe") zusammengestellt wurde. Für Intelligenztests heißt das: Ein guter Test hat eine Eichstichprobe von über 300 Personen pro Altersstufe; die Stichprobe muß „repräsentativ" zusammengesetzt sein (nach Geschlecht, sozialer Herkunft, Schulbildung usw.), das macht schließlich 10 000—15 000 Personen aus. Aber die Verläßlichkeit von Tests sinkt sehr schnell ab mit sinkender Größe der Stichprobe. Und Tests, deren Autoren keine genauen Angaben über die Stichprobe machen, kann man eine sehr geringe Genauigkeit des Messens unterstellen.

Was sollte mit dieser knappen Darstellung erreicht werden? Lehrer sollten sich praktisch und theoretisch mit Tests vertraut machen. Wenn das nicht möglich ist, sollten sie für die Interpretation von Testergebnissen ihrer Schüler fachkundigen Rat suchen. Wenn auch das nicht möglich ist, sollten sie wenigstens Testergebnisse mit Vorsicht interpretieren. Zweck der Darstellung war auf keinen Fall, von Tests abzuraten. Die Beurteilung der Schüler durch ihre Lehrer ist so folgenreich und zugleich so fragwürdig, daß man jede Möglichkeit nutzen sollte, Lehrerurteile zu verbessern.

7.3. Standardisierte Schulleistungstests

Persönlichkeitsbezogene Tests können einzelne Fähigkeiten messen, die für bestimmte Schulfächer von Bedeutung sind. Schulleistungstests dagegen messen Lernerfolge, also z. B., ob ein Schüler gelernt hat, die Rechtschreibregeln anzuwenden, ob er ein bestimmtes Vokabular beherrscht, ob er bestimmte Rechenaufgaben lösen kann. Die Schulleistungstests, die die Verlage anbieten, sind so unterschiedlich konstruiert, daß wir dem nicht in alle Verästelungen nachgehen können.

7.3.1. Mehr Notengerechtigkeit durch standardisierte Normen?

Wenn Schulleistungstests an einer hinreichend großen Schülerzahl geeicht werden, erhält der Lehrer die Möglichkeit, die Leistungen seiner Schüler nicht nur innerhalb einer Lerngruppe (Klasse/Kurs), sondern innerhalb einer großen und repräsentativeren Gruppe zu vergleichen. So wünschenswert das auf den ersten Blick erscheinen mag, so viele Einwände sind doch gegen diesen Vergleich zu erheben. Die meisten dieser Einwände haben wir schon vorgebracht, fassen aber hier noch einmal zusammen:

Gleiche Bewertung setzt gleichen Unterricht voraus, und diese Voraussetzung ist nicht gegeben. Wenn sich Tests an Lehrplänen orientieren (vgl. die oben zitierte Untersuchung von Ingenkamp), so setzen sie voraus, daß diese Lehrpläne den Unterricht weitgehend festlegen: Lehrer müßten gleiche Ziele haben, gleiche Vorbedingungen für diese Ziele antreffen, gleiche Zeit und Mühe dafür verwenden, gleich gut für diese Tätigkeit qualifiziert sein usf. Etwas besser steht es mit Tests, die sich an Lehrbüchern orientieren. Lehrbücher legen den Unterricht sehr viel stärker fest als Lehrpläne. Aber dafür ist es meist mit der Eichung nicht weit her: Eine sorgfältige Eichung erfordert so viel Zeit und Arbeit, daß sie meist nicht zu leisten ist.

Gruppenbezogene Tests sind meist so konstruiert, daß sie „trennscharf" sind, also eine deutliche Unterscheidung „guter" und „schlechter" Schüler liefern. Diese Testkonstruktion hat ihren guten Sinn für diagnostische Zwecke. Wenn in einem Test die meisten Schüler sehr viele Aufgaben lösen, so erhält man überwiegend ähnliche Resultate; Diagnose will dagegen Unterschiede herausbekommen. Aber eine diagnostisch erwünschte Verteilung von Testergebnissen in eine Notenverteilung umzusetzen, ist nicht zu rechtfertigen.

Trotz dieser Einwände können Tests die Notengerechtigkeit erhöhen. Man darf eben nur nicht die Leistungsfähigkeit dieser Instrumente überschätzen; sie liefern Hinweise, keine exakten Informationen. Sie können dem Lehrer Hinweise liefern, wie hoch die durchschnittliche Leistung seiner Klasse in einem Vergleich mit anderen Klassen einzustufen ist (und natürlich, wie hoch die Qualität seines Unterrichts einzustufen ist).

Als gelegentlicher Ersatz für Klausuren sind allenfalls die Tests zu gebrauchen, die sich an das Lehrbuch anschließen, das in der Klasse benutzt wird. Aber auch hierbei gibt es keinen zureichenden Grund, Notenvorschläge der Testautoren zu übernehmen.

7.3.2. Verbesserte Diagnosen durch standardisierte Tests?

Nur aufgrund einer zutreffenden und detaillierten Diagnose sind individuelle Lernhilfen möglich. Und dazu können viele Schulleistungstests eine Hilfe sein. Wir denken dabei an Tests mit sorgfältig überprüften „gebundenen" Aufgaben.

Es gibt viele Typen gebundener Aufgaben. Als exemplarisch kann die Antwort-Auswahl (multiple choice) gelten. Man kann dieses Verfahren wohl als bekannt voraussetzen; deshalb geben wir hier nur zwei Beispiele:

Kreuzen Sie die richtige Lösung an! (Nur eine Lösung ist richtig.)

(1) Es gilt $3x = 2y$ und $2y = z$. Für welche Variable (x, y oder z) ergibt sich bei der Lösung dieses Gleichungssystems die größte Zahl?

○ x ○ y ○ z ○ für alle Variablen ergibt sich die gleiche Zahl.

(2) Unter welchen Bedingungen würden Intelligenztests den Schulerfolg genauer voraussagen?

a) Wenn leistungsschwächere Schüler individuelle Lernhilfen bekämen.

b) Wenn es gelänge, bei allen Schülern die gleiche Leistungsbereitschaft zu wecken.

c) Wenn für die Notengebung der „Subjektbezug" ausschlaggebend wäre.

d) Wenn man die gemessene Intelligenz (den IQ) durch Unterricht vergrößern könnte.

○ a) ○ b) ○ c) ○ d)

Gut konstruierte und kontrollierte Tests haben folgende Vorteile:

- Das Verfahren ist objektiv, d. h. unabhängig vom Beurteilenden, z. B. von seinen Vorurteilen.
- Ungeeignete Aufgaben (unklare, irreführende Aufgaben) werden ausgesondert.
- Wenn ein Lernziel durch mehrere, voneinander unabhängige Aufgaben überprüft wird, ist die Überprüfung weniger vom Zufall abhängig.
- Einzelleistungen werden isoliert.

In dem letzten Punkt scheint uns ein besonderer diagnostischer Vorzug von Tests zu liegen, daher gehen wir darauf etwas ausführlicher ein.

Zunächst einmal wird hier die Ausdrucksfähigkeit nicht mitgemessen. Etwas wissen und es mitteilen können, ein Problem lösen und die Lösung darstellen können, das sind unterschiedliche Fähigkeiten. Oft genug bei schriftlichen Leistungsüberprüfungen möchte der Lehrer wissen: Hat der Schüler falsch gedacht oder nur falsch formuliert?

Anstelle einer komplexen Leistung, in die viele Teilleistungen ununterschieden eingehen, können Teilleistungen überprüft werden. Als Beispiel diene eine „Nacherzählung" in einer Fremdsprache. Wenn hierbei ein Schüler versagt, woran liegt das? War der Text zu unübersichtlich? Ist der Schüler konzentrationsschwach, so daß er an wichtigen Stellen „abwesend" war? Fehlten ihm wichtige Wörter des Textes (passiver Wortschatz)? Oder hat er den Text zwar verstanden, kann dies Verständnis aber nicht ausdrücken? Und an welchen Teilfertigkeiten lag das nun?

Zusammengefaßt: Bei globalen Leistungsüberprüfungen ist es oft sehr schwer, die Gründe eines Versagens herauszufinden; das müßte man aber, um gezielt die Defizite beheben zu können.

Übrigens lassen sich auch komplexe Leistungen durch Auswahlantworten überprüfen. Oft wird gegen Tests eingewandt, mit ihnen könnte man nur Ziele der unteren Taxonomiestufen kontrollieren, vor allem abfragbares Wissen. Das ist nachweislich falsch.

Man darf freilich von Tests nicht verlangen, was sie nicht leisten sollen. Sicherlich sollen Schüler lernen, komplexe und umfängliche Gedankengänge zu entwickeln, nach selbstgefundenen Kriterien zu ordnen und verständlich darzustellen. Dazu ist eine

Koordination vieler Teilleistungen nötig. Und wenn man die Fähigkeit dazu überprüfen will, ist natürlich ein Aufsatz angebracht.

7.4. Informelle Tests

Am brauchbarsten wären Tests, die der Lehrer nach seinen Lernzielen selbst konstruiert. Man nennt sie meist informelle Tests. (Es gibt auch die Bezeichnung „lernzielbezogene Tests", aber diese Bezeichnung hat manchmal eine engere Bedeutung: informelle Tests mit kriterienbezogener Auswertung.) Informelle Tests bieten zwar nicht den ohnehin fraglichen Vorzug des Vergleichs mit einer größeren „Population", aber die meisten der im vorigen Abschnitt genannten Vorzüge ließen sich weitgehend beibehalten. Für Konstruktion und Auswertung solcher Tests gibt es genaue Verfahrensvorschriften; diese Tests sind also nicht zu verwechseln mit dem, was im Schulalltag auch „Test" heißt, einer schlichten Leistungsüberprüfung durch eine Serie von Fragen und Aufgaben. Wenn wir die informellen Tests trotz ihrer Vorzüge nicht weiter darstellen, so deshalb, weil es sich hier nach unserer Erfahrung um ein Stück „Feiertagsdidaktik" handelt. Das Verfahren ist so aufwendig, daß es auch von geübten, fleißigen und kooperationswilligen Lehrern nicht zu leisten ist.[4] Schwierig ist z. B., zu jedem Lernziel mehrere Fragen zu finden, schwieriger, zu jeder Frage eine hinreichende Anzahl falscher und doch plausibler Antworten, und ganz schwierig, dies alles für die höheren Lernziele zu leisten.

Wir empfehlen, in schriftliche Lernerfolgskontrollen Fragen mit Auswahlantworten (oder andere gebundene Aufgaben) einzubauen. Man wird das dann tun, wenn man eine genauere Diagnose braucht, wenn man über die Ursachen bestimmter Leistungsschwächen keine Klarheit hat. Man versucht dann, vermutete Ursachen zu isolieren und isoliert zu überprüfen. Sich eine kleine Zahl solcher Aufgaben auszudenken ist sicherlich keine Überforderung an Arbeitskraft und Kreativität. Außerdem kann man aus handelsüblichen Tests solche Aufgaben herausnehmen, die zu den eigenen Lernzielen und diagnostischen Absichten passen. Ein Test ist das dann freilich nicht mehr, aber immer noch ein Diagnoseinstrument.

Anmerkungen

[1] Die verwendeten Adjektive sind Items aus Hofer 1975.

[2] Zu der Aufgabe wurde ich angeregt durch Wahl et al. 1983.

[3] Die Übersicht Hofers (1986, 190—194) zeigt: Im Durchschnitt ist die Korrelation zwischen Schulnote und Ergebnis im Schulleistungstest hoch. Man kann den Lehrern Urteilskompetenz keinesfalls absprechen. Im Einzelfall aber stufen Lehrer beträchtlich anders ein, als es den Tests entspräche. Und dafür sind die zitierten Resultate Ingenkamps ein Beispiel.

[4] Diese Erfahrung wird bestätigt durch Gage/Berliner (1986, 716): „Wenngleich es für Experten manchmal möglich ist, diese Leistungsbereiche [nämlich die ‚komplexeren Leistungsbereiche'] anhand von Mehrfachwahl- oder sonstwie objektiv bewertbaren Tests zu erfassen, so ist diese Aufgabe für Lehrer, die weder die erforderliche Zeit noch die speziellen Fertigkeiten besitzen, viel zu schwierig."

Literaturhinweise I

BECKER, Helmut / VON HENTIG, Hartmut (Hrsg.): Zensuren. Lüge — Notwendigkeit — Alternativen. Frankfurt/M. 1983 (Ullstein-Tb.)
(Kontroversen zur Zensurengebung und Berichte über alternative Formen der Beurteilung in der Odenwaldschule und der Bielefelder Laborschule. Beurteilungsprobleme werden auf eine besonders anschauliche und praxisnahe Art dem Leser nahegebracht.)

BÖHMER, Maria (Hrsg.): Lernerfolgskontrolle. Königstein/Ts. 1979
(Beiträge zu Lernerfolgskontrollen in einzelnen Fächern mit zahlreichen Beispielen.)

HOFER, Manfred: Sozialpsychologie erzieherischen Handelns. Wie das Denken und Verhalten von Lehrern organisiert ist. Göttingen 1986
(Hofer entwirft ein umfassendes handlungstheoretisches Modell. Das dient als Ordnungsrahmen für einen Überblick über die empirische Forschung zum Thema Subjektive Theorien [handlungsbestimmende Kognitionen] von Lehrern. Adressaten sind eher Wissenschaftler als Lehrer. Aber die knappen Zusammenfassungen der Abschnitte erlauben einen raschen Zugriff auf interessierende Einzelheiten.)

INGENKAMP, Karlheinz (Hrsg.): Tests in der Schulpraxis. 6. Aufl. Weinheim 1978
(Grundkenntnisse werden knapp und in allgemeinverständlicher Form vermittelt. Die Aufsätze des Herausgebers enthalten Lektüreempfehlungen für den, der sich einarbeiten will.)

INGENKAMP, Karlheinz (Hrsg.): Die Fragwürdigkeit der Zensurengebung. Texte und Unterrichtsberichte. 6. überarbeitete und erweiterte Aufl. Weinheim 1976
(Ein Reader mit Kommentar. Die Texte stellen die Zensurenproblematik anschaulich und detailliert dar. Der Kommentar liefert eine knappe systematische Darstellung. Eine hervorragende Einführung in das Thema, auch wenn Ingenkamps Urteil über Zensuren und seine Erwartungen an Tests übertrieben scheinen.)

JANOWSKI, A. / FITTKAU, B. / RAUER, W.: Beurteilungshilfen für Lehrer. Braunschweig 1981
(Dem Lehrer werden Schätzskalen für das kognitive Verhalten der Schüler, z. B. Kreativität, das Arbeitsverhalten, z. B. Konzentration, die emotionalen Widerstände, z. B. Schulangst, und das Sozialverhalten, z. B. Selbstbehauptung, geboten. Es handelt sich um insgesamt 128 Skalen; das ist zu umfangreich, um noch praktikabel zu sein. Aber die Beurteilungshilfen können auf eine sehr konkrete Weise dazu dienen, das Beobachtungsspektrum von Lehrern zu erweitern und diese Erweiterung zu trainieren.)

KLAUER, Karl Josef (Hrsg.): Handbuch der Pädagogischen Diagnostik. 4 Bde. Düsseldorf 1978. Studienausgabe in 2 Bden. Düsseldorf 1982
(Standardwerk: Umfassende Information mit einem Schwerpunkt auf der Testtheorie. Die einzelnen Beiträge sind oft sehr konzentriert und setzen Grundkenntnisse voraus.)

MARTIN, Lothar R.: Beraten und Beurteilen in der Schule. Ziele, Möglichkeiten, Grenzen. München 1980
(Ein Lehrbuch, das wegen seiner Kürze, Klarheit und Anschaulichkeit besonders gut einen ersten Überblick vermittelt.)

REINHARD, Sibylle: Der Lehrer als „Balanceur" — Weitere Überlegungen zur Konfliktstruktur der Lehrerrolle. In: Die Deutsche Schule 3/1981
(Oben wurde auf den Zusammenhang von Notengebung und Lehrerrolle hingewiesen. Literaturangaben zum Thema „Lehrerrolle" würden hier zu weit führen. Deshalb wird nur auf diesen Aufsatz verwiesen, der den genannten Zusammenhang sehr plastisch darstellt.)

Literaturhinweise II

HELLER, Kurt (Hrsg.): Leistungsdiagnostik in der Schule. 4. Aufl. Bern 1984

LIENERT, Gustav A.: Testaufbau und Testanalyse. 4. Aufl. München 1989

SCHWARZER, Christine / SCHWARZER, Ralf: Praxis der Schülerbeurteilung. 2. Aufl. München 1979

WEISE, Georg: Psychologische Leistungstests. Ein Handbuch für Studium und Praxis. Göttingen 1975

ZIELINSKI, Werner: Die Beurteilung von Schülerleistungen. In: WEINERT, F. E. u. a. (Hrsg.): Pädagogische Psychologie (Funkkolleg). Frankfurt 1974, S. 877—900

Sonstige zitierte Literatur

BROPHY, Jere / GOOD, Thomas: Die Lehrer-Schüler-Interaktion. München 1976

GAGE, Nathanael L. / BERLINER, David C.: Pädagogische Psychologie. 4. völlig neu bearb. Aufl. München 1986

GOOD, Thomas / BROPHY, Jere E.: Looking in classrooms. New York 1973

HOFER, Manfred: Die Validität der impliziten Persönlichkeitstheorie von Lehrern. In: Unterrichtswissenschaft 1975, H. 2, 5—18

REDL, Fritz / WATTENBERG, William W.: Leben lernen in der Schule. Pädagogische Psychologie in der Praxis. München 1980

WAHL, Diethelm et al.: Naive Verhaltenstheorien von Lehrern. Oldenburg 1983

KAPITEL XII:

DIE ENTWICKLUNG DES DENKENS

Übersicht

1. Vorbemerkungen

Dieses Kapitel schneidet aus der Entwicklungspsychologie einen schmalen Sektor heraus. Beschrieben wird die Entwicklung der Denkfähigkeit; anderes, wie die Entwicklung von Gefühlen, Interessen, Einstellungen, wird nur gestreift. Weitgehend unberücksichtigt bleiben auch die historisch-gesellschaftlichen Bedingungen der Entwicklung.

Das, was im folgenden dargestellt wird, ist allerdings für den Unterricht außerordentlich wichtig. Sinn dieses Kapitels ist es, zu klären, wann Schüler *überfordert* oder *unterfordert* werden. Welchen Schwierigkeitsgrad kann ich Schülern zumuten, ohne sie zu verwirren und ohne Begreifen durch Nachplappern zu ersetzen? Welchen Schwierigkeitsgrad soll ich ihnen zumuten, um ihre Denkfähigkeit zu stimulieren?

Die Entwicklungspsychologie, ihre Modelle und Ergebnisse, kann dem Lehrer helfen, seine Schüler genauer wahrzunehmen — nicht mehr, aber auch nicht weniger. Es wäre unsinnig sich zu sagen: Die Schüler dieser Klasse sind 12 Jahre alt, also sind sie in der Lage abstrakt zu denken (und wer's nicht kann, ist halt zu dumm). Vielmehr sollte man möglichst genau wissen, was es heißt, abstrakt zu denken, warum es schwierig ist, und warum es speziell für 10—14-jährige schwierig sein kann.

2. Die Entwicklung des logischen Denkens (Piaget)

Piagets Forschungen könnten Lehrern von größtem Nutzen sein, aber sie werden wenig genutzt. Piagets grundlegende Annahmen sind ungewohnt (und umstritten), er treibt einen hohen Aufwand an Formalisierung und Definition. Von seiner Theorie kann man zwar einen kurzgefaßten Extrakt geben, aber nach aller Erfahrung würde das zu einem bloßen Verbalismus führen: man sagt das, was man ohnehin weiß, mit Piagetschen Vokabeln, ohne in der Sache dazugelernt zu haben. Deshalb mache ich den Versuch, einige wichtige Resultate Piagets in Alltagsbegriffen auszudrücken.[1]

Nach Piaget gibt es folgende Stufen der Intelligenzentwicklung:
(1) Sensomotorisches Stadium (0—2 Jahre)
(2) Präoperatives Stadium (2—7 Jahre)
(3) Konkret-operatives Stadium (7—11/12 Jahre)
(4) Formal-operatives Stadium (ab 11/12 Jahre)

Es gibt gute Gründe, die Altersangaben in Zweifel zu ziehen; dazu unten mehr. Doch darauf kommt es zunächst nicht an. Wichtig sind folgende Feststellungen: Die Entwicklung erfolgt in genau diesen Stufen. Es kann keine Stufe übersprungen werden. Und natürlich darf man sich die Grenzen zwischen diesen Stufen nicht so vorstellen, daß ein Kind von einem Tag zum anderen in ein neues Stadium einträte; das geht allmählich vor sich, auf manchen Gebieten schneller als auf anderen und nicht ohne Rückfälle.

Ist es nun genetisch bedingt oder hängt es von der Umwelt, den Lernmöglichkeiten, ab, wann ein Mensch ein bestimmtes Stadium erreicht? Die Antwort ist trivial: beides spielt zusammen. Doch müssen bestimmte Reifungsprozesse des Gehirns abgelaufen sein, ehe bestimmte Lernprozesse möglich werden. Reifung eröffnet Lernchancen, die es jeweils vorher nicht gegeben hat. — Diese Antwort entspricht wohl dem gegenwärtigen Diskussionsstand, aber es ist nicht Piagets Antwort. Piaget akzentuiert das Lernen, und zwar eine bestimmte Art des Lernens. Ihn interessiert wenig das Lernen durch Belehrtwerden oder durch Nachahmung. Was er meint, kann man sich durch einen Vergleich Mensch—Computer karmachen, wenn man den Vergleich nicht überstrapaziert. Lernen durch Belehrtwerden entspräche einem Computer, der programmiert wird. Der Mensch ist aber ein „Computer", der sich selbst programmiert. Er arbeitet mit seinen Programmen, und immer, wenn die vorhandenen Programme nicht ausreichen, bestimmte „Daten" zu verarbeiten, entwickelt er ein neues leistungsfähigeres Programm. Mehr noch: Dieser „Computer" wartet nicht darauf, daß man ihm Daten eingibt, er ist aktiv und sucht das Neue, noch Unbewältigte. Um das Bild zu verlassen: Der Mensch erkundet seine Umwelt, und dabei entwickelt er immer wieder neue und mächtigere kognitive Fähigkeiten. — Was Piaget nicht erklärt, ist, warum bestimmte Fähigkeiten nicht vor einem bestimmten Lebensalter auftreten. Diese Erklärungslücke nennt Kagan (1984, 259) die „Paradoxie Piagets". Man muß annehmen, daß diese Fähigkeiten noch nicht erworben werden können, weil vorher genetisch bedingte Reifungsprozesse des Gehirns abgelaufen sein müssen.

Das Säuglingsalter ist nicht unser Gegenstand. Wodurch also sind die drei weiteren Stadien gekennzeichnet?

Eine Mutter verteilt Kuchen und gibt dem 10jährigen Sohn zwei Stücke, dem 4jährigen nur eins, woraufhin der natürlich protestiert. Die Mutter verliert die Geduld: „Du willst zwei Stücke? Gut, die sollst du haben!" Und sie schneidet seinen Kuchen in der Mitte durch. Der Kleine bedankt sich und ist zufrieden. Der 10jährige guckt fassungslos zu. (Nach Kegan 1986, 50) Die Anekdote zeigt zwei Kennzeichen des präoperativen Stadiums. Zum einen: die enge Bindung an die *Wahrnehmung*, an das, was sichtbar und greifbar vor einem liegt. Der 10jährige kann „den Film rückwärts laufen lassen", in seiner Vorstellung aus den zwei Kuchenstücken wieder eins machen, und so erkennt er, daß die Teilung den Kuchen (das Volumen) nicht vermehrt hat. Der 4jährige kann das nicht. Aber damit ist nicht alles erklärt. Eigentlich könnte das Kind doch sehen, daß es zwar zwei Stücke Kuchen hat wie sein Bruder, aber viel kleinere. In diesem Alter kann man größer und kleiner recht wohl unterscheiden. Warum also ist es zufrieden? Das Kind kann zählen und weiß, daß zwei mehr sind als eins. Und es kann Größen vergleichen. Aber es kann nicht beides gleichzeitig. Es achtet entweder auf die Anzahl oder auf die Größe. Die Schwierigkeit, die darin liegt, daß bei einem Sachverhalt viele Aspekte oder Beziehungen zu beachten sind, nennen wir *Komplexität*. Auf Größe und Anzahl gleichzeitig zu achten, ist für das voroperative Stadium eine zu komplexe Aufgabe.

In Piagets Labor sah das z. B. so aus: Piaget legte 6 Bonbons in eine Reihe und erzählte dem Kind B. (4 Jahre, 7 Monate), daß sie seinem Freund Roger gehörten. B. sollte sich genausoviele nehmen. B. reihte dann 10 Bonbons dicht aneinander; die beiden Bonbonreihen sahen etwa so aus:

Rogers Bonbons: ○ ○ ○ ○ ○ ○

B's Bonbons: ○ ○ ○ ○ ○ ○ ○ ○ ○ ○

„Ist das ebensoviel? — *Noch nicht.* (Er fügt noch einige hinzu.) Und jetzt? — *Ja.* — Warum? — *Weil es „so“ ist.* (Er zeigt auf die Längen.)“ — Wenn der Versuchsleiter dann Rogers Reihe auseinanderrückte, hatte nach Ansicht des Kindes Roger „mehr“, schob man aber Rogers Reihe zusammen und die des Kindes auseinander, dann sagte es: „Jetzt habe ich mehr.“ (Piaget/Szeminska 1975, 101) Die Versuchsergebnisse können genauso erklärt werden wie die Anekdote. Das Kind konzentriert sich nur auf einen Aspekt, nämlich die Länge der Reihe, und es achtet nicht auf die Zahl der Bonbons oder die Größe der Abstände zwischen ihnen. Wenn der Versuchsleiter die Länge der Reihe durch Zusammen- oder Auseinanderschieben manipuliert, ist es ganz abhängig von dem wahrnehmbaren Resultat: es kann nicht in seiner Vorstellung die Manipulation rückgängig machen.

In den beiden folgenden Stadien ändert sich das. Das Kind vermag das anschaulich Gegebene in seiner Vorstellung zu ändern. Es kann sagen: Das sieht zwar so aus, aber in Wirklichkeit ist es anders. Oder: Das sieht zwar so aus, aber es könnte auch anders aussehen. Es wird zunehmend fähig, sich von der Anschauung zu lösen, abstrakt zu denken. Und es kann komplexere Aufgaben lösen. Es kann z. B. sagen: Dies sind zwar mehr Kuchenstücke, aber kleinere. Das also gilt für beide operative Stadien. Wie aber unterscheiden sich konkret-operatives und formal-operatives Stadium? Die Unterscheidung ist ebenso schwierig, wie sie für schulisches Lernen bedeutsam ist. Wir werden an mehreren Beispielen versuchen, den Unterschied herauszuarbeiten. Der Leser bekommt die Beispiele in Form von Aufgaben, weil es ohne ein bißchen Selbstbeobachtung schwer ist, die Unterschiedlichkeit der Denkprozesse zu erfassen.

Aufgabe:

Ein Experiment, das die Kinder in Piagets Labor tatsächlich ausführten (Piaget/Inhelder 1973), können Sie als Gedankenexperiment durchführen. Vor Ihnen stehen vier Flaschen mit farb- und geruchlosen Flüssigkeiten. Eine weitere Flasche mit einem Tropfer wird dazugestellt; sie erhält die Bezeichnung g. Der Versuchsleiter zeigt Ihnen ein Glas mit einer Flüssigkeit. Diese stammt aus einer der vier Flaschen oder ist eine Mixtur aus mehreren der vier Flaschen — soviel sagt er Ihnen. Er fügt ein paar Tropfen aus g hinzu, und die Flüssigkeit färbt sich gelb. Ihre Aufgabe ist es, herauszufinden, wie man die gelbe Farbe erzeugt. — Im Anmerkungsteil können Sie nachlesen, bei welchem Ihrer Versuche Sie Gelb erzeugt haben.[2]

Kinder im konkret-operativen Stadium sind nicht imstande, diese Aufgabe zu lösen. Sie stellen einige Mischungen her und verlieren dann den Überblick. Sie versagen vor der Komplexität der Aufgabe. Mit zwei Flüssigkeiten kämen sie zurecht. Dann gäbe es nur drei mögliche Kombinationen (1 + g; 2 + g; 1 + 2 + g), und die sind leicht zu überschauen. Um aber die 15 möglichen Kombinationen des Experiments vollständig zu berücksichtigen, bedarf es eines Plans. Die Abstraktionsebene, die dabei erreicht wird, kann man so darstellen:

(1) Tatsächliches Hantieren mit den Flüssigkeiten.
(2) Sich vorstellen, wie man mit den Flüssigkeiten hantiert.
(3) Diese Vorstellungen in eine Ordnung bringen.

Die zweite Ebene wird schon im Stadium der konkreten Operationen erreicht, die dritte erst im formalen Stadium. Erst jetzt können komplexe Verhältnisse systematisch geordnet werden und dann vollständig überschaut und bearbeitet werden.

Was die Anwendung der Piagetschen Stufenbegriffe so schwierig macht, ist die Tatsache, daß im Stadium der formalen Operationen keine völlig neuen Fähigkeiten auftauchen, sondern frühere Fähigkeiten umfassender und mächtiger werden. (Diese Schwierigkeit ist zugleich sehr nützlich für den Piaget lesenden Lehrer; er begibt sich in eine Schule des genauen Wahrnehmens.) Sehen wir uns also noch einmal an, welchen Grad von Komplexität Kinder beherrschen. Als Beispiel dient uns einer der bekanntesten Versuche Piagets (Piaget/Inhelder 1969). Einem Kind zeigt man zwei gleichartige Glasgefäße mit Wasser und läßt das Kind sich überzeugen, daß der Wasserstand in beiden gleich hoch ist. (In beiden ist „gleich viel zu trinken".) Nun gießt man das Wasser aus einem der Gefäße in ein schmaleres Gefäß. In diesem ist der Wasserstand natürlich höher. Wo ist nun mehr Wasser, in dem breiteren Gefäß mit dem niedrigeren Wasserstand oder in dem schmaleren Gefäß mit dem höheren Wasserstand? Im präoperativen Stadium, sagen wir mit 4 Jahren, gibt ein Kind die klare Antwort: in dem schmaleren Gefäß. Das Kind achtet lediglich auf die Höhe der Wassersäule. Später, etwa mit 6 Jahren, schwankt es; mal achtet es auf die Breite und sieht die breitere Wassersäule als „mehr" an, mal auf die Höhe und sieht die höhere Wassersäule als „mehr" an. Wenn es dann, etwa mit 7 Jahren, in das konkret-operative Stadium gelangt ist, vermag es zu sehen, daß sich die Höhe *und zugleich* die Breite verändert. Es vermag also zwei Aspekte gleichzeitig zu berücksichtigen. Das ist, wie gesagt, durchaus komplex gedacht. Erst wenn mehr als zwei Aspekte (Dimensionen, Faktoren) zu berücksichtigen sind, scheitert es. Wenn zum Beispiel die Biegsamkeit von Angelruten zu untersuchen ist und sich diese Angelruten in der Länge *und* im Material (Stahl, Messing usw.) *und* in der Dicke *und* in der Form des Querschnitts (rund, quadratisch, rechteckig) unterscheiden, dann ist eine Komplexität erreicht, die erst im formal-operativen Stadium bewältigt wird (vgl. Piaget/Inhelder 1973).

Die Fähigkeit, Schlüsse zu ziehen, wird erweitert. Falls Sie das chemische Gedankenexperiment mit Hilfe des Anmerkungsteils zu Ende geführt haben, haben Sie etwa folgende Schlüsse gezogen:

1 + 3 + g → Gelb
1 + 3 + 2 + g → Gelb

Folglich: 2 bewirkt nichts

1 + 3 + g → Gelb
1 + 3 + 4 + g → Farblos

Folglich: 4 hebt die Gelbfärbung auf

Natürlich können auch schon jüngere Kinder Schlüsse ziehen. Wenn ein Kind seine Mutter fragt, wo die Sonne nachts schläft, dann hat es zuvor gefolgert, *daß* die Sonne nachts schläft. Neu ist also nicht die Fähigkeit, Schlüsse zu ziehen, sondern die Fähigkeit zu abstrakten Schlüssen. — Was „Abstraktion" hier bedeutet, soll uns als nächstes beschäftigen.

Aufgabe:

Auf einem Bauernhof gibt es Hasen und Hühner mit zusammen 35 Köpfen und 94 Beinen. Wie viele Hasen und wie viele Hühner sind es?

Sonja, ein achtjähriges Moskauer Mädchen, löste die Aufgabe so: „Wenn es alles Hühner wären, gäbe es 47. Aber es gibt nur 35 Köpfe — 12 weniger. Also haben diese 12 Köpfe jeweils 4 Beine, nicht 2. Also gibt es 12 Kaninchen und 23 Hühner." (nach Krutetskii 1976, 198)

Sonja — ein Kind mit auffälliger mathematischer Begabung — ist ungeachtet ihres Alters im Stadium der formalen Operationen; Kinder dieses Alters können normalerweise nicht einmal Sonjas Lösung nachvollziehen. Vielleicht aber können sie folgende Aufgabe lösen: Ein Hotelier will in seinem Hotel nur Zweibettzimmer und Vierbettzimmer einrichten. Er hat 35 Zimmer und 94 Betten. — Die beiden Aufgaben sind strukturgleich. Wo also liegt der Unterschied? Die Hotel-Aufgabe kann man mit anschaulichen Vorstellungen lösen. Man steckt in die 35 Zimmer zunächst einmal je 2 Betten; das sind 70 Betten. 24 Betten behält man übrig. Also steckt man in 12 der 35 Zimmer je zwei weitere Betten. Usw. Man versuche das gleiche anschauliche Vorgehen mit der Bauernhof-Aufgabe. Dann stellt man sich 35 Hühner vor, und 12 von den Hühnern klebt man ein weiteres Beinpaar an; das ergibt dann Monstren, aber keine Kaninchen. Diese Aufgabe erfordert, daß man die vorstellbaren Hühner und Kaninchen durch etwas nicht mehr Vorstellbares ersetzt, durch Begriffe wie „Tier", „Zweibeiner", „Vierbeiner". Sonjas „Köpfe" sind keine vorgestellten Köpfe, denn das wären dann Hühner- *oder* Kaninchenköpfe, aber nicht Tierköpfe schlechthin. (Krutetskii bemerkt: „Sonja benötigt selten visuelle Vorstellungen beim Problemlösen. Nach unserem Eindruck stören sie sie sogar." S. 196)

Kinder des konkret-operativen Stadiums müssen zum Denken nicht mehr die konkrete Wirklichkeit vor Augen haben. Aber sie brauchen die konkrete Vorstellung. Die Fähigkeit, ohne diese Stütze abstrakt zu denken, kennzeichnet das formal-operative Stadium.

Mit Unanschaulichkeit haben Schüler vor allem im Mathematikunterricht zu tun, etwa wenn sie im 7. Schuljahr die negativen Zahlen kennenlernen. Man kann versuchen, ihnen die Rechenvorschriften über konkrete Beispiele einsichtig zu machen, etwa mit Beispielen aus dem Bankwesen. Sehen wir uns das an für das Subtrahieren:

Aufgabe:

Vertiefen Sie sich in die folgende Konkretisierung des Subtrahierens. Bis zu welcher Zeile erscheint sie Ihnen sinnvoll?

1.	(+ 5)	— (+ 7)	=	— 2
	Guthaben	Abbuchen		Schulden

2.	(— 5) Schulden	— (+ 7) = Abbuchen	— 12 erhöhte Schulden
3.	(— 10) Schulden	— (— 7) = Schulden erlassen	— 3 verkleinerte Schulden
4.	(— 5) Schulden	— (— 7) = Schulden erlassen	+ 2 Guthaben
5.	(+ 5) Guthaben	— (— 7) = Schulden erlassen	+ 12 erhöhtes Guthaben

Ab Aufgabe 4 ergibt das keinen Sinn mehr: Kann man jemandem mehr Schulden erlassen, als er hat, und sogar jemandem Schulden erlassen, der gar keine hat? Also muß der Schüler ab hier ohne anschauliche Stütze auskommen. Aus Aufgaben des Typs 3 soll er eine abstrakte Vorschrift (Regel, Vereinbarung) für die Subtraktion negativer Zahlen gewinnen; und er soll es als sinnvoll ansehen, nach dieser Vorschrift auch die Aufgaben 4 und 5 zu rechnen. Um es bildlich zu sagen: Im Konkreten kann einen Anlauf nehmen, aber springen muß er im Abstrakten. Es ist keine Frage, daß das erst im Stadium der formalen Operationen zu lösen ist. Ob allerdings Schüler der 7. Klasse alle in diesem Stadium sind, das ist sehr die Frage.

Fassen wir zusammen: Es wurde der Versuch gemacht, die Piagetschen Entwicklungsstadien mit nur drei Begriffen zu charakterisieren: Wahrnehmung, Komplexität und Abstraktion. Im präoperativen Stadium ist das Denken des Kindes noch ganz an die Wahrnehmung gebunden. Im konkret-operativen Stadium kann es mit Vorstellungsbildern operieren. In diesem Stadium wird auch ein gewisses Maß an Abstraktion und Komplexität möglich. Aber eine Abstraktion, die die anschauliche Vorstellung ganz hinter sich läßt, und eine Komplexität, die zahlreiche Aspekte umfaßt, ist dem formal-operativen Denken vorbehalten.

In den meisten seiner Untersuchungen hat sich Piaget nur damit befaßt, wie Kinder physikalische oder logische Probleme lösen. Lehrer der Geistes- und Gesellschaftswissenschaften sind da schlecht bedient. Aber das Frühwerk Piagets und die Unterrichtserfahrung bieten auch für sie genug Beispiele.

Im Deutschunterricht der 6. Klasse wird die Fabel vom Fuchs besprochen, dem die Trauben „viel zu sauer“ sind, weil er sie nicht erreichen kann. Ein Schüler fragt: „Fressen Füchse überhaupt

Trauben?“ Die Frage ist irrelevant, und der Lehrer könnte antworten: „Darauf kommt es hier nicht an.“ Das aber würde der Schüler nicht verstehen. Woran liegt das? Nie fragen Schüler: „Können Füchse sprechen?“ Das Verständnis hakt also nicht deswegen, weil man sich etwas vorstellen soll, was es in der Wirklichkeit nicht gibt — das können Kinder, sobald man ihnen Märchen erzählen kann. Die Verständnisschwierigkeit resultiert aus der Abstraktheit der Aufgabe. In einem Schema sei dargestellt, was die Kinder leisten sollen; zum Kontrast wird eine Veranschaulichung danebengestellt.

„Übersetzung“ der Fabelsymbole	*Veranschaulichung*
Fuchs = ein Wesen, das irgend etwas heftig begehrt.	Ein Kind möchte an einem Spiel teilnehmen.
Trauben = das unerreichbare Ziel.	Die anderen lassen es nicht mitspielen.
Reaktion des Fuchses = Verarbeitung einer Enttäuschung durch Selbsttäuschung.	„Das ist ein doofes Spiel. Ich will ja gar nicht mitspielen.“

Die Interpretation der Fabel ist sehr schwierig für Kinder. Denn *ehe* man sich die Fabel durch Veranschaulichung verständlich machen kann, muß man eine ganz abstrakte Übersetzung leisten. Erst dabei versteht man, daß hier der „Fuchs“ kein Fuchs ist und „Trauben“ keine Trauben sind. Es handelt sich um Symbole, die entschlüsselt werden wollen. Der fragende Schüler nimmt den „Fuchs“ als Fuchs. Er nimmt die Fabel als Erzählung, die Informationen über Füchse enthält.

Aufgabe:

Kinder erhielten eine Reihe von Sprichwörtern und eine Zusammenstellung von Erklärungssätzen. Sie sollten jedem Sprichwort den richtigen Erklärungssatz zuordnen. Ein Sprichwort hieß zum Beispiel: „Der Krug geht solange zum Brunnen, bis er bricht.“ Ein zehnjähriges Mädchen formulierte sein Verständnis des Sprichwortes so: „Man geht so oft zum Brunnen, der Krug bekommt einen Riß, man geht nochmal hin, er zerbricht.“ Es ordnete dem Sprichwort folgenden Erklärungssatz zu: „Mit zunehmendem Alter wird man vernünftig." Den Erklärungssatz verstand es so: „Je größer man wird, um so vernünftiger wird man; man gehorcht besser." Und zum Zusammenhang von Sprichwort und Erklärungssatz sagte es: „Weil der Krug nicht mehr so hart ist, weil er alt wird, weil je größer man wird, man um so vernünftiger wird und man wird alt." (nach Piaget 1972, 170). Warum kann das Mädchen die Zuordnungsaufgabe nicht richtig lösen? Wie ist seine falsche Zuordnung zu erklären?

Vermutlich ist diese Aufgabe — so isoliert — etwas schwierig. Man kann das Verhalten des Mädchens so verstehen: Es deutet das Sprichwort zunächst gar nicht, sondern paraphrasiert es nur. Eine Deutung müßte eine „Übersetzung" ins Abstrakte sein, etwa: „Wenn etwas schiefgehen kann, dann geht es auf die Dauer auch schief." Bei der Zuordnung leistet es dann eine solche „Übersetzung": der Krug geht immer wieder zum Brunnen, er bekommt einen Riß = ein Mensch wird älter und damit hinfälliger. Das macht Sinn für den ersten Teil des Zuordnungssatzes („mit zunehmendem Alter . . ."). Den zweiten Teil („. . . wird man vernünftig") läßt das Mädchen weg. Eine gewisse Abstraktion wird geleistet, aber die Komplexität der Zuordnungsaufgabe wird nicht gemeistert.

Die Bedeutung dieser entwicklungspsychologischen Erkenntnisse ist für Lehrer unterschiedlicher Fächer von unterschiedlicher Wichtigkeit. Für Lehrer geisteswissenschaftlicher Fächer besteht der Nutzen darin, genauer wahrzunehmen, vor welche Schwierigkeiten sie Kinder jüngeren Alters stellen. Man hat dann zwei Möglichkeiten, mit diesen Schwierigkeiten umzugehen. Man kann versuchen, sie für die Kinder zu verringern. Abstraktion verknüpft man mit konkreten Beispielen. Aus dem „Krug, der zum Brunnen geht," wird zum Beispiel ein Radfahrer, der riskant fährt. Komplexität läßt sich leichter bewältigen, wenn man Visualisierungen zu Hilfe nimmt, etwa die Personen eines Kinderbuchs und ihre Beziehungen in ein Schaubild bringt. (Ich vermute, daß die meisten Leser sich die Lösung der komplexen Aufgaben durch irgendwelche Skizzen erleichtert haben.) Die andere Möglichkeit heißt: weglassen, durch etwas Einfacheres ersetzen. Man kommt beispielsweise vielleicht zu der Einsicht, daß die Textsorte „Biblisches Gleichnis" wegen ihrer Abstraktheit Zehnjährigen noch nicht zugänglich ist und auf spätere Klassen verschoben werden muß. Diese Möglichkeit ist Lehrern der Mathematik und der Naturwissenschaften oft versperrt. Manchmal kommt das aus Zwängen, die in der Sache liegen, manchmal aus Zwängen der Lehrpläne und Schulbücher. Auch hier heißt die Hilfe: Soviel Stützung durch konkrete Beispiele wie möglich. Man kommt dann vielleicht, wie bei unserem Beispiel der negativen Zahlen, an eine Grenze. Es ist die Frage, was dann in den Köpfen der Schüler geschieht: Sind sie zu der Einsicht gelangt, daß das weitere Vorgehen seinen Sinn hat? Oder befolgen sie Verfahrensregeln im blinden Vertrauen auf den Lehrer, der es ja wissen muß? Oder tun sie das, weil sie sich für zu dumm halten, etwas zu verstehen, was zu verstehen von ihnen verlangt wird?

Wer sich beim Lernen, z. B. bei der Lektüre dieses Kapitels, ein bißchen beobachtet hat, wird nicht annehmen, daß man im formal-operativen Stadium der Anschaulichkeit nicht mehr bedürfte. Dafür noch ein Beispiel: Stimmt folgender Syllogismus?

Alle A's sind B's
Einige B's sind C's
Folglich: Einige A's sind C's

Nur wer sehr geübt ist, wird das ganz abstrakt überprüfen, etwa so: Aus „Alle A's sind B's" folgt *nicht* „Alle B's sind A's". Es ist also möglich, daß es B's gibt, die nicht-A sind. Und es könnte sein, daß ausschließlich unter diesen letzteren B's diejenigen sind, die C's sind. Dann gäbe es kein A, das C wäre. Also ist der Syllogismus falsch.

Die meisten werden das konkret überprüfen. Setzen Sie ein: für A „Hund", für B „Tier" und für C „Haustier". Der Syllogismus sieht jetzt richtig aus. Setzen Sie nun ein: für A „Hai", für B „Tier" und für C „Haustier". So ist leicht einzusehen, daß der Syllogismus nicht stimmt. Aber es zeigt sich auch, daß, wenn man bei der Veranschaulichung Pech hat und einem ungeeignete Beispiele einfallen, man zu falschen Resultaten kommt. (Beispiel nach Glass u. a. 1979, 388)

In welchem Alter erreichen Jugendliche das formal-operative Stadium?

Diese Frage hat der amerikanische Forscher Lawson mit einem Test untersucht. Ein Test erlaubt, anders als Piagets Interviewtechnik, größere Zahlen von Kindern und Jugendlichen zu erfassen. Im übrigen hat sich Lawson strikt an den Aufgabentypen Piagets orientiert. Einige seiner Ergebnisse werden hier vorgelegt, dazu noch deutsche Untersuchungsergebnisse, die mit dem Lawson-Test gewonnen wurden (alle Angaben nach Gräber/Stork).

Autoren	Schule/ Klasse	Anzahl der Schüler	Durch- schnitts- alter	Entwicklungsstadium konkret in %	Über- gangs- formen in %	formal in %
Lawson Renner (1974)	High- school					
	7. Kl.	96	von	83	1	16
	8. Kl.	108	11,3	77	3	20
	9. Kl.	94	bis	82	3	14
	10. Kl.	94	18,3	72	5	21
	11. Kl.	99		71	8	23
	12. Kl.	97		66	12	22
Klinger Bormann (1978)	Gym- nasium					
	10. Kl.	25	16,3	21	52	27
	11. Kl.	34	16,8	16	42	42
	12. Kl.	36	17,7	8	42	50
Gräber Storck	Gym- nasium 10. Kl.	202	15,6	6,4	63,4	30,2

Diese Befunde muß man ein bißchen relativieren. Testergebnisse müssen aus Gründen der Methode schlechter ausfallen als Interview-Ergebnisse. Wenn bei einem Test ein Kind irgend etwas nicht versteht, darf der Durchführende allenfalls die Testfrage im Wortlaut wiederholen. Im Interview dagegen kann er die Frage in andere Worte fassen, und er kann den Gründen des Unverständnisses nachgehen. Piagets Interviews haben manchmal Ähnlichkeit mit Unterricht; das Kind zeigt nicht, was es von sich aus kann, sondern was es, geleitet von den Fragen, kann. Das macht Piaget so interessant für Lehrer. Lehrer sind weniger interessiert zu erfahren, was ein Kind kann, wenn es ganz auf sich gestellt ist, sondern was es kann, wenn es angeleitet wird. Und eine unverrückbare Grenze ist für den Unterricht nicht schon gegeben, wenn ein Kind die Lösung eines Problems nicht findet, sondern erst, wenn es eine vorgegebene Lösung nicht nachvollziehen kann.

Trotzdem bleiben die Testergebnisse besorgniserregend genug. Sind nicht viele Kinder durch den Unterricht überfordert? Liegt nicht die oft beklagte Abneigung vieler Schüler gegen manche Schulfächer darin begründet, daß von ihnen zu früh zu abstrakte und zu komplexe Denkleistungen gefordert werden? Ganz konkret heißt das: Muß man nicht Ansprüche der Curricula reduzieren? Müssen nicht Lehrer länger auf der Ebene konkreter Beispiele bleiben, ehe sie zu Abstraktionen fortschreiten? Muß man sich nicht mehr Zeit nehmen für die Bildung abstrakter Begriffe? — Diese Fragen bezeichnen Beobachtungsaufgaben für den Lehrer. Er muß seinen Unterricht immer im Verdacht haben, daß er die Schüler überfordert und dadurch entmotiviert.

3. Die Entwicklung des moralischen Denkens (Kohlberg)

Im Geschichts-/Politikunterricht einer 6. Klasse wurde über das Grundgesetz und seine Bedeutung für die Gesetzgebung gesprochen. Unter anderem mußte der Begriff „Menschenwürde" erläutert werden. Darum fragte die Lehrerin: „Wie würdest du reagieren, wenn du von einem Lehrer oder einem deiner Eltern eine Ohrfeige bekämst?" Schülerin: „Ich würde heulen und schimpfen, oder (sie macht sich ganz steif, mit abweisendem Gesichtsausdruck) Ich würde *gar* nichts sagen." Die Lehrerin: „Heulst du, weil es so wehtut?" Schülerin: „Nein, überhaupt nicht; ich heule, weil ich wütend bin." Lehrerin: „Du bist also in deiner Menschenwürde verletzt." (Viele Schülerinnen melden sich, und das Unterrichtsgespräch verläuft eine Weile unter dem Thema „Wie ich einmal geschlagen worden bin".) Die Lehrerin: „Was sollte denn in einem Gesetz stehen, das dafür sorgt, daß die Menschenwürde der *Schüler* nicht verletzt wird?" Eine Schülerin: „Daß man zurückschlagen darf, wenn man von einem Lehrer geschlagen wird." Dieser Vorschlag wird von der Klasse mit großer Zustimmung aufgenommen. Details werden geregelt („Zurückschlagen nur innerhalb der ersten Sekunden"), Ausnahmen besprochen („bei einem Klaps von meinem Vater, wenn ich es verdient habe"). Die Lehrerin: „Gibt es nicht noch andere Möglichkeiten, wie das Gesetz die Würde der Schüler schützen könnte?" Eine Schülerin, nach einer Pause: „Man könnte den Lehrern verbieten, die Schüler zu schlagen." Auch dieser Vorschlag findet eine breite, wenn auch weniger engagierte Zustimmung.

Der Gesprächsverlauf ist verblüffend. Die Schülerinnen haben sichtlich nacherlebt, was es heißt, in seiner Würde verletzt zu sein, und trotzdem sind sie zunächst dafür, Vergeltung (Gleiches mit Gleichem) gesetzlich zu erlauben. Die Versuchung für den Lehrer, von oben herab und womöglich sarkastisch zu reagieren („Wenn jeder jeden ohrfeigt, dann ist wohl die Menschenwürde gesichert!"), ist groß. Aber Schüler dieses Alters, darüber belehren uns entwicklungspsychologische Forschungen, können gar nicht anders argumentieren. Ihren Äußerungen liegt ein alterstypischer Gerechtigkeitsbegriff zugrunde: Beide Kontrahenten dürfen schlagen oder keiner, und beides ist gleich richtig. Daß man außer einer ganz buchstäblich aufgefaßten Gleichheit noch das Prinzip der Menschenwürde wahren müsse, das ist ein Gedanke, den sie nicht selbst denken, und nicht einmal nachvollziehen können. Über solche entwicklungsbedingten Grenzen soll im folgenden informiert werden. Denn damit wird jeder Lehrer konfrontiert, der im Unterricht moralische Fragen erörtert. In Fächern wie Deutsch, Religion und Geschichte erfordern die Inhalte, daß man sich auch moralisch urteilend mit ihnen auseinandersetzt, aber auch in den Naturwissenschaften, etwa beim Thema Umweltschutz, geht es nicht selten um moralische Fragen. Noch schwieriger wird die Diskussion, wenn es um den konkreten Fall geht, um Fragen der Gerechtigkeit im Schulalltag. Wer darüber mit seinen Schülern sprechen will, muß wissen, auf welchem Niveau sie überhaupt argumentieren können.

Es geht also zunächst „nur" darum, wie sich moralisches Denken und Argumentieren entwickelt; das moralische Handeln bleibt vorerst unberücksichtigt.

Piaget hat 1932 „Das moralische Urteil beim Kinde" veröffentlicht, dann aber dieses Forschungsgebiet aufgegeben. Der amerikanische Pädagoge Lawrence Kohlberg hat es in jahrzehntelanger Arbeit weitergeführt. Sein Werk hat in den letzten Jahren eine immer breitere Diskussion ausgelöst, und fast jeder, der sich zur Moral von Kindern und Jugendlichen oder zu Fragen der moralischen Erziehung äußert, bezieht sich zustimmend oder kritisch auf Kohlberg.

Der alltagssprachliche Begriff von Moral ist undeutlich. Was versteht Kohlberg unter Moral? Zentral ist für ihn der Begriff der *Gerechtigkeit*. Menschen haben unterschiedliche Interessen, es gibt Interessenkonflikte: Nach welchen Grundsätzen sollen solche Konflikte gerecht geregelt werden? Menschliches Zusammenleben erfordert die Übernahme von Pflichten und die Anerkennung von

Rechten: Was ist eine gerechte Verteilung von Rechten und Pflichten? Schreiner (1983, 120) bezeichnet Kohlbergs Auffassung als eine *Ethik der Kooperation* — das trifft es vielleicht noch besser als der Ausdruck „Gerechtigkeit".

Kohlberg unterscheidet drei „Niveaus" der moralischen Entwicklung. Kriterium ist die Orientierung an „Konventionen", das sind Gesetze, aber auch ungeschriebene Rechte und Pflichten, die in der jeweiligen Gesellschaft oder auch in einer religiösen Gemeinschaft gelten. Zuerst orientiert man sich noch nicht an solchen Konventionen, dann ausschließlich, und endlich — falls man dieses Niveau hinter sich läßt — entdeckt man höhere Maßstäbe. Entsprechend heißen die Niveaus präkonventionell — konventionell — postkonventionell. Auf dem ersten Niveau bleiben Kinder bis mindestens zum neunten Lebensjahr, und einige Jugendliche und Erwachsene bleiben darin stecken; auf dem zweiten Niveau sind fast alle Jugendlichen und die meisten Erwachsenen; das dritte wird nur von einer Minderheit Erwachsener erreicht. (Ob dieses pessimistische Resultat nicht überwiegend durch Kohlbergs Methode bedingt ist, ist später zu erörtern.) Die drei Niveaus werden in je zwei, also insgesamt sechs „Stufen" unterteilt.

Im folgenden werden die Entwicklungsstufen des moralischen Denkens nach Kohlberg dargestellt. Zunächst wird eine Übersicht gegeben. (Inhaltlich ist sie ein Auszug aus Kohlberg 1978, überarbeitet nach Kohlberg 1984 und Colby/Kohlberg 1987; in der Formulierung entspricht sie weitgehend der Tabelle 3 in Kegan 1986, der dasselbe alltagssprachlich-schlichter ausdrückt.) Dann wird die Übersicht an Beispielen erläutert. Dabei wird auch von dem Verfahren einiges sichtbar, mit dem Kohlberg zu seinen Ergebnissen gekommen ist.

WAS RICHTIG IST	GRÜNDE, DAS RICHTIGE ZU TUN
Niveau I — Präkonventionell	
Stufe 1 — Heteronome Moralität	
Halte dich an Regeln (Gebote, Verbote). Tue nichts, wofür man bestraft wird. Sei gehorsam. Verletze niemand und beschädige nicht das Eigentum	Man respektiert fraglos Autoritäten und Regeln. Strafe oder Strafandrohung ist etwas, woran man eine Regel als Regel erkennt.[3] Die Größe einer Ver-

anderer. Gegenüber Gleichberechtigten (Geschwister, Mitschüler) bestehe auf genauer Gleichbehandlung.

fehlung hängt ab von der Größe des angerichteten Schadens. (Die gute oder böse Absicht wird noch nicht berücksichtigt.) Gleichheit — beim Teilen und Bestrafen — wird ganz buchstäblich aufgefaßt (jedem das Gleiche; „wie du mir, so ich dir").

Stufe 2 — Individualismus, Zweckdenken und Tausch

Befolge Regeln nur, wenn du damit unmittelbar jemand nützt; handele gemäß deinen eigenen Interessen und Bedürfnissen und billige anderen das gleiche Recht zu. Richtig ist, was fair ist, ein gerechtes Geben und Nehmen, ein Abkommen, eine Übereinkunft.

Man möchte die eigenen Interessen und Bedürfnisse befriedigen und lebt dabei in einer Welt, in der man auch die Interessen anderer berücksichtigen muß. Beim Teilen und beim Strafen werden bereits Besonderheiten berücksichtigt (individuelle Bedürfnisse, mildernde Umstände).

Niveau II — Konventionell

Stufe 3 — Wechselseitige Erwartungen, Beziehungen und Konformität

Erfülle, was Menschen, die dir nahestehen, von dir erwarten oder was Menschen allgemein von bestimmten Rollen erwarten, die du ihnen gegenüber einnimmst, wie Sohn, Bruder, Freund usw. Es ist wichtig, ein „guter Mensch" zu sein, das heißt gute Absichten zu haben und sich um andere zu kümmern. Es bedeutet auch, gute Beziehungen zu anderen zu unterhalten, die durch gegenseitiges Vertrauen, Treue, Achtung und Dankbarkeit gekennzeichnet sind.

Man möchte vor sich selbst und anderen ein guter Mensch sein und bewertet auch andere danach, ob sie diesem Bild entsprechen. Man achtet nicht mehr überwiegend auf das, was einer tut, sondern berücksichtigt seine Absichten. Man versetzt sich in die Lage anderer und glaubt deshalb an die Goldene Regel: „Alles, was ihr von anderen erwartet, das tut auch ihnen." Man möchte Regeln und Autoritäten wahren, die dafür sorgen, daß Menschen so handeln, wie es allgemein für gut befunden wird.

Stufe 4 — Soziales System und Gewissen

Erfülle die Pflichten, die du übernommen hast. Gesetze müssen befolgt werden es sei denn, in den besonderen Ausnahmefällen, wenn sie mit anderen festgelegten sozialen Pflichten in Widerspruch geraten. Richtig ist auch, die Gesellschaft, Gruppen oder Institutionen (z. B. Eigentum) zu stützen. Soziale Verantwortung ist ein hoher Wert, und soziale Verdienste sind besonders anzuerkennen.

Die Gesellschaftsordnung muß aufrechterhalten werden; also darf man nichts tun, was zu ihrem Zusammenbruch führen würde, „wenn das jeder täte". Ein guter Mensch zu sein, genügt dafür nicht, sondern alle müssen sich an ein System festgelegter Regeln halten. Das sind die Gesetze und sonstigen gesellschaftlichen Regelungen. An deren Stelle kann auch das Gewissen treten, das sich auf weltanschaulich-religiös begründete Gesetze beruft.

Niveau III — Postkonventionell oder prinzipiengeleitet

Stufe 5 — Sozialvertrag bzw. der gesellschaftliche Nutzen; individuelle Grundrechte

Mache dir bewußt, daß Menschen verschiedene Werte und Meinungen vertreten und daß die meisten Werte und Regeln spezifisch für bestimmte Gruppen, also relativ sind. Dennoch sollten sie gewöhnlich befolgt werden, weil sie Gerechtigkeit gewährleisten und weil sie soziale Übereinkunfte darstellen. Einige Rechte und Werte haben absoluten Charakter, zum Beispiel *Leben* und *Freiheit*; sie müssen in jeder Gesellschaft respektiert werden, unabhängig davon, ob die Mehrheit sie unterstützt oder nicht.

1. Man fühlt sich aufgrund eines Sozialvertrages an das Gesetz gebunden; dieser besagt, daß Gesetze geschaffen und eingehalten werden zum Wohl aller und um die Rechte aller Menschen zu schützen. 2. Man fühlt sich an freiwillige Abmachungen gebunden, an Verpflichtungen, die mit Familie, Freundschaft, Vertrauen und Beruf verknüpft sind. 3. Gesetze und Pflichten sollen auf sinnvollen Erwägungen ihres allgemeinen Nutzens beruhen, nach der Devise: „Der größtmögliche Nutzen für die größtmögliche Zahl."

Stufe 6 — Universale ethische Prinzipien

Befolge selbstgewählte ethische Prinzipien. Spezielle Gesetze oder soziale Übereinkünfte besitzen gewöhnlich Gültigkeit, da sie auf solchen Prinzipien beruhen. Wenn Gesetze zu diesen Prinzipien in Widerspruch stehen, halte dich an diese Prinzipien. Prinzipien sind allgemeine Vorstellungen von Gerechtigkeit: alle Menschen haben gleiche Rechte, und die Würde des Individuums ist zu achten.	Als vernunftbegabtes Wesen glaubt man an die Gültigkeit allgemeiner moralischer Prinzipien und fühlt sich ihnen persönlich verpflichtet.

Kohlberg und andere haben diese Stufen in jahrzehntelanger Arbeit empirisch erforscht. Danach durchläuft — jedenfalls in unserer Kultur — der Mensch diese Stufen notwendig in dieser Reihenfolge, wenn auch nicht notwendig bis zur sechsten Stufe. Diese Feststellung ist beschreibend. Die Stufen werden aber auch bewertet: Die jeweils spätere Stufe ist nicht nur später, sondern auch wertvoller, und zwar in einem doppelten Sinn. 1) Jede Stufe ist in dem Sinn wertvoller, als sie sich der für Stufe 6 formulierten Ethik nähert. Das ist eine ethische (oder metaethische) Bewertung, die Kohlberg durch philosophische Argumente stützt. Diese Argumente und den Streit darum nachzuzeichnen, fehlt uns hier der Raum. 2) Jede Stufe ist leistungsfähiger als die vorhergehende. Auf jeder Stufe werden Probleme lösbar, die vorher entweder gar nicht wahrgenommen oder nicht gelöst werden können. Die höhere Leistungsfähigkeit der späteren Stufen liegt darin begründet, daß die *Perspektive*, aus der man menschliche Verhältnisse sieht, immer umfassender wird. (Der Begriff der Perspektive ist in Kohlbergs Theorie ebenso zentral wie der der Gerechtigkeit.)

Stufe 1:	die eigene Perspektive
Stufe 2:	eine zweite Perspektive, die konkreter Anderer (z. B. von Spielgefährten)
Stufe 3:	die Perspektive vorgestellter Anderer
Stufe 4:	die Perspektive des Systems der Gesellschaft
Stufe 5 und 6:	die Perspektive des vernünftigen Menschen

Die Perspektive der 6. Stufe in den Worten Kohlbergs: „Die Schritte, die notwendig sind, um eine Entscheidung auf der Stufe 6 zu treffen, sind: 1. Sich selbst in den Positionen jeder einzelnen Person in der betreffenden Situation vorzustellen und alle Ansprüche zu bedenken, die eine an ihrem Eigennutz interessierte Person in jeder dieser Positionen geltend machen könnte. 2. Sich dann zu fragen, welche Ansprüche man aufrechterhalten würde und welche man aufgeben würde, wenn man nicht wüßte, welche Person man in der betreffenden Situation sein soll. 3. Danach ein moralisches Urteil zu formulieren, das mit den völlig reversiblen Ansprüchen übereinstimmt (d. h. mit den Ansprüchen, die man auch dann aufrechterhalten würde, wenn man nicht weiß, welche Person man in der Situation ist)." (Kohlberg und Elfenbein 1975, 201, zitiert nach Schreiner 1983, 111)

Die *Untersuchungsmethode* Kohlbergs ist eine Interviewtechnik. Den Befragten werden Erzählungen vorgelegt, die ein moralisches *Dilemma* enthalten. In einem moralischen Dilemma befindet sich eine Person dann, wenn sie widersprüchlichen moralischen Forderungen ausgesetzt ist: Wie auch immer sie sich verhält, sie muß einer dieser Forderungen entgegenhandeln, obwohl sie sie anerkennt. Zwei Dilemmas, das Heinz-Dilemma und das Joe-Dilemma, lauten so:

Irgendwo in Europa stand eine krebskranke Frau kurz vor dem Tode. Es gab ein Medikament, das sie nach Meinung der Ärzte hätte retten können, eine Radiumverbindung, die ein Apotheker in jener Stadt vor kurzem entdeckt hatte. Das Medikament war teuer in der Herstellung, aber der Apotheker verlangte zehnmal soviel, wie ihn die Herstellung gekostet hatte. Er zahlte 400 Dollar für das Radium und verlangte 4 000 Dollar für eine kleine Portion des Medikaments. Der Mann der kranken Frau, Heinz, bat alle seine Bekannten, ihm Geld zu borgen, und tat alles, was das Gesetz erlaubt, aber er konnte nur etwa 2 000 Dollar, die Hälfte des Preises, zusammenbringen. Er sagte dem Apotheker, daß seine Frau im Sterben liege, und bat ihn, ihm das Medikament billiger zu verkaufen oder ihn später bezahlen zu lassen. Aber der Apotheker sagte „Nein, ich habe das Medikament erfunden, und ich will Geld daran verdienen." Nachdem Heinz also alles gesetzlich Erlaubte getan hat, gerät er in Verzweiflung und überlegt, ob er in die Apotheke einbrechen und das Medikament für seine Frau stehlen soll.

Joe ist ein 14jähriger Junge, der gern in ein Ferienlager gehen wollte. Sein Vater versprach ihm, er dürfte gehen, wenn er das Geld alleine verdiente. Joe arbeitete hart als Zeitungsausträger und bekam die 100 Dollar zusammen, die das Lager kostete, und noch etwas zusätzliches Geld. Aber kurz bevor das Lager begann, änderte sein Vater seine Meinung. Einige seiner Freunde wollten eine ganz besondere Angeltour unternehmen, und Joes Vater hatte nicht genug Geld, daran teilzunehmen. Deshalb sagte er Joe, er solle ihm das Geld geben, das er beim Zeitungsaustragen verdient hatte. Joe will aber nicht auf das Ferienlager verzichten, und so denkt er darüber nach, ob er es ablehnen soll, seinem Vater das Geld zu geben.

Die Dilemmas könnten realistischer sein, aber sie sind so konstruiert, daß ein moralischer Konflikt ganz unausweichlich ist, und zwar entstehen ganz unterschiedliche Konflikte, je nach Entwicklungsstand des Interviewten. Im Joe-Dilemma kann es einerseits um Gehorsam *oder* Dankbarkeit des Sohnes, andererseits um seine Eigentumsrechte *oder* die Pflichten des Vaters gehen. Auf den meisten Stufen sind beide Lösungen möglich: Heinz soll einbrechen / er soll nicht einbrechen, Joe soll das Geld geben / nicht geben. Charakteristisch für die Stufen sind nicht die Lösungen, sondern die Argumente, mit denen die eine oder die andere Lösung begründet wird.

In den folgenden Lösungen des Heinz-Dilemmas sind die Argumente, die für die Stufe charakteristisch sind, unterstrichen.

Stufe 1

Pro: Er sollte das Medikament stehlen. Es sich zu nehmen, ist nicht wirklich schlecht. Zuerst hat er ja angeboten, dafür zu zahlen. Das Medikament, das er sich nahm, war nur 400 Dollar wert, in Wirklichkeit hat er gar nicht einen Wert von 4 000 Dollar gestohlen. — Wenn man die Frau sterben läßt, kriegt man Schwierigkeiten. Es wird einem vorgeworfen werden, daß man nicht alles Geld aufbrachte, um sie zu retten, und einem selbst, wie dem Apotheker, droht eine gerichtliche Untersuchung wegen dem Tod der Frau.

Contra: Er sollte das Medikament nicht stehlen, das ist ein großes Verbrechen. Er war dazu nicht befugt, er gebrauchte Gewalt und brach ein. Er hat großen Schaden angerichtet, indem er ein teures Medikament stahl, und auch, indem er in die Apotheke einbrach. — Man soll das Medikament nicht stehlen, weil man erwischt werden und ins Gefängnis kommen kann. Wenn man durchkommt, wird man dauernd ein schlechtes Gewissen haben und denken, daß die Polizei einen jeden Augenblick holen kann.

Stufe 2

Pro: Es ist in Ordnung, das Medikament zu stehlen, weil die Frau es braucht, und er will, daß sie am Leben bleibt. Er will ja eigentlich nicht stehlen, aber ihm bleibt gar nichts anderes übrig, um das Medikament zu bekommen und sie zu retten. — Sollte man erwischt werden, kann man das Medikament ja zurückgeben, und man würde nicht viel dafür kriegen. Was macht es aus, etwas Knast abzusitzen, wenn man seine Frau hat, wenn man rauskommt.

Contra: Er sollte es nicht stehlen. Der Apotheker tut nichts Unrechtes oder Schlechtes, er will nichts anderes als Profit machen. Das ist doch der Sinn eines Geschäfts, Geld verdienen. — Er wird vielleicht keine große Strafe kriegen, wenn er das Medikament stiehlt, aber seine Frau wird wahrscheinlich sterben, bevor er rauskommt, darum hat er nicht viel davon. Wenn seine Frau stirbt, sollte er sich keine Vorwürfe machen, es war nicht seine Schuld, sie hatte Krebs.

Stufe 3

Pro: Er sollte das Medikament stehlen. Er tat nur etwas, was für einen guten Ehemann ganz natürlich ist. Man kann ihn nicht dafür tadeln, was er aus Liebe zu seiner Frau tut, eher sollte man ihn tadeln, wenn er seine Frau nicht genug lieben würde, um ihr helfen zu wollen. — Niemand wird sagen, daß er schlecht ist, wenn er das Medikament stiehlt, aber seine Familie wird sagen, er sei ein schlechter Ehemann, wenn er es nicht tut. Wenn er seine Frau sterben läßt, wird er nie wieder jemand offen ins Gesicht sehen können.

Contra: Er sollte nicht stehlen. Wenn seine Frau stirbt, kann man ihm keinen Vorwurf machen. Es ist ja nicht so, als wäre er herzlos und würde sie nicht genug lieben, um alles für sie zu tun, was rechtlich möglich ist. Der Apotheker ist der Egoist und der Herzlose. — Nicht nur der Apotheker wird ihn für einen Kriminellen halten, sondern alle anderen auch. Wenn er es stiehlt, wird er sich schlecht vorkommen und wissen, daß er über sich und seine Familie Schande gebracht hat; er wird nie wieder jemandem offen ins Gesicht sehen können.

Stufe 4

Pro: Er sollte es stehlen. Wenn er nichts täte, ließe er sie sterben, und er wäre dafür verantwortlich, daß sie stirbt. Er muß es stehlen und sich vornehmen, es dem Apotheker später zu bezahlen. — Wer so viel Profit macht, mißachtet seine Verantwortung gegenüber der Allgemeinheit.

Contra: Es geht um das Gesetz. Zu unseren Regeln gehört, daß wir versuchen, jeden zu schützen, Eigentum zu schützen, nicht bloß eine Apotheke zu schützen. Das ist etwas, was wir in unserer Gesellschaft brauchen. Wenn wir diese Gesetze nicht hätten, würden die Leute stehlen, sie brauchten für ihren Lebensunterhalt nicht mehr zu arbeiten, und unsere ganze Gesellschaft würde aus den Fugen gehen. — Man ist verzweifelt und weiß vielleicht nicht, daß man etwas Falsches tut, wenn man das Medikament stiehlt. Aber man wird es wissen, nachdem man bestraft und ins Gefängnis geworfen wurde. Man wird sich immer für seine Gesetzesübertretung und seine Ehrlosigkeit schuldig fühlen.

Stufe 5

Pro: Es ist die Pflicht eines Mannes, seine Frau zu retten. Die Tatsache, daß ihr Leben in Gefahr ist, hat größere Bedeutung als jeder andere Maßstab, nach dem man seine Tat beurteilen kann. Leben ist wichtiger als Eigentum. (Frage des Interviewers: Angenommen, es wäre ein Freund, nicht seine Frau?) Ich glaube nicht, daß das unter moralischen Gesichtspunkten einen größeren Unterschied machen würde. Es ist immer noch ein Mensch, der in Gefahr ist. (Angenommen, es sei ein Fremder?) Um konsequent zu sein, auch dann, vom moralischen Standpunkt aus.

(Quelle: Rest, 1968, zitiert nach Kohlberg 1974, 66—70; das Beispiel zu Stufe 5 und 2 Beispiele zu Stufe 4 aus Colby/Kohlberg, 1987, 21, 17, 29)

Bevor der Leser vor die Aufgabe gestellt wird, selbst Äußerungen verschiedenen Stufen zuzuordnen, sind einige Hinweise angebracht. In allen „fortgeschrittenen" Äußerungen finden sich Argumente, die schon auf früheren Stufen möglich waren. Denn die Stufen lösen einander nicht ab in dem Sinn, daß frühere Werte aufgegeben würden. Natürlich hat auch ein postkonventioneller Mensch Angst vor dem Gefängnis (Stufe 1), strebt einen Ausgleich der Interessen an (Stufe 2), legt Wert auf Zuneigung und Freundschaft (Stufe 3). Die jeweils höhere Stufe behält die früheren Elemente bei, fügt ihnen aber neue hinzu und integriert Altes und Neues. In der letzten der zitierten Antworten z. B. (Stufe 5) bemerkt man sehr gut, daß dem Befragten zwar „vom moralischen Standpunkt" jedes Menschenleben gleich viel wert ist, daß es aber für ihn einen Unterschied macht, ob ein Mann seine Frau oder irgendeinen Menschen rettet. Mehrfach bringen die Befragten Argumente einer früheren Stufe vor und gehen dann mit „aber" oder „dennoch" zu den höheren Argumenten über. — Es ist oft schwierig, aus kurzen und isolierten Äußerungen auf die Stufe zu schließen. Man möchte z. B. nachfragen, was einer meint, wenn er „verantwortlich" sagt. (Und im Unterricht kann man ja auch nachfragen.) Bei der ersten der folgenden Aufgaben wird deshalb mancher zu anderen Zuordnungen kommen als Kohlberg. Man muß ja auch Kohlberg nicht zustimmen; doch lohnt es sich allemal zu überlegen, warum er so einstuft, wie er es tut.

Aufgaben:

1. Ordnen Sie die folgenden Äußerungen zum Joe-Dilemma einer der 5 Stufen zu (Auflösung im Anmerkungsteil)[4].

   (1) Wenn der Vater verlangte, das Geld herzugeben, würde ich es ihm geben, weil er älter ist und weil er der Vater ist. (Hat er das Recht dazu?) Nein. (Warum sollte er es dann hergeben?) Weil er älter ist.

   (2) Dein Vater tut für dich, was er kann, also solltest du auch etwas für ihn tun. [. . .] Du gibst ihm ein bißchen zurück für das, was er dir gibt. Er gibt dir viel. Im Normalfall erweist dir der Vater Liebe. Papa möchte sich ein Vergnügen machen, und wenn du dabei helfen kannst, warum nicht?

   (3) (Warum ist es wichtig, ein Versprechen zu halten?) Wenn man es nicht tut, ist man ein Lügner. Man darf nicht lügen, weil man sonst Pickel auf der Zunge kriegt.

   (4) Joe muß seinem Vater vertrauen können, damit er andere respektieren kann. Sein Vater ist ein Rollenmodell für ihn, und sein Handeln wird die Entwicklung von Joes Gerechtigkeitsgefühl sehr beeinflussen.

   (5) Er sollte ihm das Geld nicht geben, weil er es gespart hat und es so ausgeben sollte, wie er es will. Wenn sein Vater angeln gehen will, soll er selbst Geld verdienen.

(6) Es ist wichtig, daß jeder das Eigentum des anderen respektiert. Das heißt nicht, daß man sich nicht über diesen Respekt in Fällen wie der Heinz-Geschichte hinwegsetzt. (Warum?) Nun, wir sind sonderbare Wesen. Wir erheben gern Anspruch auf die Sachen um uns herum. Nimmt man uns unsere Sachen weg, fühlen wir uns verletzt. [. . .] Das Wesentliche ist das Eigentumsrecht, nicht das Eigentum selbst. Wenn jemand einen vernünftigen Grund hat, warum ihm etwas gehört, dann verletzen wir seine Persönlichkeit, wenn wir es ihm wegnehmen.

(7) Ich denke, er sollte es ihm geben. Väter wissen es besser. Es ist nicht seine Pflicht, aber er sollte es tun. Er könnte es ablehnen, weil er das Geld allein verdient hat. (Wäre er ein schlechter Sohn, wenn er das Geld nicht hergäbe?) Eigentlich nicht. Der Vater hat kein Recht, das Geld zu nehmen, das dem Sohn gehört.

(Quelle: Colby/Kohlberg 1987)

2. Ein bekannter Politiker hatte 7 Wochen vor Kriegsende wegen „Entfernung von der Truppe" die Todesstrafe gegen einen Soldaten beantragt und die Erschießung selbst geleitet. Er verteidigte das mit den Worten: „Was damals Rechtens war, das kann heute nicht Unrecht sein." Auf welchem Niveau argumentierte er? Wie kann man ihn von einem höheren Niveau aus kritisieren? Kann man ihn auch von einem niedrigeren Niveau aus kritisieren?

3. Wie würden vermutlich Kinder und Jugendliche auf den Stufen 1—4 folgendes Dilemma lösen? — Zwei Freundinnen sind in einem Kaufhaus und bewundern die schönen Blusen. Die eine verschwindet in einer der kleinen Probierkabinen, die andere wehrt ab und sagt: „Das hat doch keinen Sinn, wir haben ja nicht genug Geld." Plötzlich stolziert die eine Freundin mit der Bluse unter dem Mantel augenzwinkernd an der anderen mit einem „Tschüß" vorbei aus dem Laden. Die andere aber, die zu spät reagiert, wird zurückgehalten, von einem Aufseher untersucht, sie wird ins Büro des Chefs diktiert, und man droht ihr mit Schwierigkeiten, wenn sie den Namen ihrer Freundin nicht angibt. Soll sie nun den Namen ihrer Freundin angeben oder nicht? (Quelle: Oser 1987)

Nur wenige derer, die mit Kohlbergs Interview-Technik befragt worden sind, befanden sich auf Stufe 5, so gut wie keiner auf Stufe 6. Kohlberg hat Stufe 6 zuletzt nur aus philosophischen Erwägungen beibehalten; empirisch war sie unbrauchbar. Das ist natürlich ganz unbefriedigend und weckt Zweifel an der Untersuchungsmethode. Kohlberg stuft die Personen ein nach den Antworten, die sie *spontan* geben. Infolge dessen mißt er auch sprachliche Fähigkeiten. Um auf dem postkonventionellen Niveau argumentieren zu können, braucht man einen bestimmten Wortschatz und bestimmte (erlernte) Argumentationsformen. Tatsächlich gewinnt man bei der Lektüre der Interviews den Eindruck, es müsse einer schon ein paar Semester Ethik studiert haben, um als postkonventioneller Denker identifiziert zu werden. Wenn man Formulierungen *vorgibt*, kommt man zu anderen Resultaten. Rest (1986) hat einen Test entwickelt, bei dem die Befragten vorgegebene Argumente beurteilen und in eine Rangfolge bringen. Der Test ist viele tausend mal angewendet worden. Damit kommt man zu dem Resultat, daß ab dem 13./14. Lebensjahr (bei jüngeren kann man den Test nicht einsetzen) sich die meisten Menschen auf der 5. oder 6. Stufe befinden. Nun hat natürlich auch diese Methode ihre Schwächen. Zum Glück müssen wir uns nicht in den Methodenstreit verwickeln, sondern können aus den Ergebnissen beider Forschungsrichtungen für unsere praktischen Zwecke ein paar einfache Schlußfolgerungen ziehen:

- Wir bleiben bei der Kohlbergschen Definition der Stufen, und dazu gehört, daß es darauf ankommt, welche Argumente einer spontan äußert.
- Nach diesem Maßstab wird man in der Primarstufe die Stufen 1 bis 2 vorfinden, in der Sekundarstufe fast ausschließlich die Stufen 2 bis 4.
- Die Kinder und Jugendlichen äußern Argumente ihrer Stufen, und zwar überwiegend, und Argumente darunterliegender Stufen.
- Sie können aber Argumente verstehen, beurteilen und für richtig halten, die eine (eventuell sogar zwei) Stufen über ihrer eigenen liegen.
- Es gibt Formen des Unterrichts, durch die sie zu einer höheren Stufe des moralischen Argumentierens geführt werden können, allerdings können sie sich nur um maximal eine ganze Stufe steigern.

Ziel dieser kurzen Einführung in Kohlbergs Theorie der Entwicklung des moralischen Denkens war, die Verständigung zwischen Schülern und Lehrern zu erleichtern: Welche Argumente kann ich als Lehrer von den Schülern erwarten? Für welche Argumente sind sie zugänglich? Solange der Lehrer, planend und unterrichtend, diese Hilfe von Kohlbergs Theorie erwartet, ist er auf sicherem Grund; dafür ist die Theorie ausgereift genug und genügend empirisch fundiert. Voraussetzung ist natürlich ein vernünftiger Gebrauch: Man kann mit den Kohlbergschen Kategorien Vermutungen formulieren und seine Beobachtungen ordnen. Wenn man weitergeht, „etikettiert" man die Schüler und entwickelt Vorurteile. Immer muß man sich darüber klar sein, daß eine Einstufung auf Interpretation beruht; das gilt selbst für trainierte Interviewer mit ausgefeiltem Instrumentarium (wenn auch hier ein höheres Maß an Objektivität gegeben ist).

Drei Überlegungen sollen das bisherige abrunden: (1) In welche Krisen führt die Entwicklung des moralischen Denkens? (2) Wie hängen moralisches Denken und moralisches Handeln zusammen? (3) Soll man die Entwicklung des moralischen Denkens stimulieren, und wie kann man das tun?

Je reifer das Denken wird — so stellte es sich dar —, um so größer wird die Fähigkeit, Probleme zu lösen. Die Sache hat eine Kehrseite: Je reifer das Denken wird, um so größer wird die Fähigkeit, Probleme überhaupt wahrzunehmen. Im Denken von jüngeren Kindern können Widersprüche nebeneinander bestehen; sie werden überhaupt nicht bemerkt. Das gleiche gilt für Widersprüche zwischen Denken und Reden, Reden und Handeln, bei sich selbst und bei anderen. Solche Widersprüche können um so weniger unbemerkt bleiben, je umfassender und je systematischer das Denken wird. Es wird dann zwangsläufig um so kritischer: gegenüber der eigenen Person, gegenüber anderen, nicht zuletzt gegen Autoritäten, und schließlich gegenüber dem Gesellschaftssystem, dessen Unzulänglichkeiten entdeckt werden. Auf Stufe 2 entdeckt man vielleicht unberechtigte Privilegien der Eltern und anderer Erwachsener, auf Stufe 3 womöglich, daß der eigene Vater kein netter Mensch ist und Vertrauen nur mit Einschränkung verdient (wie der Vater im Joe-Dilemma), und auf Stufe 4 entwickelt man vielleicht einen verbalen moralischen Rigorismus, der das Zusammenleben unerfreulich macht. Dazu kommt noch, daß kein Jugendlicher eine neue Stufe mit einem Sprung erobert, sondern in einem mühsamen Prozeß mit allerlei Rückschlägen. Das führt dann zu Widersprüchlichkeiten im Denken, die dem um Verständnis bemühten Erwachsenen viel abverlangen. Alles in allem: Einige der Probleme, die als typisch für das Jugendalter gelten, erklären sich aus der zunehmenden kognitiven Kompetenz der Jugendlichen auf dem Gebiet der Moral.

Wie verhalten sich moralisches Denken und moralisches Handeln zueinander? Zunächst ist einmal festzuhalten, daß man auf jeder Stufe moralisch oder unmoralisch handeln kann. Es wäre „ein grobes und außerordentlich gefährliches Mißverständnis, würde jemand Kohlbergs Stufen als objektive Meßlatte für die moralische Qualität der Schüler verstehen wollen. [. . .] Moralischer Charakter bemißt sich an der Bereitschaft und der Fähigkeit, die auf der jeweils erreichten Stufe zugänglichen moralischen Einsichten auch unter persönlichen Kosten im eigenen Handeln durchzuhalten." (Nunner-Winkler 1987, 23) Ob einer das tut, nämlich gegen eigene Interessen und Wünsche das als richtig Erkannte auszuführen, hängt offenbar weniger von intellektuellen Qualitäten ab, sondern von Qualitäten, die mit Ich-Stärke, Selbstachtung und Achtung anderer, Fürsorglichkeit und Verantwortungsgefühl bezeichnet werden, und natürlich auch von momentanen Gefühlen und Motiven. Wie sich diese Komponenten im Interview auswirken, ist ganz ungewiß. Im Interview findet sozusagen ein Probehandeln statt. Man identifiziert sich mit einer Person in einem moralischen Dilemma und sagt, wie man handeln würde. Aber man *ist* nicht im Dilemma, und man handelt nicht. Vielleicht würde man im Ernstfall anders denken. Oder vielleicht würde man genauso denken, aber anders handeln. Wenn das so ist, lohnt es dann, bei sich und anderen moralisches Denken zu entwickeln? So allgemein gefragt, ist das eine Scheinfrage. Die Alternative wäre ja wohl Erziehung als gedankenlose Dressur. Immerhin ist auch das schon gefordert worden.

Ganz anders steht es mit der Frage, ob man das moralische Denken im Sinn Kohlbergs stimulieren solle, mit dem Ideal der Stufe 6.

Ich plädiere dafür. Und angesichts der kontroversen und breitgefächerten Diskussion der Moralphilosophen beschränke ich mich darauf, die Frage unter dem Aspekt der politischen Erziehung zu sehen. Hier nun scheiden sich die Geister. Daß man die Schüler bis Stufe 4 führen solle, also dazu, bei politischen Fragen das gesellschaftliche Ganze zu sehen, dem werden die meisten wohl noch zustimmen. Den Schülern zu helfen, das postkonventionelle Niveau zu erreichen, ist Bestandteil einer emanzipatorischen Erziehung. Postkonventionell zu denken heißt, daß Normen, Wertvorstellungen, Tugenden, Rollenerwartungen kritisiert werden *können*; wenn man sie auch in ihrer Mehrzahl nicht bezweifelt, bedürfen sie doch prinzipiell der Rechtfertigung. Die Kritik kann bis zu einer Rechtfertigung von Gesetzesverstößen führen. Und das nicht nur in der Theorie, wie zum Beispiel Diskussionen über Greenpeace-Aktionen zeigen. (Man sollte das freilich nicht zu dramatisch sehen. Wie etwa das Heinz-Dilemma zeigt, geht es nicht darum, Normen zur Disposition zu stellen; es bleibt unbezweifelt, daß man in aller Regel nicht stehlen soll, die Gesetze achten soll, hilfreich und fürsorglich sein soll und Leben retten soll; nur gibt es eben Situationen, in denen man diesen Forderungen nicht zugleich genügen kann.)

Die folgenden Empfehlungen sind also hypothetisch. Es muß sich einer zu einer emanzipatorischen Erziehung entschieden haben, wenn er sich auf sie einlassen will. Daß man so zum Nachdenken über Erziehung angehalten wird, ist vielleicht der größte Nutzen, den die Kohlberg-Diskussion der Pädagogik gebracht hat.

Wie kann man nun die Entwicklung des moralischen Denkens stimulieren. Kohlberg und andere haben die Dilemmas, die zunächst als Untersuchungsinstrumente entwickelt wurden, auch zu Erziehungszwecken eingesetzt. Über eine Reihe von Stunden diskutieren die Schüler über Dilemmas (und nach allen Berichten tun sie das mit Eifer). Dabei entwickeln sie nachweislich ihr moralisches Denken. Wiederum aus Gründen der politischen Erziehung befürworte ich, zwar die Methoden der Dilemmadiskussion zu übernehmen, sie aber auf realistische Probleme anzuwenden oder jedenfalls *auch* auf realistische Probleme anzuwenden. Die Gründe möchte ich an einem Beispiel demonstrieren.

Anläßlich der letzten Volkszählung wurden viele Eltern und Lehrer in heftige Diskussionen mit Jugendlichen verwickelt. Nicht für jeden wurde hier ein moralisches Problem sichtbar; das Bundesverfassungsgericht mußte der Einsicht vieler Politiker nachhelfen. Zwei Werte waren gegeneinander abzuwägen: das Recht des Individuums auf „informationelle Selbstbestimmung" gegen Erfordernisse des Gemeinwohls (gerechte Verteilung öffentlicher Gelder, eine dem Bedarf entsprechende Wohnungsbaupolitik u. a.). Man muß nun zwei zeitliche Stadien unterscheiden. Vor der Gesetzgebung gab es *Diskussionen* über diese Fragen, nach der Gesetzgebung fanden sich viele in einem *Dilemma*: Mitmachen oder Verweigern (falls man nicht Schummeln beim Ausfüllen als dritte Möglichkeit ansieht). Die Unterschiede zu den Kohlberg-Dilemmas fallen ins Auge. Erstens war es ein Ernstfall; am Ende der Diskussionen würde man so oder so handeln müssen. Zweitens war strittig, ob überhaupt ein moralisches Problem vorlag, ob die „freie Entfaltung der Persönlichkeit" überhaupt tangiert war. In den Interview-Dilemmas tritt oft geradezu aufdringlich hervor, daß es um Moral geht; im wirklichen Leben ist das eine Frage der Interpretationen, über die man streitet. Drittens und vor allem waren die Bedingungen der Entscheidung erst zu ermitteln. (Um an „Lohhausen" zu erinnern: Es handelte sich um ein vernetztes und nur teilweise überschaubares Problem.) Wenn man wissen wollte, ob Persönlichkeitsrechte in Gefahr waren, mußte man fragen: Würden die Abläufe so sein, daß die Anonymität gewährleistet war? Dies z. B. auch in kleinen Gemeinden? Würde es mit Computerhilfe möglich sein, die Fragebogen zu desanonymisieren? Betrafen die Fragen schützenswerte Daten? Wenn nein: Konnten die Daten mit anderen bereits gespeicherten Daten so verknüpft werden, daß private Lebensumstände aufgedeckt würden? Es gab sehr viele solcher Fragen. Viele davon konnten nicht mit Sicherheit, sondern nur mit Wahrscheinlichkeit beantwortet werden. Und wie das fast immer ist: bei der Informationssuche kommt man unweigerlich an einen Punkt, wo man einem Fachmann, einer Fachfrau vertrauen muß.

Das Beispiel zeigt: Dilemmas wie das Heinz-Dilemma stellen die moralische Frage zu eindeutig, und sie geben die Bedingungen zu vollständig und übersichtlich an. Freilich bewirken sie einen Fortschritt der Schüler, aber der wird wieder mit realitätsfernen Dilemmas gemessen. An einem Transfer auf den so unübersichtlichen Alltag kann man zweifeln. Und falls es einen Transfer gibt, kann man sich fragen, ob er erwünscht ist. Fördert man nicht eine „Gesinnungsethik", die die Folgen des Handelns nicht zureichend bedenkt, einfach weil in den realitätsfernen Dilemmas solche Folgen gar nicht sichtbar werden.

Es zeigt sich aber auch, daß bei so komplexen Problemen (andere Beispiele: Gerechtigkeit der Krankenkassenreform, Verwirklichung von Chancengleichheit im Schulwesen, Fragen des Umweltschutzes) es große Energie erfordert, sich Informationen zu beschaffen und zu verarbeiten. Es gibt dann die Gefahr, daß man entweder die Informationsbeschaffung überspringt oder aber darin steckenbleibt und den moralischen Kern des Problems gar nicht mehr sieht; beides wäre irrational. Es spricht also manches dafür, mit einfacheren Problemen zu beginnen. Dem Literaturunterricht eröffnet sich hier eine Chance, einfach deswegen, weil z. B. Dramen nicht nur moralische Probleme aufwerfen, sondern auch die Bedingungen ihrer Lösung vorstellen. (Als Beispiel das Dilemma Octavio Piccolominis, aus seiner Sicht: *entweder* Wallensteins Vertrauen zu mißbrauchen *oder* den Kaiser zu verraten und Bürgerkrieg zuzulassen.)

Wie könnte nun die Anwendung der Dilemma-Methode auf realistische Probleme aussehen?

— Moralische Probleme — gegenwärtige oder historische — werden personalisiert. Man findet oder erfindet eine Person, die das Problem als Entscheidungsdilemma erlebt. (Das muß nicht sein; die folgenden Ratschläge gelten auch, wenn man das Problem nicht zum Dilemma zuspitzt. Aber Dilemmas motivieren wohl stärker.)

— Ein Aufgabe des Lehrers ist, durch Anregungen und Informationen dafür zu sorgen, daß die komplexen Voraussetzungen der Entscheidung angemessen berücksichtigt werden.

— Wenn es um den moralischen Kern des Problems geht, sollte der Lehrer zunächst den Schülern dabei helfen, die Argumente *ihrer* Stufe klar zu formulieren und passend anzuwenden.

— In einem weiteren Schritt könnte der Lehrer die Betrachtungsweise der nächsthöheren Stufe einbringen. Das wird jedenfalls in der Kohlberg-Literatur vielfach empfohlen. Aber das ist selbst für trainierte Gesprächsleiter schwierig.[5] Ein Problem liegt darin, daß die Schüler sehr wahrscheinlich auf unterschiedlichen Stufen sind, so daß es *die* nächsthöhere Stufe gar nicht gibt. Darin aber liegt zugleich ein großer Vorteil. Man kann darauf hoffen, daß sich ein Schüler zu Wort meldet, der schon weiter ist als die anderen. Nicht selten erlebt man, daß ein solcher Schüler sich den Mitschülern verständlicher machen kann, als es der Lehrer könnte; er ist ihren Denkschwierigkeiten einfach noch näher.

— Der Lehrer kann seine Problemlösung darstellen, und wenn er danach gefragt wird, muß er es wohl auch. Aber er beansprucht für seine Lösung und deren Begründung keine höhere Geltung.

Die Zurückhaltung, die hier vom Lehrer gefordert wird, ist nicht immer ganz einfach, z. B., wenn Jugendliche ihr „Recht" auf Schwarzfahren verteidigen. (Vielleicht hilft es ein bißchen, an die vielen Erwachsenen zu denken, die ihr Recht auf Steuerhinterziehung verteidigen.) Diese Zurückhaltung hat sich faktisch bewährt. Sie ermöglicht Lernen im Sinne Piagets: Die Kinder und Jugendlichen müssen erst erfahren, daß sie auf ihrer Stufe ein Problem nicht zur eigenen Zufriedenheit bearbeiten können, und erfahren, daß auf höherer Stufe eine einsehbar bessere Lösung möglich ist. Natürlich kann der Lehrer auch für eine bestimmte Lösung eines bestimmten moralischen Problems plädieren. Wenn der Lehrer die Schüler überzeugt, so haben die Schüler dabei auch etwas gelernt. Aber — so die grundlegende Annahme Piagets und Kohlbergs — die *Struktur* ihres Denkens ändert sich dabei nicht, eine Entwicklung des moralischen Urteilens findet so nicht statt.

Die Empfehlung, sich zurückzuhalten, gilt nur sehr eingeschränkt für Konflikte in der Klasse, wenn es also ganz konkret darum geht, was hier und jetzt als gerechte Lösung gelten soll. Hier geht es nicht darum, die Schüler zu einer höheren Stufe zu führen, sondern darum, daß sie die Grundsätze, die sie auf ihrer Stufe als fair und richtig einsehen können, auf den vorliegenden Fall anwenden. Dafür kann und soll der Lehrer argumentieren. Kohlberg selbst hat das aufgrund seiner langjährigen Erfahrungen in Schulversuchen nicht anders gesehen (vgl. Schreiner 1983, 128).

Anmerkungen

1 Der Piagetkenner mag überrascht sein, daß die Äquilibrationstheorie weggelassen wird. Doch ist gerade sie sehr strittig. Selbst Ginsburg/Opper ([4]1985, 225) sehen sie als nicht hinreichend ausgeführt und nicht gänzlich überzeugend an. Kagan (1984, 259 ff.) äußert sich ähnlich: Die Mechanismen der Äquilibration seien „einfach zu allgemein", um Entwicklungsstadien zu erklären, die Piagetschen Stadien seien folglich „im Grunde deskriptiv" (S. 262). — In einem Lehrbuch kann man also zur Zeit das Äquilibrationsmodell nicht darstellen, ohne es kontrovers zu diskutieren — ein großer Aufwand. Der praktische Ertrag dieses Aufwandes, etwa zur Erklärung von Motivation, wäre zu gering. Man kommt da mit den einfacheren Begriffen Berlynes ebensoweit.

2 Die Mischungen 1 + 3 + g und 1 + 2 + 3 + g, und nur diese, erzeugen Gelb. Die Mischungen 1 + 3 + 4 + g und 1 + 2 + 3 + 4 + g sind farblos.

[3] In den meisten Veröffentlichungen Kohlbergs wird die Bedeutung der Strafe für Stufe 1 anders gesehen: Strafvermeidung gilt als einziges Motiv. Das hat er korrigiert: „Strafe gilt als wichtig mehr deshalb, weil sie mit einer schlechten Handlung identifiziert wird, als deshalb, weil der Handelnde versucht, pragmatisch die negativen Folgen zu vermeiden." (Colby/Kohlberg 1987, 25) — Es gibt Handlungen, die für die Kinder einsehbar „schlecht" sind: jemand schlagen, jemandem etwas kaputt machen. Bei anderen Handlungen ist das nicht einsehbar, z. B. ist ein jüngeres Kind nicht fähig zu begreifen, daß eine Lüge jemand schadet und das Vertrauensverhältnis untergräbt. Bei solchen Handlungen orientiert es sich an der Autorität, an den Verboten und Strafen der Autoritätspersonen. Nur bei solchen Handlungen denkt das Kind ganz und gar heteronom. Natürlich will das Kind *auch* die Strafe vermeiden; das aber ist ein außermoralisches Motiv. (Vgl. dazu Kagan 1987, S. 171)

[4] Text 1: Stufe 1 Text 2: Stufe 3 Text 3: Stufe 1 Text 4: Stufe 4
Text 5: Stufe 2 Text 6: Stufe 5 Text 7: Stufe 2

[5] Berkowitz (1986, 91) bezeichnet die „+1-Konvention" als ein „Fabelwesen", das sich empirisch nicht nachweisen lasse. „Erzieher scheinen einfach keine ‚+1'-Argumentation in Moraldiskussionen vorzubringen."

Literaturhinweise I

FEND, Helmut: Sozialgeschichte des Aufwachsens. Bedingungen des Aufwachsens und Jugendgestalten im zwanzigsten Jahrhundert. Frankfurt/M. 1988 (suhrkamp tb) (Wer die in diesem Kapitel ausgesparten soziologischen Aspekte nachlesen will, findet auf 300 Seiten einen sehr informativen Forschungsüberblick, darüber hinaus eine Analyse, die in die zahlreichen Etikettierungen der Jugend und die Klagen über sie einige Vernunft bringen kann. — Der Titel führt etwas irre: es geht im wesentlichen um die Jugend der Bundesrepublik Deutschland seit den 50er Jahren.)

FLAMMER, August: Entwicklungstheorien. Psychologische Theorien der menschlichen Entwicklung. Bern 1988
(Hier besonders empfohlen, weil das Buch einen guten Einstieg in die für Erzieher wichtige Entwicklungstheorie Erik H. Eriksons bietet.)

GINSBURG, Herbert / OPPER, Sylvia: Piagets Theorie der geistigen Entwicklung. Stuttgart. 4. Aufl. 1985
(„Das Buch vermittelt eine prägnante Beschreibung und klare Analyse der Gedanken und des Werks von Piaget." (B. Inhelder) Es ist sehr verständlich geschrieben. Es gibt einen Überblick über Piagets riesiges Gesamtwerk, von dem ausgehend man zur Lektüre der Originalwerke übergehen kann.)

KAGAN, Jerome: Die Natur des Kindes. München 1987.
(Jeder, der sich mit Entwicklungspsychologie befaßt, sollte anhand dieses klugen und abwägenden Buches seine wissenschaftlichen und vorwissenschaftlichen Vorurteile überprüfen.)

KOHLBERG, Lawrence / TURIEL, Elliot: Moralische Entwicklung und Moralerziehung. In: PORTELE, Georg (Hrsg.): Sozialisation und Moral. Neuere Ansätze zur moralischen Entwicklung und Erziehung. Weinheim 1978, S. 13—80
(Ergänzt die Beiträge in Lind/Raschert. Kohlberg stellt hier stärker die philosophische als die empirische Begründung seiner Entwicklungstheorie dar, und er begründet und erläutert seine Erziehungsziele im Kontrast zu anderen Vorstellungen von moralischer Erziehung. Der Beitrag richtet sich ausdrücklich an Lehrer.)

LIND, Georg / RASCHERT, Jürgen (Hrsg.): Moralische Urteilsfähigkeit. Eine Auseinandersetzung mit Lawrence Kohlberg. Weinheim 1987.
(M. E. am besten geeignet, in Kohlbergs Theorie einzuführen. Enthält u. a.: eine kurze Darstellung der Theorie durch Kohlberg selbst; eine Darstellung der Schulversuche nach dem Konzept der „Just Community" durch Kohlbergs Harvard-Kollegin Ann Higgins.)

PIAGET, Jean / INHELDER, Bärbel: Die Psychologie des Kindes. Olten 1972 (im Original 1966)

PIAGET, Jean: Das moralische Urteil beim Kinde. Zürich 1954 (im Original 1932)
(Zwei Bücher aus Piagets riesigem Werk auszuwählen, geht nicht ganz ohne Willkür. Beide sind als Taschenbücher erhältlich. Das erste ist als Einstieg geeignet, das zweite wird empfohlen, weil es leicht lesbar und unterhaltend ist — es zeigt Piaget als genialen Beobachter und Experimentierer.)

SCHIRP, Heinz (Hrsg.): Fragen an Kohlberg. Zur schulpädagogischen Nutzbarkeit des Kohlberg-Ansatzes. Bericht Nr. 3 des Landesinstituts für Schule und Weiterbildung. 2. Aufl. Soest 1986
(Die Frage der schulpädagogischen Nutzbarkeit wird sehr differenziert betrachtet; gelöste und offene Fragen werden sehr deutlich unterschieden. Die Formulierungen sind klar und knapp (53 Seiten). Kenntnis der Kohlberg-Theorie wird vorausgesetzt.)

SCHREINER, Günter: Auf dem Weg zu immer gerechteren Konfliktlösungen — Neue Anmerkungen zur Kohlbergtheorie. In: Ders. (Hrsg.): Moralische Entwicklung und Erziehung. Braunschweig 1983
(Auf 30 Seiten eine sehr klare Darstellung. Während in „Lehren lernen" eine erste Einübung versucht wird, liegt hier der Akzent auf einer — wohlwollend kritischen — Darstellung der Theorie.)

Literaturhinweise II

DONALDSON, Margaret: Wie Kinder denken. Intelligenz und Schulversagen. Bern 1982 (auch als Tb.)

KOHLBERG, Lawrence: Zur kognitiven Entwicklung des Kindes. Drei Aufsätze. Frankfurt/M. 1974

ZEITSCHRIFT FÜR PÄDAGOGIK 1988, 2: Rezensionen (zur Kohlbergdiskussion)

Sonstige zitierte Literatur

BERKOWITZ, Martin W.: Die Rolle der Diskussion in der Moralerziehung. In: OSER, Fritz / FATKE, Reinhard / HÖFFE, Ottried (Hrsg.): Transformation und Entwicklung. Grundlagen der Moralerziehung. Frankfurt/M. 1986

COLBY, Ann / KOHLBERG, Lawrence: The measurement of moral judgment. Volume 1: Theoretical foundations and research validation. Cambridge 1987

GLASS, A. L. / HOLYOAK, K. J. / SANTA, J. L.: Cognition. Reading, Ma. 1979

GRÄBER, Wolfgang / STORCK, Heinrich: Die Entwicklungspsychologie Jean Piagets als Mahnerin und Helferin des Lehrers im naturwissenschaftlichen Unterricht. Teil 1 und 2. In: Der mathematische und naturwissenschaftliche Unterricht 37 (1984) H. 4 u. 5

KEGAN, Robert: Die Entwicklungsstufen des Selbst. Fortschritte und Krisen im menschlichen Leben. München 1986

KOHLBERG, Lawrence: Essays on moral development. Volume 2: The psychology of moral development. San Francisco 1984

KRUTETSKII, Vadim A.: The psychology of mathematical abilities in schoolchildren. Chicago 1976

NUNNER-WINKLER, Gertrud: Was bedeutet Kohlbergs Theorieansatz für die moderne bildungspolitische Situation in der Bundesrepublik? In: Lind/Raschert 1987, 16—24

OSER, Fritz: Möglichkeiten und Grenzen der Anwendung des Kohlberg'schen Konzepts der moralischen Erziehung in unseren Schulen. In: Lind/Raschert 1987, 44—53

PIAGET, Jean: Sprechen und Denken des Kindes. Düsseldorf 1972 (im Original 1923)

PIAGET, Jean / INHELDER, Bärbel: Die Entwicklung der physikalischen Mengenbegriffe beim Kinde. Stuttgart 1969 (im Original 1942)

PIAGET, Jean / INHELDER, Bärbel: Von der Logik des Kindes zur Logik des Heranwachsenden. Düsseldorf 1973 (im Original 1955)

PIAGET, Jean / SZEMINSKA, Alina: Die Entwicklung des Zahlbegriffs beim Kinde. Stuttgart 1975 (im Original 1941)

REST, James R.: Moral development. Advances in research and theory. New York 1986

ANHANG:

1. DER KORRELATIONSKOEFFIZIENT ODER: DER DÜMMSTE BAUER HAT DIE DICKSTEN KARTOFFELN

Ist das so? Haben die dümmsten Bauern die dicksten Kartoffeln? Ich wollte es wissen, ganz empirisch und exakt, d. h. in Zahlen ausgedrückt. In meinem Dorf wohnen 5 Bauern, nämlich Anton, Bertolt, Christian, Dieter und Emil. Zunächst galt es, die durchschnittliche Kartoffeldicke dieser fünf Erzeuger zu ermitteln. Mit Wiegen und Zählen war das recht einfach: Anton hatte die dicksten Kartoffeln, dann folgten Bertolt, Christian, Dieter und schließlich Emil. Aber wie drückt man Dummheit in Zahlen aus? Ich veranstaltete eine Umfrage unter den übrigen Einwohnern und bat sie, die Fünf in eine Rangfolge zu bringen, vom Dümmsten über den Zweitdümmsten usw. bis zum Fünftdümmsten. Nach einigem Rechnen hatte ich des Volkes Meinung ermittelt. Es ergab sich wieder die gleiche Reihenfolge: Den Spitzenplatz in Dummheit hielt Anton, gefolgt von Bertolt, Christian, Dieter und Emil (vgl. Abb. 1).

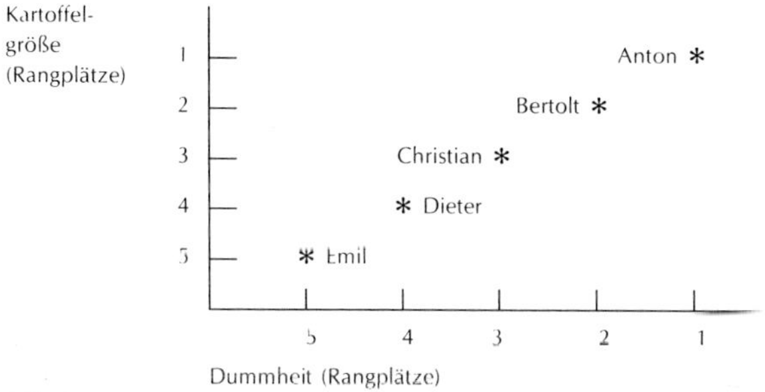

Abb. 1

Wir haben hier zwei *Variablen:* Dummheit und Kartoffeldicke. Und wir haben einen Zusammenhang, eine *Korrelation*, zwischen den Variablen: Je mehr von dem einen, desto mehr von dem anderen. Die Korrelation ist die stärkste, die überhaupt denkbar ist, und eine solche Korrelation hat den Wert 1. Für die Zahl, die den Zusammenhang der Variablen ausdrückt, brauchen wir noch einen Namen: *Korrelationskoeffizient*, abgekürzt r. In unserem Fall ist r = 1.

Der Übung halber stellen wir uns vor, das Ergebnis wäre etwas anders ausgefallen. Abb. 2 zeigt, daß die Bauern Bertolt und Christian aus der Reihe tanzen. (Vielleicht hat Bertolt schlechtere Böden, so daß trotz seiner begnadeten Dummheit es seine Kartoffeln nicht ganz so weit bringen, wie wir erwartet haben. Jedenfalls ist er zurückgefallen und Christian hat sich vor ihn geschoben.)

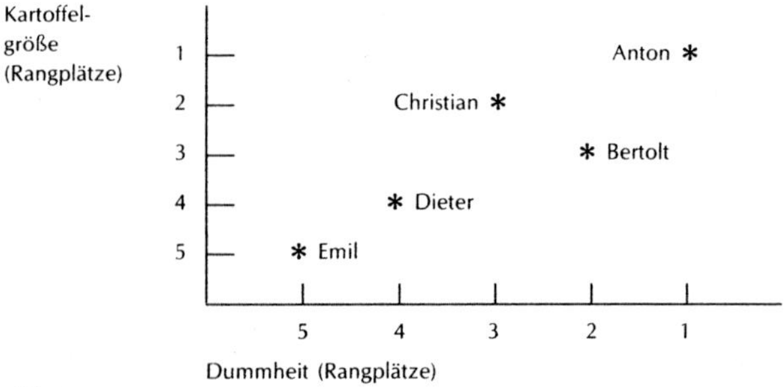

Abb. 2

Die Korrelation ist auch hier stark, denn Bertolts Kartoffeln sind ja immer noch die drittdicksten. Wenn wir die Werte von Abb. 2 in die Formel einsetzen, mit der man den Korrelationskoeffizienten berechnet, erhalten wir: r = 0,9.

Kehren wir nach dieser Zwischenbetrachtung zu dem tatsächlichen Forschungsergebnis zurück: r = 1. Eine so vollkommene Korrelation gibt es in der ganzen Sozialpsychologie kein zweites Mal. Dieses schöne Ergebnis hat mich zu einer zweiten Untersuchung ermutigt, bei der ich es etwas genauer wissen wollte. Ich formulierte meine Hypothese nun so: Der klügste Bauer hat die kleinsten Kartoffeln. Die Klugheit maß ich mit einem Intelligenztest. (Ist Klugheit gleich Intelligenz? Egal, ein anderes Meßverfahren stand nicht zur Verfügung.) Die durchschnittliche Kartoffeldicke eines jeden Bauern sollte in Gramm gemessen werden. Das Ergebnis zeigt Abbildung 3.

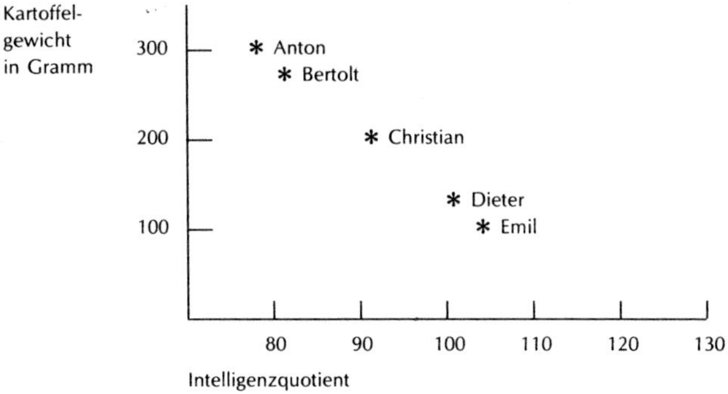

Abb. 3

Wiederum ist der Zusammenhang der denkbar stärkste: Das Kartoffelgewicht nimmt genau in dem Maße ab, wie die Intelligenz zunimmt. Aber der Zusammenhang ist negativ: Je mehr von dem einen, desto *weniger* von dem anderen. Logischerweise ist der Korrelationseffizient 1, aber mit einem negativen Vorzeichen: $r = -1$.

Was wäre gewesen, wenn sich zwischen Dummheit bzw. Intelligenz und Kartoffelgröße kein Zusammenhang ergeben hätte? Wenn ganz und gar kein Zusammenhang vorliegt, ist $r = 0$. Bitte merken: Je näher der Korrelationseffizient bei Null liegt, desto schwächer ist der Zusammenhang; je näher er bei 1 oder — 1 liegt, desto stärker ist der Zusammenhang.

Der Korrelationskoeffizient sagt überhaupt nichts darüber aus, *wodurch* der Zusammenhang bewirkt wird. Aber natürlich ist es genau das, was interessiert: die Kausalzusammenhänge. Und so versucht man, die Korrelation kausal zu *interpretieren*. Vielleicht machen dicke Kartoffeln dumm, und da die Erzeuger natürlich ihre eigenen Kartoffeln essen, wäre damit der Zusammenhang erklärt. Oder dumme Bauern verwenden besonders viel Dünger, und viel Dünger läßt die Knollenfrüchte anschwellen. — Das Spiel mit Dummheit und Kartoffeln beginnt hier mühsam zu werden. Also: Korrelationen lassen auf einen Wirkungszusammenhang schließen. Der kann in die eine Richtung gehen: k → d; oder in die umgekehrte: k ← d. Oder es kann eine Wechselwirkung vorliegen: k ←→ d. Es können Zwischenglieder vorliegen wie bei der Annahme: Dummheit → Düngerverbrauch → Kartoffeldicke. Oder es kann alles auch noch viel komplizierter sein. Wenn die Dinge günstig liegen, kann man die Zusammenhänge experimentell überprüfen; wenn nicht, bleibt es bei mehr oder weniger plausiblen Interpretationen.

Aufgabe:

Wie lassen sich folgende Korrelationen interpretieren: Es gibt positive Korrelationen zwischen Rauchen und Krebserkrankungen, zwischen den Verkaufszahlen für Speiseeis und der Zahl der Badeunfälle, zwischen dem Alter des Autors und der Höhe der Benzinpreise.

Die Korrelation von gemessener Intelligenz und Schulerfolg liegt etwa bei 0,5. Ist das nun eine hohe oder geringe Korrelation? Allgemein gefragt: Welche Korrelationen wollen wir als hoch oder niedrig ansehen? Die Frage ist schwierig. Wenn es sich z. B. um die Korrelation zwischen der Einnahme eines Medikaments und schweren Gesundheitsschäden geht, dann schrillen bei einer Korrelation von 0,05 schon die Alarmglocken. (So sollte es jedenfalls sein.) Für die psychologischen und soziologischen Untersuchungen, mit denen der Pädagoge zu tun bekommt, kann man etwa folgendes sagen:

0 bis 0,4:	niedrige Korrelation
0,4 bis 0,7:	mittlere Korrelation
0,7 bis 1 :	hohe Korrelation

Oft benutzt man eine andere Schreibweise; statt „r = 0,5" schreibt man z. B. „r = .5". Das hat nichts zu bedeuten; es handelt sich um einen Dezimalbruch.

Eine letzte Überlegung zu der Untersuchung über Dummheit und Kartoffeln: Könnte das Resultat ein Zufall sein? Die Höhe der Korrelation spricht dagegen; dafür spricht, daß unsere Stichprobe, 5 Bauern, doch arg klein ist. Die Wahrscheinlichkeit dafür, daß eine Korrelation auf Zufall beruht, gibt man oft in *Signifikanzniveaus* an. Unser Resultat (Stichprobe 5, r = 1) ist signifikant auf dem 1%-Niveau, d. h. die *Wahrscheinlichkeit für Zufall* ist 1 % oder kleiner. Wegen der kleinen Stichprobe wäre schon die Korrelation von 0,9 nur noch auf dem 5%-Niveau signifikant. Hätten wir dagegen eine Stichprobe von 100 Bauern, wäre schon eine Korrelation von 0,26 auf dem 1%-Niveau signifikant. Eine so schwache Korrelation ist aber für alle unterrichtspraktischen Überlegungen uninteressant. Was folgt daraus? Wenn eine Stichprobe nicht geradezu winzig ist, tut man als Lehrer gut daran, die Signifikanzangaben beiseite zu lassen und sich nur am Korrelationskoeffizienten zu orientieren.

2. ANREGUNGEN ZUR BEOBACHTUNG UND BEURTEILUNG VON AUSBILDUNGSUNTERRICHT

Die „Anregungen" sind zunächst für Ausbildungslehrer gedacht. Ein kompetenter Ausbildungslehrer, der genügend Zeit für seinen Referendar findet, kann mehr für dessen Ausbildung tun als irgendein anderer. Er kann den Referendar auch zutreffender beurteilen, weil er ihn nicht nur gelegentlich und in Ausnahmesituationen sieht. Deshalb ist es wichtig, daß die Seminarausbildung und die Beratung durch den Ausbildungslehrer aufeinander abgestimmt werden. Zu diesem Zweck wurden die „Anregungen" entwickelt. Dafür mußte zum einen eine Auswahl getroffen werden. Sicherlich wird nicht jeder gerade unserer Auswahl zustimmen; aber sie läßt sich leicht hier und da abändern. Zum zweiten haben wir uns bemüht, unsere Überlegungen aus dem Didaktischen ins Deutsche zu übersetzen. Das geht nicht ganz ohne Verluste — schließlich bedienen wir uns nicht aus reinem Übermut spezieller Termini; aber es ist nötig, weil eine wuchernde didaktische Wortschöpfung auf nicht wenige Lehrer abschreckend und arrogant wirkt.

Wir vermuten, daß ein so vereinfachtes Beobachtungs- und Beurteilungsraster auch vielen Referendaren eine Hilfe sein kann.

Dem Ausbildungslehrer werden folgende Hinweise zum Gebrauch der „Anregungen" gegeben:

- Die Fragen fordern zu pauschalen Urteilen auf. Begründen Sie bitte Ihre Urteile mit konkreten Unterrichtsbeobachtungen! Beantworten Sie nur solche Fragen, zu denen Sie Beobachtungen machen konnten!
- Berücksichtigen Sie den Ausbildungsstand des Referendars! Manche Anforderungen können erst gegen Ende der Ausbildung gestellt werden.
- Dieses Material könnte als Bezugspunkt für Gespräche zwischen Ausbildungslehrern und Referendaren dienen.
- Eine längerfristige Beobachtung ist nur Ihnen, nicht den Fachleitern möglich. Achten Sie deshalb besonders auf die Aspekte, die nur Sie beurteilen können!

Überlegungen zum Unterricht (Entwürfe, Planungsgespräche, Analysen)	Durchführung des Unterrichts
1. Gegenstand des Unterrichts	
— Fachliche Grundlagen und fachdidaktische Konzepte korrekt und sorgfältig erarbeitet?	— Gegenstand, einschließlich Methoden, sachgerecht vermittelt?
2. Lernziele	
— Lernziele begründet? Lernziele der Lerngruppe angemessen? der Sache angemessen?	— Lernziele den Schülern einsichtig?
— Zahl der Lernziele begrenzt (Lernzielschwerpunkte)?	— Lernzielschwerpunkte erkennbar? Ergebnisse deutlich abgehoben?
— Lernziele konkret (überprüfbar)?	— Lernerfolge überprüft?
— Lernziele auf unterschiedlichen Stufen (vom Wissen bis zum Problemlösen)?	— Anforderungen auf unterschiedlichen Niveaus?
— Erwünschte Einstellungen und Verhaltensweisen der Schüler berücksichtigt?	— Erwünschte Einstellungen und Verhaltensweisen gefördert (z. B. Selbständigkeit, Hilfsbereitschaft, Interessen)?
3. Langfristigkeit	
— Größere Unterrichtseinheiten geplant?	— Einzelstunden sinnvoll verbunden? Lernfortschritt?
— Langfristige Lernziele (Fähigkeiten, Einstellungen) möglichst konkret formuliert? Unterricht darauf hin geplant?	— Langfristig zu erreichende Fähigkeiten aufgebaut? Langfristig zu erreichende Einstellungen gefördert?

Überlegungen zum Unterricht (Entwürfe, Planungsgespräche, Analysen)	Durchführung des Unterrichts
4. Strukturierung des Unterrichts, Gesprächslenkung	
— Unterrichtsverlauf an Lernzielen orientiert?	— Thema den Schülern deutlich? — Klare Aufgaben gestellt bzw. mit den Schülern entwickelt?
— Stunde in Lernschritte gegliedert?	— Gliederung für die Schüler deutlich und einleuchtend? — Methoden (Arbeitsweisen, Lösungswege) den Schülern bewußt gemacht?
— Methoden, Medien und Sozialformen reflektiert?	— Methoden, Medien und Sozialformen zweckmäßig eingesetzt? — Einförmigkeit vermieden?
— Techniken der Gesprächslenkung reflektiert?	— Techniken der Gesprächslenkung beherrscht (z. B. enge/weite Fragen, Hilfen, Hervorhebungen)?
5. Flexibilität — Unterrichtsökonomie	
— Planung variabel, Raum für Schülerinitiativen?	— Schülerinitiativen aufgenommen, begründet nicht aufgenommen? — Schülerbeiträge in den Unterrichtsgang integriert?
— Zeitaufwand dem Schwerpunkt entsprechend geplant?	— einerseits: Unterricht zielstrebig und zügig? andererseits: angemessene Zurückhaltung des Lehrers? Denkpausen? — Lernschwierigkeiten der Schüler wahrgenommen? Hilfreiche Reaktionen?

Überlegungen zum Unterricht (Entwürfe, Planungsgespräche, Analysen)	Durchführung des Unterrichts
6. Kognitive Voraussetzungen der Schüler	
— Vorhandene Kenntnisse und Fertigkeiten der Schüler (auch außerschulische) ermittelt?	— Vorkenntnisse einbezogen? — Kennislücken aufgefüllt? Notwendige Fertigkeiten eingeübt?
— Leistungsvermögen der Schüler richtig eingeschätzt?	— Anspruchsniveau angemessen (weder Unter- noch Überforderung)? — Ausdrucksweise den Schülern verständlich?
— Gegenstand den Fähigkeiten der Schüler entsprechend aufbereitet?	— Gegenstand angemessen dargeboten (vorstrukturiert, vereinfacht, veranschaulicht)?
— Unterschiedliche Lernfähigkeiten berücksichtigt?	— Überblick über die Mitarbeit der Schüler? — Differenzierung von Leistungsanforderungen?
7. Affektive Voraussetzungen, Motivation, Erhaltung der Aufmerksamkeit	
— Einstellungen der Schüler zum Gegenstand und zu Unterrichtsmethoden ermittelt?	— An vorhandenen Interessen angeknüpft? Abneigungen berücksichtigt?
— Geplantes Unterrichtsarrangement motivierend?	— Interessante Gegenstände angeboten? — Aufgabenstellung Neugier weckend? — Einförmigkeit vermieden (Variation z. B. in Schwierigkeitsgrad, Tempo, Arbeitsformen)?

Überlegungen zum Unterricht (Entwürfe, Planungsgespräche, Analysen)	Durchführung des Unterrichts
— Langfristige Motivation angestrebt?	— Arbeitsklima freundlich? Erfolgserlebnisse vermittelt? — Bewertungen (Lob und Tadel) differenziert?
— Ursachen von Unterrichtsstörungen reflektiert?	— Maßnahmen zur Vermeidung von Störungen?
— Interventionen bei Unterrichtsstörungen reflektiert?	— Interventionen angemessen (nach Zeitpunkt und Adressat, in Häufigkeit, Umfang und Intensität)? — Interventionen den Schülern einsichtig?